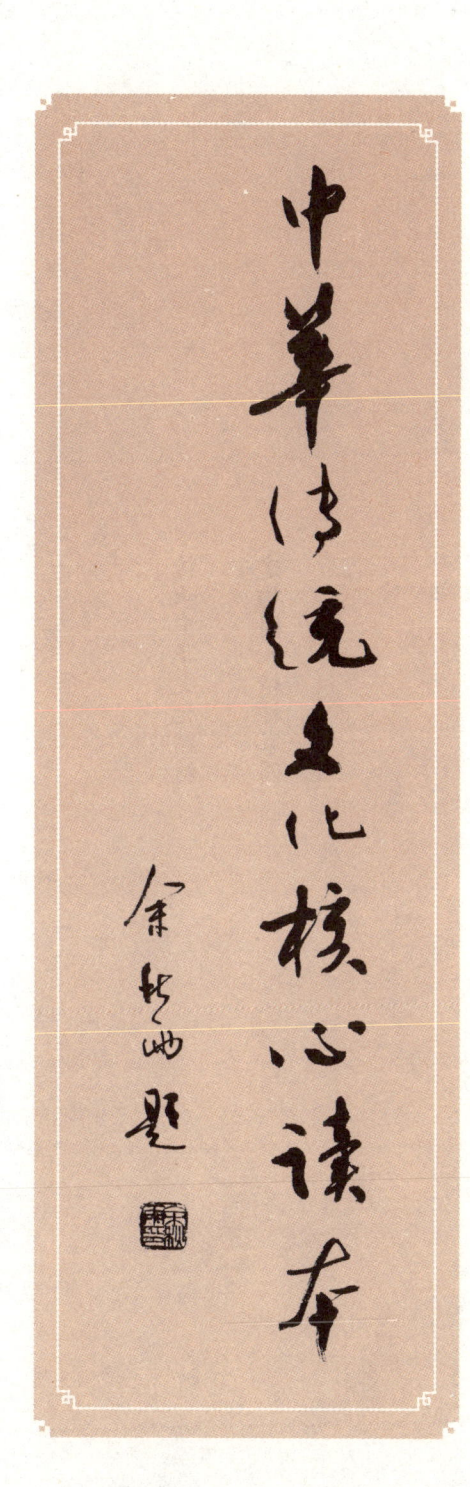

中华传统文化核心读本

余秋雨题

传承中华文化精髓

建构国人精神家园

老子·庄子

[春秋] 李耳 / 著
[战国] 庄周 / 著
乙力 / 注译

天地出版社 | TIANDI PRESS

图书在版编目（CIP）数据

老子·庄子/（春秋）李耳，（战国）庄周著；乙力注译. —成都：天地出版社，2019.9（2020年10月重印）
（中华传统文化核心读本：精选插图版）
ISBN 978-7-5455-4858-7

Ⅰ. ①老… Ⅱ. ①李… ②庄… ③乙… Ⅲ. ①道家②《道德经》-通俗读物③《庄子》-通俗读物 Ⅳ. ①B223-49

中国版本图书馆CIP数据核字（2019）第076166号

LAOZI·ZHUANGZI

老子·庄子

出品人	杨 政
作 者	［春秋］李 耳 ［战国］庄 周
注 译	乙 力
责任编辑	孟令爽
装帧设计	思想工社
责任印制	葛红梅

出版发行	天地出版社
	（成都市槐树街2号 邮政编码：610014）
	（北京市方庄芳群园3区3号 邮政编码：100078）
网 址	http://www.tiandiph.com
电子邮箱	tianditg@163.com
经 销	新华文轩出版传媒股份有限公司

印 刷	河北鹏润印刷有限公司
版 次	2019年9月第1版
印 次	2020年10月第3次印刷
开 本	710mm×1000mm 1/16
印 张	31.25
字 数	629千字
定 价	45.00元
书 号	ISBN 978-7-5455-4858-7

版权所有◆违者必究

咨询电话：(028) 87734639（总编室）
购书热线：(010) 67693207（营销中心）

如有印装错误，请与本社联系调换。

出版说明

中华文明历史悠久，源远流长。五千年的中华文明光辉灿烂，硕果累累，对后世产生了积极而深远的影响。作为华夏儿女，这是值得我们每一个人骄傲和自豪的地方。

中华传统文化，是中华文明在五千年的发展历程中诞生的成果之一，它以儒、道文化为主体，包含政治、经济、思想、艺术等各类物质和非物质文化。具体而言，中华传统文化包括诗、词、曲、赋、古文、书法、对联、灯谜、成语、中医、国画、传统节日、民族音乐等等，可谓博大精深，形式多样。

习近平总书记指出，中华优秀传统文化是我们最深厚的文化软实力，也是中国特色社会主义植根的文化沃土。中华优秀传统文化，滋养了中华民族的民族精神，赋予了中华民族伟大的生命力和凝聚力，是中华文明成果的创造力源泉。继承和发展中华优秀传统文化，学习、掌握其中的各种思想精华，不仅对我们树立正确的世界观、人生观、价值观大有裨益，而且也能为我们处理各种社会事务提供有益的启发和指导。

为弘扬中华优秀传统文化，满足广大读者对优秀传统文化的阅读需求，我们遴选了这套"中华传统文化核心读本·精选插图版"丛书。本丛书分"贤哲经典""历史民俗""文学菁华"三个系列，每个系列精选代表性的书目若干，基本涵盖了传统文化的各个类别。

为便于广大读者对传统经典的学习和吸收，本丛书对涉及古文的品种基本采用了注译和白话两种处理方式，以消除读者阅读的障碍。另外，本丛书每个品种都配有大量精美的古画插图，这些插图与内容互为补充，相得益彰，让读者在阅读中获得艺术的享受。

前言

《老子》，又称《道德经》，是中国道家的主要经典。据传该书是在春秋末期由老聃所著。

老聃，通称老子，是春秋时期的思想家、道家学说的创始人。据司马迁的《史记》记载，老子姓李，名耳，字聃，楚国苦县（今河南鹿邑县）人，曾做过周王室管理藏书的官。在当时，老子是一个颇有声望的智者，其学识举世闻名。孔子就曾向他请教过关于"礼"的问题，并称他为"龙"。由于周王室的衰弱和内乱不断，老子弃官归隐，跨青牛而去。行至函谷关，老子应守关者关令尹喜的请求，写成了一部书，这部书就是《老子》。

《老子》共5000余言，原分上下两篇，通常称上篇为"道经"，下篇为"德经"，合称《道德经》。全书言简意赅，博大精深，内容极为丰富。在书中，老子以其独有的视角，探究了宇宙的形成、万物的本源、国家的治理等一系列重大的哲学和政治问题。发前人所未发，述前人所未述，并且提出了"道""自然""无为"等著名的哲学概念，成为中国哲学的基石之作。概括起来，《老子》的内容主要有三，即谈宇宙、谈人生、谈政治。

《老子》中明确提出，天地万物的本源不是天帝，而是"道"。《老子》中谈道、谈天道，不仅是为了对宇宙的形成和自然规律做一个阐述，更是为了给探讨人生和社会政治准备一个前提。老子主张人法自然，道的准则完全适合于人类生活，老子的宇宙观是其人生观、政治观的基础。

《老子》中对人生、对政治的阐述，就是在这样的背景下展开的。

《老子》中所体现的人生观有两个基本特点：就自我而言，讲究珍惜身体；就人与人的关系而言，主张柔弱不争。有道的人少私寡欲，见朴抱素，专气和淳，加强自身修行。书中还提出了一系列与柔弱不争思想一致的观点，如致虚守静、不致为天下先、不自是、不自伐，等等，这些以退为进、以静制动的思想与柔弱不争共同体现了《老子》中人生哲学的特色。

《老子》一书的第三大内容就是对政治问题的探讨，它反映了老子的政治观。在书中，老子提出了"无为"的政治主张，认为"无为"是治理天下所应遵循的最高原则。《老子》所倡导的"无为"并不是号召君王什么也不做，而是不妄为，是顺乎自然发展，具体地说，就是不扰民和顺民心。

《老子》一书，虽只有5000余言，但内容之丰富，恐怕没有几本书能与之相比。这本道家思想的代表作，还作为儒家思想的补充，共同建构了中华民族传统的思想文化。

《庄子》，道教称为《南华经》。为战国至汉初道家庄子一派的著作总集，是道家的主要代表作，由庄子及其学生著。

庄子（约公元前369—前286），哲学家、道家主要代表人物，名周，字子休，战国时期宋国蒙县人，《汉书》避明帝刘庄讳称严周，楚庄王后裔，做过漆园吏。家贫，曾借粟于监河侯。不愿"为有国者所羁"拒绝楚威王厚币迎聘，后"终身不仕"。著作有《庄子》。唐天宝元年（742）被诏封南华真人，宋、元皆有加封。

《庄子》一书在汉代有52篇，到后世只剩下了33篇，计内篇7篇，外篇15篇，杂篇11篇。一般认为内篇是庄周所作，外篇和杂篇则掺杂了庄子后学的作品，杂篇中庄子后学掺入得更多。不过从总体上来看，外篇和杂篇的基本观点与内篇是一致的。

《庄子》一书继承和发展了老子"道法自然"的观点，认为"道"是客观真实的存在。认为道产生一切事物（包括鬼神天地）；它弥漫于整个宇宙而无所不在，贯通于古今而无时不有，在时间上和空间上都是无限的。书中具有朴素的辩证观，要求安时处顺，逍遥自得，顺应世俗，随遇而安。《庄子》一书体现的哲学思想达到了很高的思想水平，在中国哲学史上占有重要地位，但其中怀疑一切的思想和无原则的处世态度，也对后世产生了消极作用。在社会思想方面，强调人与社会的对立，否定社会生活中的种种约束和社会文明，提出回到自然中去，认为人的本性就是人的自然性。

《庄子》一书，在中国哲学史、思想史、文学史上，都具有极大影响，其理性思维与形象思维都堪称一时之冠。寓言文学尊庄子为奠基人，小说家追之为鼻祖，文学理论家又称之为浪漫主义文学大师，或与屈原并列而《庄》《骚》合刊；或举"六大才子书"，而《庄》居其首。汉初黄、老之学，特别是刘安及门客所撰《淮南鸿烈》，明显溯源于《庄子》；魏晋清谈，《易》《庄》《老》并称"三玄"，是最受推崇的著作。由于其思想奇异，文采出众，后世资取者亦有多种层面。正如宋人叶适所说："自周之书出，世之悦而好之者有四焉：好文者资其辞，求道者意其妙，泊俗者遣其累，好邪者济其欲。"（《水心文集》）另外其文笔汪洋恣肆，诙诡谲奇，富于想象，多采用寓言、故事形式阐发哲理，在哲学和文学上都有较高的研究价值。

为了能让读者更直观更全面地了解和体味先哲们的生活状况及其思想内涵，书中特意精选了百余幅精美人物插图和先哲们的生活场景图。这些插图与书中文字相得益彰，辉映成趣，让读者在获取知识的同时，享受轻松愉悦的阅读体验。本套藏书版式新颖、设计考究，双色印刷，装帧精美，除供广大读者阅读欣赏外，更具有极高的研究与收藏价值。

目录

老 子

道 经

一章 …………………… 004
二章 …………………… 006
三章 …………………… 008
四章 …………………… 009
五章 …………………… 010
六章 …………………… 012
七章 …………………… 013
八章 …………………… 014
九章 …………………… 015
十章 …………………… 016
十一章 ………………… 018
十二章 ………………… 019
十三章 ………………… 020
十四章 ………………… 022
十五章 ………………… 024
十六章 ………………… 026

十七章 ………………… 028
十八章 ………………… 029
十九章 ………………… 030
二十章 ………………… 031
二十一章 ……………… 033
二十二章 ……………… 035
二十三章 ……………… 037
二十四章 ……………… 039
二十五章 ……………… 040
二十六章 ……………… 042
二十七章 ……………… 043
二十八章 ……………… 044
二十九章 ……………… 046
三十章 ………………… 047
三十一章 ……………… 049
三十二章 ……………… 050
三十三章 ……………… 052

三十四章 …………………… 053	五十五章 …………………… 082
三十五章 …………………… 054	五十六章 …………………… 084
三十六章 …………………… 055	五十七章 …………………… 085
三十七章 …………………… 056	五十八章 …………………… 086
	五十九章 …………………… 088

德 经

	六十章 ……………………… 089
三十八章 …………………… 060	六十一章 …………………… 090
三十九章 …………………… 062	六十二章 …………………… 092
四十章 ……………………… 064	六十三章 …………………… 093
四十一章 …………………… 064	六十四章 …………………… 095
四十二章 …………………… 066	六十五章 …………………… 097
四十三章 …………………… 068	六十六章 …………………… 098
四十四章 …………………… 069	六十七章 …………………… 099
四十五章 …………………… 070	六十八章 …………………… 100
四十六章 …………………… 071	六十九章 …………………… 101
四十七章 …………………… 072	七十章 ……………………… 102
四十八章 …………………… 073	七十一章 …………………… 103
四十九章 …………………… 074	七十二章 …………………… 104
五十章 ……………………… 075	七十三章 …………………… 105
五十一章 …………………… 076	七十四章 …………………… 106
五十二章 …………………… 078	七十五章 …………………… 107
五十三章 …………………… 079	七十六章 …………………… 108
五十四章 …………………… 080	七十七章 …………………… 109

七十八章	111	八十章	113
七十九章	112	八十一章	115

庄 子

❖ 内 篇 ❖

逍遥游	120
齐物论	131
养生主	149
人间世	154
德充符	170
大宗师	180
应帝王	198

❖ 外 篇 ❖

骈拇	208
马蹄	212
胠箧	216
在宥	223
天地	235
天道	253

天运	265
刻意	278
缮性	281
秋水	285
至乐	300
达生	307
山木	321
田子方	333
知北游	346

❖ 杂 篇 ❖

庚桑楚	362
徐无鬼	375
则阳	393
外物	406
寓言	416
让王	422

| 盗 跖 …………………… 437 | 列御寇 …………………… 461 |
| 说 剑 …………………… 450 | 天 下 …………………… 471 |
| 渔 父 …………………… 454 |

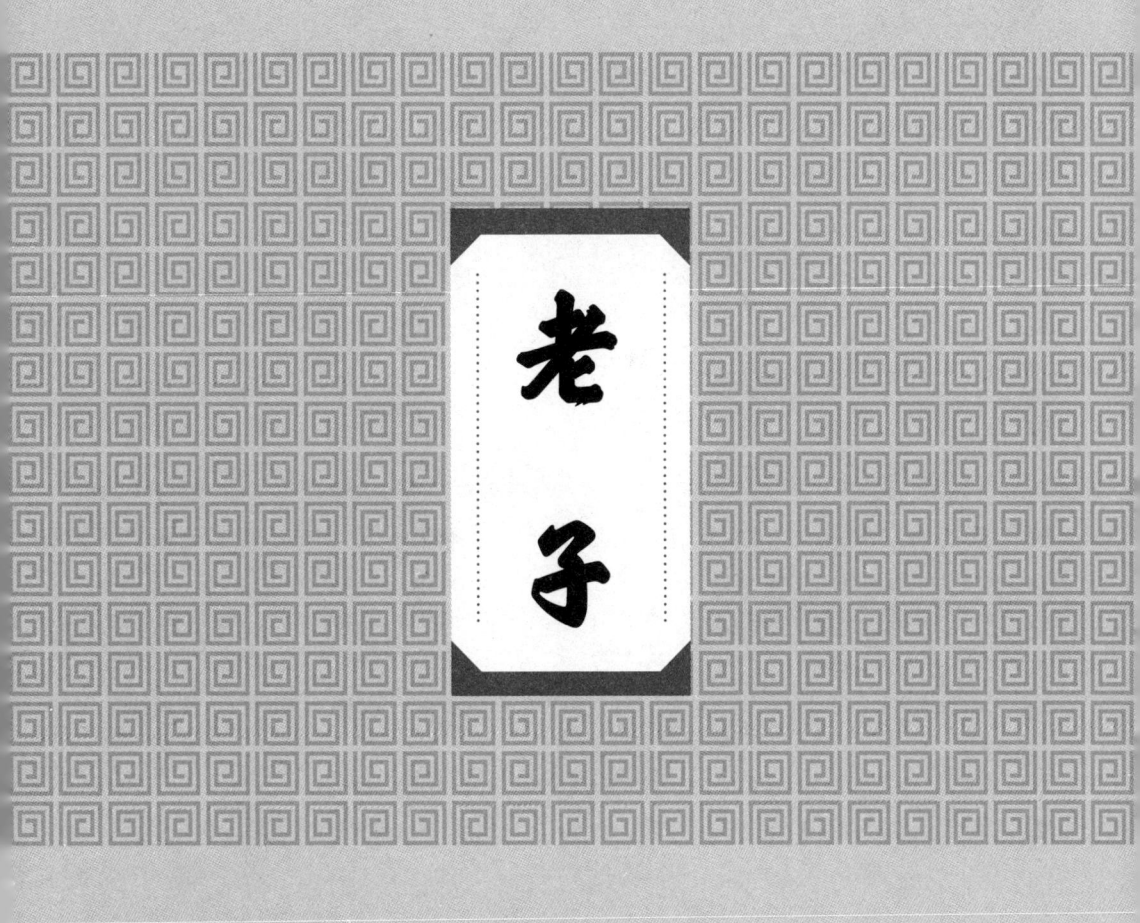

老子

道经

一 章

【题解】

　　作为中国古典哲学中主要范畴之一的"道"，最早是由老子在《道德经》里提出来的。此后的哲学家们在解释"道"这一范畴时并不完全一致，有的认为它是一种物质性的东西，是构成宇宙万物的元素；有的认为它是一种精神性的东西，同时也是产生宇宙万物的源泉。不过在对"道"的解释中，学者们也有大致相同的认识，即认为它是运动变化的，而非僵化静止的；宇宙万物包括自然界、人类社会和人的思维等一切运动，都是遵循"道"的规律而发展变化。总之，在这一章里，老子说"道"产生了天地万物，但它不可以用语言来说明，非常深邃奥妙，并不是轻而易举地可以领会的，这需要一个从"无"到"有"的循序渐进的过程。

【原文】

　　道可道[1]，非常道[2]；名可名[3]，非常名。

【注释】

　　[1]道可道：第一个"道"的意思是规律、法则。第二个"道"的意思是道说。

　　[2]常道：永恒不变的规律。常，永恒。

　　[3]名可名：可以叫得出的名字，也即具体事物的名字。具体事物总会消失的，它们的名字当然也要跟着消失，所以下一句说它们"非常名"。

【译文】

　　可以用语言表达的规律，就不是永恒不变的规律；可以叫得出的名字，就不是永恒不变的名字。

【原文】

无名[1]，天地之始；有名[2]，万物之母。

【注释】

〔1〕无名：没有名字的东西，实际即"无"。无，虚无，这里指空间。
〔2〕有名：有名字的东西。这里泛指存在的物质。

【译文】

有了空间，才开始出现天地；有了物质，才开始产生万物。

【原文】

故常无欲[1]，以观其妙[2]；常有欲，以观其徼[3]。

【注释】

〔1〕有人从"常无""常有"后断句，但帛书于两个"欲"字后有"也"字。通观全书，于"欲"字后断句较为合理。
〔2〕其妙：指天地万物的微妙之处。其，代指上文的"天地""万物"。
〔3〕徼（jiào）：边界，引申为表面。

【译文】

所以，如果一个人经常保持清静无欲，就可以观察天地万物的微妙之处；如果经常保持有欲追求，就只能看到天地万物的表面现象。

【原文】

此两者，同出而异名[1]，同谓之玄[2]。玄之又玄[3]，众妙之门[4]。

【注释】

〔1〕两者，同出一处。两者，指"无"与"有"。没有"无"就没有"有"，反之亦然。一般认为应解为"同一个来源"，也就是说，"无"指"道"，"有"指"天地"，那么"无"与"有"就不是"皆自于道"，而是"有"来自"无"。
〔2〕玄：玄妙。
〔3〕玄之又玄：不断探索奥妙。这两个"玄"都用如动词，是探索奥妙的意思。"玄之又玄"，即探索再探索的意思，与四十八章"损之又损"句式

一样。

　　〔4〕众妙之门：万物奥妙的大门。

【译文】

　　空间与物质同出一处而有不同的名称，它们都很玄妙。如果不断地去探索它们，就可以找到通向万物奥秘的大门。

二　章

【题解】

　　《道德经》书中含有丰富的辩证法思想，这是学术界普遍认同的。在这一章里，老子认为一切事物都有自己的对立面，失去其中的一方，另一方也就随之消失。他罗列出如下一些相互对立的事物：美丑、善恶、有无、难易、长短、高下、音声、前后等，用以说明相互对立是事物存在的普遍形式，事物相互对立又相互依存。处于矛盾对立的客观世界，人们应当如何对待呢？老子提出了"无为"的观点。此处所讲的"无为"不是无所作为、随心所欲，而是要以辩证的原则指导人们的社会生活，帮助人们寻找顺应自然、遵循事物客观发展的规律。他以圣人为例，教导人们要有所作为，但不是强作妄为。学术界有人认为第一章是全书的总纲；也有人认为前两章是全书的引言，全书的宗旨都在其中。

【原文】

　　天下皆知美之为美，斯恶已[1]；皆知善之为善，斯不善已[2]。

【注释】

　　〔1〕斯恶已：就显露出丑恶的东西来。斯，此，为指示代词。恶，丑恶，此处用作名词。已，通"矣"，语气词。
　　〔2〕斯不善已：已有不善的存在。已，通"矣"。

【译文】

　　天下的人都知道美好的事物是美的，那是因为有丑恶的存在；都知道善良的事物是善的，那是因为已有不善的存在。

【原文】

故有无相生[1]，难易相成，长短相形[2]，高下相倾[3]，音声相和[4]，前后相随。

【注释】

〔1〕有无相生：物质和空间在相依而生。
〔2〕相形：相互比较。形，比较。
〔3〕相倾：相互依赖。倾，偏侧，引申为依赖。
〔4〕音声相和：音和声相互应和。形成音乐节奏的为音，简单的发音为声。

【译文】

有和无相依而生，难和易在相互对应中得以形成，长和短在相互比较中得以显现，高和下在相互依赖中得以存在，音和声相互应和，前和后相互追随。

【原文】

是以圣人处无为之事[1]，行不言之教。万物作焉而不辞[2]，生而不有，为而不恃[3]，功成而弗居。夫唯弗居，是以不去[4]。

【注释】

〔1〕处无为之事：做顺应自然的事。处，行，做。无为，顺应自然，不胡作非为。
〔2〕作：兴起。不辞：不拒绝，不限制。
〔3〕为而不恃（shì）：帮助万物而不自恃其能。为，帮助。恃，依赖。
〔4〕是以不去：因此不会失去。

【译文】

所以圣人所做的事就是顺应自然不胡作非为，圣人的教育就是注重身教而不提倡言语教化。万物兴起而不加以限制，滋养了万物而不据为己有，帮助了万物而不自恃其能，建立了功劳而不居功。正因为不居功，所以也不会失去功。

三 章

【题解】

老子生活的春秋末期,天下大乱,国与国之间互相征战、兼并,大国称霸,小国自保,统治者们为了维持自己的统治,纷纷招揽贤才,用以治国安邦。在当时的社会生活中,处处崇尚贤才,许多学派和学者都提出"尚贤"的主张,这原本是为国家之本着想。然而,在"尚贤"的旗号下,一些富有野心的人,竞相争权夺位,抢占钱财,给民间带来恶劣影响。一时间,民心紊乱,盗贼四起,社会处于大动荡、大变动之中。针对社会上被人们所推崇的"尚贤"这一主张,老子在第三章里提出"不尚贤"的观点,同时也批评了由"尚贤"引起的追求物质利益的欲望。

【原文】

不尚贤[1],使民不争;不贵难得之货,使民不为盗[2];不见可欲[3],使民心不乱。

【注释】

〔1〕尚贤:尊崇贤人。尚,崇尚。
〔2〕为盗:当盗贼。为,当。
〔3〕不见(xiàn)可欲:不显露那些可以引起欲望的事物。见,通"现",显露。

【译文】

不尊崇贤能之人,使百姓不起纷争;不看重贵重物品,使百姓不做盗贼;不显露那些可以引起欲望的事物,使百姓心绪不乱。

【原文】

是以圣人之治，虚其心[1]，实其腹，弱其志[2]，强其骨，常使民无知无欲，使夫知者不敢为也[3]。为无为[4]，则无不治[5]。

【注释】

[1]虚其心：净化民众的心灵。其，指百姓。
[2]志：这里指欲望。
[3]不敢为：不敢妄为。
[4]为无为：执行无为政策。第一个"为"是动词，执行。
[5]治：安定，太平。

【译文】

因此圣人治国的办法是，净化民众的心灵，填饱他们的肚皮，削弱他们的欲望，增强他们的体质，永远使百姓没有知识、没有欲望，使那些聪明人不敢妄为。执行无为政策，天下就会太平。

四章

【题解】

在本章里，老子仍然在论述"道"的内涵。他认为，"道"是虚无的，无形无象，人们视而不见，触而不着，只能依赖于意识去感知它。虽然"道"是虚无的，但它并非一无所有，而是蕴含着物质世界的创造性因素。这种因素极为丰富，极其久远，存在于天帝产生之先。因而，创造宇宙天地万物自然界的是"道"，而不是天帝。这样，老子从物质方面再次解释了"道"的属性。

【原文】

道冲[1]，而用之或不盈[2]。

【注释】

[1]冲：空虚。
[2]或不盈：意为巨大的空间，因而能够无穷无尽地使用。盈，满，圆满。

【译文】

规律虽然空虚无形，它的作用却无穷无尽。

【原文】

渊[1]兮，似万物之宗[2]。挫其锐[3]，解其纷，和其光[4]，同其尘[5]。湛兮[6]，似或存。吾不知其谁之子，象帝之先[7]。

【注释】

〔1〕渊：深邃复杂，难以认识。

〔2〕宗：宗主，主宰者。

〔3〕挫其锐：挫去万物的锋芒。其，代指万物。

〔4〕和其光：使万物的光芒（喻优点）柔和一些。与"挫其锐"近义。光，泛指人或物的长处、优点。在第五十八章中，老子认为圣人应做到"光而不耀"。

〔5〕尘：尘埃，比喻污垢、缺陷。与"光"相对。

〔6〕湛（zhàn）：深沉。

〔7〕象帝之先：似乎是天帝的祖先。象，似乎。

【译文】

规律是那样的深邃复杂，好像是万物的主宰。它不露锋芒，消解纷争，与日月齐光，与万物同尘。规律是幽隐虚无的，但又实际存在。我不知道是谁使它产生，只知道它似乎是天帝的祖先。

五 章

【题解】

本章的内容主要包括两方面的意思。一是老子再次表述了自己无神论的思想倾向，否定当时思想界存在的把天地人格化的观点。他认为天地是自然的存在，没有理性和感情，它的存在对自然界万事万物不会产生任何作用，因为万物在天地之间依照自身的规律变化发展，不受天、神、人的左右。二是老子又谈到"无为"的社会政治思想，这是对前四章内容的进一步发挥。他认为，作为圣人——理想的统治者，应当是遵循自然规律，采取无为之治，任凭老百姓自作自息，繁衍生存，而不会采取干预的态度和措施。

【原文】

天地不仁[1]，以万物为刍狗[2]；圣人不仁，以百姓为刍狗。

【注释】

〔1〕仁：慈爱之心。这里有偏爱的意思。
〔2〕刍（chú）狗：古代祭祀时使用的用草扎成的狗。

【译文】

天地无所偏爱，任凭万物自然生长；圣人无所偏爱，任凭百姓自然发展。

【原文】

天地之间，其犹橐籥乎[1]？虚而不屈[2]，动而愈出。多言数穷[3]，不如守中[4]。

【注释】

〔1〕橐（tuó）籥（yuè）：风箱。
〔2〕屈：尽，竭。
〔3〕多言数穷：越多为就越行不通。言，除说话的意义外，这里还含有行动的意思。"多言"即多说。数，屡次，多。穷，困厄，行不通。
〔4〕守中：保持住天地中虚静的状态。中，象征着虚静无为的道体。

【译文】

天地之间这个大空间，不正像一个大风箱吗？虽然空虚却不会穷尽，越推拉风量越大（比喻越变化产生的事物越多）。议论越多，离道越远，不如长守道体虚静无为。

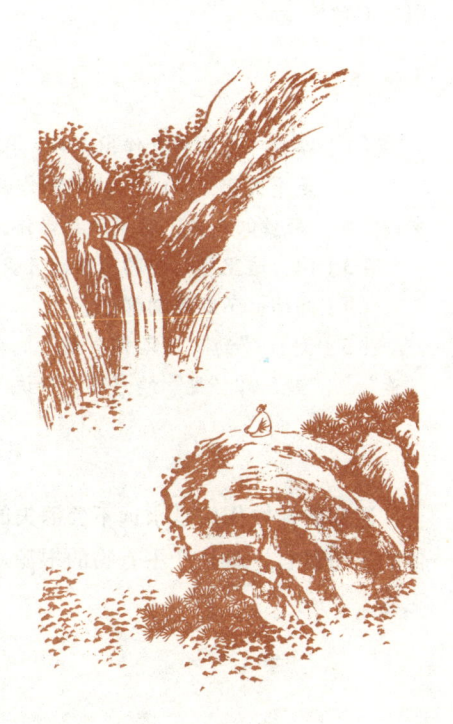

六 章

【题解】

老子在这一章里继续说明"道"的特征。他所运用的方法仍是比喻、借代。他用"谷"象征"道",说明"道"既是空虚的又是实在的;他用"神"比喻"道",说明"道"生万物,绵延不断;他用"玄牝之门"比喻"道"是产生万事万物的根源;等等。他想说明"道"的作用是无穷无尽的,它孕育着宇宙万物而生生不息。

【原文】

谷神不死[1],是谓玄牝[2]。玄牝之门[3],是谓天地根。绵绵若存[4],用之不勤[5]。

【注释】

[1]谷神:道的神奇作用。谷,代指空虚的道。
[2]是谓玄牝(pìn):这就叫作玄妙的母体。是,代词,代指谷神。玄,玄妙。牝,雌性的鸟兽,这里泛指母体。
[3]门:这里指母体的生殖器官。
[4]绵绵:不断绝的样子。
[5]勤:"勤"应读作"觐",古代铜器铭文中,"勤""觐"都写作"堇","觐"即"见"的意思。一说"勤"是"尽"义。

【译文】

道间的神妙作用是永远不会消失的,它好像一个玄妙的母体。而这一母体的生殖器官,就是产生万物的根源。绵密不断和川流不息,它的功用无穷无尽。

七 章

【题解】

在前面几章里，老子重点论述的是"道"，用"道"来作为万事万物的根本。在本章里，他借用"天道"来论述"人道"，用天地的运作无为去比喻"圣人"的行为没有贪私的心念。他认为，在其位的人，机会来得最方便，往往情不自禁地伸展一己的占有欲，甚至无限度地膨胀。老子理想中的"圣人"却能"后其身""外其身"，不把自己的私利摆在前头，不从自己的私利考虑，这样的人自然会赢得众人的拥护，众人必然会把他推为统治者。这表现了他先人后己的谦退精神，有这种精神的人自然会获得大家的爱戴，同时，他自己也能实现其精神生命的价值。因而，这样的人由于处处为别人着想，他也便能够成就他的理想生活。这种先人后己的精神，对于后来的人们，是颇具启迪意义的。

【原文】

天长地久。天地所以能长且久者，以其不自生[1]，故能长生。是以圣人后其身而身先[2]，外其身而身存[3]。非以其无私邪？故能成其私。

【注释】

〔1〕不自生：天地运行不是为了自己的生存。
〔2〕后其身而身先：处处把自己的利益放在后面，反而能得到人们的拥护，结果占先了。
〔3〕外其身：把自己置之度外。

【译文】

天地长久存在。天地之所以能够长久存在，原因在于它们的存在不是为了自己，所以能长久存在。因此圣人把自己的利益放在最后，反而能占先；把自己置之度外，反而能够保存。不正是因为圣人不自私吗？所以反而成就了他的伟业。

八 章

【题解】

在上一章以天地之道推及人道之后，这一章又以自然界的水来喻人、教人。老子首先用水性来比喻有高尚品德者的人格，认为他们的品格像水那样，一是柔，二是停留在卑下的地方，三是滋润万物而不与争。最完善的人格也应该具有这种心态与行为。他们不但做有利于众人的事情而不与争，而且还愿意去众人不愿去的卑下的地方，愿意做别人不愿做的事情。他可以忍辱负重，任劳任怨，能尽其所能地贡献自己的力量去帮助别人，而不会与别人争功争名争利，这就是老子"善利万物而不争"的著名思想。

【原文】

上善若水[1]。水善利万物而不争，处众人之所恶[2]，故几于道[3]。

【注释】

[1] 上善：指道德高尚。
[2] 所恶：所讨厌的地方。指低洼之地。
[3] 几于道：差不多符合道的原则。几，接近。

【译文】

高尚的品格像水一样。水善于施利于万物而不与万物相争，安居于众人所讨厌的低洼之地，所以说它的行为差不多符合道的原则。

【原文】

居善地[1]，心善渊[2]，与善仁[3]，言善信[4]，正善治[5]，事善能，动善时[6]。夫唯不争，故无尤[7]。

【注释】

〔1〕居善地：居住时善于选择地方。这个地方指卑下之地。本段中的"善"都是"善于"的意思。译文为了避免重复生硬，一律免去。

〔2〕渊：深，可容纳万物。

〔3〕与善仁：与别人交往要仁爱。与，交往。

〔4〕信：诚实。

〔5〕正善治：为政要顺道而善治。正，通"政"，执政。治，清静安定。

〔6〕时：选择时机。

〔7〕尤：过失，罪过。这里引申为灾难。

【译文】

安居卑下之位，思想如深渊包容万物，交往仁慈友爱，言语真实无欺，为政顺道而善治，办事有条不紊，行为择时而动。正因为它与人无争，所以没有灾难。

九 章

【题解】

这一章正面讲一般人的为人之道，主旨是要留有余地，不要把事情做得太过，不要被胜利冲昏头脑。老子认为，不论做什么事都不可过度，而应该适可而止。锋芒毕露、富贵而骄、居功贪位都是过度的表现，难免招致灾祸。一般人在名利当头的时候，没有不心醉神往的，没有不趋之若鹜的。老子在这里说出了知进而不知退、善争而不善让的祸害，希望人们把握好度，适可而止。本章的主旨在于写"盈"，"盈"即满溢、过度的意思，自满自骄都是"盈"的表现。持"盈"的结果，将不免于倾覆的祸患。所以老子谆谆告诫人们不可"盈"，一个人在成就了功名之后，就应当身退不盈，这才是长保之道。

【原文】

持而盈之[1]，不如其已[2]；揣而锐之[3]，不可常保。

【注释】

〔1〕持而盈之：做事要求圆满。持，握持，引申为做事。盈，圆满。

〔2〕已：停止。

〔3〕揣（zhuī）而锐之：锤锻而使之锐利。揣，锤击锻磨。锐，用作动词，使之锐。

【译文】

办事要求圆满完美，不如停止不干；刀刃锤锻得尖锐锋利，其锋刃不能持久。

【原文】

金玉满堂，莫之能守[1]；富贵而骄，自遗其咎[2]。功成身退，天之道[3]。

【注释】

〔1〕莫之能守：莫能守之。莫，没有人。之，代指金玉。
〔2〕咎：灾难。
〔3〕天之道：大自然的规律。

【译文】

金玉满屋，没有人能保得住；富贵而傲慢，是自取灾难。功成身退，是自然规律。

十 章

【题解】

这一章着重讲修身的功夫。这里写了六句问话，似乎是把"道"运用于修身治国方面所做的几条总结，对一般人和统治者提出了概括的要求。本章每句的后半句似乎是疑问，其实疑问本身就是最好的答案。老子认为人们无论是形体还是精神，无论是主观努力还是客观实际，都不可能是完全一致的；但是人们在现实生活中应该将精神和形体合而为一而不偏离，即使肉体生活与精神生活相和谐。这样就必须做到心境极其静定，洗清杂念，摒除妄见，懂得自然规律，加深自身的道德修养，也才能够"爱民治国"。

【原文】

载营魄抱一[1]，能无离乎？专气致柔[2]，能与婴儿乎？涤除玄览[3]，能无疵乎[4]？爱民治国，能无以智乎？天门开阖[5]，能为雌乎[6]？明白四达[7]，能无为乎？

【注释】

[1]载：语助词，无实义。一说同"哉"，句尾语气词，应属上章。营魄：身体和灵魂。寄托之处叫营，古人认为肉体是灵魂的寄托之所，所以把肉体叫作"营"。一说"营魄"即灵魂的意思。抱一：结为一体。道家反对魂不守舍的行为，后来的道教还把这一观点发展为重要的养生方法。

[2]专气致柔：专一精神，以达到柔弱状态。气，精神。

[3]涤（dí）除玄览：清除尘垢，保持心灵的清明。涤，洗。玄览，指心灵。"览"应作"鉴"，镜子，比喻能观照万物的心。

[4]疵（cī）：毛病，错误。

[5]天门开阖（hé）：大自然的变化。天门，指自然。一说指耳目口鼻。开阖，即开闭，比喻变化。

[6]雌：柔和。

[7]四达：处处通达明白。

【译文】

使身体和灵魂结为一体，大概能够做到不相分离了吧？专一精神以达到柔弱状态，大概能够像婴儿一样了吧？清除尘垢以保持心灵的清明，大概能够不犯错误了吧？爱民治国，大概能够不使用智慧了吧？在自然的变化之中，大概能够安居于柔和的状态吧？明白通达，大概能够做到顺应自然吧？

【原文】

生之畜之[1]，生而不有，为而不恃[2]，长而不宰[3]，是谓玄德[4]。

【注释】

〔1〕畜之：养育万物。畜，养。之，代指万物。
〔2〕为而不恃：帮助万物却不占用它们。为，帮助。恃，依赖，引申为占用。
〔3〕长而不宰：使万物顺利生长却不做它们的主宰者。
〔4〕是谓玄德：这就算是高尚的品德。是，代指以上做法。玄，高深，高尚。

【译文】

（圣人）帮助万物繁殖、生长，生养了万物却不据为己有，帮助了万物却不占用它们，成就了万物却不做它们的主宰者，这可以算是高尚的品德。

十一章

【题解】

在现实社会生活中，一般人只注意实有的东西及其作用，而忽略了虚空的东西及其作用。对此，老子在本章里论述了"有"与"无"即实在之物与空虚部分之间的相互关系。他举例说明"有"和"无"是相互依存的、相互为用的。无形的东西能产生很大的作用，只是不容易被一般人所觉察。他特别把"无"的作用向人们显现出来。老子举了三个例子：车子的作用在于载人运货，器皿的作用在于盛装物品，房屋的作用在于供人居住，这是车、皿、室给人的便利。车子是由辐和毂等部件构成的，这些部件是"有"，毂中空虚的部分是"无"，没有"无"车子就无法行驶，当然也就无法载人运货，其"有"的作用也就发挥不出来了。器皿没有空虚的部分，即无"无"，就不能起到装盛东西的作用，其外壁的"有"也无法发挥作用。房屋同样如此，如果没有四壁门窗之中空的地方可以出入、采光、流通空气，人就无法居住，可见是房屋中的空的地方发挥了作用。本章所讲的"有"与"无"是就现象界而言的，与第一章所说的"有"与"无"不同，后者是就超现象界而言的，读者应注意加以区别。

【原文】

三十辐共一毂[1]，当其无[2]，有车之用；埏埴以为器[3]，当其无[4]，有器之用；凿户牖以为室[5]，当其无[6]，有室之用。故有之以为利[7]，无之以为用。

【注释】

〔1〕三十辐共一毂（gǔ）：三十根辐条集中在一个车毂上。辐，车子的辐条。共，集中。毂，车轮中心有圆孔可以插轴的部分。

〔2〕当其无：正因为车毂中有个空间。当，正，引申为正因为。无，空间，这里指车毂中间的圆孔。

〔3〕埏（shān）埴（zhí）以为器：糅合黏土制造陶器。埏，揉。埴，黏土。

〔4〕无：指陶器中空的地方。

〔5〕户牖（yǒu）：门和窗。

〔6〕无：指房屋中的空间。

〔7〕有之：指物质部分，与下句中的"无（空间）之"相对。之，无实义。下句中的"之"与此同。

【译文】

三十根辐条集中在一个车毂上，正是因为有了车毂中的空间，才有了车的作用；揉搓黏土制造器皿，正是因为有了器皿中间的空间，才有了器皿的作用；开凿门窗修建房屋，正是因为有了房屋中的空间，才有了房屋的作用。所以说"有"是物体形成的条件，"无"才是物体功用之所在。

十二章

【题解】

对于这一章，人们普遍认为是老子针对奴隶主贵族贪欲奢侈、纵情声色而写的，是揭露和劝诫，也是严正警告。但在对此章具体解释时，却有两种截然不同的意见。一种意见说，老子从反对统治阶级腐朽生活出发，得出一般结论，即反对一切声色，否定发展文化。持此观点的人认为，老子所谓"为腹不为目"的说法，是把物质生活和精神文明对立起来，是他的愚民思想的一种表现，即只要给人们温饱的生活就可以了。这是彻底的文化否定论。另一种意见认为，老子所说的"五色"、"五声"、"五味"、围猎之乐、难得之货，并非都是精神文明，所以不存在把物质生活与精神文明对立起来的问题，而是反映了奴隶主贵族糜烂生活中那令人目盲、令人耳聋、令人心发狂的腐朽文化，这种文化的价值也不过等同于打猎之乐和难得之货。这两种意见都有自己的道理，有理解上的差异，也有学者自身价值观的区别。不过，此处的争论倒是提醒我们今天在发展物质文明的同时，更要重视精神文明的发展，反对物欲横流引起的精神腐蚀。

【原文】

五色令人目盲[1]，五音令人耳聋[2]，五味令人口爽[3]，驰骋畋猎令人心发狂[4]，难得之货令人行妨[5]。是以圣人为腹不为目[6]，故去彼取此[7]。

【注释】

[1] 五色：青、黄、赤、白、黑。这里泛指各种美丽的色彩。
[2] 五音：宫、商、角、徵、羽，也叫五声。这里泛指美妙的音乐。
[3] 五味：酸、苦、甘、辛、咸。这里泛指美食。爽：伤。
[4] 驰骋（chěng）：驱马奔驰。畋（tián）猎：打猎。狂：心疾，即今天所说的精神失常。
[5] 行妨：品德、品行受到伤害。这里主要指盗窃，掠夺之类的恶行。
[6] 目：这里泛指以上所说的各种耳目享受。
[7] 去彼取此：去掉耳目享受，只求填饱肚子。彼，指上文讲的五色、五音、五味、畋猎等。此，指"为腹不为目"的生活。

【译文】

缤纷的色彩，使人目盲；美妙的音乐，使人耳聋；丰美的食物，使人口伤；驰马打猎，使人精神失常；珍贵物品，使人盗窃掠夺行为不端。所以圣人只关注民众能否温饱，摒弃耳目的奢望，使生活保持稳定正常。

十三章

【题解】

这一章讲的是人的尊严问题。老子强调"贵身"的思想，论述了宠辱对人身的危害。老子认为，一个理想的治者，首要在于"贵身"，不胡作妄为。只有珍重自身生命的人，才能珍重天下人的生命，也就可使人们放心地把天下的重责委任于他，让他担当治理天下的任务。在上一章里，老子说到"为腹不为目"的"圣人"，能够"不以宠辱荣患损易其身"，才可以担负天下重任。此章接着说"宠辱若惊"。在他看来，得宠者以得宠为殊荣，为了不致失去殊荣，便在赐宠者面前诚惶诚恐，曲意逢迎。他认为，"宠"和"辱"对于人的尊严之挫伤，结果并没有什么两样，受辱固然损伤了自尊，受宠何尝不损害人自身的人格尊严呢？得宠者总觉得受宠是一份意外的殊荣，便担心失去，因而人格尊严无形地受到损害。如果一个人未经受任何辱与宠，那么他在任何人面前都可以傲然而立，保持自己完整、独立的人格。

【原文】

宠辱若惊[1]，贵大患若身[2]。

【注释】

〔1〕宠辱：都为动名词，指受到宠辱。
〔2〕贵：看重。

【译文】

受宠惊喜而受辱惊恐，这是把它看得如同祸患缠身。

【原文】

何谓宠辱若惊？宠为下[1]。得之若惊[2]，失之若惊，是谓宠辱若惊[3]。

【注释】

〔1〕宠为下：受宠是卑下的事情。
〔2〕之：代指荣宠。
〔3〕是：代指上述情况。

【译文】

为什么受到宠辱好像受到惊吓呢？因为受宠是卑下的事情。所以得到这些好像受到惊吓，失去这些也好像受到惊吓，这就叫作"宠辱若惊"。

【原文】

何谓贵大患若身[1]？吾所以有大患者，为吾有身[2]。及吾无身[3]，吾有

何患？故贵以身为天下[4]，若可寄天下[5]；爱以身为天下，若可托天下。

【注释】

〔1〕何谓：何为，为什么。

〔2〕有身：即有我、有私，看重自己的意思。

〔3〕及吾无身：如果没有了自身的存在。及，如果。据王引之《经传释词》，"及"与"若"古代通用。

〔4〕贵以身为天下：情愿把自己全部身心投入治理天下的人。贵，看重，引申为愿意。以，用。为，治理，也可理解为介词"为了"。"以身为天下"全部属于"贵"的宾语。"爱以身为天下"的句式与此相同，意思也相同。

〔5〕若可：才可。若，乃，才。

【译文】

为什么会把（宠辱若惊）重视得如同祸患缠身？我们有大患缠身的原因，是因为我们太看重自身了。如果没有了自身的存在，我们还会有什么大灾难呢？所以只有那些情愿把自己全部身心投入治理天下的人，才可以把天下交给他；只有那些愿意把自己全部身心投入治理天下的人，才可以把天下托付给他。

十四章

【题解】

本章是描述"道"体的。在第六章和第八章，分别以具体的形象——山谷和水，来比喻道的虚空和柔弱。本章以抽象的理解，来描述"道"的性质，并讲到运用"道"的规律。在这里，"道"即"一"。在前面几章中，老子所说的"道"有两种内涵：一是指物质世界的实体，即宇宙本体；一是指物质世界或现实事物运动变化的普遍规律。这两者之间实际是相互联系的。本章所讲的"一"（"道"）包含有以上所讲"道"的两方面内涵。老子描述了"道"的虚无缥缈、不可感知、看不见、听不到、摸不着，然而又是确实存在的，是所谓"无状之状，无物之象"。"道"有其自身的变化运动规律，掌握这种规律，便是了解具体事物的根本。

【原文】

视之不见曰夷[1]，听之不闻曰希[2]，搏之不得曰微[3]。此三者不可致诘[4]，故混而为一[5]。

【注释】

[1]之：本段中三个"之"字都代指道。夷（yí）：灭，没有。这里指没有形影。

[2]希：少，罕，这里引申为没有，指没有声音。

[3]搏：用手去触摸。微：无，没有，这里指没有形体。

[4]致诘（jié）：追究到底。致，极尽。诘，追问，追究。

[5]混而为一：合为一体。混，合。一，一体，这个"一体"指的是道。

【译文】

看它又看不见，这叫作无形；听它又听不到，这叫作无声；摸它又摸不着，这叫作无体。这三种特性都是无法追究考察到底的，它们混合成道。

【原文】

一者其上不皦[1]，其下不昧[2]，绳绳不可名[3]，复归于无物[4]。是谓无状之状，无物之象[5]。是谓惚恍[6]，迎之不见其首，随之不见其后。

【注释】

[1]其上不皦（jiǎo）：它的上面不太明亮。其，代指道。皦，明亮。道是规律，规律是无形的东西，所以它的上面不太明亮，而下面也不太昏暗。

[2]昧（mèi）：昏暗。

[3]绳绳（mǐn）：无形无影的样子。不可名：无法称说，无法形容。

[4]复归：二字同义，都是归属、属于的意思。

[5]象：形象。

[6]惚恍：迷离恍惚、无法捉摸的样子。

【译文】

（规律这个东西）它的上部不太明亮，它的下部也不太阴暗，它无形无影难以形容，可以说它不是一个物体（然而它确实存在）。这可以把它叫作没有形状的形状、没有形体的形象。它可以说是迷离恍惚、无法捉摸的，面对着它却看不见它的前头，尾随着它也看不见它的后面。

老子

【原文】

执古之道[1]，以御今之有[2]，能知古始[3]，是谓道纪[4]。

【注释】

〔1〕执：秉执，依照。
〔2〕御：驾驭，支配。今之有：现在的万物。有，物质存在，泛指万物。
〔3〕古始：二字同义，指原始古代，这里指原始古代的情况。
〔4〕道纪：道的纲纪，即规律。

【译文】

掌握了亘古已有的规律，就可以驾驭、支配现在的万物，就能够了解远古时代的情形。这可说是"道"的规律。

十五章

【题解】

这一章紧接前章，对得"道"之士做了描写。老子称赞得"道"之士的"微妙玄通，深不可识"，他们掌握了事物发展的普遍规律，懂得运用普遍规律来处理现实存在的具体事物。也可以说这是教一般人怎样掌握和运用"道"。得"道"之士的精神境界远远超过一般人所能理解的水平，他们具有谨慎、警惕、严肃、洒脱、融和、纯朴、旷达、浑厚等人格修养，他们微而不显，含而不露，高深莫测，为人处事从不自满高傲。

【原文】

古之善为士者[1]，微妙玄通[2]，深不可识[3]。夫惟不可识[4]，故强为之容[5]：豫兮[6]，若冬涉川[7]；犹兮，若畏四邻；俨兮[8]，其若客；涣兮[9]，若冰之将释[10]；敦兮[11]，其若朴[12]；旷兮[13]，其若谷；混兮[14]，其若浊[15]。

【注释】

〔1〕善为士者：善于当士的人，这里指懂得"道"的人。为，当。士，这里指有才能的人。

〔2〕玄通：指思想深邃而通达。

〔3〕识：认识，理解。

〔4〕夫：发语词。惟：仅仅，正因为。

〔5〕容：用如动词，形容，描述。

〔6〕豫："豫"与下句中的"犹"原为一个双声词"犹豫"，迟疑不决的样子。此处拆开使用，作互文看待。引申为办事谨慎小心、反复考虑的样子。

〔7〕涉川：赤脚渡水。

〔8〕俨（yǎn）：恭敬，庄严。下句的"客"，王弼本作"容"，据河上公本改。

〔9〕涣：散。这里形容思想开通而不固执。

〔10〕释：消融。

〔11〕敦（dūn）：敦厚。

〔12〕朴：未加工的素材。

〔13〕旷：空阔开朗。

〔14〕混：浑厚。

〔15〕浊：混浊的大水。

【译文】

古代那些懂得规律的人，（其思想）细致精妙、深邃通达，深刻得难以理解。正因为他们难以理解，所以只能勉强加以描述：（他们办事）反复考虑，就像寒冬要赤脚过河；谨慎小心，就像畏惧四邻的围攻；恭敬庄重，就像一位做客的人；通达而不固执，就像将要融化的冰块；朴实敦厚，就像未经雕饰的素材；空阔开朗，就像那深山的幽谷；浑厚含蓄，就像那混浊的大水。

【原文】

孰能浊以止[1]，静之徐清[2]？孰能安以久，动之徐生[3]？

【注释】

〔1〕孰能浊以止：谁能像混浊的大水那样而停留在这种状态上。孰，谁。以，而。止，停留。

〔2〕静之：使浊水安静下来。之，代浊水。

〔3〕动之徐生：慢慢萌动生机。之，代指上句讲的清静状态。

【译文】

（除了得道之士）谁还能够使自己像混浊大水那样而停留在这种状态上，在安静中慢慢加以澄清；但是谁又能够在长久的安定之后，又让它逐渐萌动生机？

【原文】

保此道者不欲盈[1]。夫唯不盈，故能敝而新成[2]。

【注释】

〔1〕保：占有，掌握。不欲盈：不自满。

〔2〕敝而新成：去故更新。敝，破旧，比喻有缺陷的旧状态。新成，新的成功，新的事物。

【译文】

保有此道的人永不自满，正因为他从不自满，所以才能弃旧图新。

十六章

【题解】

本章里，老子特别强调致虚守静的功夫。他主张人们应当用虚寂沉静的心境，去面对宇宙万物的运动变化。在他看来，万事万物的发展变化都有其自身的规律，从生长到死亡、再生长到再死亡，生生不息，循环往复以至无穷，都遵循着这个运动规律。老子希望人们能够了解、认识这个规律，并且把它应用到社会生活之中。在这里，他提出"归根""复命"的概念，主张回归到一切存在的根源，这里是完全虚静的状态，这是一切存在的本性。

【原文】

致虚极[1]，守静笃[2]。万物并作[3]，吾以观其复[4]。夫物芸芸[5]，各复归其根[6]。

【注释】

〔1〕致虚极：极力做到虚寂寡欲。虚，内心虚寂寡欲。极，表程度深的副词。

〔2〕笃（dǔ）：深，甚。

〔3〕作：生长起来。

〔4〕以观其复：凭借（清静寡欲的品质）观察万物循环往复的情况。以，凭借。后省略宾语"虚""静"。复，循环往复。

〔5〕芸芸（yún yún）：众多的样子。

〔6〕根：出发点，这里指死亡。

【译文】

极力做到虚寂寡欲，彻底坚持清静无为。万物一齐生长起来，我就凭借着清静寡欲的品质来观察万物循环往复的情况。万物众多，但最终都要回到自己的出发点。

【原文】

归根曰静[1]，是谓复命[2]。复命曰常[3]，知常曰明[4]。不知常，妄作[5]，凶。

【注释】

〔1〕静：这里指虚寂死亡。

〔2〕是谓复命：死亡之后会重新获得生命。是，代指"静"，死亡。

〔3〕常：自然法则。

〔4〕明：明智。

〔5〕妄作：胡乱行动。妄，胡乱。

【译文】

（万物）回到出发点就是虚寂死亡，死亡后会重新获得生命。孕育新生命是正常的自然法则，懂得这个永远不变的道理可以算是明智。不懂得这个永远不变的道理，胡乱行动，就会遇到凶险。

【原文】

知常容[1]，容乃公[2]，公乃全[3]，

全乃天[4]，天乃道，道乃久，没身不殆[5]。

【注释】

〔1〕容：包容。指包容一切，既能包容生、强、荣等，又能包容死、弱、辱等。
〔2〕公：公允，正确。
〔3〕全：周遍。
〔4〕天：指天之道，也即自然规律。
〔5〕没（mò）身不殆（dài）：终生不会遇到危险。没，通"殁"，死。殆，危险。

【译文】

懂得这一不变之理就能包容一切，能够包容一切就能够正确对待一切，能够正确对待一切就能够周全，能够周全进而就能了解自然规律，了解了自然规律进而就能掌握普遍规律，掌握了普遍规律就能长久生存，终生不会遇到危险。

十七章

【题解】

这一章里，老子提出了自己的政治主张。他把统治者按不同情况分为四种，其中最好的统治者是人民仅知道他的存在，最坏的统治者是被人民所轻侮，处于中间状况的统治者是老百姓亲近并称赞他，或者老百姓畏惧他。老子理想中的政治状况是：统治者具有诚朴信实的素质，他悠闲自在，很少发号施令，政府只是服从于人民的工具而已，政治权力丝毫不得逼临于人民身上，即人民和政府相安无事，各自过着安闲自适的生活。当然，这只是老子的主观愿望，是一种乌托邦式的政治幻想。

【原文】

太上[1]，下知有之；其次，亲而誉之；其次，畏之；其下，侮之[2]。信不足焉[3]，安有不信。悠兮其贵言[4]，功成事遂[5]，百姓皆谓我自然[6]。

【注释】

〔1〕太上：最上，这里指最好的统治者。
〔2〕侮：轻视，轻慢。
〔3〕信：诚实。下一句中的"信"是"信任"的意思。
〔4〕悠：悠闲，即清静无为。贵言：不轻易施行言教。
〔5〕功成事遂：天下治理好了。功、事，都指治国的事。成、遂，都是成功的意思。
〔6〕自然：本书的"自然"全作"本身的样子"讲，与今天"自然界"的意思不同。自，本身，本来。然，……的样子。

【译文】

最好的统治者，百姓感觉到他的存在；次一等的统治者，百姓亲近他、称赞他；再次一等的统治者，百姓害怕他；最次的统治者，百姓轻视他。正是因为他本身的诚信不足，所以才不被百姓信任。（最好的统治者）清静无为，不轻易发号施令，天下治理得井然有序，而百姓都认为我们本来就是这个样子。

十八章

【题解】

本章可以从两方面来理解。一方面是它的直接内容，即指出由于君上失德，大道废弃，需要提倡仁义以挽颓风。老子对当时病态社会的种种现象加以描述。另一方面是表现了相反相成的辩证思想，把辩证思想应用于社会，分析了智慧与虚伪、孝慈与家庭纠纷、国家混乱与忠臣等，都存在着对立统一的关系。国家大治，六亲和顺，就显不出忠臣孝子；只有六亲不和、国家混乱，才需要提倡孝和忠，这也是相互依属的关系。这是说，社会对于某种德行的提倡和表彰，正是由于社会特别欠缺这种德行的缘故。

【原文】

大道废，有仁义；智慧出，有大伪；六亲不和[1]，有孝慈[2]；国家昏乱，有忠臣。

【注释】

〔1〕六亲：父、子、兄、弟、夫、妇。这里泛指亲人。

〔2〕孝慈：子女爱父母叫孝，父母爱子女叫慈。

【译文】

抛弃了大道，就有了仁义；出现了智慧，就有了严重的虚伪；家庭不和，就有了孝慈；国家动乱，就有了忠臣。

十九章

【题解】

上一章叙述了大道废弃后社会的种种病态表现，本章则针对社会病态，提出治理的方案。在前一章里，老子说"智慧出，有大伪"，因而主张抛弃这种聪明智巧。他认为"圣""智"产生法制巧诈，用法制巧诈治国，便成为扰民的"有为"之政。抛弃这种扰民的政举，人民就可以得到切实的利益。本章中，许多本子引到"少私寡欲"结束，把"绝学无忧"作为下一章的开端。本书主张把此句放在本章，"绝学无忧"正可以与前句"见素抱朴，少私寡欲"并列。

【原文】

绝圣弃智[1]，民利百倍；绝仁弃义，民复孝慈；绝巧弃利[2]，盗贼无有。此三者以为文不足[3]，故令有所属[4]：见素抱朴[5]，少私寡欲，绝学无忧[6]。

【注释】

〔1〕圣：聪明通达。与"智"义近。

〔2〕利：货利。

〔3〕此三者以为文不足：即"以此三者为文不足"，把这三条仅放在口头上作为理论谈谈还不行。文，文字，引申为理论。

〔4〕所属：有所依归，有所落实。即为以上三条落实一个具体的解决办法。

〔5〕见素抱朴：行为单纯，内心淳朴。见，通"现"，表现，行为。抱，

怀抱，指内心坚持。

〔6〕无忧：无忧无虑。

【译文】

抛弃聪明才智，百姓就会得到百倍的利益；抛弃仁义，百姓就能做到孝慈；抛弃机巧与货利，盗贼就不会产生。以上三条只作为理论谈谈是不够的，所以要给它们分别落实一些实行的具体措施：行为单纯，内心淳朴；减少私心，降低欲望；抛弃学问，就能无忧无虑。

二十章

【题解】

老子根据辩证的原理，认为贵贱善恶、是非美丑种种价值判断都是相对形成的，而且随环境的差异而变动。在本章里，老子将世俗之人的心态与自己的心态做了对比描述。他揭露社会上层追逐物欲的贪婪之态，并以相反的形象夸张地描述自己。文中的"我"指老子本人，但又不仅仅是指他个人，而是一种有抱负、有期望的人。"众人""俗人"指社会上层。这些人对是非、善恶、美丑的判断，并无严格标准，甚至是混淆的，任意而行。他说"我"是"愚人之心"，这当然是正话反说。世俗之人纵情于声色货利，而"我"却甘守淡泊朴素，以求精神的升华，而不愿随波逐流。

【原文】

唯之与阿[1]，相去几何[2]？美之与恶，相去何若？人之所畏，不可不畏。荒兮[3]，其未央哉[4]！

【注释】

〔1〕唯：表赞成的应答之声。阿：通"诃"。

〔2〕相去：相差。
〔3〕荒：荒远，久远。
〔4〕未央：没有尽头。央，尽头。

【译文】

赞成与反对，相差有多远？善与恶，相差又有多远？然而别人所害怕的，我不能不怕。盲从之风，自古如此，就像没有尽头。

【原文】

众人熙熙[1]，如享太牢[2]，如春登台。我独泊兮[3]，其未兆[4]，如婴儿之未孩[5]。傫傫兮[6]，若无所归[7]！

【注释】

〔1〕熙熙（xī xī）：快乐的样子。
〔2〕太牢：宴会或祭祀时并用牛、羊、猪三牲，叫太牢。
〔3〕泊：漂泊。
〔4〕未兆：没有任何表现。兆，征兆，引申为表现。
〔5〕孩：婴儿笑。
〔6〕傫傫（léi léi）：垂头丧气、狼狈不堪的样子。
〔7〕无所归：无家可归。

【译文】

众人是那样的欢乐，就像参加盛大宴会，又如春日登台赏景一样；而只有我独自漂泊，没有任何表现，如同一个还不会笑的婴儿一样。我是如此狼狈不堪，就像一个无家可归的人。

【原文】

众人皆有余[1]，而我独若遗[2]。我愚人之心也哉，沌沌兮[3]！俗人昭昭[4]，我独昏昏[5]。俗人察察[6]，我独闷闷[7]。澹兮[8]，其若海；飂兮[9]，若无止[10]。

【注释】

〔1〕有余：有富裕的财产。
〔2〕若遗：好像被抛弃了一样。
〔3〕沌沌：无知的样子。
〔4〕昭昭：炫耀自己。

〔5〕昏昏：糊涂的样子。
〔6〕察察：精于计算。
〔7〕闷闷：与"昏昏"同义，糊涂的样子。
〔8〕澹（dàn）：辽远。
〔9〕飂（liù）：急风。
〔10〕无止：没有归宿。止，停止，停止的地方。

【译文】

众人都过着富裕幸福的生活，只有我像被遗弃了一样。因为我有一副愚人的心肠，太无知了。世人都自我炫耀，只有我是这样糊涂；世人都工于算计，只有我是这样糊涂。心是那样辽阔，就像无边无缘的大海一样；思绪如同飘忽不定的长风，不知何处才是归宿。

【原文】

众人皆有以[1]，而我独顽似鄙[2]。我独异于人，而贵食母[3]。

【注释】

〔1〕有以：有用。以，用。
〔2〕似：通"以"，而。鄙：浅陋无知。
〔3〕食母：即"食于母"，从"道"那里得到营养。母，即"道"，因为"道"是天下万物产生的根本，故称其为"母"。

【译文】

众人都有用，只有我冥顽无能。虽然只有我和大家不一样，但我还要寻求道的滋养。

二十一章

【题解】

从本书第一章起，老子就指出"道"是宇宙的本原。但这个本原"道"，是精神的还是物质的呢？对此问题，学术界的解释不同，就出现了唯心主义和唯物主义两种观点。本章中，老子进一步发挥第十四章关于"道"是"无状之

状,无物之象。是谓惚恍"的观点,明确地提出"道"由极其微小的物质组成,虽然看不见,无形无象,但确实存在,万物都是由它产生的。在本章里,老子还提出"德"的内容是由"道"决定的,"道"的属性表现为"德"的观点,集中地描述了"道"的一些特点。一章、四章、十四章、本章和二十五章,是研究老子哲学思想的核心——"道"的性质问题的重要篇章。

【原文】

孔德之容[1],惟道是从[2]。

【注释】

[1]孔德:伟大的品质。孔,大。德,品质。容:动。
[2]惟道是从:古汉语的一种宾语提前句式,等于"惟从道"。惟,同"唯",仅仅。从,遵循。

【译文】

大德的行动就是遵循规律。

【原文】

道之为物,惟恍惟惚[1]。惚兮恍兮,其中有象[2];恍兮惚兮,其中有物;窈兮冥兮[3],其中有精[4]。其精甚真,其中有信[5]。

【注释】

[1]惟恍惟惚:即"恍惚",隐约不清、难以捉摸的样子。惟,语气词。下文中的"惚兮恍兮""恍兮惚兮"意思同此。
[2]象:形象,引申为内容。
[3]窈兮冥兮:即"窈冥",幽暗深远、难以认识的意思。
[4]精:精气,精气说为道家所发明。
[5]信:真实。

【译文】

道这个东西,是隐约不清、没有形体的。它是那样的恍惚迷离,但其中确实有一定内容;它是那样的迷离恍惚,但其中确实有个东西。它是那样的深邃而难以认识,但其中却有精气,这精气清晰可知,真实而又可信。

【原文】

自古及今,其名不去[1],以阅众甫[2]。吾何以知众甫之状哉[3]?以此。

【注释】

[1]其名:指道的功用。
[2]以阅众甫:凭借道了解万物开始时的情况。以,凭借。后省宾语"道"。阅,检查,认识。众,万物。甫,开始。
[3]何以:以何,凭什么。

【译文】

从古到今,道的作用是不会被废弃的,凭借着它就可以了解万物开始时的情况。我凭什么知道万物开始时的情况呢?就是凭借着道。

二十二章

【题解】

这一章,老子从生活经验的角度,进一步深化了第二章所阐释的辩证思想。第二章重点讲的是矛盾的转化。本章一开头,老子就用了六句古代成语,讲述事物由正面向反面变化所包含的辩证思想,即委曲和保全、弯曲和伸直、不满和盈溢、陈旧和新生、缺少和获得、贪多和迷惑。他用辩证思想作为观察和处理社会生活的原则,最后他得出的结论是"不争"。

【原文】

曲则全[1],枉则直[2];洼则盈,敝则新;少则得,多则惑[3]。

【注释】

〔1〕曲：委曲。
〔2〕枉：弯曲。
〔3〕惑：迷乱。

【译文】

委曲反能保全，弯曲反能伸直；低洼反能充盈，陈旧反能更新；欠缺反有收获，贪多反会迷乱。

【原文】

是以圣人抱一为天下式[1]。不自见[2]，故明[3]；不自是，故彰[4]；不自伐[5]，故有功；不自矜[6]，故长。夫唯不争，故天下莫能与之争。

【注释】

〔1〕抱一：守道，指圣人体魄与精神的合一。式：楷模。
〔2〕见：通"现"，表现。
〔3〕明：是非分明。
〔4〕彰：彰显。
〔5〕伐：夸耀自己的功劳。
〔6〕矜（jīn）：骄傲。

【译文】

所以圣人能够守道，从而成为天下的楷模：(他们)不自我表现，所以才是非分明；不自以为是，所以才名声彰显；不自我夸耀，所以才有功劳；不自高自大，所以才能处人之上。正因为他们不与人争，所以天下没有人能够同他们竞争。

【原文】

古之所谓"曲则全"者，岂虚言哉？诚全而归之[1]。

【注释】

〔1〕诚全而归之：确实做到周全，就会回归于道。诚，确实。全，周全。之，代指道。

【译文】

古人所说的"委曲反能求全"这些话，难道是些空话吗？确实做到周全，就会回归于道。

二十三章

【题解】

这一章和第十七章是相对应的。第十七章揭示出严刑峻法的高压政策，徒然使百姓"畏之""侮之"，因而希望统治者加以改变。前面几章已多次阐明"行不言之教""悠兮其贵言""多言数穷"等类似的话，本章一开始便继续阐述"希言自然"的道理。这几个"言"字，按字面解释是说话，内含的意思都是指政教法令。老子用自然界狂风暴雨必不持久的事实作比喻，告诫统治者少以强制性的法令横加干涉，更不要施行暴政，而要行"清静无为"之政，才符合自然规律，才能使百姓安然畅适。倘若以法令戒律强制人民，用苛捐杂税榨取百姓，那么人民就会以背戾抗拒的行动对待统治者，暴政将不会持久。

【原文】

希言自然[1]。故飘风不终朝[2]，骤雨不终日。孰为此者[3]？天地。天地尚不能久，而况于人乎？

【注释】

〔1〕希言：字面意思是很少讲话，引申为少发政令。
〔2〕飘风：狂风。终朝：整整一个早上。
〔3〕为此：产生这些狂风暴雨的原因。为，产生。

【译文】

少发政令才合乎自然法则。所以说狂风刮不了一早晨，暴雨下不了一整

天。谁产生的这些狂风暴雨?是天地。天地尚不能长久维持这种剧烈变动的状态,何况人呢?

【原文】

故从事于道者同于道[1],德者同于德,失者同于失[2]。故同于道者,道亦得之[3];同于失者,道亦失之。

【注释】

[1]故从事于道者同于道:所以寻求道的人要与道合一。俞樾《诸子平议》考之甚详。从事,寻求。

[2]失:失道,失德者。

[3]同于道者,道亦得之:愿意同道在一起的人,道也愿意同他在一起。这是一种形象的说法,与孔子的"仁远乎哉?我欲仁,斯仁至矣"(《论语·述而》)的意思相似。下两句与此同。

【译文】

所以说寻求道的人要与道合一,寻求德的人要与德合一,失道与失德的人人与失合一。与道合一的人,道也得到他;与失合一的人,道也抛弃他。

【原文】

信不足焉,有不信焉。

【译文】

自己的诚信不足,才会不被信任。

二十四章

【题解】

在本章里，老子用"企者不立，跨者不行"作比喻，说"自见""自是""自伐""自矜"的后果都是不好的、不足取的。这些轻浮、急躁的举动都是反自然的，短暂而不能持久。急躁冒进，自我炫耀，反而达不到自己的目的。本章不仅说明急躁冒进、自我炫耀的行为不可恃，也喻示着雷厉风行的政举将不被人们所普遍接受。

【原文】

企者不立[1]，跨者不行[2]，自见者不明[3]，自是者不彰，自伐者无功，自矜者不长。

【注释】

[1] 企：踮起脚跟。
[2] 跨：迈大步。
[3] 自见者不明：表现自我的不高明。

【译文】

踮起脚跟想站得高一些的反而站不稳，迈着大步想走得快一些的反而走不远，自我表现的反而名声不大，自以为是的反而声誉不高，自我夸耀的反而没有功劳，自高自大的反而不能领导众人。

【原文】

其在道也[1]，曰余食赘行[2]，物或恶之[3]，故有道者不处[4]。

【注释】

[1] 其：代指以上行为。
[2] 余食赘行：剩饭赘瘤，比喻多余无用的东西。赘：多余的。行：通"形"，形体。
[3] 或：也许。恶：厌恶。

〔4〕不处：不这样做。

【译文】

用道去衡量这些行为，他们就像残羹和赘瘤，大家也许讨厌这些行为，所以有道的人是不会这样做的。

二十五章

【题解】

截至本章，我们对老子的"道"已经有了几点基本的了解。这一章，老子描述了"道"的存在和运行，这是《道德经》里很重要的内容。主要包括："有物混成"，用以说明"道"是浑朴状态的，它是圆满和谐的整体，并非由不同因素组合而成；"道"无声无形，先天地而存在，循环运行不息，是天地万物之"母"；"道"是一个绝对体；现实世界的一切都是相对存在的，而唯有"道"是独一无二的，所以"道"是"独立不改"的。在本章里，老子提出"道""人""天""地"这四个存在，"道"是第一位的，它不会随着变动运转而消失，它经过变动运转又回到原始状态，这个状态就是事物得以产生的最基本、最根源的地方。

【原文】

有物混成[1]，先天地生。寂兮寥兮[2]！独立不改，周行而不殆[3]，可以为天地母[4]。

【注释】

〔1〕混成：混然而成。
〔2〕寂兮寥兮：寂，无声。寥，无形。
〔3〕周行：循环运动。殆：通"怠"，懈怠，引申为停止。
〔4〕母：根本，基本。

【译文】

有一个东西混然而成，它出现在天地之前。它无声无形，独立存在永不改变，循环运动永不停止，可以把它当作天地万物产生的根本。

【原文】

吾不知其名，字之曰道，强为之名曰大。大曰逝[1]，逝曰远[2]，远曰反[3]。

【注释】

〔1〕逝：行进，发展。
〔2〕远：伸展遥远，这里指发展到极盛状态。
〔3〕反：通"返"。

【译文】

我不知道这个东西的名字，就给它起字叫"道"，再勉强给它起个名叫"大"。"大"会运动发展，发展下去就会走向极盛，走向极盛后又要返回原处。

【原文】

故道大[1]，天大，地大，王亦大[2]。域中有四大[3]，而王居其一焉。人法地，地法天，天法道，道法自然[4]。

【注释】

〔1〕道大：同义词连用，目的是为了同下文协调。大，根据"强为之名曰大"，"大"指道、规律。
〔2〕王：称王，治国，统治天下。
〔3〕域中：这里指天地间。
〔4〕自然：本身的样子。自，指道本身。

【译文】

所以说，"道"有"道"的规律，天有天的规律，地有地的规律，统治天下也有统治天下的规律。天地间有四种主要规律，而统治天下的规律只占其中之一。社会规律要效法地的规律，地的规律要效法天的规律，天的规律要效法普遍规律，普遍规律就效法它自身的样子。

二十六章

【题解】

这一章里，老子又举出两对矛盾：轻与重、动与静。而且进一步认为，矛盾中的一方是根本。在重轻关系中，重是根本，轻是其次，只注意轻而忽略重，则会失去根本；在动与静的关系中，静是根本，动是其次，只重视动则会失去根本。在本章里，老子所讲的辩证法是为其政治观点服务的，他的矛头指向"万乘之主"，即大国的国王，认为他们奢侈轻淫，纵欲自残，即用轻率的举动来治理天下。在老子看来，一国的统治者，应当静、重，而不应轻、躁，如此，才可以有效地治理自己的国家。

【原文】

重为轻根，静为躁君[1]。

【注释】

[1]躁：动。君：主，引申为根本。

【译文】

重是轻的基础，静是动的根本。

【原文】

是以君子终日行，不离辎重[1]。虽有荣观[2]，燕处超然[3]。奈何万乘之主而以身轻天下[4]？轻则失本，躁则失君。

【注释】

[1]终日：整天。辎（zī）重：原指行军带的粮食、装备等，此处指君子出门所带的衣食用品。

[2]虽：即使。荣观：相当于今天的"奇观"，美好的景色。

[3]燕处：安闲而居。燕，安闲。处，居。超然：不为外物所动的样子。

[4]万乘（shèng）之主：拥有万辆战车的君主，指大国君主。乘，古时一车四马叫一乘。以身：因为个人。以，因。身，指万乘之主自己。

【译文】

所以君子整天行走,也不离开衣食行李,即使有奇观美景,也安闲而居,超然物外而不为所动(不离开辎重而去游赏美景)。为什么一个大国君主,轻率治国不自重其身?轻举妄动就会丧失根本,躁动就会丧失主宰。

二十七章

【题解】

本章是对"自然无为"思想的引申。老子用"善行""善言""善数""善闭""善结"作喻,说明人只要善于行不言之教,善于处无为之政,符合自然,不必花费太大的气力,就有可能取得很好的效果,并且无可挑剔。这一章又发挥了不自见、不自是、不自伐、不自矜的道理,不从正面"贵其师",不从反面"爱其资",做到"虽智大迷"。因而,本章的主导思想,是把自然无为扩展应用到更为广泛的生活领域之中。

【原文】

善行无辙迹[1];善言无瑕谪[2];善数不用筹策[3];善闭,无关楗而不可开[4];善结,无绳约而不可解[5]。是以圣人常善救人,故无弃人[6];常善救物,故无弃物,是谓袭明[7]。

【注释】

[1] 辙迹:车轮碾过的痕迹。一说,辙,车迹;迹,马足踏过的痕迹。
[2] 瑕谪(zhé):玉上的斑点,比喻缺点、毛病。
[3] 筹策:古时计数用的筹码。
[4] 关楗(jiàn):关闭门户用的器具,相当于今天的门闩。
[5] 绳约:绳索。约,绳子。
[6] 弃人:被遗弃的人。
[7] 袭明:是明智的。袭,掩藏的,不外露的。明,明智。

【译文】

善于行走的不留车迹;善于言谈的没有漏洞;善于计算的不用筹策;善于关闭的,不用关楗却固不可开;善于捆缚的,不用绳索却牢不可解。因此,圣人总是善于教育挽救人，所以没有被遗弃的人；总是善于挽救使用万物，所以没有被遗弃的物。这些做法就叫"袭明"。

【原文】

故善人者，善人之师；不善人者，善人之资[1]。不贵其师，不爱其资，虽智大迷。是谓要妙[2]。

【注释】

〔1〕资：凭借。
〔2〕要妙：精妙。

【译文】

善人是善人的老师，不善人是善人的凭借。不重视他们的老师，不爱惜他们的凭借，即使是明智的人也会变得十分糊涂。这是最奥妙的道理。

二十八章

【题解】

这一章重点讲"复归"的学说。前几章虽多次讲到这个问题，但在本章是作为重点专讲的，给人留下的印象更为深刻。老子提出这样一个原则：知雄、守雌，并用这个原则去从事政治活动、参与社会活动。这种原则在老子所处的时代，可以作为一种生活态度的选择。当时正处在春秋末年，政治动荡，社会混乱，你争我夺，纷纭扰攘，面对这样一种社会状况，老子提出了"守雌"的处世原则。他认为，只要人们这样做，就可以返璞归真，达到天下大治。此处还应注意，不仅是"守雌"，还有"知雄"，在雄雌的对立中，对于雄的一面要有透彻的了解，然后处于雌的一方。本章所用的几个名词，代表着老子的一些基本观念。

【原文】

知其雄，守其雌，为天下谿[1]。为天下谿，常德不离[2]，复归于婴儿。知其白[3]，守其黑[4]，为天下式[5]。为天下式，常德不忒[6]，复归于无极[7]。知其荣，守其辱，为天下谷[8]。为天下谷，常德乃足，复归于朴[9]。

【注释】

〔1〕豀：溪流，老子书中以溪流的意象，代表甘居低下的地位且能万川归之。

〔2〕常德不离：高尚的道德永远不会丧失。

〔3〕白：显明。此处指显赫的地位。

〔4〕黑：幽暗，此处指不显赫的地位。

〔5〕式：榜样。

〔6〕忒（tè）：错误，差失。

〔7〕无极：无穷。

〔8〕谷：山谷，虚空的山谷可包容万物，所以有虚怀若谷的成语。

〔9〕朴：未经加工过的木材，这里比喻"道"。

【译文】

知道什么是雄强，却甘居柔雌的地位，甘做天下的河溪。甘做天下的河溪，高尚的品德就永远不会丧失，就能恢复到纯真的婴儿状态。知道什么是显赫，却甘居幽暗的位置，做天下的榜样。做天下的榜样，品德就永远不会出差错，复归到无尽的真理。知道什么是荣耀，却安于屈辱的地位，甘做天下的山谷。甘做天下的山谷，高尚品德就会永远保持充足，就能够同"道"一样真朴。

【原文】

朴散则为器[1]，圣人用之[2]，则为官长[3]。故大制不割[4]。

【注释】

〔1〕朴散则为器：这是个比喻，用原木可以分别做成各种各样的器具，来比喻"道"可以分别变为各种各样的"德"。

〔2〕用之：顺应万物各自的本性。用，因，顺应。之，代指万物本性。

〔3〕官长：领导，管理。

〔4〕大制不割：完美的体制浑然如一。大制，完美的制度。不割，不割裂事理。

【译文】

　　普遍规律会分别变为万物各自的本性，圣人就顺应着万物各自的本性去进行管理。所以，最完美的体制浑然如一。

二十九章

【题解】

　　本章可以看作老子论"无为"之治，对于"有为"之政所提出的警告，即"有为"必然招致失败。"有为"就是以自己的主观意志去做违背客观规律的事，或者把天下据为己有。事实上，老子所讲的"无为"，并不是无所作为，也不是在客观现实面前无能为力。他在这里说，如果以强力而有所作为或以暴力统治人民，都将是自取灭亡。世间无论人或物，都有各自的秉性，其间的差异性和特殊性是客观存在的，不要以自己的主张意志强加于人，并采取某些强制措施。理想的统治者往往能够顺应自然，不强制，不苛求，因势利导，遵循客观规律。

【原文】

　　将欲取天下而为之[1]，吾见其不得已[2]。天下神器[3]，不可为也。为者败之，执者失之。

【注释】

　　[1]取：治理。
　　[2]不得已：达不到目的。不得，得不到自己所想得到的。已，通"矣"，语气词。
　　[3]神器：神圣的东西，指天下。

【译文】

　　要想治理天下而任意作为，我将会看到他达不到目的。天下这个神圣的东西，是不能用强力去求取。谁想任意作为，谁就会把天下搞乱；谁想把持天下，谁就会失去天下。

【原文】

故物或行或随[1]，或嘘或吹[2]，或强或羸[3]，或挫或隳[4]。是以圣人去甚、去奢、去泰[5]。

【注释】

〔1〕或：有的。行：与"随"相对，表示前行。
〔2〕嘘：慢慢地吹。吹：急吹。
〔3〕羸（léi）：瘦弱。
〔4〕挫：此处与"隳"相对，表示减损一点儿。隳（huī）：毁坏。
〔5〕泰：过分。

【译文】

所以世间众生，有的积极前行，有的消极尾随；有的性情和缓，有的性格急躁；有的身强力壮，有的瘦弱不堪；有的小受挫折，有的全部损伤。所以圣人去掉那些极端的、奢侈的、过分的主观想法。

三十章

【题解】

历来在解释《道德经》的学者中，有一派认为《道德经》是一部兵书。究竟它是不是一部兵书，这个问题我们暂且不说，但老子具有反战思想则是无疑的。春秋战国时代，社会动荡不安，大小战争此起彼伏，给国家带来破坏，给老百姓的生活造成灾难。老子反对战争，符合人民的利益和愿望。在本章里，老子认为战争是人类最愚昧、最残酷的行为，"师之所处，荆棘生焉""大军之后，必有凶年"，揭示了战争给人们带来的严重后果。老子主张反战的思想，无论在当时还是后世，都有其积极的意义。

【原文】

以道佐人主者[1]，不以兵强天下[2]，其事好还[3]。师之所处[4]，荆棘生焉；大军之后[5]，必有凶年[6]。

【注释】

〔1〕佐：帮助。
〔2〕以兵强天下：靠武力逞强于天下。
〔3〕好还：很快得到报应。好，甚，很。还，还报，报应。
〔4〕所处：所驻扎过的地方。
〔5〕大军：这里指大战。
〔6〕凶年：灾荒年。

【译文】

按照道去帮助君主的人，是不靠武力逞强于天下的，发动战争很快就会得到报应。军队驻扎过的地方，荆棘丛生；大战之后，必有荒年。

【原文】

善有果而已[1]，不敢以取强[2]。果而勿矜[3]，果而勿伐[4]，果而勿骄，果而不得已，果而勿强。物壮则老，是谓不道[5]。不道早已[6]。

【注释】

〔1〕果：胜利。
〔2〕取强：逞强。
〔3〕矜：自大。
〔4〕伐：夸功。
〔5〕不道：不符合道。
〔6〕已：停止，这里指灭亡。

【译文】

只要很好地取得胜利就罢手，不敢靠武力逞强。胜利了而不自大，胜利了而不夸耀，胜利了而不骄傲，胜利是出于不得已，胜利而不逞强。事物强盛了就会走向衰败，求强求壮的做法是不符合道的。不符合道就会很快灭亡。

三十一章

【题解】

这一章仍是讲战争之道的，是上一章的继续和发挥。上一章着重从后果讲，这一章以古代的礼仪来比喻。按中国古代的礼仪，主居右，客居左，所以居左有谦让的意思，"君子居则贵左，用兵则贵右"。老子认为，兵器虽然是不祥的东西，但作为君子，在迫不得已之时，也要用战争的方式达到自己的目的，只是在获取胜利时不要以兵力逞强，不要随意地使用兵力杀人。相反，对于在战争中死去的人，还要真心表示哀伤痛心，并且以丧礼妥善安置死者。

【原文】

夫唯兵者，不祥之器[1]，物或恶之[2]，故有道者不处[3]。

【注释】

[1]夫唯：发语词。
[2]恶（wù）：讨厌。
[3]处：处理，安排，这里引申为使用。

【译文】

兵器是不吉利的东西，大家都讨厌它，所以有道的人不使用它。

【原文】

君子居则贵左[1]，用兵则贵右。兵者不祥之器，非君子之器[2]，不得已而用之，恬淡为上[3]。胜而不美[4]，而美之者[5]，是乐杀人。夫乐杀人者，则不可以得志于天下矣。

【注释】

[1]居：平时。贵左：以左边为贵。古人认为左阳右阴，阳代表生，阴代表杀。所以平时以左为贵，战时以居右为贵。
[2]君子：指有道之人。

〔3〕恬淡：淡漠。
〔4〕美：动词，赞美。
〔5〕而：如果。

【译文】

君子平时以左边为贵，作战时却以右边为贵。兵器是不吉利的器物，不是君子应该使用的东西，不得已时才用它，最好漠然处之。即使战胜了也不应赞美，如果赞美它，这就是以杀人为快乐。以杀人为快乐的人，是不可能得志于天下的。

【原文】

吉事尚左[1]，凶事尚右；偏将军居左[2]，上将军居右[3]，言以丧礼处之。杀人之众，以哀悲泣之[4]，战胜以丧礼处之。

【注释】

〔1〕尚：崇尚，与上文"贵"同义。
〔2〕偏将军：副将。
〔3〕上将军：主将。
〔4〕泣：读为涖（lì），通"莅"，临，到，参加。

【译文】

吉庆事以左边为上，凶丧事以右边为上。（打仗时）副将居于左边，主将居于右边，这是说要用办理丧事的礼节去处理战争的事。战争杀人众多，要带着悲痛的心情参加战争，战胜了也要用办理丧事的礼节去处理它。

三十二章

【题解】

这一章讲了"无名""有名""知止"。"无名""有名"不是第一章中以"无"名、以"有"名的"无"和"有"的概念。"无名"指完全做到了不自见、不自是、不自伐、不自矜，所以称为"朴"。所以，本章表达了老子"无为"的政治思想，认为侯王若能依照"道"的法则治天下，顺应自然，那样，百姓们将会自动地服从于他。老子用"朴"来形容"道"的原始"无名"的状态，这种原始质朴的"道"，向下落实使万物兴作，于是各种名称就产生了。立制度，定名分，设官职，不可过分，要适可而止，这样就不会纷扰多事。老子认为，"名"是人类社会引起争端的重要根源。

【原文】

道常无名[1]，朴虽小[2]，天下莫能臣也[3]。侯王若能守之[4]，万物将自宾[5]。天地相合，以降甘露[6]，民莫之令而自均[7]。

【注释】

[1]无名：虚无。这里指规律处于一种看不见、摸不着的虚无状态。

[2]朴虽小：道虽然像未加工过的木材一样微不足道。朴，未加工过的木材。小，道作为规律，本无所谓大或小，这里用"小"来形容"道"总是不求为主而处于卑下地位。详见三十四章。

[3]臣：动词，臣服，役使。

[4]守之：坚守规律，遵循规律。

[5]宾：宾服，顺从。

[6]天地相合，以降甘露：天之气和地之气相互交融而降下甘露。这属于"天人感应"思想。古人认为，社会政治清明，就会影响自然界，冷热合时，风调雨顺，并出现各种祥瑞。

[7]民莫之令：即"民莫令之"，没有人指使它。古代"民"与"人"通用。之，代指自然、天地。

【译文】

道永远处于一种虚无状态，这像未加工过的木材一样,虽然微不足道，但是天下没有人能够支配它。王侯如果能遵循着道，万物将会自然而然地宾服，天之气和地之气就会相互交融而降下甘露，没有人指使它们，却自然分布均匀。

【原文】

始制有名[1]。名亦既有，夫亦将知止。知止可以不殆[2]。譬道之在天下[3]，犹川谷之于江海。

【注释】

[1]制：制作，这里泛指人类活动。有名：有名称的东西，泛指各种器物。

[2]殆：危险。

[3]譬（pì）：打比方。

【译文】

人类开始活动，也就出现了各种器物。器物出现以后，也应该懂得适可而止。懂得适可而止就能避免危险。打个比方，普遍规律与天下（万物的特殊规律）的关系，就好像江海与河川的关系一样。

三十三章

【题解】

本章讲个人修养与自身修行的问题，主张人们要丰富自我精神生活。在老子看来，"知人""胜人"十分重要，但是"自知""自胜"更加重要。本章与第九章、第十章、第十五章、第二十章的写法比较类似，侧重于探讨人生哲理。老子在本章，全部用的是正面直言的文字，与前面几章不同。第十章用问话的形式出现，第二十章以反话形式表达。他认为，一个人倘若能自省，坚定自己的生活信念，并且切实推行，就能够保持旺盛的生命力和饱满的精神风貌。

【原文】

　　知人者智，自知者明；胜人者有力，自胜者强；知足者富，强行者有志[1]；不失其所者久[2]，死而不亡者寿[3]。

【注释】

　　[1]强行：坚持力行。
　　[2]不失其所者久：不失根基就能够长久。失，丧失，引申为违背。其所，他所凭借的。根据全书的意思，所凭借的东西当指"道"。本句的意思与十六章的"道乃久"一样。
　　[3]死而不亡：身死而道犹存，类似今天讲的"身死而精神长存"。

【译文】

　　能够认识别人的人是聪明的，能够认识自己的人是明智的；能够战胜别人的人是有力量的，能够克制自己的人是坚强的；知道满足的人是富有的，坚持力行的人是有志的；不失根基就能长久，身死而精神永存的人是真正的长寿。

三十四章

【题解】

　　这一章说明"道"的作用，这是老子在《道德经》书中再次谈到"道"的问题。他认为，"道"生长万物，养育万物，使万物各得所需，而"道"又不主宰万物，完全顺应自然。这些观点，老子在前面某些章节中已经做过论述。这一章是继续阐发三十二章的道理，讲"道"可以名为"小"，也可名为"大"，虽然没有明确指出"圣人""侯王"，实际是在期望统治者们应该像"道"那样起"朴"的作用。此章内容从另一角度看，又是在谈作为"圣人""侯王"所应该具备的素质。

【原文】

　　大道泛兮[1]，其可左右[2]。万物恃之而生而不辞[3]，功成不名有[4]，衣养万物而不为主[5]。

【注释】

[1] 泛：广泛，普遍。
[2] 左右：泛指各处。
[3] 恃：依赖。不辞：不拒绝。
[4] 名有：求名、占有。
[5] 衣：用如动词，覆盖，保护。

【译文】

道的作用是那样的广大，可以说无处不有。万物依靠它才能生存，而它从不拒绝万物，大功告成也不求名、不占有，护养了万物而不做主宰者。

【原文】

常无欲，可名于小[1]；万物归焉而不为主，可名为大。是以圣人之能成大也，以其不为大也[2]，故能成其大。

【注释】

[1] 名于小：可以把它叫作"卑小"。
[2] 为大：追求成为伟大者。为，追求。

【译文】

它从没有任何欲望，可以说是很渺小的；因为万物归附于它，而它却不当主宰者；也可以把它看作是伟大的。所以圣人之所以能成就伟大，因为它始终不追求成为伟大者，所以才成为伟大者。

三十五章

【题解】

这一章述说了"道"的作用和影响。但本章和上一章都不完全是前面各章论"道"的重复，而是隐喻着言外之意。"道"的作用和影响不可低估，它可以使天下的人们都向它投靠而不相妨害，过上和平安宁的生活。因而可以这样说，本章实为"道"的颂歌。在《道德经》中，"道"已经被多次论及，但从来没有重复，而是层层深入，逐渐展开，使人切实感受"道"的伟大力量。

【原文】

执大象[1]，天下往[2]。往而不害，安平泰[3]。乐与饵[4]，过客止[5]。道之出口，淡乎其无味，视之不足见[6]，听之不足闻，用之不足既[7]。

【注释】

〔1〕大象：大道。
〔2〕往：归附。
〔3〕安平泰：三字同义，都是太平安乐的意思。
〔4〕乐与饵：音乐与美食。这里泛指各种生活享受。
〔5〕过客：过路人。此处指归往"大象"的人。"乐与饵，过客止"是说人们本来是要归向"大象"的，但往往受到各种生活享乐的引诱，半道而废。
〔6〕不足：不能。
〔7〕既：尽，完。

【译文】

谁掌握了道，天下人都会归附于他。归附他不会有害处，都能过上太平安乐的生活。然而各种生活享受，往往使人们半途而废。道这个东西说出来淡而无味，看它又看不见，听它又听不到，可它的用途却无穷无尽。

三十六章

【题解】

有人认为这一章也是讲用兵的道理。不过我们认为这章主要描述了老子的辩证法思想。本章谈到若干对矛盾双方互相转化的问题，例如，"物极必反""盛极而衰"等都可以说是自然界运动变化的规律，同时以自然界的辩证法比喻社会现象，以引起人们的警觉注意。这种观点贯穿于《道德经》全书。

【原文】

将欲歙[1]之，必固张之[2]；将欲弱之，必固强之；将欲废之，必固兴之；将欲取之，必固予之。是谓微明[3]。柔弱胜刚强。鱼不可脱于渊[4]，国之利器不可以示人[5]。

【注释】

〔1〕歙（xī）：收缩。
〔2〕固：同"姑"，姑且，暂时。
〔3〕微明：指在事物发展中能及早发现变化的细小征兆，从而做正确的判断。微，细微的先兆。
〔4〕脱：离开。
〔5〕利器：优良的武器。示人：让人看。

【译文】

要想收缩它，必须暂时扩张它；要想削弱它，必须暂时加强它；要想废除它，必须暂时振兴它；要想夺取它，必须暂时给予它。从细微中发现变化，柔弱就能战胜刚强。像鱼不能离开深渊，国家的优良武器不能让别人知道。

三十七章

【题解】

本章是《道德经》中"道经"的最后一章，老子把第一章提出的"道"的概念，落实到他理想的社会和政治——自然无为。在老子看来，统治者若能依照"道"的法则来为政，顺应自然，不妄加干涉，百姓们将会自由自在，自我发展。在二十五章提到"道法自然"，自然是无为的，所以"道"也无为。"静""朴""不欲"都是无为的内涵。统治者如果可以依照"道"的法则为政，不危害百姓，不胡作非为，老百姓就不会滋生更多的贪欲，他们的生活就会自然、平静。

【原文】

道常无为，而无不为。侯王若能守之，万物将自化[1]。化而欲作[2]，吾将镇之以无名之朴[3]。无名之朴，夫亦将无欲。不欲以静[4]，天下将自定[5]。

【注释】

〔1〕自化：自我化育发展。

〔2〕欲作：有欲望产生。欲，本章皆作"欲望"解。作，起，产生。

〔3〕镇：使安定。无名之朴：无声无形的道。无名，虚无。朴，比喻"道"，详见第三十二章引语。

〔4〕以：而。

〔5〕自定：自然安定。

【译文】

"道"经常是无为的，却又成就了所有的事情。王侯如果能遵循着它，万物将自我化育发展。在化育发展中如有欲望产生，我将用无声无形的"道"使它们安定下来。这个道的无名真朴，就能根绝这种贪欲，天下将自然会太平安定。

德经

三十八章

【题解】

这一章是"德经"的开头。有人认为,上篇以"道"开始,所以叫作"道经";下篇以"德"字开始,所以叫"德经"。本章在《道德经》里相对其他章比较难于理解。老子认为,"道"的表现为"德",凡是符合于"道"的行为就是"有德",反之,则是"失德"。"道"与"德"不可分离,但又有区别。因为"德"有上下之分,"上德"完全合乎"道"的精神。"德"是"道"在人世间的体现,"道"是客观规律,而"德"是指人类认识并按客观规律办事。人们把"道"运用于人类社会产生的功能,就是"德"。

【原文】

上德不德[1],是以有德;下德不失德[2],是以无德。上德无为而无以为[3],下德无为而有以为。

【注释】

[1] 上德不德:真正崇尚美德的人并不表现自己的美德。上,用如动词,以……为上,崇尚,重视。一般把"上"解释为"最高的",但考虑到下文的"上仁""上义""上礼"中的"上"不便解释为"最高的",故不采用这种解释。

[2] 下德:不重视美德的人。

[3] 无以:无目的,无原因。这个原因指满足个人私欲。以,原因。

【译文】

真正重视美德的人并不去表现自己的美德,所以他才保有美德;不重视美德的人却处处想表现自己的美德,所以才丧失了美德。重视美德的人清静无为,无为是因为没有私欲;重视美德的人强调作为,是因为有私欲。

【原文】

上仁为之而无以为,上义为之而有以为,上礼为之而莫之应[1],则攘臂而扔之[2]。

【注释】

〔1〕莫之应：即"莫应之"，没有人响应他。
〔2〕攘（rǎng）臂：卷起袖子。扔：牵拉。

【译文】

重视"仁"的人碌碌多为，多为不是为了个人私欲；重视"义"的人碌碌多为，多为是为了满足私欲；重视"礼"的人碌碌多为，如果没有人响应，他就卷起袖子，死拉硬拽（强人就范）。

【原文】

故失道而后德[1]，失德而后仁[2]，失仁而后义，失义而后礼。夫礼者，忠信之薄而乱之首[3]。前识者[4]，道之华而愚之始[5]。是以大丈夫处其厚[6]，不居其薄[7]，处其实[8]，不居其华[9]。故去彼取此[10]。

【注释】

〔1〕失道而后德："道"是普遍规律，是规律的全部，"德"是特殊规律，是规律的一部分，因此掌握不了"道"的人，就只能掌握"德"。
〔2〕失德而后仁：仁是有意地去爱人，老子认为这并不符合"道"与"德"的原则，"道"与"德"的原则是顺应自然，让万物自由发展。
〔3〕忠信之薄：忠信不足。首：开端。
〔4〕前识：预先有所认识，推测，即所谓的"先见之明"。
〔5〕华：虚华。
〔6〕厚：忠厚，忠信。
〔7〕薄：浅薄，指上文讲的"礼"。
〔8〕实：根据前文，指"道"。
〔9〕华：根据前文，指"前识"。
〔10〕彼：指"礼""前识"等。此：指"道"。

【译文】

所以说失去了"道"而后才有"德"，失去了"德"而后才有"仁"，失去了"仁"而后才有"义"，失去了"义"而后才有"礼"。"礼"，是忠信不足的标志，是祸乱的开始。所谓的先见之明，对道来说属于华而不实的东西，是愚昧的开始。因此大丈夫要笃守忠信，应当自处于厚实的道与德的境地，而远离浅薄与虚华。所以要舍弃那浅薄与虚华而选取这敦厚与朴实。

三十九章

【题解】

　　这一章讲"道"的普遍意义。前半段论述"道"的作用，天地万物都来源于"道"，或者说，"道"是构成一切事物不可或缺的要素，如果失去了"道"，天地万物就不能存在下去。后半段由此推及人，告诫统治者从"道"的原则出发，并常要能"处下""居后""谦卑"，即贵以贱为根本，高以下为基础，没有老百姓为根本和基础，就没有高贵的侯王。因而在本章的内容中，同样包含有辩证法的因素。

【原文】

　　昔之得一者[1]：天得一以清，地得一以宁，神得一以灵，谷得一以盈，侯王得一以为天下正[2]。

【注释】

　　[1] 得一：得道。
　　[2] 正：首领。

【译文】

　　从前得到一的情形是这样的：天得到一而清明，地得到一而安宁，神得到一而有灵；河谷得到一而充盈，侯王得到一而为天下首领。

【原文】

　　其至也[1]，谓：天毋已清[2]将恐裂；地毋已宁将恐发[3]，神毋已灵将恐歇[4]，谷毋已盈将恐竭[5]，侯王毋已贵高将恐蹶[6]。

【注释】

　　[1] 其至也：就其极端的情况而言。至，极，极端。
　　[2] 毋已：不止，不停。
　　[3] 发：发散，分散，分裂。
　　[4] 歇：停止。

〔5〕竭：枯竭，干涸。

〔6〕蹶：跌倒，引申为失败、亡国。

【译文】

然而，就其极端的情况来说；天无休止地清明下去难免会崩裂，地无休止地宁静下去就难免会塌陷，神无休止地显灵下去就难免会消歇，溪谷无休止地充实下去就难免会枯竭，侯王无休无止地高贵下去就难免会倾覆。

【原文】

故必贵而以贱为本，必高矣而以下为基。夫是以侯王自谓孤、寡、不穀[1]。此非也？故至数与无与[2]。是故不欲禄禄如玉[3]，珞珞如石[4]。

【注释】

〔1〕孤、寡、不穀：都是当时君主的谦称。孤，孤独无助。寡，缺少德行。不穀，不善。

〔2〕至数与无与：要想得到过高过多的荣誉反而会失去荣誉。至，高。数，多。与，同"誉"。

〔3〕禄禄：玉石美好的样子。

〔4〕珞珞（luò）：石头质朴的样子。

【译文】

所以想要贵就要以贱为根本，想要高就要以下为基础。因此侯王自称"孤""寡""不穀"，这不正是以贱为根本吗？所以说要想得到过高过多的荣誉反而会失去荣誉。所以有道之士不愿像玉那样精美，而宁肯当一块朴实的石头。

四十章

【题解】

在第一、第四、第五、第六、第十四、第二十一、第二十五、第三十二、第三十四、第三十五和第三十七章里，老子从各方面阐述关于"道"的理论。在本章里，老子用极其简练的文字，讲述了"道"的运动变化法则和"道"产生天下万物的作用。关于"道"的基本理论，本章和四十二章都是就此而论的。本章虽然只有两句话，但言简意赅，含义十分丰富。

【原文】

反者道之动，弱者道之用。天下万物生于有[1]，有生于无[2]。

【注释】

〔1〕有：存在的物质。
〔2〕无：虚无的空间。

【译文】

规律的运动是向相反的方向发展，规律的作用就在于它能保持柔弱的状态。天下万物产生于某种物质，而物质产生于空间。

四十一章

【题解】

这一章引用了十二句古人说过的话，列举出一系列构成矛盾的事物双方，表明现象与本质的矛盾统一关系，它们彼此相异，既互相对立，又互相依存，彼此具有统一性，从矛盾的观点，说明相反相成是事物发展变化的规律。在这里，老子讲了上士、中士、下士各自"闻道"的态度：上士听了道，努力去实行；中士听了道，漠不动心，将信将疑；下士听了以后哈哈大笑。这说明"下士"只见现象不见本质还要抓住一些表面现象来嘲笑道，但道是不怕浅薄之人嘲笑的。

【原文】

上士闻道[1]，仅能行之[2]；中士闻道，若存若亡[3]；下士闻道，大笑之[4]——不笑不足以为道。

【注释】

〔1〕上士：智慧最高的人。下文中的"中士"指智慧一般的人，"下士"指智慧低下的人。

〔2〕仅能行之：仅仅能够实行。

〔3〕若存若亡：若有若无。亡，同"无"。意思是说，中士听说"道"以后，他的态度是将信将疑。

〔4〕大笑之：应作"大而笑之"。大，用如意动词，认为它迂阔而不切合实际。笑，嘲笑。

【译文】

智慧最高的人听到了"道"，就努力按照它去办事；智慧一般的人听到了"道"，若有若无，将信将疑；智慧低下的人听到了"道"，就认为它迂阔空洞而加以嘲笑——不被智慧低下的人所嘲笑，"道"也就不成为"道"了。

【原文】

故建言有之[1]：明道若昧[2]，进道若退[3]，夷道若颣颣[4]，上德若谷[5]，大白若辱[6]，广德若不足，建德若偷[7]，质真若渝[8]，大方无隅[9]，大器免成，大音希声[10]，大象无形。道隐无名[11]。夫唯道，善始且善成[12]。

【注释】

〔1〕建言：立言，讲话。

〔2〕明道若昧：明白易懂的道理反而好像难以理解。昧，幽暗不易看清，引申为不易理解。

〔3〕进道若退：促人上进的道理反而好像在引人后退。

〔4〕夷：平坦，比喻容易办到。颣（lèi）：不平，引申为难以施行。

〔5〕谷：山谷，引申为空虚。

〔6〕辱：污黑。

〔7〕建：通"健"。偷：偷懒，懈怠。

〔8〕渝：变质。

〔9〕隅（yú）：边角。

〔10〕希：无声。十四章："听之不闻，名曰希。"

〔11〕道隐无名：大道深广而没有名称。隐，通"殷"，意为盛大，深广。

〔12〕善始且善成：善始善终。

【译文】

所以有人曾经说：明白易懂的道理反而好像难以理解，促人上进的道理反而好像引人后退，容易做到的道理反而好像难以施行，最崇高的品质反而好像什么也没有，最洁白的颜色反而好像是黑暗的，阔大宽容的品德反而好像不充足，刚健的德性像是松弛懈怠，本质纯真像是受污染变质，最大的方形反而没有棱角，最大的器物总是无所完成，最大的声音反而无声，最大的形象反而无形。大道深广而没有名称。只有这大道，善于开始而且善于完成。

四十二章

【题解】

这一章的前半部分讲的是老子的宇宙生成论。这里老子说到"一""二""三"，乃是指"道"创生万物的过程。这是继四十章之后，又一段关于"道"的基本原理的重要论述。宇宙万物的总根源是"混而为一"的"道"，对于千姿百态的万物而言，"道"是独一无二的。另一段话是警诫王公要以贱为本、以下为基的。对后一段内容，有的学者认为这一段文字与上一段讲的原理关联不上，疑为三十九章文字错移本章。另一种说法是两段前后虽然不相密切关联，但意义仍相近。这是讲矛盾的双方既是对立的，又是统一的，事物相反相成，双方并非不变，而是可以互相转化的。所以，这一章再次表达了老子的辩证法思想。

【原文】

　　道生一[1]，一生二，二生三，三生万物。万物负阴而抱阳[2]，冲气以为和[3]。

【注释】

　　[1] 一：某一种事物。
　　[2] 负阴而抱阳：包含着阴与阳两个对立面。"负"和"抱"都是包含的意思。
　　[3] 冲气：阴阳二气相互激荡。冲，激荡。气，阴阳二气。

【译文】

　　规律使某种事物得以产生，这种事物又产生第二种事物，第二种事物再产生第三种事物……这样以至于产生万物。万物都包含着阴、阳两个对立面，它们互相激荡而得以调和。

【原文】

　　人之所恶[1]，唯孤、寡、不穀[2]，而王公以为称。故物或损之而益[3]，或益之而损。人之所教，亦我而教之[4]：强梁者不得其死[5]——吾将以为教父[6]。

【注释】

　　[1] 恶（wù）：讨厌。
　　[2] 孤、寡、不穀：见三十九章注。
　　[3] 或：或许，可能。解释为"有时"也通。益：增加。
　　[4] 人之所教，亦我而教之：别人用来教导我的，我也用它去教导别人。因为"强梁者不得其死"是前人流传下来的话，老子从中得到启发，因而拿来再去启发别人。
　　[5] 强梁：强悍。
　　[6] 教父：教导人的大纲。或把"父"解释为"始"，也通。

【译文】

　　人们所讨厌的字眼就是"孤""寡""不穀"，而王公却用它们当作自己的称号。所以说事情（往往如此），本意也许是想减少它，结果反而增加了它；本意也许是想增加它，结果反而减少了它。别人用来教导我的，我也用它去教导别人："强暴的人不得好死"——我将把这一原则当作教人的大纲。

四十三章

【题解】

本章和第十二章同样,都是讲人之尊严的,申述"柔之胜刚,弱之胜强"的"是谓微明"之术,讲了柔弱可以战胜刚强的原理,又讲了"不言"的教诲、"无为"的益处。此意贯穿于老子《道德经》的全书之中。他指出,最柔弱的东西里面,蓄积着人们看不见的巨大力量,使最坚强的东西无法抵挡。"柔弱"发挥出来的作用,在于"无为"。水是最柔的东西,但它却能够穿山透地,所以老子以水来比喻柔能胜刚的道理。

【原文】

天下之至柔,驰骋于天下之至坚[1],无有入无间[2],吾是以知无为之有益。不言之教,无为之益,天下希及之[3]。

【注释】

[1]驰骋(chěng):奔驰。

[2]无有:什么也没有,即空间。无间:没有空隙的东西,即物质。

[3]希及之:很少能赶上它们。希,少。及,赶上。

【译文】

天下最柔弱的东西,能在最坚硬的东西中奔驰,无形的力量可以渗透到没有间隙的物质中。我从这里认识到清静无为的好处。没有言辞的教育,清静无为的好处,天下人很少能够达到。

四十四章

【题解】

此章与十三章一样，是讲人之尊严的。十三章是以宠辱荣患和人的自身价值对比，说明人要自重、自爱。这一章是以名与货和人的自身价值对比，也是要人自重、自爱。老子宣传的是这样一种人生观，人要贵生重己，对待名利要适可而止，知足常乐，这样才可以避免遇到危难；反之，为名利奋不顾身，争名逐利，则必然会落得身败名裂之可悲下场。

【原文】

名与身孰亲？身与货孰多[1]？得与亡孰病[2]？甚爱必大费[3]，厚藏必多亡。故知足不辱，知止不殆[4]，可以长久。

【注释】

[1] 货：财产。多：重，贵重。
[2] 亡：失去，损失。病：害处。
[3] 爱：爱惜。
[4] 殆：危险。

【译文】

名声和生命哪个更可亲？生命和财富哪个更贵重？获得与丧失哪个更有害？所以说过分的爱惜反而会招致更大的破费，过多的收藏反而会招致严重的损失。知道满足不会遭到困辱，知道适可而止不会遇到危险，可以长久平安。

四十五章

【题解】

这一章在内容上和行文上，都可以说是第四十一章的继续，是讲内容和形式、本质和现象的辩证关系。第四十一章讲的是"道"，本章讲的是"人格"。其中"大成""大盈"的人格形态，"若缺""若冲""若屈""若拙""若讷"的外在表现，都是说明一个完美的人格不在外形上表露，而为内在生命的含藏内收。

【原文】

大成若缺，其用不敝[1]。大盈若冲[2]，其用不穷。大直若屈[3]，大巧若拙，大辩若讷[4]。躁胜寒[5]，静胜热。清静为天下正[6]。

【注释】

〔1〕敝：穷乏，衰竭。
〔2〕冲：空虚。
〔3〕屈：弯曲。
〔4〕讷（nè）：不善言谈。
〔5〕躁：躁动，运动。
〔6〕正：准则。

【译文】

最圆满的好似欠缺，而它的作用却不会衰竭。最充实的好似空虚，而它的作用却不会穷尽。最直的好似弯曲，最巧的好似笨拙，最善辩的好似不会言谈。运动能战胜寒冷，安静能克服暑热。而只有清静才是天下万物的准则。

四十六章

【题解】

　　这一章主要反映了老子的反战思想。在春秋时代，诸侯争霸，兼并和掠夺战争连年不断，给社会生产和人民群众的生活带来了沉重灾难。对此，老子明确表示了自己的主张，他分析了战争的起因，认为是统治者贪欲太强。那么解决问题的办法就是要求统治者知足常乐，这种观点可以理解，但他没有明确区分战争的性质，因为当时的战争有奴隶主贵族互相兼并，也有的是地主阶级崛起后推翻奴隶主统治的战争，还有劳动民众的反抗斗争。因此，在本章里，老子所表述的观点有两个问题：一是战争的根源，二是对战争没有加以区分。

【原文】

　　天下有道，却走马以粪[1]；天下无道，戎马生于郊[2]。罪莫厚于甚欲，咎莫憯于欲得[3]，祸莫大于不知足。故知足之足，常足矣。

【注释】

　　[1]却：退回。走马：奔跑的马。走，跑，这里指跑得快。粪：泛指种地。
　　[2]戎马生于郊：意思是说连年征战，马匹不足，连怀胎母马也用于战争，以致产仔于战场。戎马，战马。郊，郊野，这里指战场。
　　[3]咎：灾难。

【译文】

　　国家的政治措施符合道，退回战马来种地；国家的政治措施不符合道，连怀胎母马也用来作战。最大的灾祸是不知满足，最大的危险是贪得无厌，没有比不知足更大的祸患。所以，知道满足的这种满足，才能永远感到满足。

四十七章

【题解】

这一章主要谈的是哲学上的认识论。这里的基本观点是：在认识上纯凭感觉经验是靠不住的，因为这样做无法深入事物的内部，不能认识事物的全体，而且还会扰乱人的心灵。因此，要认识事物就只有靠内在的自省，下功夫自我修养，才能领悟"天道"，知晓天下万物的变化发展规律。对此，学术界在讨论老子哲学认识论时，有的认为，老子是彻头彻尾的唯心主义先验论者；而有的则说，老子并不轻视实践所获取的感性知识，只是夸大了理性认识的作用。关于这几种观点的争论，将在本章评析中详加论述。

【原文】

不出于户[1]，以知天下；不窥于牖[2]，以知天道。其出弥远者[3]，其知弥鲜。是以圣人不行而知，不见而名[4]，弗为而成[5]。

【注释】

〔1〕户：门。
〔2〕窥（kuī）：从小孔里看。
〔3〕弥：越，更加。
〔4〕名：同"明"，明白。
〔5〕弗为而成：是说圣人顺应万物本性，不去人为地干涉，万物也就自然长成了。

【译文】

不出大门，就能了解天下大事；不望窗外，就能知道天的运行规律。出门越远，所知道的越少。因此，圣人不必亲自去实践就能了解，不必亲自去看就能明白，不必亲自去做万物也就自然生长。

四十八章

【题解】

本章讲"为学"和"为道"的问题。他先讲"为学"是求外在的经验知识，经验知识愈积累愈多。老子轻视外在的经验知识，认为这种知识掌握得越多，私欲妄见也就越层出不穷，"为道"和"为学"就不统一。"为道"是透过直观体悟以把握事物未分化的状态或内索自身虚静的心境，不断地除去私欲妄见，使人日渐返璞归真，最终可以达到"无为"的境地。这一章所讲的"为学"是反映"政教礼乐之学"，老子认为它足以产生机智巧变。只有"清静无为"，没有私欲妄见的人才可以治理国家。因而，老子希望人们走"为道"的路子。

【原文】

为学日益[1]，为道日损。损之又损，以至于无为。无为而无不为。取天下常以无事[2]，及其有事[3]，不足以取天下[4]。

【注释】

〔1〕为学日益：治学是一天比一天增多知识。为，研究。学，指仁义礼智等学问。益，增多。

〔2〕取：治理。无事：清静无为。

〔3〕及：如果。

〔4〕不足：不能。

【译文】

治学是一天比一天增加知识，修道是一天比一天减少知识，减少了再减少，最后达到清静无为的境界。清静无为反而能够做成一切事情。治理天下总是依靠清静无为，如果有为，就不能够治理好天下。

四十九章

【题解】

　　这一章表达了老子的政治理想。文中所讲的"圣人",是老子理想中的执政者。老子认为,理想的执政者没有私心,以百姓之心为心,使人人守信、向善。老子把以"道"治天下的希望寄托给一个理想的"圣人",在他的治理下,人人都恢复到婴儿般纯真的状态,以养以长自己。这种见解是有进步意义的。本章从文字上和内容上看,都是紧接前一章的问题深入进行分析论证的。

【原文】

　　圣人恒无心[1],以百姓之心为心。善者善之[2],不善者亦善之,德善也[3]。信者信之[4],不信者亦信之,德信也。

【注释】

　　[1] 无心:没有意志,没有主观成见。
　　[2] 善之:以善意对待他。
　　[3] 德善:得到了善。德,同"得"。意思是说,不善良的人,也要善待他,这样就会得到好的结果,使他也变成善人。
　　[4] 信:第一个"信"是诚实的意思,第二个"信"是"相信"的意思。下一句同。

【译文】

　　得道的圣人没有自己的意志,而是把百姓的心作为自己的心。善良的人,要以善意对待他,不善良的人,也以善意对待他,这样最终就得到了善。诚实的人,要相信他,不诚实的人,也要相信他,这样最终就得到了诚信。

【原文】

　　圣人之在天下也[1],歙歙焉,为天下浑心[2],百姓皆注其耳目焉[3],圣人皆咳之[4]。

【注释】

〔1〕在：在位，治理。一说是生活在。
〔2〕歙歙（xī）：和合的样子。浑：浑朴的样子。
〔3〕注其耳目：使用他们的耳目，即多闻博见的意思。注，用。
〔4〕咳之：把他们看作纯朴无知的婴儿。咳，通"孩"，婴儿。

【译文】

圣人治理天下，显得安详和合，让天下人的心归于浑朴。百姓都耳目各有所关注，而圣人把他们都看作纯朴无知的婴儿。

五十章

【题解】

这一章讲两种养生之道。一种是因营养过剩，过度求生，反而短命夭折；一种是因行动不慎而造成伤亡。老子认为，人活在世，应善于避害，则可以保全生命而长寿。他注意到人为因素对生命的影响，要求人们不要靠着争夺来保养自己，而要以清静无为的态度远离死地。

【原文】

出生入死[1]。生之徒，十有三[2]；死之徒，十有三；而民生生，动皆之于死地[3]，亦十有三。夫何故也？以其生生也[4]。

【注释】

〔1〕出生入死：刚出生则入于死，脱离了生就进入了死。意味生命脆弱，人生于世，常处于生死之间。
〔2〕生之徒：有利于生而属于生的这一类。十有三：十分之三。
〔3〕动皆之于死地：（为求生）碌碌多为反而走向了死亡。动，指求生的活动。之，走向。
〔4〕以其生生也：是因为过度求生。第一个"生"为动词，保养。第二个"生"为名词，生命。

【译文】

人脱离了生就进入了死。世上有利于生的人占十分之三，趋向于死的人占十分之三，人们因求生却反而动辄自蹈于死地的，也占十分之三，这是为什么呢？因为他们过度求生。

【原文】

盖闻善摄生者[1]，陆行不辟兕虎[2]，入军不被甲兵[3]。兕无所投其角[4]，虎无所用其爪，兵无所容其刃[5]。夫何故？以其无死地焉[6]。

【注释】

[1] 盖：发语词。摄生：保养生命。摄，保养。
[2] 兕（sì）：一种野兽，形状像牛，头上一只角。
[3] 被：受到。甲兵：战衣和兵器，这里泛指兵器。
[4] 无所：没有因由，没有必要。
[5] 容：容纳。这里引申为插入、刺入。
[6] 死地：死亡的领域，引申为被杀死的原因。

【译文】

听别人说，善于保养生命的人，在陆地行走不会避兕牛和猛虎的，在战争中不会遭到兵器杀伤。因为兕牛没有必要用角去触他，猛虎没有必要用爪子去抓他，兵器没有必要去刺他。这是为什么呢？因为他本身没有引起死亡的原因。

五十一章

【题解】

这一章是着重讲"德"的作用的，可以看作三十八章的继续。老子在这章里再一次发挥了"道"以"无为"的方式生养了万物的思想。本章里的"玄德"即"上德"。老子认为，"道"生长万物，"德"养育万物，但"道"和"德"并不干涉万物的生长繁衍，而是顺其自然。"德"是"道"的化身，是"道"在人世间的具体作用。万物成长的过程是：1. 万物由"道"产生；2. "道"生万物之后，又内在于万物，成为万物各自的本性；3. 万物依据各自的本性而发展个别独特的存在；4. 周围环境的培养，使各物生长成熟。

【原文】

道生之[1]，德畜之[2]，物形之[3]，器成之[4]。

【注释】

[1] 之：本段的"之"全指万物。
[2] 畜：养。
[3] 形之：使万物成形。形，使动用法。
[4] 器：器物，器具。

【译文】

"道"使万物得以产生，"德"使万物得以畜养，物质使万物得以成形，器使万物得以成熟。

【原文】

是以万物莫不尊道而贵德。道之尊，德之贵，夫莫之爵而常自然[1]。

【注释】

[1] 爵：封爵。自然：自己成为这个样子。自，代指万物。然，……的样子。

【译文】

因此天下万物没有不尊崇"道"和重视"德"的。"道"被尊崇，"德"被重视，并没有人命令如此，而是万物本身自然而然地永远去这样做。

【原文】

道生之[1]畜之，长之育之，亭之毒之[2]，养之覆之[3]。生而不有，为而不恃[4]，长而不宰[5]，是谓玄德。

【注释】

[1] 之：本段的"之"全部指万物。
[2] 亭之毒之：使万物成熟。亭、毒，即成、熟。
[3] 覆：覆盖，引申为保护。
[4] 为而不恃：帮助万物而不依赖它们。为，帮助。恃，依赖。
[5] 宰：主宰者。

【译文】

所以是"道"使万物得以产生,"德"使万物得以畜养,(道、德)使万物成长发育,使万物结果成熟,对万物加以抚养保护。(道、德)生养了万物却不据为己有,帮助了万物却不依赖它们,成就了万物却不做它们的主宰者。这就叫作深奥的德。

五十二章

【题解】

本章是继四十七章后再次论述哲学上的认识论问题。老子认为,天下自然万物的生长和发展有一个总的根源,人应该从万物中去追索这个总根源,把握原则。人们认识天下万物但不能离开总根源,不要向外奔逐,否则将会迷失自我。在认识活动中,要除去私欲与妄见的蔽障,以真正把握事物的本质及其规律。

【原文】

天下有始,以为天下母[1]。既得其母[2],以知其子[3];既知其子,复守其母,没身不殆[4]。塞其兑,闭其门[5],终身不勤[6];开其兑,济其事[7],终身不救。

【注释】

〔1〕天下母:天下万物的根本,即"道"。
〔2〕得:得到,获得。
〔3〕其子:指万物。
〔4〕没身:终生。殆:危险。
〔5〕塞其兑,闭其门:两句一个意思,即闭目塞听、无识无欲的意思。兑,出口。门,与"兑"义同。
〔6〕勤:辛苦,痛苦。
〔7〕济:成。这里指碌碌多为以求成功。

【译文】

天下万物都有一个源始,可以把这个源始看作万物之母。得到了母就知道子，知道了子又能守住母。那就终生无忧了。堵住出口，关起门来，终生不会困窘；打开出口，力求成事，终生不能得救。

【原文】

见小曰明，守柔曰强。用其光[1]，复归其明[2]，无遗身殃[3]。是为袭常[4]。

【注释】

〔1〕光：泛指优点、长处。
〔2〕复归其明：恢复自己的明智。
〔3〕无遗身殃：不给自己招来灾难。
〔4〕袭常：袭因循万物的常理。袭，承袭，因循。常，永恒不变的道理，即"道"。

【译文】

观察细微叫作明智，保持柔弱叫作强大。发挥长处，恢复自己的明智，不给自己招来灾难，就称得上是因循万物的常理。

五十三章

【题解】

这一章尖锐地揭露了当时社会的一些矛盾。在《道德经》一书中，有几处谈到这个问题，如第三章、第十九章、第五十七章、第七十五章等。本章描述了社会的黑暗和统治者给人们带来的深重灾难，尤其是统治者凭借权势和武力，对百姓恣意横行，搜刮榨取，终日荒淫奢侈，过着腐朽糜烂的生活，而下层民众却陷于饥饿状况，农田荒芜、仓廪空虚。无怪乎老子把统治者叫作"盗夸"。这一章的内容也可以说是给无道的执政者们——暴君所作的画像。

【原文】

使我介然有知[1]，行于大道[2]，唯施是畏[3]。大道甚夷[4]，而民好径[5]。

【注释】

〔1〕介然：很少的样子。介，同"芥"，细小，微少。
〔2〕大道：大路。这里比喻遵循规律办事就是走光明大道。
〔3〕唯施是畏："唯畏施"，只怕走斜路。施，同"迤"，斜，斜路。
〔4〕夷：平。
〔5〕民：人。古时"民""人"通用。这里的"人"是指下文讲的统治者。径：斜路，小路。

【译文】

假如我多少有点常识的话，我就沿着大路行走，而生怕走斜路。大路非常平坦，而有些人偏偏喜欢走斜路。

【原文】

朝甚除[1]，田甚芜，仓甚虚，服文采[2]，带利剑，厌饮食[3]，财货有余，是谓盗夸[4]。非道也哉！

【注释】

〔1〕朝甚除：朝廷很败坏。朝，朝堂，宫殿。除，废弛，败坏。
〔2〕服文采：穿华丽的衣服。
〔3〕厌：吃饱喝足。
〔4〕盗夸：大盗。

【译文】

朝廷很败坏，农田很荒芜，仓库也很空虚，有的人却身穿华丽服装，腰佩锋利长剑，吃饱喝足，财富有余，这样的人就叫作大盗。这真是无道啊。

五十四章

【题解】

本章讲"道"的功用，即"德"给人们带来的益处。本章是四十七章和五十二章的重要补充。例如，四十七章说"不出户，知天下"；五十二章说"既得其母，以知其子；既知其子，复守其母"。要做到这一点，还要做到

"塞其兑，闭其门"。那么在本章里，老子讲了修身的原则、方法和作用。他说，修身的原则是立身处世的根基，只有巩固修身之要基，才可以立身、为家、为乡、为天下，这就是"道"。老子认为这是唯一正确的认识方式和途径。

【原文】

善建者不拔，善抱者不脱，子孙以其祭祀不辍[1]。

【注释】

〔1〕祭祀：祭祀祖先。辍：停止，断绝。

【译文】

善于建立的无法被拔掉，善于保持的就不会脱落，子孙对其祭祀总不间断。

【原文】

修之身[1]，其德乃真；修之家[2]，其德有余[3]；修之乡，其德乃长；修之邦[4]，其德乃丰；修之天下，其德乃普。

【注释】

〔1〕之：本段中的"之"全部指"道"。因为"德"来自"道"，以"道"修身才会有"德"。

〔2〕家：家庭。任继愈《老子新译》认为指大夫的采邑，但考虑到本段中身、家、乡、国、天下为递进关系，"家"应是指家庭。

〔3〕修之家，其德有余：用"道"来治家，"德"就会变得多起来，以至化及全家人。以下数句的意思一样。"余""长""丰""普"也是递进关系，表示修"道"的面越大，"德"的普及范围就越广。余，丰余。

〔4〕邦：指现在的国。

【译文】

　　按照规律来修养自身，个人美德就会变得纯真；按照规律来要求全家，美德就会化及全家；按照规律来管理全乡，美德就会波及全乡；按照规律来整顿全国，美德就会遍及全国；按照规律来治理天下，美德就会普及天下。

【原文】

　　以身观身[1]，以家观家，以乡观乡，以邦观邦，以天下观天下。吾何以知天下之然哉[2]？以此。

【注释】

　　[1]以身观身：用修身的原则来观察个人。以，用。
　　[2]何以：凭什么。然：代词，这里指天下情况的好坏。

【译文】

　　所以，要从身来看身，从家来看家，从乡来看乡，从邦来看邦国，从天下来看天下。我凭什么来了解天下情况的好坏呢？就凭借这一原则。

五十五章

【题解】

　　本章讲处世哲学，即"德"在人身上的具体体现。前半部分用的是形象的比喻，后半部分讲的是抽象的道理。老子用赤子来比喻具有深厚修养的人，能返回到婴儿般的纯真柔和。"精之至"是形容精神充实饱满，"和之至"是形容心灵凝聚和谐，老子主张用这样的办法就能防止外界的各种伤害并免遭不幸。如果纵欲贪生，使气逞强，就会遭殃，既危害自己，也危害别人。

【原文】

　　含德之厚，比于赤子[1]。蜂虿虺蛇不螫[2]，攫鸟猛兽不搏[3]。骨弱筋柔而握固[4]。

【注释】

〔1〕比：和……一样。赤子：婴儿。

〔2〕蜂虿（chài）虺（huī）蛇：泛指毒虫。河上公本此四字即作"毒虫"。虿，蝎子一类的毒虫。虺，一种毒蛇。螫（shì），毒虫刺人或牲畜。

〔3〕攫（jué）鸟：凶猛之鸟。攫，用爪抓取。

〔4〕握固：指拳头握得很紧。

【译文】

如果一个人所具有的品德很高尚，能像婴儿一样纯真，那么毒虫就不会去蜇他，凶鸟、猛兽就不会去搏击他。筋骨柔弱拳头却握得紧紧的。

【原文】

未知牝牡之合而朘作[1]，精之至也[2]。终日号而不嗄[3]，和之至也[4]。和曰常[5]，知和曰明，益生曰祥[6]，心使气曰强[7]。

【注释】

〔1〕未知牝牡之合而朘作：还不知道男女交合之事。牝牡之合，雌性和雄性交配。作，生长。

〔2〕精：精诚纯一，没有杂念、私欲。

〔3〕号：大声哭。嗄（shà）：声音嘶哑。

〔4〕和：柔和。

〔5〕和曰常："和"就叫作"常"。"和"是指自然和谐、柔和协调的状态；"常"是恒定的意思，指恒定的状态。

〔6〕益生：增益生命。祥：解释为灾殃、妖孽。

〔7〕心使气曰强：心放任气的发泄就叫作"强"。使气，任气，放纵心气的宣泄。强，强硬，强暴。

【译文】

还不知男女交合，小阴茎却自动勃起，这是元气精纯之至的缘故。整天号哭而声音却不嘶哑，这是元气柔和的缘故。"和"就叫作"常"，知道什么是"和"就叫作"明"，刻意增益生命就叫作不祥，心放任气的发泄就叫作"强"。

【原文】

物壮则老，谓之不道，不道早已[1]。

【注释】

〔1〕已：停止，灭亡。

【译文】

事物强盛了就会走向衰老，（求强求壮）是不符合规律的，不符合规律就会很快灭亡。

五十六章

【题解】

四十二章和前一章讲的都是"和"，这一章接续前章，重点讲的也是"和"。四十二章说"冲气以为和"，是讲事物矛盾着的双方经过斗争而达到和谐与统一。前一章讲的"和曰常"，即以"和"为事物的常态。本章讲怎样可以保持常态的"和"。这三章层层深入，逻辑关联性极强，向人们讲述了"和"的最高道德境界。不过这一章文字蕴含很深，这就不仅仅是指执政之人，而且也包括世间所有人处事为人的哲理。他要求人们要加强自我修养，排除私欲，不露锋芒，超脱纷争，混同尘世，不分亲疏、利害、贵贱，以开豁的心胸与无所偏的心境去对待一切人和物。如此，天下便可以大治了。

【原文】

知者不言[1]，言者不知。塞其兑，闭其门，挫其锐，解其纷，和其光，同其尘，是谓玄同[2]。

【注释】

〔1〕知者不言：真正懂得规律的人是不愿多说话的。
〔2〕玄同：大同。玄，形容混同的程度。

【译文】

懂得规律的人是不会夸夸其谈的，夸夸其谈的人并不懂得规律。堵住出口，关起门来，挫去他们的锋芒，从而解脱他们之间的纷争，调和他们的光耀（优点），混同尘埃，这就叫作大同。

【原文】

故不可得而亲[1]，亦不可得而疏[2]；不可得而利，亦不可得而害；不可得而贵，亦不可得而贱。故为天下贵。

【注释】

〔1〕不可得：不可能。
〔2〕疏：疏远。

【译文】

这样就没有人可以亲近，也没有人可以疏远；没有人可以给予利益，也没有人可以损害；没有人可以使他尊贵，也没有人可以使他卑贱。所以"玄同"的境界为天下所珍视。

五十七章

【题解】

在第二章、第五章和第十章里，老子已将天道自然的思想，推之于人道，提出了"无为而治"的思想。在本章里，老子以"天下多忌讳，而民弥叛；民多利器，国家滋昏；人多知而奇物滋起；法令滋章，盗贼多有"反证应以"无事取天下"，皆未托"圣人"之言，长言无为之治，章法井然。老子生活的时代，社会动乱不安，严峻的现实使他感到统治者依仗权势、武力，肆意横行，为所欲为，造成天下"民弥叛""国家滋昏""盗贼多有"的混乱局面，所以提出了"无为""无静""无事""无欲"的治国方案。他的政治主张在当时不可能被执政者所接受，也绝对没有实现的可能性。总之，这一章是他对"无为"的社会政治观点的概括，充满了脱离实际的幻想成分。但这对于头脑清醒的统治者为政治民是会有益处的。

【原文】

　　以正治国[1]，以奇用兵[2]，以无事取天下[3]。吾何以知其然哉？天下多忌讳，而民弥叛[4]；民多利器[5]，国家滋昏[6]；人多知而奇物滋起[7]；法令滋章[8]，盗贼多有。是以圣人之言曰："我无为，而民自化；我好静，而民自正；我无事，而民自富；我无欲，而民自朴。"

【注释】

〔1〕正：正确的方法。
〔2〕奇：邪，指权诈的手段。与"正"相对。
〔3〕取：治理。详见二十九章注释。
〔4〕忌讳：泛指不许说不许做的事。弥：更加。
〔5〕利器：优良的器具。
〔6〕滋：更加。
〔7〕奇物：邪物。
〔8〕彰：明，清楚。

【译文】

　　用正确的办法治国，用权诈的手段用兵，用清静无为的政策来管理天下。我根据什么知道应该这样呢？天下忌讳越多，人民反叛得越厉害；人们的优良器具越多，国家越混乱；人们的巧智越巧，邪物越多；法令越清楚，盗贼越众。所以圣人说："只要我无所作为，人民就会自然归化；只要我清静，人民就会自然端正；只要我无所行事，人民就会自然富足；只要我无所欲求，人民就会自然淳朴。"

五十八章

【题解】

　　前面几章论述"德"在政治、社会、人生方面的体现，本章讲的是政治、社会、人生方面的辩证法。本章里提到"祸兮，福之所倚；福兮，祸之所伏"，将在评析中详细论及。对于此章的研究，有的学者认为各段落之间的文义不一致，不连贯，可能有错简的情况。我们这里仍依据原文引述，未做文字方面的调整。

【原文】

其政闷闷[1]，其民淳淳[2]；其政察察[3]，其民缺缺[4]。祸兮，福之所倚[5]；福兮，祸之所伏。孰知其极[6]？

【注释】

〔1〕闷闷：含糊不清。
〔2〕淳淳：通"惇"，忠厚的样子。
〔3〕察察：明辨、明察的样子。
〔4〕缺缺：狡猾欺诈的样子。缺，败坏。
〔5〕倚：靠。
〔6〕极：终极，最后的结果。"孰知其极"意思是说福变为祸，祸又变为福，如此反复，谁也不知道最后的结果是福是祸。

【译文】

政令含糊不清，人民反而会变得淳厚。政令明察是非，人民反而会变得狡诈。灾祸啊，幸福就紧靠在它的旁边；幸福啊，灾祸就埋伏在它的里面。谁能知道最后的结果是什么呢？

【原文】

其无正也？正复为奇[1]，善复为妖。人之迷也，其日固久矣。是以圣人方而不割[2]，廉而不刿[3]，直而不肆[4]，光而不耀[5]。

【注释】

〔1〕奇：邪恶。

〔2〕割：损害。

〔3〕廉：棱角。刿（guì）：划伤。

〔4〕肆：延伸，扩张。这里引申为把自己的思想行为推广开去，强求别人也这样做。

〔5〕耀：过分明亮，刺眼。

【译文】

是没有个定准吗？正确会变为邪恶，善良会变为妖孽。人们不懂得这一道理，由来已久了。因此圣人方方正正却不损害别人，有棱有角却不伤害别人，坚持正道却不强人所为，发出光芒却不刺人眼睛。

五十九章

【题解】

本章讲治国与养生的原则和方法。从文字上看，老子讲了与别人不同的一个道理，他把啬当作人修身养性的重要美德加以颂扬，而不是专指对财物的爱惜。老子认为，啬就是在精神上注意积蓄、养护、厚藏根基，培植力量。真正做到精神上的"啬"，只有积累雄厚的德，有了德，也就接近了道，这就与圣人治国联系到一起了。这里，把"啬"解释为节俭也可以，因为就老子而言，他十分重视"俭"德，这也是道家一贯的思想特征。

【原文】

治人事天，莫若啬[1]，夫唯啬，是以早服[2]；早服谓之重积德[3]；重积德则无不克[4]；无不克则莫知其极[5]；莫知其极，可以有国；有国之母[6]，可以长久。是谓深根固柢[7]、长生久视之道[8]。

【注释】

〔1〕事天：奉行天道。啬：吝惜。

〔2〕早服：（在灾难来临之前）及早遵循规律。服，服从，遵循。"服"后省去宾语"道"字。

〔3〕重积德：很好地修养自己的品德。积，这里是修养的意思。

〔4〕无不克：无往不胜。克，胜。

〔5〕莫知其极：没有人知道他的力量的极限。也即他有无法估量的力量。从"早服（道）"到"莫知其极"的过程，也即"无为而无不为"的过程。

〔6〕有国之母：有了治国的根本。母，根本，也即原则，规律。

〔7〕柢：与"根"同义。

〔8〕久视：与"长生"同义。

【译文】

治理百姓，奉行天道，最好的办法就是吝啬。只有吝啬，才能早早从事于道；早早从事于道也就是很好地修养自己的品德；修养好自己的品德也就能无往而不胜；无往而不胜，就没有人能估量他有多大的力量；有了无法估量的力量就可以治理国家；掌握了治理国家的根本原则，就可以长久存在。这就是巩固根基、永世长存的办法。

六十章

【题解】

本章讲的是治国的道理，"治大国，若烹小鲜"是老子所说的一句传颂很广的名言。这是个比喻，"烹小鲜"就是煎烹小鱼。这是用烹鱼比治国。小鱼很鲜嫩，用刀乱切或在锅里频频搅动，肉就碎了。国家的统治者治理国家，要像煎小鱼那样，不要常常翻弄。此外，老子是无神论者，他并不相信鬼神，虽然这一章一再讲到鬼神，但其含义是说，连鬼神都不伤害人，治理国家的统治者就更不能够伤害、烦扰人民了。这些并不表明老子是有神论者。

【原文】

治大国，若烹小鲜[1]。

【注释】

〔1〕烹：煎，煮。小鲜：小鱼。

【译文】

治理国家，就像煎小鱼那样（不要经常翻动它）。

【原文】

以道莅天下[1]，其鬼不神[2]；非其鬼不神，其神不伤人；非其神不伤人，圣人亦不伤人。夫两不相伤[3]，故德交归焉[4]。

【注释】

〔1〕莅（lì）：临，统治。
〔2〕神：用如动词，显示神灵。
〔3〕相：全部，共同。
〔4〕交归：都归于圣人。交，都。

【译文】

按照道来治理天下，那些鬼就不会显灵了；不是鬼不会显示灵验，而是它的显灵不能害人；不是显灵不会伤害人，而是圣人也不伤害人。因为这两者都不伤害人，所以功德都将归于圣人。

六十一章

【题解】

本章是老子针对当时兼并战争带来的痛苦，讲应如何处理好大国与小国之间的关系，表达了老子有关治国和国与国关系的政治主张。在老子看来，国与国之间能否和平相处，关键在于大国，所以一再提出大国要谦下，不可以强大而凌辱、欺压、侵略小国。本章中仍有社会政治的辩证法思想。大国应该像江海，谦居下流，天下才能交归。大国还应像娴静的雌性，以静自处下位，而胜雄性。这里的国，是指大大小小的诸侯国。本章文字浅显，易于读懂。

【原文】

大邦者，下流也，天下之牝也[1]。天下之交也，牝恒以静胜牡[2]。为其静也，故宜为下也。

【注释】

[1] 牝：雌性的鸟兽，含有柔弱的意思。
[2] 牡：雄性的鸟兽。

【译文】

大国（应像海洋一样居于百川的）下游，又好比是天下的雌性。天下的雌雄交合，雌性总是凭着沉静的性格战胜雄性。因为雌性安静，所以应该处在下面。

【原文】

故大邦以下小邦[1]，则取小邦，小邦以下大邦，则取于大邦。故或下以取，或下而取[2]。

【注释】

[1] 以下：用谦下的态度。以，用。
[2] 或：不定代词。实际这一个"或"指大国，下一句的"或"指小国。以、而：这里的用法一样。

【译文】

所以，大国用谦下的态度去对待小国，就能取得小国的拥戴；小国用谦下的态度去对待大国，就能取得大国的庇护。所以，有的谦下能取得别人的拥戴，有的谦下能取得别人的庇护。

【原文】

大邦不过欲兼畜人[1]，小邦不过欲入事人[2]。夫两者各得所欲，则大者宜为下[3]。

【注释】

[1] 兼畜人：把更多的人并过来一起畜养。兼，合并，有"多加"的意思。
[2] 入事：事奉别人以求得到庇护。
[3] 大者宜为下：宜，应该。

【译文】

　　大国不过是想要多畜养人，小国不过是想得到别人的庇护，（如果大国、小国都很谦下），那么它们就都能满足自己的要求。不过大国更应该注意谦下。

六十二章

【题解】

　　本章再一次宣扬"道"的好处和作用。老子认为，清静无为的"道"，不但是善良之人的法宝，就是不善的人也必须保有它。所以有人认为，这一章的新意就在于指出世人在"道"面前一律平等。"道"保护善人，但也不抛弃不善之人，它有求必应，有过必除，这是"道"的可贵之处。如果说上一章，老子强调统一即"和"的思想在国与国之间关系上的运用，那么这一章则是强调道在人际关系上的运用。本章的目的，在于晓谕人君行"无为"之政。

【原文】

　　道者万物之奥[1]。善人之宝，不善人之所保[2]。美言可以市[3]，尊行可以加人[4]。人之不善，何弃之有？

【注释】

　　[1]奥：藏，这里有庇荫的意思。
　　[2]所保：所以安身的东西。保，保护，引申为安身。
　　[3]市：买卖，此处指买，得到。
　　[4]尊行：尊贵的行为。加人：居于人上。

【译文】

　　道是万物的庇护所，是善人的法宝，也是恶人借以安身的东西。美丽的语言可以用于交易，尊贵的行为可以给人施加影响。即使有人做了恶事，又何必抛弃他呢？

【原文】

　　故立天子，置三公[1]，虽有拱璧以先驷马[2]，不如坐进此道[3]。古之所以贵此道者何？不曰：以求得，有罪以免邪？故为天下贵。

【注释】

〔1〕三公：古代朝廷中三位地位最高的官员，周代为太师、太傅、太保。

〔2〕拱璧：大玉璧。拱，两手合围。璧，圆形中间有孔的玉。驷（sì）马：四匹马驾的车。

〔3〕坐进：立即进献此道。进，此处指把"道"讲给天子、三公听。

【译文】

所以，设立天子，设置三公，即使有大玉璧在先、驷马在后这样的重礼，也不如立即进献此道。从古以来人们重视规律的原因是什么呢？不就是为了依靠它有求而得、有罪而免吗？所以，道被天下人所重视。

六十三章

【题解】

本章旨在阐发"无为而无不为"的道理，也可以说是一种处世哲学。老子讲"为无为，事无事，味无味"的道理。从前几章的内容来看，老子反对以烦琐的禁令去束缚人民的手脚、限制和扰乱百姓的生活。要想有所作为，就必须采取顺应自然的态度，必须以平静的思想和行为对待生活。他提醒人们注意，做任何事情都是从小到大、由少到多、由易到难的。

【原文】

为无为，事无事，味无味。大小多少[1]，报怨以德。

【注释】

〔1〕大小多少：根据上下

文，意思是以小为大，以少为多。大、多都用如意动词。这与"报怨以德"以及下文提出的要重视细微之事的意思是一致的。

【译文】

把无为当作自己要干的，把无事当作自己要做的，把无味当作有味，以小为大，以少为多，以德报怨。

【原文】

图难于其易[1]，为大于其细[2]。天下难事，必作于易；天下大事，必作于细。是以圣人终不为大，故能成其大。

【注释】

〔1〕图：设法对付。
〔2〕细：小。

【译文】

设法对付困难要在它还容易解决的时候开始，实现大业要从很小的事情做起。天下的难事，都开始于容易的事；天下的大事，都开始于一些小事。因此圣人始终不自以为大，所以才能成就他的大。

【原文】

夫轻诺必寡信[1]，多易必多难[2]。是以圣人犹难之[3]，故终无难矣。

【注释】

〔1〕诺（nuò）：允许，许诺。寡信：缺少信用。
〔2〕易：用作动词，把事情看得容易。
〔3〕难之：以之为难。之，泛指办事。

【译文】

轻易许诺，势必缺少信用；把事情看得越容易，就会遇到越多的困难。因此连圣人都把办事情看得很困难，所以他最终不会遇到困难。

六十四章

【题解】

　　这一章从内容上讲与前一章相接，仍然是谈事物发展变化的辩证法。与上一章联系起来读，也可以说又返回到"为无为，事无事，味无味"的道理。老子认为，大的事物总是从小的事物发展起来的，任何事物总有自身生成、变化和发展的过程，人们应该了解这个过程，对于在这个过程中事物有可能发生祸患的环节给予特别注意，杜绝它的出现。从"大生于小"的观点出发，老子进一步阐述事物发展变化的规律，说明"合抱之木""九层之台""千里之行"等远大事情，都是以"生于毫末""起于累土""始于足下"为开端的，形象地证明了大的事物无不是从细小的事物发展而来的。同时也告诫人们，无论做什么事情，都必须具有坚强的毅力，从小事做起，才可能成就大事业。

【原文】

　　其安易持[1]，其未兆易谋[2]，其脆易泮[3]，其微易散。为之于未有[4]，治之于未乱。合抱之木，生于毫末[5]；九层之台，起于累土[6]；千里之行，始于足下。

【注释】

　　[1] 持：掌握。
　　[2] 兆：苗头，征兆。
　　[3] 泮（pàn）：散，解。
　　[4] 为：动词，做准备。
　　[5] 毫末：毛的尖端，比喻细小。毫，长而尖锐的毛。
　　[6] 累土：堆土，积土。

【译文】

　　事物稳定时，容易掌握；事物发展还没有出现苗头时，容易对付；事物发展处于脆弱状态时，容易灭掉；事物微小时，容易消散。在事情还没有发生的时候就做好准备，在国家还没有混乱时就注意治理。合抱的大树，是由细小的萌芽长成的；九层的高台，起于最初的堆土；千里的路程，是从第一步开始的。

【原文】

为者败之[1]，执者失之，是以圣人无为故无败，无执故无失。民之从事，常于几成而败之[2]。慎终如始，则无败事。

【注释】

〔1〕为：指不顺应以上所讲的自然规律，而勉强地去人为。下一句的"执"与此同义。

〔2〕几：将要。

【译文】

谁（不遵循以上规律）勉强人为，谁就会失败；谁勉强把持，谁就会有损失。所以圣人无所作为，就不会失败；不勉强把持就没有损失。人们做事，常常在快要成功的时候失败了。如果结束时仍像开始时那样慎重，就不会把事情办坏。

【原文】

是以圣人欲不欲[1]，不贵难得之货；学不学[2]，复众人之所过[3]，以辅万物之自然而不敢为。

【注释】

〔1〕欲不欲：以不欲为欲。
〔2〕学不学：以不学为学。
〔3〕复：反，扭转，引申为纠正。过：过错。

【译文】

因此圣人以不欲为欲，不重视（一般人所喜爱的）奇货珍宝；圣人以不学为学，抛弃众人的过失而复归于根本。圣人按照万物的自然本性去帮助它们成功，而不敢勉强人为。

六十五章

【题解】

　　本章主要讲为政的原则。有一种观点认为，从本章和下一章的内容看，老子这部书的性质，一言以蔽之，是谓"人君南面之术"，也就是说，不外乎为统治阶级出谋划策，而且谋划的都是阴险狡诈之术。对于这种观点，我们不敢苟同，我们的看法将在本章评析中详述。

【原文】

　　古之为道者，非以明民[1]，将以愚之。民之难治，以其智多。故以智治国，国之贼[2]；不以智治国，国之福。

【注释】

　　[1]明民：使百姓聪明。明，使动用法。
　　[2]贼：伤害，这里引申为灾难。

【译文】

　　古时候修道的人，并不是要使百姓聪明，而是要使百姓变得憨愚。百姓难以治理，原因在于他们的智慧太多。所以说用智慧治国，是国家的灾难；不用智慧治国，是国家的福气。

【原文】

　　知此两者亦稽式[1]。常知稽式，是谓玄德，玄德深矣远矣，与物反矣[2]，然后乃至大顺[3]。

【注释】

　　[1]两者：指"以智治国"的坏处和"不以智治国"的好处。亦：相当于"是"。稽式：原则。
　　[2]物：事物。这里指一般的事理。
　　[3]然后：这样以后。然，代词，指以上所讲的情况。大顺：非常顺利。是说具有高尚品德的人办事好像与事理相背，然而办起事来却十分顺利。

【译文】

要懂得以上两条是治国的原则。能常常知道这一原则，就可以称作深奥的德。深奥的德高远深邃，与万物复归于大道，然后就能达到太平之治。

六十六章

【题解】

本章讲的是"不争"的政治哲学。老子通过大国与小国的关系，讲了"大者宜为下"的道理，讲了"圣人"也要"为下"。他认为，统治者应该处下、居后，这样才能对百姓宽厚、包容，就好像居处于下游的江海可以包容百川之水那样。究竟这一章是否是向统治者献计献策呢？我们还是要在评析中加以研究。本章开头用江海作比喻，这和第三十二章"譬道之在天下，犹川谷之于江海"的意思相同。老子喜欢用江海来比喻人的处下居后，同时也以江海象征人的包容大度。

【原文】

江海所以能为百谷王者[1]，以其善下之[2]，故能为百谷王。是以欲上民[3]，必以言下之；欲先民[4]，必以身后之。是以圣人处上而民不重，处前而民不害[5]。是以天下乐推而不厌[6]。以其不争，故天下莫能与之争。

【注释】

[1] 谷：小河流。
[2] 下之：居于小河之下。之，代指"百谷"。
[3] 上民：处于民上，即统治人民。
[4] 先民：处于民前，即领导人民。
[5] 害：感到有妨害。
[6] 推：推举，拥戴。

【译文】

江海之所以能成为百川的首领，原因在于它善于处于百川的下游，所以才能成为百川的首领。因此要想统治人民，必须用言语对人民表示谦下；要想领导人民，必须把自己置于人民的后面。所以圣人居民之上而人民并不感到沉重，处民之先而人民并不觉得受到损害。因此天下人都乐于拥戴他而不感到讨厌。因为圣人不与人争，所以天下也没有人能够与他相争。

六十七章

【题解】

这一章是"道"的自述，讲的是"道"在政治、军事方面的具体运用。老子说，"道"的原则有三条（即三宝）："慈"，即爱心加上同情感；"俭"，即含藏培蓄，不奢侈，不肆为；"不敢为天下先"，是"谦让""不争"的思想。有"道"的人运用这三条原则，就能取得非常好的效果，否则，便会自取灭亡。本章实际是对"德经"三十八章以来的一个小结。

【原文】

天下皆谓我道大[1]，大而不肖[2]。夫唯不肖，故能大。若肖，久矣其细也夫[3]。

【注释】

〔1〕大：含有大而不当、高深而迂阔的意思。
〔2〕肖：像。
〔3〕细：小。

【译文】

天下人都认为我讲的道太大了，似乎什么都不像。正因为它不像样子，所以才能大。如果像个什么具体东西，它早就变得微小了。

【原文】

我恒有三宝[1]，持而宝之[2]：一曰慈[3]，二曰俭[4]，三曰不敢为天下先。夫慈故能勇；俭故能广[5]，不敢为天下先，故能为成器长[6]。

【注释】

〔1〕三宝：这里所说的"三宝"，实际上也就是第六十二章所讲的"善人之宝"——"道"。因为"慈""俭""不敢为天下先"都属于"道"的表现。

〔2〕宝之：以之为宝。
〔3〕慈：慈爱。
〔4〕俭：俭约。
〔5〕俭故能广：无为而无不为的意思。广，扩大展开，无所不为。
〔6〕器长：万物的首长。器，物。

【译文】

　　我有三件法宝，我要牢牢地掌握并珍视着它们：一是慈爱，二是俭约、积蓄力量，三是不敢居于天下人之先。保持柔和，所以才能勇猛；保持俭约，所以才能无所不为；不敢居于天下人之先，所以才能成为万物的首长。

【原文】

　　今舍其慈且勇，舍其俭且广，舍其后且先，则死矣。夫慈，以战则胜，以守则固。天将建之，如以慈垣之。

【译文】

　　现在如果舍去慈爱以及勇猛，舍去俭约以及广博，舍去退让以及先进，结果只有死亡。保持慈爱，凭它作战就能胜利，凭它守卫就能巩固。天要救助一个人，就像是用慈爱来保护他。

六十八章

【题解】

　　这一章是专从用兵的意义上来讲战略战术的原则。其中心意思在于阐明上一章所讲"夫慈，以战则胜，以守则固"的道理。它要求人们不逞勇武，不轻易激怒，避免与人正面冲突，充分发挥人的才智能力，善于利用别人的力量，以不争达到争的目的。老子认为，这是符合于天道的，是古老的准则。

【原文】

　　善为士者不武[1]，善战者不怒[2]，善胜敌者弗与[3]，善用人者为之下[4]。是谓不争之德，是谓用人，是谓配天，古之极也[5]。

【注释】

〔1〕士：古代文人、武人皆称"士"，这里指武士。武：勇猛，勇敢。
〔2〕怒：激奋。
〔3〕与：交接，这里指与敌人作战。
〔4〕为之下：处人之下。为，处，居。之，代指所用的人。
〔5〕配：符合。极：准则，原则。

【译文】

善于做武士的人不依赖勇猛，善于作战的人不表现激奋，善于胜敌的人不与敌人作战，善于用人的人先对人表示谦下。这就是不与人争夺的品德，这就叫作用人，这就叫作与天相配，是古时极致的境界。

六十九章

【题解】

本章仍是从军事的角度谈以退为进的处世哲学。老子认为，战争应以守为主，以守而取胜，表现了老子反对战争的思想，同时也表明老子处世哲学中的退守、居下原则。这一章讲到的"哀兵必胜，骄兵必败"，是兵家的千古名言。本章和前两章是相应的，都是在阐明哀、慈、柔的道理，以明不争之德。

【原文】

用兵有言："吾不敢为主而为客[1]，不敢进寸而退尺。"是谓行无行[2]，攘无臂[3]，执无兵，乃无敌矣。祸莫大于轻敌[4]，轻敌几丧吾宝[5]。故抗兵相若[6]，哀者胜矣[7]。

【注释】

〔1〕主：主动进攻别人。客：被动地防守。
〔2〕行无行：同"无行行"，不摆军阵。前一个"行"作动词用，指行动，排列。后一个"行"作名词用，指军阵。
〔3〕攘无臂：同"无攘臂"，不要卷起袖子以示争斗。攘，见三十八章注。
〔4〕轻敌：轻易与人为敌。与今天的"轻敌"意思不同。

〔5〕几丧吾宝：如果轻易与人为敌，这基本上是违背了规律。丧，丧失，引申为违背。宝，指"道"。

〔6〕抗兵：举兵。抗，举。若：相等。

〔7〕哀者胜矣：反对战争，但又受到攻击，不得不带着悲哀心情去自卫反击的人能够取胜。哀：悲哀。

【译文】

用兵的人说过："我不敢主动地进攻别人，而只是被动地防守；我不敢前进一寸，而宁可后退一尺。"这就是说不要随便动用军队，不要随便奋臂争斗，不要随便攻击敌人，不要随便使用兵器。最大的灾祸就是轻易与人为敌，轻易与人为敌基本上算是违背了规律。所以两军举兵对抗，（被迫自卫）心情悲伤的一方获胜。

七十章

【题解】

本章流露出老子对当时的统治者失望的情绪。他提出的一系列政治主张，很容易理解，很容易实行，却没有任何人理解和实行。看来，他的那一套治天下的理想，只有他幻想中的"圣人"才能实现，在现实中是无法实现的。他不了解，任何治国方案都必须适应统治阶层的利益，否则，他们是不会采纳、不会去实行的。于是，老子就有了这一篇感慨之论。本章是专对掌权者而言的，不是对一般人说的。文中的"我""吾"等词，可谓"道"的人格化。

【原文】

吾言甚易知，甚易行；天下莫能知，莫能行。言有宗，事有君[1]。夫唯无知，是以不我知[2]。知我者希，则我贵矣[3]。是以圣人被褐怀玉[4]。

【注释】

〔1〕言有宗，事有君：我的主张是有所本的，我要求做的事也是有一定根据的。宗，尊奉，效法。君，主，引申为根据。老子的这两句话的意思是说自己的言论、行事都不是凭空而来，而是有所依据的，这个依据就是"道"。

〔2〕不我知：即"不知我"。知，理解。

〔3〕则：效法。贵：可贵，这里引申为难得，稀少。

〔4〕褐：古代穷人穿的粗布衣，比喻贫贱的生活。玉：比喻美好的才能。

【译文】

我的主张很容易理解，也很容易实行。然而天下竟没有人能够理解，也没有人能够实行。我提出的主张都是有所本的，我要求做的事也是有一定根据的。由于人们太无知了，所以不能理解我。理解我的人太少了，那我就更高贵了。因此圣人虽然怀着美好的才能，却过着贫贱的生活。

七十一章

【题解】

这一章是讲人贵有自知之明。在社会生活中，有一些人自以为是，不懂装懂，刚刚了解了一些事物的皮毛，就以为掌握了宇宙变化与发展的规律；还有些人没有什么知识，而是凭借权力地位，招摇过市，摆出一副智者的架势，用大话、假话欺人、蒙人。对于这些人，老子大不以为然，并且提出了尖锐的批评。

【原文】

知不知，尚矣[1]；不知知[2]，病也。是以圣人之不病也，以其病病也[3]，是以不病。

【注释】

〔1〕知不知，尚矣：知道自己有所不知，最好。

〔2〕不知知：不懂却装懂。

〔3〕病病：把病看作病。第一个"病"是动词，意思是"把……看作病"。第二个"病"是名词。

【译文】

　　知道自己有所不知，最好；不懂而装出懂得的样子，这是毛病。圣人之所以没有这种毛病，是因为他把这种毛病当作毛病，所以就没有毛病。

七十二章

【题解】

　　上一章讲的自知之明是就一般情况而论的。本章着重讲统治者要有自知之明，反对采取高压政治，反对肆无忌惮地压榨百姓。老子认为，老百姓一旦不畏惧统治者的残暴统治，那么可怕的反暴力斗争就要发生了。他希望统治者不要自居高贵，而要自知，自爱，抛弃自见和自贵，这样，就不会遭到人民的反抗。此章讲的"不自贵"，与第十三章讲的"贵身"、第四十四章讲的"名与身孰亲"的内涵不同。"贵身"讲维护人的尊严，自重自爱，不以荣辱忧患和其他身外之物损害自身的尊贵；"名与身孰亲"则说人的价值比名利更可宝贵，不要为争夺身外的名利而轻生伤身。

【原文】

　　民不畏威，则大威至：无狎其所居[1]，无厌其所生[2]。夫唯不厌，是以不厌。

【注释】

　　[1]狎：狭迫。
　　[2]厌：通"压"，压迫。所生：借以生存的东西，即衣食。

【译文】

　　人民不畏惧威压，那大的威胁就要来到了；不要挤掉他们的居所，不要压迫他们的生活。只因为不压迫，人民才不厌弃。

【原文】

　　是以圣人自知不自见[1]，自爱不自贵。故去彼取此[2]。

【注释】

〔1〕见：通"现"，表现。
〔2〕彼：指"自见""自贵"。此：指"自知""自爱"。

【译文】

所以圣人有自知之明而不表现出来，有自爱之心却不抬高自己。因此应该抛弃前面的做法而采取后者。

七十三章

【题解】

本章主要讲人生哲学有两层意思。第一层意思是柔弱胜刚强，第二层意思是天道自然。这两层意思之间是相互沟通的。老子认为，两种不同的勇，会产生两种不同的结果，一则遭害，一则存活。"勇于敢则杀，勇于不敢则活。"自然界的万事万物只要依照自然的规律变化和发展，就会有好的结果，不会有什么漏失。在这里，老子讲了自然无为的人生哲学，细细读来，颇能启迪人的心灵。

【原文】

勇于敢[1]者则杀，勇于不敢[2]者则活。此两者，或利或害。天之所恶[3]，孰知其故[4]？

【注释】

〔1〕勇：奋勇，努力。敢：果敢，坚强。
〔2〕不敢：谦退，柔和。
〔3〕所恶：所讨厌的东西，指"敢"。
〔4〕孰：谁。故：原因。

【译文】

努力于果敢坚强的人就会死亡，努力于谦退柔和的人就能生存。这两种努力有的得益，有的受害。天讨厌一些东西，谁能知道它讨厌这些东西的原因是什么呢？

【原文】

天之道，不争而善胜，不言而善应，不召而自来，坦然而善谋[1]。天网恢恢[2]，疏而不失[3]。

【注释】

〔1〕坦然：坦荡的样子
〔2〕恢恢：广大的样子。
〔3〕疏：稀。

【译文】

天的运行规律是不争夺而善于取胜，不说话而善于应答，不召唤而自动到来，坦荡无私而善于谋划。天就像一张广大无边的网，网孔虽稀却从不疏漏。

七十四章

【题解】

这一章讲老子的政治主张。他以为当时统治者施行苛政和酷刑，滥杀百姓，压制民众，其结果是，一旦人民不忍受了，就不会畏惧死亡。人的自然死亡，是"司杀者杀"的天道掌管的，但人间的君主残暴无道，把人民推向死亡线，这从根本上悖逆了自然法则。因此，从本章内容看，它是老子对于当时严刑酷法、逼使人民走向死途的情形，提出自己的批评与抗议。

【原文】

若民恒且不畏死，奈何以杀惧之也？若使民恒且畏死，则为奇者[1]，吾将得而杀之[2]，夫孰敢矣？若民恒且必畏死，则恒有司杀者杀[3]。夫代司杀者杀，是代大匠斫也[4]。夫代大匠斫者，希不伤其手矣。

【注释】

〔1〕为奇：干坏事。为，做。奇，邪。
〔2〕吾：不是指老子本人，而是以统治者的口气说话。
〔3〕司杀者：掌握杀人权的，这里主要指大自然的天灾、老死、病亡等。司，主管。
〔4〕大匠：技术高超的木工。斫（zhuó）：砍，削。

【译文】

百姓不怕死，为什么要用刑杀去威胁他们呢？如果百姓一直是怕死的，那么对于那些干坏事的，统治者就把他们抓来杀掉，谁还敢干坏事？如果人民确实总是怕死，那总有掌管杀人的。代替掌管杀人的去杀人，这好比代替技术高超的木工去砍削木头一样。代替技术高超的木工去砍削木头，很少有不伤着自己手指的。

七十五章

【题解】

上一章里，老子对严苛的政治压迫给予了抨击，要求统治者善待民众。这一章里，老子又对繁重的经济剥削进行指责。在《道德经》里的七十二章、七十四章、本章和七十七章，基本上都是对统治者进行无情揭露和严重警告。他认为，宽容的政治，比暴虐的政治要高明得多。因为一旦人民不畏惧死亡而进行反抗，为求生存而暴动，统治者的日子就不好过了。

【原文】

民之饥，以其上食税之多[1]，是以饥；民之难治，以其上之有为[2]，是以难治；民之轻死[3]，以其求生之厚，是以轻死。夫唯无以生为者[4]，是贤于贵生[5]。

【注释】

[1] 上：指统治者。
[2] 有为：有所作为，指各种行政管理的措施。
[3] 轻死：看轻死亡，不重视生命。
[4] 无以生为：不以生为事，即不把生命看得十分重要。
[5] 贤于：胜过。

【译文】

百姓受饿，是因为统治者收税太多，所以受饿；百姓难以治理，是因为统治者有所施为，所以难以治理；百姓不怕死（敢于反抗），是因为他们求生太厚，所以人民不怕死。那些不一味求生的人，胜过重视生命的人。

七十六章

【题解】

这一章以生活中常见的现象，反复说明这样一种观点：柔弱胜刚强。老子向来主张贵柔，他从直观的认识角度，看到了人出生之时，身体是柔弱的，死了以后就变得坚硬了；草木初生之时也是柔弱的，死了以后就变得枯槁。这种直观的、经验的认识，可以说是老子贵柔思想的认识论之根源。

【原文】

人之生也柔弱，其死也坚强；草木之生也柔脆，其死也枯槁。故曰坚强者死之徒[1]，柔弱者生之徒。是以兵强则灭，木强则折[2]。强大处下，柔弱处上[3]。

【注释】

〔1〕徒：通"涂"，道路。与五十章"生之徒十有三，死之徒十有三"用法一样。

〔2〕兵强则灭，木强则折：王弼本原作"兵强则不胜，木强则兵"，今据《列子·黄帝篇》《淮南子·原道训》改。

〔3〕强大处下，柔弱处上：枝干坚强的处于下，枝条柔弱的却处于上。实际上讲的是柔弱胜刚强的道理。

【译文】

人活着时身体是柔脆的，死后身体是僵硬的。万物草木活着时是柔脆的，死后是枯槁的。所以追求坚强是条死路，保持柔弱是条生路。因此兵力强大了就会灭亡，树木强大了就会折断。坚强庞大的东西总是处于下面，柔软微小的东西总是居于上面。

七十七章

【题解】

本章透露出一种朦胧的、模糊的平等与均衡思想。这是老子的社会理想。他以"天之道"来与"人之道"作对比，主张"人之道"应该效法"天之道"。老子把自然界保持生态平衡的现象归纳为"损有余而补不足"，因此他要求人类社会也应当改变"损不足以奉有余"的不合理、不平等的现象，效法自然界的"损有余而补不足""损有余以奉天下"，体现了他的社会财富平均化和人类平等的观念。因而，这一章是第七十四章、第七十五章里"民不畏死，奈何以死惧之""民之饥，以其上食税之多"这一思想的继续和发展，表达了老子对统治者推行苛政的痛恨，对老百姓生活艰难困苦的同情。所以，这是《道德经》所有的人民性一面，是其精粹。

【原文】

　　天之道，其犹张弓与[1]？高者抑之，下者举之；有余者损之[2]，不足者补之。天之道，损有余而补不足，人之道则不然[3]，损不足以奉有余。

【注释】

　　[1]犹：像。张弓：在弓上装弦。弦的两端必须安装在弓两头相等的地方，一头高一头低是不行的，所以下文说："高者抑之，下者举之。"
　　[2]有余者损之：弓弦长了就剪短一些。有余者，指过长的弓弦。损之，减少它。
　　[3]不然：不是这样。然，代词，这样。

【译文】

　　天的运行规律不是很像安装弓弦吗？高的一端要压低一点，低的一端要抬高一点；长的一端要剪短一些，短的一端要补长一些。天的运行规律是减损有余的而补给不足的，人们的生活原则却不是这样，而是减损不足的去奉献给有余的。

【原文】

　　孰能有余以奉天下[1]？唯有道者。是以圣人为而不恃，功成而不处，其不欲见贤邪[2]。

【注释】

　　[1]有余以奉天下：把多余的东西奉献给天下人。
　　[2]见贤：表现自己的恩德和才能。见，通"现"。贤，这里是品德好有才能的意思。

【译文】

　　谁能够把多余的东西奉献给天下人？只有懂得规律的人才能如此。因此圣人帮助了万物而不依赖它们，功成而不居功，他也不愿表现自己的恩德和才能。

七十八章

【题解】

　　本章以水为例，说明弱可以胜强、柔可以胜刚的道理。八章说"水善利万物而不争"，本章可与八章的内容联系起来阅读。老子所举水的例子是人们日常生活中常见的。水最为柔弱，但柔弱的水可以穿透坚硬的岩石。水看起来软弱无力，却有任何事物都不能抵挡的力量。这就清楚地说明，老子所讲的软弱、柔弱，并不是通常人们所说的软弱无力的意思。由于水性趋下居卑，实际上反而能够保持高高在上的地位。本章后面有一句话"正言若反"，集中概括了老子辩证法思想，其含义十分深刻、丰富。

【原文】

　　天下莫柔弱于水，而攻坚强者莫之能胜[1]，其无以易之[2]。弱之胜强，柔之胜刚，天下莫不知，莫能行。是以圣人云："受国之垢[3]，是谓社稷主[4]；受国不祥，是为天下王。"正言若反。

【注释】

　　[1]莫之能胜：即"莫能胜之"。
　　[2]无以易之：没有什么可以代替它。无以，没有什么。易，代替。
　　[3]垢：屈辱。
　　[4]社稷：国家。社是土神，稷是谷神，由于历代王朝建立时都要立社稷而祭祀神灵，因此社稷也就成了国家的代称。

【译文】

　　天下最柔弱的东西是水，然而攻击坚硬东西的力量没有能够胜过它的，也没有能够代替它的。弱胜强、柔胜刚的道理，天下没有人不懂，

然而却没有人能够照着办。所以圣人说："能够承担国家的屈辱,这才算是天下的君主;能够承担国家的灾难,这才算是天下的君王。"这些正面的话听起来就像反话一样。

七十九章

【题解】

本章继续讨论"损有余而补不足"的道理,揭示为政者不可蓄怨于民,警告统治者不要激化与老百姓之间的矛盾。因为积怨太深,就难以和解,用税赋去榨取百姓,用刑政去箝制百姓,都会构怨于民。所以,为政者应该像有道的圣人那样,行"无为"之治,以"德"化民,给予而不索取,不扰害百姓,这就是"执左契而不责于人"。

【原文】

和大怨[1],必有余怨,安可以为善[2]?是以圣人执左契,而不责于人[3]。

【注释】

[1]和大怨:和解了大的怨仇。
[2]安:怎么。
[3]左契:收债的凭据。古代借债时,在木板或竹板上写清借债内容,然后一分为二,债权人保存左边的一半,负债人保存右边的一半。左契,即左边的一半,是讨债的凭据。责:讨债。

【译文】

即使和解了大怨,也一定还有余怨,怎么能算是尽善尽美呢?所以圣人即使握有讨债的契约,也不向人索取欠债。

【原文】

故有德司契[1]，无德司彻[2]。夫天道无亲，常与善人[3]。

【注释】

〔1〕司：主管。
〔2〕彻：周代的一种收税法。
〔3〕与：帮助。善人：指按照规律办事的人。

【译文】

所以具有高尚品德的人就像上述握有契约的圣人一样（不对人索取），没有高尚品德的人就像主管收取租税的人一样（十分苛刻）。天的运行规律对谁也不偏爱，它总是帮助按照规律办事的好人。

八十章

【题解】

这是老子理想中的一幅美好"国家"蓝图，也是一幅充满田园气息的农村欢乐图。老子用理想的笔墨，着力描绘了"小国寡民"的农村社会生活情景，表达了他的社会政治理想。这个"国家"很小，大约相当于现在的一个村庄，邻国相望，鸡犬之声相闻，人们从生到死也不互相往来。在这里，没有强取和暴力，没有欺骗和狡诈的恶行，民风淳朴敦厚，生活安定恬淡，人们用结绳的方式记事，不会攻心斗智，也就没有必要冒着生命危险远徙谋生。老子的这种设想，当然是一种幻想，是不可能实现的。

【原文】

小国寡民[1]。使有什伯人之器而不用[2]，使民重死而不远徙[3]。

【注释】

〔1〕小、寡：都用如动词，使国小，使民少。
〔2〕什伯人之器：千倍百倍于人力的器具，包括下文所讲的舟舆、甲兵等。

〔3〕重死：把死亡看得很重，也即重视生命。徙：搬迁。

【译文】

国家要小，人民要少。让人民虽有十倍百倍于人力的器械却不使用，使人民看重生命而不随便搬迁。

【原文】

虽有舟舆[1]，无所乘之[2]；虽有甲兵[3]，无所陈之[4]；使民复结绳而用之[5]。

【注释】

〔1〕虽：即使。舆：车。
〔2〕无所：没有因由，没有必要。所，代词，代指"乘之"的原因。
〔3〕甲兵：战服和兵器，这里泛指武器装备。
〔4〕陈：陈列，引申为使用。
〔5〕结绳：远古没有文字，人们依靠在绳上打结以帮助记事。

【译文】

即使有车船，也没有必要去乘坐它们；即使有武器装备，也没有必要去使用它们；让人们重新使用结绳的方法去记事。

【原文】

甘其食[1]，美其服，安其居，乐其俗。邻国相望，鸡犬之声相闻，民至老死，不相往来。

【注释】

〔1〕甘其食：使他们吃好。甘，动词。下面的"美""安""乐"的用法同"甘"。

【译文】

（使百姓）觉得食物甘美，衣服漂亮，居住安适，风俗和乐。邻国互相看得见，鸡狗之声互相听得见，而人们直到老死也不往来。

八十一章

【题解】

　　本章是《道德经》的最后一章，应该是全书正式的结束语。本章采用了与第九章、第十章、第十五章、第二十章、第三十三章、第四十五章、第六十四章、第七十六章相类似的格言警句的形式。前三句讲人生的主旨，后两句讲治世的要义。本章的格言，可以作为人类行为的最高准则，例如信实、讷言、专精、利民而不争。人生的最高境界是真、善、美的结合，而以真为核心。本章含有朴素的辩证法思想，是评判人类行为的道德标准。

【原文】

　　信言不美[1]，美言不信。善者不辩[2]，辩者不善。知者不博[3]，博者不知。

【注释】

　　[1] 信言：诚实的话，真话。
　　[2] 辩：会说话，有口才。
　　[3] 知：同"智"，明智。一说应解释为懂得，知道，也通。博：广泛地学习。

【译文】

真话不好听,好听的不是真话。好人不巧辩,巧辩的不是好人。明智的人不去广求知识,广求知识的人不明智。

【原文】

圣人不积:既以为人[1],己愈有;既以与人,己愈多。故天之道,利而不害;人之道,为而不争。

【注释】

[1]既:尽,全部。为:帮助。

【译文】

圣人毫无保留,尽全力帮助人,他自己反而富有;把一切给予人,他自己反而充实。天的道是施利于万物而从不损害它们,人的道是只帮助别人而从不与人争夺。

庄 子

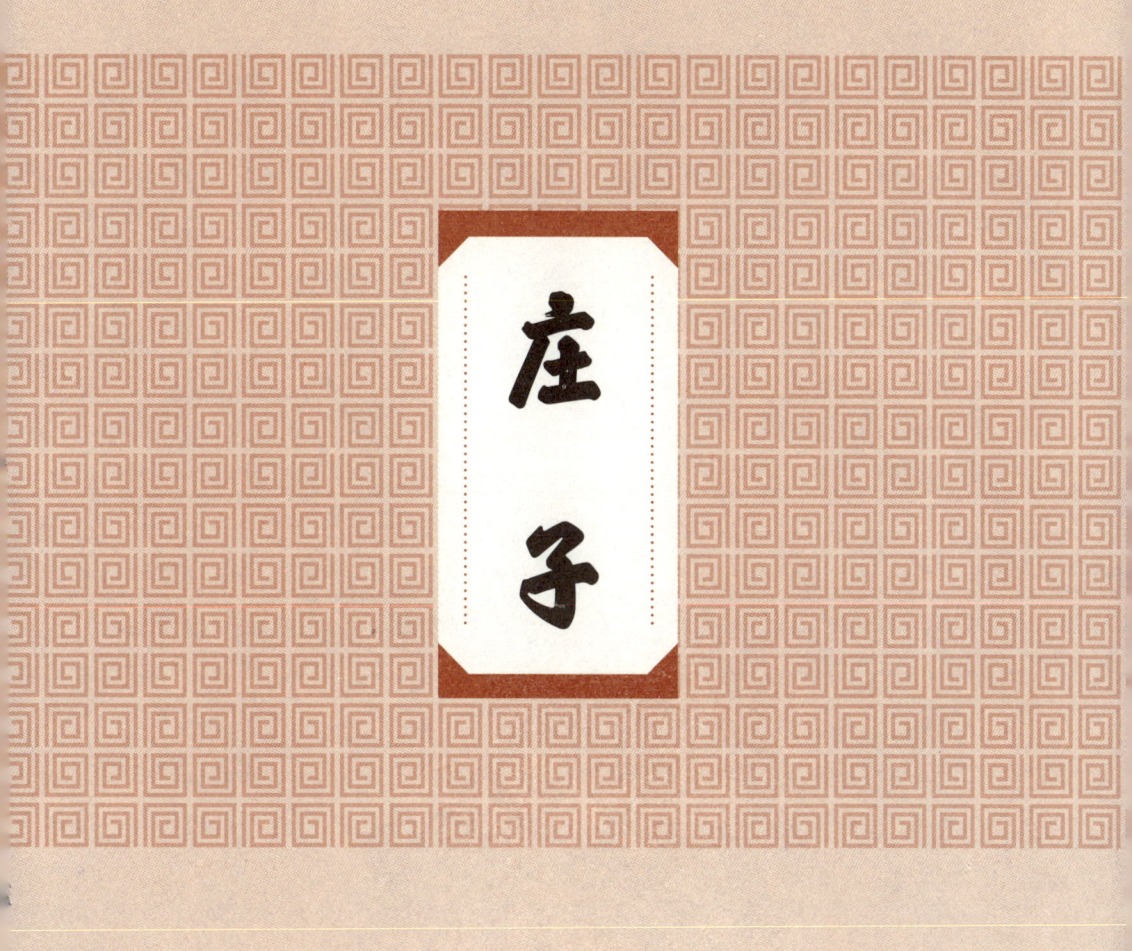

内篇

逍遥游

【原文】

北冥有鱼[1]，其名为鲲[2]。鲲之大，不知其几千里也。化而为鸟，其名为鹏[3]。鹏之背，不知其几千里也。怒而飞[4]，其翼若垂天之云[5]。是鸟也[6]，海运则将徙于南冥[7]。南冥者，天池也[8]。

【注释】

［1］冥（míng）：通"溟"，指海。
［2］鲲（kūn）：大鱼。
［3］鹏：传说中的神鸟。
［4］怒：奋飞的样子。
［5］垂天：天边。垂，通"陲"，边际。
［6］是：此。
［7］海运：指海啸，海动。徙：迁移。
［8］天池：天然形成的大池。

【译文】

北海有一条鱼，它的名字叫鲲。鲲巨大无比，不知道有几千里长。鲲变成鸟，它的名字叫鹏。它的背不知有几千里宽。此鸟奋起而飞，翅膀就像垂在天边的云彩。这只鸟啊，当海动风起的时候，将乘风迁往南海。那南海，是天然形成的大池。

【原文】

《齐谐》者[1]，志怪者也[2]。《谐》之言曰："鹏之徙于南冥也，水击三千里[3]，抟扶摇而上者九万里[4]，去以六月息者也[5]。"野马也，尘埃也，生物之以息相吹也[6]。天之苍苍[7]，其正色邪[8]？其远而无所至极邪[9]？其视下也，亦若是则已矣[10]。

【注释】

［1］《齐谐（xié）》：书名。

〔2〕志怪：记载怪异的事物。

〔3〕击：击水，拍击。

〔4〕抟（tuán）：盘旋着向上空飞。扶摇：旋风。

〔5〕息：止息。

〔6〕息：气息。

〔7〕苍苍：深蓝色。

〔8〕正色：本色。邪：通"耶"。

〔9〕极：尽头。

〔10〕则已：而已。

【译文】

《齐谐》是记载怪异之事的书。《齐谐》上说："大鹏飞往南海时，激荡起的水花达三千里，借着盘旋的旋风直上九万里高空，它是乘着六月的大风飞去的。"野马奔腾般的游气，飞扬的尘埃，都是被生物的气息吹拂。天空蓝蓝的，这是它真正的本色吗？还是由于它无限高远的缘故呢？大鹏往下看，其景象就是这个样子罢了。

【原文】

且夫水之积也不厚，则其负大舟也无力[1]。覆杯水于坳堂之上[2]，则芥为之舟[3]；置杯焉则胶[4]，水浅而舟大也。风之积也不厚，则其负大翼也无力[5]。故九万里，则风斯在下矣，而后乃今培风[6]；背负青天而莫之夭阏者[7]，而后乃今将图南[8]。

【注释】

〔1〕负：承载。

〔2〕覆：倒。坳（ào）堂：堂中低洼处。

〔3〕芥：小草。

〔4〕胶：粘住。

〔5〕大翼：指代大鹏。

〔6〕培：凭借。

〔7〕夭阏（è）：阻挡，遏止。

〔8〕图南：打算向南飞去。

【译文】

水积得不深，就无力承载大船。在房子前的低洼地上倒一杯水，小

老子·庄子

草就可以当船；放进一个杯子就粘住不动，这是因为水浅而船大。风的强度不大，就无力负载巨大的翅膀。鹏之所以能够高飞九万里，因为风在它的翅膀下面，它可以凭借风力翱翔长空；背负青天而不受阻地飞翔，然后才能飞往南海。

【原文】

蜩与学鸠笑之曰[1]："我决起而飞[2]，抢榆枋[3]，时则不至而控于地而已矣[4]，奚以之九万里而南为[5]？"适莽苍者[6]，三飡而反[7]，腹犹果然[8]；适百里者，宿舂粮[9]；适千里者，三月聚粮[10]。之二虫又何知[11]！

【注释】

[1] 蜩（tiáo）：蝉。学鸠（jiū）：斑鸠。
[2] 决起：迅速飞起。
[3] 抢（qiāng）：冲，碰到。榆：榆树。枋：檀木。
[4] 控：投。
[5] 奚以：哪里用。之：到。
[6] 适：往。莽苍：野色迷茫的样子，此处指郊野。
[7] 三飡：指一日。飡，通"餐"。反：通"返"。
[8] 果然：饱的样子。
[9] 宿舂（chōng）粮：宿，过夜。舂粮，舂米备粮。
[10] 三月聚粮：三个月的口粮。
[11] 之二虫：之，此。二虫，指蜩与学鸠。

【译文】

蝉和斑鸠讥笑大鹏说："我一下子飞起来，碰到榆树檀树的枝条就停下来，有时飞不上去就落在地上，何必非要飞上九万里的高空而往南海去呢？"到郊野去，只须带一天食物，当天返回肚子还饱饱的；到百里之外的地方，要准备一宿的食物；到千里以外的地方，则要准备三个月的食物。这两种虫鸟怎么会知道这个道理呢？

【原文】

小知不及大知[1],小年不及大年[2]。奚以知其然也?朝菌不知晦朔[3],蟪蛄不知春秋[4],此小年也。楚之南有冥灵者[5],以五百岁为春,五百岁为秋;上古有大椿者[6],以八千岁为春,八千岁为秋,此大年也。而彭祖乃今以久特闻[7],众人匹之[8],不亦悲乎!

【注释】

[1]知(zhì):通"智"。不及:比不上。
[2]小年:寿命短。大年:长寿。年,寿命。
[3]朝菌:一种朝生暮死的菌类植物。晦朔:晦,每月最后一天;朔,每月的第一天。这里指一天的晨与夕。
[4]蟪蛄:寒蝉,夏生秋死,生存不足一年。春秋:指一年。
[5]冥灵:树名。
[6]椿:椿树。
[7]彭祖:传说中人物,相传其活了八百余岁。乃今:现今。
[8]匹:相比。

【译文】

才智小的不理解才智大的,寿命短的不了解长寿的。怎么知道是这样呢?朝菌不知道昼夜的交替,寒蝉不可能知道春夏秋冬四季的变化,这就是寿命短促的缘故。楚国南面有一种冥灵树,以五百年为一个春季,五百年为一个秋季;远古有一种椿树,却以八千年为一个春季,八千年为一个秋季,这是因为它们的寿命太长。而彭祖现在还以长寿闻名于世,众人还都想和他相比,这不是可悲吗?

【原文】

汤之问棘也是已[1]:"穷发之北[2],有冥海者,天池也。有鱼焉,其广数千里,未有知其修者[3],其名为鲲。有鸟焉,其名为鹏,背若太山[4],翼若垂天之云,抟扶摇羊角而上者九万里[5],绝云气[6],负青天,然后图南,且适南冥也。斥鴳笑之曰[7]:'彼且奚适也?我腾跃而上,不过数仞而下[8],翱翔蓬蒿之间,此亦飞之至也[9],而彼且奚适也?'"此小大之辩也[10]。

庄子

【注释】

〔1〕汤：商朝的建立者。棘：亦名夏革，相传为商朝大夫，商汤曾以他为师。
〔2〕穷发：极北的不毛之地。
〔3〕修：长。
〔4〕太山：即泰山。
〔5〕羊角：形容旋风的旋转像羊角一样。
〔6〕绝：超越。
〔7〕斥：小池泽。鷃（yàn）：小雀。
〔8〕仞：一仞约为八尺。
〔9〕飞之至：飞翔的最高度。
〔10〕辩：通"辨"，区别。

【译文】

商汤曾这样问过棘："在不毛之地的北方，有无边无际的大海，那就是天池。有一条鱼，它的宽度有几千里，没有人知道它有多长，它的名字叫鲲。有一只鸟，它的名字叫鹏，背像泰山，翅膀像天边的云气，乘羊角般的旋风可直上九万里的云霄，超越云层，背负青天，然后一心飞往南海。小池泽中的麻雀讥笑它说：'它想飞往何处？我腾飞起来，不过几丈就落下来，在蓬蒿草丛中飞来飞去，这也就是我飞翔的极限了，而它究竟要飞到哪里去呢？'"这就是小和大的区别。

【原文】

故夫知效一官[1]，行比一乡[2]，德合一君[3]，而征一国者[4]，其自视也[5]，亦若此矣。而宋荣子犹然笑之[6]。且举世誉之而不加劝[7]，举世非之而不加沮[8]，定乎内外之分[9]，辩乎荣辱之境[10]，斯已矣[11]。彼其于世未数数然也[12]。虽然，犹有未树也[13]。

夫列子御风而行[14]，泠然善也[15]，旬有五日而后反。彼于致福者[16]，未数数然也，此虽免乎行，犹有所待者也[17]。

若夫乘天地之正[18]，而御六气之辩[19]，以游无穷者[20]，彼且恶乎待哉[21]！故曰：至人无己[22]，神人无功[23]，圣人无名[24]。

【注释】

〔1〕知：智慧。效：胜任。
〔2〕行：品行行为。比：适合，投合。
〔3〕德：道德。合：符合。
〔4〕而：通"能"。征：信。

〔5〕自视：自己看自己。
〔6〕宋荣子：战国中期著名的思想家。犹然：嗤笑的样子。
〔7〕劝：努力。
〔8〕沮：沮丧。
〔9〕定：确定。内：主观。外：客观。分：界限。
〔10〕辩：别。境：界限。
〔11〕斯：此。已：止。
〔12〕数数然：汲汲追求名利的样子。
〔13〕树：立。
〔14〕列子：列御寇，郑国人，相传其得风仙之道，乘风游行。御：乘。
〔15〕泠（líng）然：轻妙的样子。
〔16〕致福：得到幸福。
〔17〕待：凭借，依靠。
〔18〕天地之正：自然的本性。
〔19〕六气：指阴、阳、风、雨、晦、明。辩：同"变"，变化。
〔20〕无穷：无穷无尽的天地，此处指宇宙。
〔21〕恶：何。待：依赖。
〔22〕无己：忘掉自我。
〔23〕无功：不追求有功。
〔24〕无名：不求有名。

【译文】

所以说，才智能够胜任一官之职的，品行合乎近一乡人的心愿的，品德可以符合国君要求能力可以取得全国的信任的，他们的自我感觉恰似小雀一般。宋荣子就嘲笑这种人。像宋荣子这样的人能够做到全社会赞誉他，他却不感到得意，全社会非议他，他却毫不沮丧，这是因为他能够认定自我和外物的区别，能分清光荣与耻辱的界限。因此，他从来不去追求世俗的声誉。即便如此，他的道德修养还是没有达到理想的境界。

列子乘风游行，轻快飘然，十五天后返回。他对得到的幸福，也没有极力追求。他虽然免于步行，但还是借助了风的力量。

若顺应自然，顺应六气的变化，邀游于无边无际的宇宙，他还需依赖什么呢？所以说：至人能超越自我，神人无功业的束缚，圣人无名声的牵挂。

【原文】

尧让天下于许由[1]，曰："日月出矣，而爝火不息[2]，其于光也，不亦难乎！时雨降矣[3]，而犹浸灌，其于泽也[4]，不亦劳乎！夫子立而天下治[5]，而我犹尸之[6]，吾自视缺然[7]。请致天下[8]。"

许由曰："子治天下，天下既已治也，而我犹代子，吾将为名乎？名者，实之宾也[9]，吾将为宾乎？鹪鹩巢于深林[10]，不过一枝；偃鼠饮河，不过满腹。归休乎君，予无所用天下为。庖人虽不治庖[11]，尸祝不越樽俎而代之矣[12]。"

【注释】

〔1〕尧：传说中的古帝王，号陶唐氏。许由：传说中的隐士。
〔2〕爝（jué）火：火把。
〔3〕时雨：及时雨。
〔4〕泽：润泽作物。
〔5〕夫子：古人对男子的尊称，此处指许由。
〔6〕尸：古代替死者受祭的人称"尸"，此处意为主持。
〔7〕缺然：欠缺的样子。
〔8〕致：送给。
〔9〕宾：从属次要的东西。
〔10〕鹪鹩（jiāo liáo）：鸟名，善筑巢。
〔11〕庖人：厨师。
〔12〕尸祝：主持祭祀的人。樽（zūn）：古代酒器。俎（zǔ）：古代祭祀时盛放牛羊的礼器。

【译文】

尧想要把天下让给许由，说："日月都出来了，火把还不熄灭，要和日月比光亮，不是很难吗！及时雨都降了，人们却还在灌溉田园，不是白费力气吗！先生若为天下之主，则天下一定安定，而我却占据其位，自己感到太不够格了，请允许我将天下让给您。"

许由说："您治理天下，天下已经大治，却还要我来取代你，我是为了名吗？名这东西，不过是实的从属，我是为了求得从属的东西吗？鹪鹩在密林深处筑巢，所占不过一枝；鼹鼠饮水于河，所需不过满腹而已。请回去吧，君主，我要天下做什么用呢！厨师虽不尽职守，但主持祭祀的人是不会超越自己的职责而去代替他下厨烹调的。"

【原文】

肩吾问于连叔曰[1]："吾闻言于接舆[2]，大而无当，往而不返。吾惊怖其言，犹河汉而无极也[3]，大有径庭[4]，不近人情焉。"

连叔曰："其言谓何哉？"

曰："'藐姑射之山[5]，有神人居焉。肌肤若冰雪，绰约若处子[6]；不食五谷，吸风饮露；乘云气，御飞龙，而游乎四海之外，其神凝[7]，使物不疵疠而年谷熟[8]。'吾是以狂而不信也。"

连叔曰："然，瞽者无以与乎文章之观[9]，聋者无以与乎钟鼓之声。岂唯形骸有聋盲哉？夫知亦有之。是其言也，犹时女也[10]。之人也[11]，之德也，将旁礴万物以为一[12]。世蕲乎乱[13]，孰弊弊焉以天下为事！之人也，物莫之伤[14]，大浸稽天而不溺[15]，大旱金石流、土山焦而不热。是其尘垢秕糠[16]，将犹陶铸尧、舜者也，孰肯以物为事！"

【注释】

[1]肩吾、连叔：人名，相传均为古代贤人。

[2]接舆：人名，楚国隐士。

[3]河汉：银河。

[4]径：门外路。庭：堂前。两者相隔很远，互不相关。

[5]藐：遥远状。姑射（yè）山：传说中的神居之山。

[6]绰约：姿态柔美。处子：处女。

[7]凝：神情专一。

[8]疵疠（cì lì）：灾害。

[9]瞽（gǔ）者：盲人。

[10]女：通"汝"，你。

[11]之人：这种人，指神人。

[12]旁礴：混同。

[13]蕲（qí）：求。乱：治。

[14]物莫之伤：没有什么东西能伤害他。

[15]大浸：大水。稽：至。溺：淹没。

[16]尘垢：指身上的尘土污垢。秕糠：秕谷和谷皮，指糟粕。

【译文】

肩吾问连叔说："我听接舆的谈话，夸夸其谈，漫无边际。我甚感惊讶的是，他的话像银河一样海阔天空，不合常理，不近人情。"

连叔问："他说了些什么呢？"

肩吾说："他说：'在遥远的姑射山上，居住着一位神人。他的肌肤像冰雪一样洁白，姿容如处女一般柔美；不食五谷杂粮，只吸风饮露；乘着云气，驾着飞龙，遨游于四海之外。他神情专一，使万物不受灾害，使五谷丰登。'我以为他的话是诳言，而不相信。"

连叔说："是呀！人们无法让盲人同别人一起观赏华丽的纹饰，无法让耳聋者和别人共同欣赏钟鼓乐声。由此看来，人们不只是在生理上有耳聋、眼盲的缺陷，在智慧上也有同样的情形啊！我所说的，指的就是你呀！神人的德性，将要混同万物，浑如一体。世人期望世间得到治理，但有谁愿意辛辛苦苦地管世间的事情呢！这个神人，任何东西都无法伤害他，漫天洪水淹不着地，熔化金石、烧焦土山的大旱，也不能让他感觉到热。他扬弃的尘垢糟粕，就可以造就出尧舜来，他哪里肯把世俗之事当回事呢！"

【原文】

"宋人资章甫适诸越[1]，越人断发文身[2]，无所用之。尧治天下之民，平海内之政，往见四子藐姑射之山[3]，汾水之阳[4]，窅然丧其天下焉[5]。"

【注释】

〔1〕资：贩卖。章甫：古时的一种帽子。
〔2〕断发文身：不留头发，身刺花纹。
〔3〕四子：寓言中的四位神人，指王倪、啮缺、被衣、许由。
〔4〕汾水之阳：汾水的北面。
〔5〕窅（yǎo）然：深远之状。

【译文】

"宋国人到越国去卖帽子，但越国人不留头发，身刺花纹，根本用不着帽子。尧治理天下之民，安定国内的政事，到遥远的姑射山和汾水北面去拜见四位得道的神人，不禁怅然若失忘掉自己是一国之君。"

【原文】

惠子谓庄子曰[1]："魏王贻我大瓠之种[2]，我树之成而实五石[3]。以盛水浆，其坚不能自举也[4]；剖之以为瓢，则瓠落无所容[5]。非不呺然大也[6]，吾为其无用而掊之[7]。"

庄子曰："夫子固拙于用大矣[8]。宋人有善为不龟手之药者[9]，世世以洴澼絖为事[10]。客闻之，请买其方百金[11]。聚族而谋曰：'我世世为洴澼絖，不过数金。今一朝而鬻技百金[12]，请与之。'客得之，以说吴王[13]。越有难，吴王使之将。冬，与越人水战，大败越人，裂地而封之[14]。能不龟手一也，或以封，或不免于洴澼絖，则所用之异也。今子有五石之瓠。何不虑以为大樽而浮乎江湖[15]，而忧其瓠落无所容？则夫子犹有蓬之心也夫[16]！"

【注释】

[1] 惠子：即惠施，宋国人，曾任梁惠王相，是先秦名家学派的代表人物。

[2] 贻：赠送。大瓠（hù）：大葫芦。种：种子。

[3] 实五石：可容五石。

[4] 坚：硬度。

[5] 瓠（hù）落：很大的样子。

[6] 呺（xiāo）然：空虚巨大的样子。

[7] 掊（pǒu）：击破。

[8] 拙于：不善于。

[9] 龟：通"皲"（jūn）。皮肤因寒冷或干燥而破裂。

[10] 洴澼（píng pì）：漂洗。絖（kuàng）：丝絮。

[11] 方：药方。

[12] 鬻（yù）：卖。

[13] 说（shuì）：说服。

[14] 裂地而封之：分出一块土地封赐给他。

[15] 樽：形似酒樽的葫芦腰舟。

[16] 蓬之心：心如蓬草塞蔽，不开窍。喻指见识浅陋。

【译文】

惠子对庄子说："魏王送给我一颗大葫芦种子，我用它种植出来的葫芦有五石的容量。用来盛水，它的坚硬程度承受不了自己的容量；将它剖开作成瓢，瓢太大无处可容。这种东西虽然很大，但我因为它没有用处而打碎了。"

庄子说："你太不善于使用大东西了！宋国有一个人善于制造防手冻裂的药，他家世世代代以漂洗丝絮为业，有一个客人听说了，愿出百金买他的药方。他于是召集全家族人来商量，说：'我家世世代代从事漂洗丝絮，所得不过数金，现在卖出这个药方就可得到百金，卖给他吧！'客人获得这个药方，就去游说吴王。此时越国出兵侵吴，吴王就派他率兵御敌。到了冬天，和越国进行水战，大败越军，吴王于是用土地来封赐他。同样是一种防手冻裂的药，有人用来建功得到了封赏，有人却只能用它漂洗丝絮，这是因为其用途不同所致。现在你有五石容量的大葫芦，为什么不考虑将它系于腰上以浮游江湖，而只是发愁太大无所用之呢！可见你的心如同蓬草一样堵塞不通啊！"

【原文】

惠子谓庄子曰："吾有大树，人谓之樗[1]。其大本拥肿而不中绳墨[2]，其小枝卷曲而不中规矩。立之涂[3]，匠者不顾[4]。今子之言，大而无用，众所同去也[5]。"

庄子曰："子独不见狸狌乎[6]？卑身而伏，以候敖者[7]；东西跳梁，不辟高下；中于机辟[8]，死于罔罟[9]。今夫斄牛[10]，其大若垂天之云，此能为大矣，而不能执鼠。今子有大树，患其无用，何不树之于无何有之乡[11]，广莫之野[12]，彷徨乎无为其侧，逍遥乎寝卧其下。不夭斤斧[13]，物无害者。无所可用，安所困苦哉！"

【注释】

［1］樗（chū）：臭椿树。
［2］大本：树之主干。拥：通"痈"。
［3］涂：通"途"，道路。
［4］匠者：木工。顾：看。
［5］去：抛弃。
［6］狸：野猫。狌（shēng）：黄鼠狼。
［7］候：等待。敖：通"遨"，遨游。
［8］中：碰上。机辟：捕捉禽兽的工具。
［9］罔：通"网"，捕鸟用。罟（gǔ）：网类，捕鱼用。
［10］斄（lí）牛：牦牛。
［11］无何有：一无所有的地方。
［12］莫：通"漠"，广大辽阔。
［13］夭：折。斤：大斧。

【译文】

惠子对庄子说："我有一棵大树，人们叫它'樗'。它的主干长满木瘤而不合绳墨；它的小枝弯弯曲曲不合规矩。这棵树生长在路边，过往的木工看都不看一眼。你所说的话，大而无用，大家都不予理睬。"

庄子说："你没有见过野猫和黄鼠狼吗？它们屈身隐伏，等待捕捉出游的小动物。东奔西跑，不避高低；往往陷入捕兽的机关，死于罗网之中。再看那牦牛，身子大得像遮盖天边的云，它的能力可做大事，却不能捕鼠。现在你有一棵大树，发愁没有用场，为什么不把它种植于空荒的乡土、广漠的旷野，徘徊于树旁，逍遥自在地躺在树下。这棵树不会遭受斧子砍伐而夭折，其他东西也不能伤害它。它的无所可用，哪里还会招来苦恼呢！"

齐物论

【原文】

南郭子綦隐机而坐[1]，仰天而嘘[2]，荅焉似丧其耦[3]。颜成子游立侍乎前[4]，曰："何居乎[5]？形固可使如槁木，而心固可使如死灰乎？今之隐机者，非者之隐机者也！"

子綦曰："偃，不亦善乎，而问之也！今者吾丧我，汝知之乎？女闻人籁而未闻地籁[6]，女闻地籁而未闻天籁夫！"

子游曰："敢问其方[7]。"

子綦曰："夫大块噫气[8]，其名为风。是唯无作，作则万窍怒呺，而独不闻之翏翏乎[9]？山林之畏佳[10]，大木百围之窍穴，似鼻，似口，似耳，似枅[11]，似圈[12]，似臼[13]，似洼者[14]，似污者[15]。激者、謞者、叱者、吸者、叫者、濠者、宎者、咬者[16]。前者唱于而随者唱喁[17]，泠风则小和[18]，飘风则大和[19]，厉风济则众窍为虚[20]。而独不见之调调之刁刁乎[21]？"

子游曰："地籁则众窍是已，人籁则比竹是已[22]，敢问天籁？"

子綦曰："夫吹万不同[23]，而使其自已也。咸其自取，怒者其谁邪？"

【注释】

[1]南郭子綦（qí）：楚昭王庶弟，因居住在南郭，故以之为号。隐：凭靠。机：案。

[2]嘘：缓慢地吐气。

[3]荅（tà）焉：失神的样子。耦：匹对，精神与肉体为匹对，外物与内我为匹对。

[4]颜成子游：子綦的弟子，姓颜成，名偃。

[5]居：缘故。

[6]女：通"汝"。籁：箫。

[7]方：术，道术。

[8]大块：大地。

[9]翏翏（lù）：悠长的风声。

[10]畏佳：通"嵔崔"，高大参差的样子。

[11]枅（jī）：柱子上的方木。

庄子

〔12〕圈：牛栏猪圈。

〔13〕臼：舂米的工具。

〔14〕洼：池沼。

〔15〕污：泥坑。

〔16〕激：急流声。謞（xiāo）：飞箭声。叱：发怒声。濠：同"嚎"。突（yǎo）：沉吟声。咬：哀叹声。

〔17〕前者：指风。随者：指孔穴。于、喁（yú）：相应和的声音。

〔18〕泠（líng）风：小风。

〔19〕飘风：大风。

〔20〕厉风：烈风。

〔21〕调调、刁刁：均指树木摇动的声音。

〔22〕比竹：箫，多支竹管并列而成。

〔23〕吹万：风吹千万个窍穴。

【译文】

　　南郭子綦靠着几案静坐，仰头向天慢慢地吐气，神情仿佛进入了忘我的境界。站立在他面前侍奉的颜成子游问："为什么这样啊？形体固然可以像一根枯木，而心神也可以使它像熄灭了的灰烬吗？您今天的静坐和往常可大不一样啊！"

　　子綦说："偃，你问得好！今天我把我丢掉了，你知道吗？你听说过人吹的箫声，而没有听说过地上的自然声；即使听说过地上的自然声，也绝没有听说过天上的自然声！"

　　子游说："请给我讲一讲其中的道理。"

　　子綦说："大地吐出气息，它的名字叫作'风'。它不发作则已，一发作万物的孔穴就会怒吼起来。你难道没有听到过悠长的风声吗？那高下盘曲的山势，百围大树的洞穴，有的像鼻子，有的像嘴，有的像耳朵，有的像梁上方孔，有的像杯子，有的像舂臼，有的像池沼，有的像泥坑。那发出的声音，有的像急流之声，有的像飞箭之声，有的像发怒之声，有的像吸气声，有的像叫喊声，有的像号哭声，有的像沉吟声，有的像哀叹声。前面的风呜呜地唱着，后面的风就呼呼地和着，小风则小和，大风则大和，烈风停息则万物无声。你难道没见过风吹草木摇晃的样子吗？"

　　子游说："地籁是众窍孔发出的风声，人籁则是竹箫吹出的乐声，请问天籁是什么呢？"

　　子綦说："就是自然界发出的不同的声音，这些千差万别的声音是由于自己自然的形态体质所造成的。声音都是它们自己发出来的，但主使这种现象的又是谁呢？"

【原文】

大知闲闲[1]，小知间间[2]；大言炎炎，小言詹詹。其寐也魂交[3]，其觉也形开。与接为搆，日以心斗。缦者，窖者，密者。小恐惴惴，大恐缦缦。其发若机栝[4]，其司是非之谓也；其留如诅盟，其守胜之谓也；其杀若秋冬，以言其日消也；其溺之所为之，不可使复之也；其厌也如缄[5]，以言其老洫也[6]；近死之心，莫使复阳也[7]。喜怒哀乐，虑叹变慹[8]，姚佚启态[9]，乐出虚[10]，蒸成菌。日夜相代乎前，而莫知其所萌。已乎，已乎！旦暮得此，其所由以生乎！

【注释】

［1］知：通"智"。闲闲：广博而又闲逸的样子。
［2］间间：固执偏狭的样子。
［3］魂交：心神错乱。
［4］机栝（kuò）：指射箭。
［5］厌：闭藏。缄：封闭。
［6］老洫（xù）：老朽枯竭，世故深通。
［7］复阳：恢复生机。
［8］慹（zhé）：惊恐，惊慌。
［9］姚：轻浮。佚：放纵。启：狂放。态：作态。
［10］乐出虚：乐声发自空虚的窍孔。

【译文】

大智的人闲逸，小智的人固执偏狭；大言的人气势凌人，小言的人啰啰唆唆。他们睡着的时候心烦意乱，醒来时则形体不宁。他们和所接触的人纠缠不清，整天钩心斗角。他们有的慢条斯理，有的言谈中暗设陷阱，有的谨小慎微。遇到小的恐惧提心吊胆，遇到大恐惧则失魂落魄。他们伺机而动，发现别人的漏洞后，出言就像飞出去的利箭一样进行攻击；有时则守口如瓶，以等待机会；他们正在衰竭着，如同秋冬摧残生物，可以说是日益衰颓；他们沉溺在自己的所作所为之中，不可能使他们再恢复本然之性；他们作茧自缚，深通世故，死心塌地，无法使之恢复生气；他们变化无常，时而欣喜，时而愤怒，时而悲哀，时而欢乐，时而忧虑感叹，时而无动于衷，时而轻浮放纵。这些形形色色的表现，如同众窍从虚器中发出种种乐声，又像菌类被地气蒸发出来一样。这种种情绪和心态日夜变化着，时不时更替出现，但却不知道是如何萌生的。算了吧，算了吧！一旦悟出了其中的道理，自然就会明白各种事态的来由了！

【原文】

非彼无我，非我无所取。是亦近矣，而不知其所为使。若有真宰[1]，而特不得其眹[2]。可行已信，而不见其形，有情而无形。

百骸、九窍、六藏，赅而存焉[3]，吾谁与为亲？汝皆说之乎[4]？其有私焉[5]？如是皆有为臣妾有乎？其臣妾不足以相治乎？其递相为君臣乎？其有真君存焉。如求得其情与不得，无益损乎其真。

一受其成形，不亡以待尽，与物相刃相靡，其行尽如驰而莫之能止，不亦悲乎？终身役役而不见其成功，苶然疲役而不知其所归[6]，可不哀邪！人谓之不死，奚益！其形化，其心与之然，可不谓大哀乎？人之生也，固若是芒乎[7]？其我独芒，而人亦有不芒者乎？

【注释】

〔1〕真宰：身心的主宰。
〔2〕眹（zhèn）：征兆，迹象。
〔3〕赅：齐备。
〔4〕说：通"悦"。
〔5〕私：偏爱。
〔6〕苶（nié）：疲倦，精神不振。
〔7〕芒：愚昧。

【译文】

没有它们就没有我，没有我它们也无法体现。这样的认识也算接近于道了，而不知是谁支使的。似乎真有天然的主宰者，可是却找不到它的踪迹。我们可以从它的行为结果上得到验证，虽然看不到它的形体，但是它是真实存在而本无形迹的。

一百个骨节，九个孔穴，六个内脏，我全部具备，但我究竟偏爱谁呢？你对它们都喜欢吗？还是有所偏爱？如果你对它们都一视同仁，那都把它们看成臣妾吗？若都是臣妾就谁也不能支配谁吗？它们依次当君臣吗？难道另有万物主宰者存在吗？其实，无论知道还是不知道真君的真实情况，对它本身是没有任何影响的。

世人一旦禀受成为人体，虽然不至于马上死亡，却等待着形体的耗尽，人们和外物接触互相伤害，驰骋追逐于其中而不能停止，真是可悲！终生忙碌而未必有什么成就，疲惫不堪还不知道究竟为了什么，真是可哀！这样的人虽然不死，又有什么意思呢！他的躯体逐渐消亡了，精神也随之死亡，这难道不是莫大的悲哀吗？人生在世，果真是这样愚昧吗？还是只有我一人愚昧，而别人明白事理呢？

【原文】

夫随其成心而师之，谁独且无师乎？奚必知代而心自取者有之[1]？愚者与有焉！未成乎心而有是非，是今日适越而昔至也。是以无有为有。无有为有，虽有神禹且不能知[2]，吾独且奈何哉！

【注释】

〔1〕奚必：何必。代：变化。
〔2〕神禹：即大禹，夏族的首领，善治水。

【译文】

如果各人都依自己的成见作为判别是非的标准，那么谁没有标准呢？何必通晓事物发展变化的智者才有呢？愚昧的人也同样是有的！没有形成主见就去判别是非，就像今日去越国而昨天就到了一样可笑。这是把没有当作有。如果把没有当作有，即使神圣的大禹也无法理解，我又有什么办法呢！

【原文】

夫言非吹也[1]。言者有言，其所言者特未定也。果有言邪？其未尝有言邪？其以为异于鷇音[2]，亦有辩乎[3]？其无辩乎？

道恶乎隐而有真伪？言恶乎隐而有是非？道恶乎往而不存？言恶乎存而不可？道隐于小成，言隐于荣华。故有儒墨之是非[4]，以是其所非而非其所是。欲是其所非而非其所是，则莫若以明[5]。

【注释】

〔1〕吹：风吹。
〔2〕鷇（kòu）：初生小鸟的鸣叫声。
〔3〕辩：通"辨"，辨别。
〔4〕儒墨：指儒家和墨家。
〔5〕明：意谓用明静之心去体认事物。

【译文】

言论不是风吹出来的声音。说话的人各持一家的言辞,他们所说的话并不能确定为是非的依据。他们果真有自己的言论呢,还是没有言论?人们都认为自己的言论不同于初生小鸟有声无意的啼叫,但究竟是有区别呢,还是没有区别?

大道为什么隐晦不明而有真伪呢?至言为什么隐晦不明而有是非呢?道本是无处不在的,为什么往而不存呢?言论为何存在而又不可?道是被微不足道的认识掩盖了,言论被华而不实的辞藻掩盖了。正因为如此,才会有儒家与墨家的是非之争,他们各以对方所否定的为是,各以对方所肯定的为非。如果肯定对方所否定的而否定对方所肯定的,则不如以空明的心境去观照事物的本源。

【原文】

物无非彼,物无非是。自彼则不见,自知则知之。故曰:彼出于是,是亦因彼,彼是方生之说也。虽然,方生方死,方死方生;方可方不可,方不可方可;因是因非,因非因是。是以圣人不由而照之于天,亦因是也。是亦彼也,彼亦是也。彼亦一是非,此亦一是非。果且有彼是乎哉?果且无彼是乎哉?彼是莫得其偶[1],谓之道枢[2]。枢始得其环中,以应无穷。是亦一无穷,非亦一无穷也。故曰:莫若以明。

【注释】

〔1〕偶:对立面。
〔2〕道枢:道的关键。

【译文】

事物没有不是"彼"的,也没有不是"此"的。从彼方来看此方就看不到此方的实际,从此方来了解自己就知道了。所以说:彼产生于此,此依存于彼。这就是彼此相生相存的理论。虽然这样,但生的同时就出现死,死的同时就出现生;正确的同时就出现错,错的同时就出现正确;正确的就任它正确,错的就任它错，正确的错的都不计较。因此，圣人不通过是非之途，而只是客观地反映自然之道，也就是这个道理。"此"就是"彼"，"彼"也就是"此"，彼有彼的是非，此有此的是非。果真有彼此的区别吗？果真没有彼此的区别吗？消除彼此的相互对立，就是道的关键。得到了道的关键，就像抓住了环的中间，就可以应付无穷的变化。"是"的变化是无穷的，"非"的变化也是无穷的。所以说不如用明静的心境去观察事物的实况。

【原文】

以指喻指之非指，不若以非指喻指之非指也；以马喻马之非马，不若以非马喻马之非马也。天地一指也，万物一马也。

【译文】

用手指来说明手指不是手指，不如用非手指来说明手指不是手指；用白马来说明白马不是马，不如用非白马来说明白马不是马。其实，天地就是"一指"，万物就是"一马"。

【原文】

可乎可，不可乎不可。道行之而成[1]，物谓之而然。恶乎然？然于然。恶乎不然？不然于不然。物固有所然，物固有所可。无物不然，无物不可。故为是举莛与楹[2]，厉与西施[3]，恢诡谲怪[4]，道通为一。

其分也，成也；其成也，毁也。凡物无成与毁，复通为一。唯达者知通为一，为是不用而寓诸庸。庸也者，用也；用也者，通也；通也者，得也。适得而几矣。因是已。已而不知其然，谓之道。劳神明为一，而不知其同也，谓之"朝三"。何谓"朝三"？狙公赋芧[5]，曰："朝三而暮四。"众狙皆怒。曰："然则朝四而暮三。"众狙皆悦。名实未亏，而喜怒为用，亦因是也。是以圣人和之以是非，而休乎天钧[6]，是之谓两行[7]。

【注释】

〔1〕道：道路。
〔2〕莛（tíng）：草茎。楹（yíng）：房屋的柱子。
〔3〕厉：丑女人。西施：春秋时期越国的美女。
〔4〕恢：诙谐。恑（guǐ）：诡变。憰（jué）：欺诈。怪：怪异。
〔5〕狙（jù）：猴子。狙公：养猴子的老翁。芧（xù）：橡子。
〔6〕天钧：天道的自然运行。
〔7〕两行：指对立之双方。

【译文】

　　人家认可的我也跟着认可，人家不认可的我也跟着不认可。道路是人走出来的，事物的名称是人叫出来的。为什么是这样？它原本是这样的，所以人们认为是这样的。为什么不是这样？它原本不是这样的，所以人们认为不是这样的。事物都有它是的地方，事物本来也都有它对的地方。没有什么东西不对，没有什么东西不可。所以，细小的草茎和巨大的顶梁柱，丑陋的女人和美貌的西施，还有其他稀奇古怪的事物，从道的角度来看都是不分彼此的。

　　万物的分离，就意味着生成；万物的生成，就意味着毁灭。其实无所谓生成与毁灭，一切事物终归都是一样的。只有通达之人才明白这个道理，为此他们不用固执常人的成见，而寄托在万物各自的功用上。这就是随顺事物的自然罢了。顺应自然而不求其所以然，就叫作道。争论不休而不知是非彼此相通的道理，就是"朝三"。什么是"朝三"呢？有一养猴的老翁给猴子喂橡子，他对猴子说："早上给你们三升，晚上给你们四升。"这群猴子听了都发起怒来。老翁又说："那么早上四升晚上三升如何？"猴子听了又都高兴起来。名和实都没有改变，老翁只是利用猴子的喜怒心理而顺应它们，这也就是顺势而为。所以，圣人不去评判是非之争而加以调和，而是任其自然，顺乎天道，这就是人和自然同时行进。

【原文】

　　古之人，其知有所至矣[1]。恶乎至？有以为未始有物者，至矣，尽矣，不可以加矣！其次以为有物矣，而未始有封也[2]。其次以为有封焉，而未始有是非也。是非之彰也[3]，道之所以亏也。道之所以亏，爱之所以成。果且有成与亏乎哉？果且无成与亏乎哉?有成与亏,故昭氏之鼓琴也[4];无成与亏,故昭氏之不鼓琴也。昭文之鼓琴也,师旷之枝策也[5],惠子之据梧也,三子之知几乎皆其盛者也,故载之末年[6]。唯其好之也以异于彼;其好之也欲以明之。彼非所明而明之,故以坚白之昧终[7]。而其子又以文之纶终[8],终身无成。若是而可谓成乎,虽我亦成也;若是而不可谓成乎,物与我无成也。是故滑疑之耀[9],圣人之所图也。为是不用而寓诸庸,此之谓"以明"。

【注释】

〔1〕至:极限。
〔2〕封:界限。
〔3〕彰:明。
〔4〕昭氏:名文,古之善鼓琴者。
〔5〕师旷:春秋时期晋国著名乐师。
〔6〕载之末年:一直从事到晚年。
〔7〕坚白:先秦名家的著名论题之一。
〔8〕纶:琴弦。
〔9〕滑疑:迷惑,一说为含蓄。耀:炫耀。

【译文】

古时候得道的人的认识达到了最高的境界。是什么样的境界呢?他们认为在宇宙初开时是不曾有物的,这种认识无与伦比,无以复加。在认识上稍差一等的人,认为万物是现实存在的,探究它却并不严加区别界定。再次一等的人,认为万物有别,而不认为存在是非。是非一旦分明,"道"就受到了损害。"道"之所以受损害,是因为有偏爱。果真有成就和亏损呢?还是没有成就和亏损呢?有成和亏,就好比昭文弹琴;没有成和亏,就好比昭文不弹琴。昭文弹琴,师旷奏乐,惠子靠在梧桐树上谈论学问,这三个人的才智几乎算得上是最高的了,因而他们一直从业到晚年。正因为他们各有所好而与众不同,而想将各自所好示之于他人。别人不想领会而一定要人家领会。惠子并非真正明道,而却用自以为的明理去明示他人,所以陷于"坚白论"糊涂终生。昭文之子为继承其父的琴技奋斗终生,因而一辈子无所成就。如果这样也可以叫作有成就,那么像我这样的人都可以算是有成就了。如果那样不算有成就,那么众人均无成就。所以,向世人炫耀其智慧和言论,是圣人所摒弃的。寄寓于各物的自然形态,这就叫作"以明"。

【原文】

今且有言于此,不知其与是类乎?其与是不类乎?类与不类,相与为类,则与彼无以异矣。虽然，请尝言之。有始也者，有未始有始也者，有未始有夫未始有始也者。有有也者，有无也者，有未始有无也者，有未始有夫未始有无也者。俄而有无矣，而未知有无之果孰有孰无也。今我则已有谓矣，而未知吾所谓之其果有谓乎？其果无谓乎？

　　天下莫大于秋毫之末[1]，而大山为小[2]；莫寿于殇子[3]，而彭祖为夭[4]。天地与我并生，而万物与我为一。既已为一矣，且得有言乎？既已谓之一矣，且得无言乎？一与言为二，二与一为三，自此以往，巧历不能得[5]，而况其凡乎[6]！故自无适有，以至于三，而况自有适有乎？无适焉，因是已！

【注释】

〔1〕秋毫：动物秋天换的新毛，这里用来比喻微小的东西。
〔2〕大山：泰山。
〔3〕寿：长命。殇子：夭折的幼童。
〔4〕夭：短命。
〔5〕巧历：善于算数的人。
〔6〕凡：一般人。

【译文】

　　假设有人在此发表了一通言论，不知和上面所说的情况是同类呢，还是不同类？同类也罢，不同类也罢，既然彼此都是说话，那么和上面那种言论就没有什么区别了。尽管如此，我还是将它说出来。宇宙有一个开始，有一个未曾开始的"开始"，更有一个未曾开始的"未曾开始"的开始；宇宙有它的"有"，有它的"无"，还有未曾有无的"无"，还有未曾有的"未曾有无"的无。忽然间产生了"有"和"无"，但不知道这"有"和"无"究竟谁是真正的"有"，谁是真正的"无"。现在我已经把话说了，但不知道我所说的究竟是真的说了，还是没有说呢？

　　天下没有比秋毫之末更巨大的，而泰山却是微小的；没有比夭折的幼童更长寿的，而彭祖是短命的。天地和我并存，万物和我合而为一。既然是合而为一的，那还有什么可说的呢？既然已经说了合而为一，那还能不说吗？"一"加上我所说的就成了"二"，"二"再加上"一"就成了"三"，这样扩展下去，就是最善于算数的人也无法算清的，何况一般人呢？从"无"到"有"，以至到了"三"，何况从"有"到"有"呢？别往下推算了，因其自然吧！

【原文】

　　夫道未始有封[1]，言未始有常[2]，为是而有畛也[3]。请言其畛。有左有右，有伦有义[4]，有分有辩，有竞有争，此之谓八德[5]。六合之外[6]，圣人存而不论；六合之内，圣人论而不议；春秋经世先王之志[7]，圣人议而不辩。故分也者，有不分也；辩也者，有不辩也。曰：何也？圣人怀之[8]，众人辩之以相示也[9]。故曰：辩也者，有不见也。

夫大道不称[10]，大辩不言[11]，大仁不仁[12]，大廉不嗛[13]，大勇不忮[14]。道昭而不道，言辩而不及，仁常而不周，廉清而不信，勇忮而不成。五者无弃而几向方矣。故知止其所不知，至矣。孰知不言之辩，不道之道？若有能知，此之谓天府[15]。注焉而不满[16]，酌焉而不竭[17]，而不知其所由来，此之谓葆光[18]。

【注释】

［1］封：界限。

［2］常：标准。

［3］畛（zhěn）：分界。

［4］伦：次序。义：通"仪"，仪则。

［5］八德：八种具体的界限。

［6］六合：指天地和东南西北四方。

［7］春秋：泛指史书。

［8］怀之：藏是非于胸中。

［9］辩之：争辩是非。相示：争相显示。

［10］称：说明。

［11］大辩：高论。

［12］不仁：不会有所爱。

［13］嗛（qiān）：按李勉说，原字当为"廉"字，后人误改。

［14］忮（zhì）：害，伤害。

［15］天府：指圣人宽广的心胸。

［16］注：灌注。

［17］酌：取出。

［18］葆光：潜藏着的光辉。

【译文】

道是未曾有界限的，言论本来是没有是非的，只是为了争一个"是"字而划出分界。请让我说说界限吧。例如左与右，次序与等级，区别与辩论，竞胜与争持，这就是八种具体的分界。天地四方之外的事，圣人是存而不论的；天地之内的事，圣人则论述而不评议；对记载先王政绩的史书，圣人评议而不争辩。因而有分别就有不分别，有辩论就有不辩论。这是为什么呢？因为圣人明察万物而深藏于胸，众人却热衷于争辩而竞相显示。所以说：辩论的存在，必有眼界看不到的地方。

庄子

大道是不可称谓的，大辩是不可言说的，大仁是无所偏爱的，大廉是不自称廉洁的，大勇是不伤害人的。道，一旦称说就不是道；言，争论就有所不及；仁，有所偏爱就不能周全；廉，过于清纯人家也就不信了；勇，用于争斗就不成其为勇。以上五者不要疏忽，那就差不多接近道了。所以，一个人能止于他所不知的境界，就达到知的极点了。谁能知道不用言语的争辩、不用称说的道呢？如果能够明白其中的道理，则心胸阔如大海。无论注入多少都不会满溢，无论取出多少都不会枯竭，而且不知道其源流来自何处，这就叫作潜藏着的光辉。

【原文】

故昔者尧问于舜曰[1]："我欲伐宗、脍、胥敖[2]，南面而不释然[3]，其故何也？"

舜曰："夫三子者[4]，犹存乎蓬艾之间。若不释然，何哉[5]？昔者十日并出，万物皆照，而况德之进乎日者乎[6]！"

【注释】

〔1〕舜：传说中的上古帝王。
〔2〕宗、脍、胥敖：上古时代的三个小国。
〔3〕南面：南向，指临朝。不释然：不放心。
〔4〕三子：指三位国君。
〔5〕若：你。
〔6〕进乎：超过。

【译文】

从前尧问舜说："我想征伐宗、脍、胥敖，每当临朝总是心中不安，这是为什么呢？"

舜说："这三个小国的国君，如同生存在蒿草丛中的小动物，你有什么不放心的呢？从前十个太阳并出，照耀万物，何况人的道德光芒更胜过太阳呢！"

【原文】

啮缺问乎王倪曰[1]："子知物之所同是乎？[2]"

曰："吾恶乎知之！"

"子知子之所不知邪？"

曰："吾恶乎知之！"

"然则物无知邪？"

曰："吾恶乎知之！虽然，尝试言之：庸讵知吾所谓知之非不知邪[3]？庸讵知吾所谓不知之非知邪？且吾尝试问乎女[4]：民湿寝则腰疾偏死[5]，鳅然乎哉？木处则惴栗恂惧[6]，猨猴然乎哉？三者孰知正处[7]？民食刍豢[8]，麋鹿食荐[9]，蝍蛆甘带[10]，鸱鸦耆鼠[11]，四者孰知正味[12]？猿猵狙以为雌[13]，麋与鹿交[14]，鳅与鱼游。毛嫱丽姬[15]，人之所美也；鱼见之深入，鸟见之高飞，麋鹿见之决骤[16]，四者孰知天下之正色哉[17]？自我观之，仁义之端[18]，是非之涂[19]，樊然淆乱[20]，吾恶能知其辩！"

啮缺曰："子不知利害，则至人固不知利害乎？"

王倪曰："至人神矣！大泽焚而不能热，河汉冱而不能寒[21]，疾雷破山，飘风振海而不能惊。若然者，乘云气，骑日月，而游乎四海之外，死生无变于己[22]，而况利害之端乎！"

【注释】

〔1〕啮（niè）缺、王倪：相传是尧时的贤人，《天地篇》说："尧之师曰许由，许由之师曰啮缺，啮缺之师曰王倪，王倪之师曰被衣。"

〔2〕同是：共同肯定的道理。

〔3〕庸讵（jù）：何从。

〔4〕女：通"汝"，你。

〔5〕民：人。湿寝：睡在潮湿的地方。偏死：半身瘫痪。

〔6〕木处：住在树上。

〔7〕正处：真正舒适的居处。

〔8〕刍豢（chú huàn）：指家畜。

〔9〕荐：草。

〔10〕蝍蛆（jí jū）：蜈蚣。甘：可口。带：蛇。

〔11〕鸱（chī）：猫头鹰。鸦：乌鸦。耆：通"嗜"，爱好。

〔12〕正味：可口的味道。

〔13〕猵狙（biān jū）：猿猴的一种。

〔14〕交：交配。

〔15〕毛嫱（qiáng）：古代美女。丽姬：春秋时期晋献公夫人。

〔16〕决骤：迅速奔跑。

〔17〕正色：真正漂亮的容貌。

〔18〕端：头绪。

〔19〕涂：途径。
〔20〕樊然淆乱：杂乱无章的样子。
〔21〕河：黄河。汉：汉水。沍（hù）：冻结。
〔22〕变于己：使自身发生变化。

【译文】

啮缺问王倪："您知道万物的共同道理吗？"

王倪说："我怎么知道呢！"

啮缺说："您知道您自己不知吗？"

王倪说："我怎么知道呢！"

啮缺说："那么万物就无法知道了吗？"

王倪："我怎么知道！尽管这样，姑且让我说说何以知道我所说的'知'不是'不知'呢？又怎么知道我所说的'不知'不是'知'呢？我且问你：人睡在潮湿的地方就会腰痛或半身瘫痪，泥鳅也会这样吗？人住在树上就恐惧发抖，猿猴也是这样吗？人、泥鳅、猿猴三者的居住习惯不同，谁才算懂得真正舒适的住所呢？人吃家畜之肉，麋鹿吃草，蜈蚣喜欢吃蛇，猫头鹰和乌鸦爱吃老鼠，这四者究竟谁才算懂得真正可口的美味呢？猵狙和猿作配偶，麋和鹿交配，泥鳅和鱼相配。毛嫱和丽姬是人们公认的美人，但鱼见了就沉入水底，鸟见了就飞向高空，麋鹿见了就赶快跑走，这四者究竟谁才算懂得真正的美色呢？依我看来，仁义的头绪，是非的途径，都杂乱无章，我怎么能加以区别呢！"

啮缺说："您不知利害，那么至人也不知道利害吗？"

王倪说："至人很神妙啊！山林燃烧而不能使他感到热，江河冻结也不能使他感到寒冷，雷霆震撼高山、狂风掀起海浪也不能使他受惊。这种至人乘云气、骑日月，遨游于四海之外，生死变化都和他没有关系，何况利害这等小事呢！"

【原文】

瞿鹊子问于长梧子曰[1]："吾闻诸夫子[2]，圣人不从事于务[3]，不就利[4]，不违害[5]，不喜求[6]，不缘道[7]，无谓有谓，有谓无谓，而游乎尘垢之外[8]。夫子以为孟浪之言[9]，而我以为妙道之行也，吾子以为奚若[10]？"

长梧子曰："是黄帝之所听荧也[11]，而丘也何足以知之！且汝亦大早计[12]，见卵而求时夜[13]，见弹而求鸮炙[14]。予尝为女妄言之[15]，女以妄听之。奚旁日月[16]，挟宇宙，为其吻合，置其滑涽[17]，以隶相尊？众人役役[18]，圣人愚芚[19]，参万岁而一成纯[20]。万物尽然[21]，而以是相蕴[22]。予恶乎知说生之非惑邪[23]！予恶乎知恶死之非弱丧而不知归者邪[24]！"

"丽之姬[25]，艾封人之子也[26]。晋国之始得之也，涕泣沾襟。及其至于王所[27]，与王同筐床[28]，食刍豢，而后悔其泣也。予恶乎知夫死者不悔其始之蕲生乎[29]？梦饮酒者，旦而哭泣[30]；梦哭泣者，旦而田猎。方其梦也，不知其梦也。梦之中又占其梦焉，觉而后知其梦也。且有大觉而后知此其大梦也[31]。而愚者自以为觉，窃窃然知之[32]。君乎！牧乎！固哉[33]丘也！与女皆梦也！予谓女梦，亦梦也。是其言也，其名为吊诡[34]。万世之后，而一遇大圣，知其解者，是旦暮遇之也。"

"既使我与若辩矣[35]，若胜我，我不若胜，若果是也[36]？我果非也邪？我胜若，若不吾胜，我果是也，而果非也邪[37]？其或是也？其或非也邪？其俱是也？其俱非也邪？我与若不能相知也。则人固受其黮暗[38]，吾谁使正之？使同乎若者正之，既与若同矣，恶能正之？使同乎我与若者正之，既同乎我矣，恶能正之？使异乎我与若者正之，既异乎我与若矣，恶能正之？使同乎我与若者正之，既同乎我与若矣，恶能正之？然则我与若与人俱不能相知也，而待彼也邪？"

"何谓和之以天倪[39]？"曰："是不是，然不然。是若果是也，则是之异乎不是也亦无辩；然若果然也，则然之异乎不然也亦无辩。化声之相待[40]，若其不相待。和之以天倪，因之以曼衍[41]，所以穷年也。忘年忘义[42]，振于无竟[43]，故寓诸无竟[44]。"

【注释】

［1］瞿鹊子：孔门后学。长梧子：瞿鹊子的老师。

［2］夫子：指孔子。

［3］务：世俗之事。

［4］就：贪图。

［5］违：避。

［6］喜求：热衷于追求。

［7］缘道：拘泥于道。

［8］尘垢：世俗。

［9］孟浪：荒诞。

［10］奚若：如何。

［11］黄帝：传说中的上古帝王。荧（yíng）：惑乱。

［12］早计：求之过急。

［13］时夜：司夜，古人称鸡为司夜。

［14］弹：弹丸。

［15］予：我。妄：姑且。

［16］旁：依傍。

［17］潜：昏乱。

［18］役役：忙碌奔波的样子。

庄子

〔19〕芚：通"钝"。

〔20〕参：糅合。一：一体。

〔21〕尽然：都如此。

〔22〕相蕴：相互含蕴包容。

〔23〕说：通"悦"。

〔24〕弱：年少。丧：亡失。

〔25〕丽之姬：即丽姬。

〔26〕艾封人：在艾地守封疆的人。

〔27〕王所：王宫。

〔28〕筐床：舒适的床。

〔29〕蕲：求。

〔30〕旦：早晨，这里指睡醒。

〔31〕大觉：指领悟了大道而觉醒。大梦：指一辈子不觉悟，如长睡不醒一般。

〔32〕窃窃然：自以为明察的样子。

〔33〕固：固陋。

〔34〕吊诡：诙谐荒诞。

〔35〕若：你。

〔36〕果是：一定对。

〔37〕而：你。

〔38〕黮暗（dǎn àn）：不明的样子。

〔39〕天倪：自然运行的规律。

〔40〕化声：变成各种言论。相待：相对立。

〔41〕曼衍：变化。

〔42〕忘年：忘掉生死。忘义：忘掉仁义。

〔43〕振于无竟：无止境地畅游。振，畅。竟，通"境"。

〔44〕寓：寄托。

【译文】

瞿鹊子问长梧子说："我听孔夫子说过，圣人不营谋那些世俗之事，不贪图利益，不躲避危害，不热衷于追求，不拘泥于道，没有说话等于说了，说了话等于没说，而邀游于尘世之外。孔夫子认为这都是荒诞无稽之谈，而我却认为是妙道之理，你认为怎么样？"

长梧子说："这些话黄帝听了都疑惑不解，孔丘怎么能理解呢！你未免太性急了，就像刚看见鸡蛋就想得到报晓的公鸡，刚看见弹丸就想烤吃鸮鸟的肉。我姑且给你讲一讲，你随便听听，怎么样？圣人依傍着日月，怀抱宇宙，与宇宙万物合为一体，置是非昏乱于不顾，视尊卑贵贱为同一。众人忙碌奔波，圣人浑朴自安，糅合古今无数变化而自身却清纯如一。万物都是这样的，互相蕴含于清纯之中。我怎么知道喜欢着不是迷惑呢!我又怎么知道应该视死如归呢?"

"丽姬是艾地守封疆人的女儿,晋国当初娶她的时候,她痛哭流涕以至于泪水湿透了衣服。当她住进王宫,与晋君同床享乐,花天酒地,这才后悔当初不该哭泣。我怎么知道死者不后悔当初不该留恋人世呢?梦中饮酒作乐的人,醒来后却碰到倒霉的事而哭泣;梦中伤心痛哭的人,早晨起来却赶上了打猎游玩的乐事。人在梦中,不知道是在做梦。有时梦中还在做梦,醒来后才知道是在做梦。领悟了大道的人才知道人生就像一场大梦,而那些愚蠢的人却自以为清醒,好像什么都知道,整天地君呀,民呀,贵呀,贱呀,真是浅陋至极!孔丘和你都是在做梦,我说你们做梦,我也是在做梦。这些话,可以称之为荒诞无稽之谈。但在万世之后遇到一位大圣人,他能深悟其中的道理,如同早晚遇着的一样。"

"假如我和你辩论,你胜了我,我输给你,你果真对吗?我果真错吗?我胜了你,你输给我,我果真对吗?你果真错吗?是我们两人有一人对,有一人错呢?还是两人都对,或者二人都错呢?我和你都不知道。凡人都有偏见,我们请谁来评判是非呢?如果请和你观点相同的人评判,他已经和你相同,怎么能评判呢?如果请和你我观点都相同的人评判,他已经和你我相同,怎么能评判呢?如果请和你我观点都不相同的人评判,他已经与你我不相同,怎么能评判呢?如果请和你我观点都相同的人评判,他已经与你我相同,怎么能评判呢?那么,我和你以及其他人都不能评判谁是谁非,还等待谁呢?"

"什么叫用自然运行规律来调解是非之争?"长梧子说:"这就是:把对的视为错的,把不是这样的看成这样的。对的如果是对的,就和错的有区别了,也无须辩论;这样的如果是这样的,就和不是这样的有区别了,也无须辩论。是非之辩互相对立,其实并不对立。顺其自然,任其变化,就可以彻底超脱。不计生死,忘掉仁义,畅游于无穷的领域,这样就进入了无穷的境域。"

【原文】

罔两问景曰[1]:"曩子行[2],今子止;曩子坐,今子起。何其无特操与[3]?"

景曰:"吾有待而然者邪[4]?吾所待又有待而然者邪?吾待蛇蚹蜩翼邪[5]!恶识所以然?恶识所以不然?"

【注释】

〔1〕罔两：影子外的微阴，即虚影。景：古"影"字。
〔2〕曩（nǎng）：从前。
〔3〕特操：独特的操守。
〔4〕有待：有所依赖。
〔5〕蛇蚹（fù）：蛇蜕下的皮。蜩翼：蝉蜕下的壳。

【译文】

虚影问影子说："刚才你移动，现在你停止不动；刚才你坐着，现在你又站起来。你怎么这么没有独立的性格呢？"

影子说："我因为有所依赖才会这样吧？我所依赖又有所依赖的才会这样吧？我所依赖的就像蛇有鳞皮、蝉有蜕壳一样吧？我怎么知道我为什么会这样？我又怎么知道我为什么不会这样？"

【原文】

昔者庄周梦为胡蝶，栩栩然胡蝶也[1]。自喻适志与[2]，不知周也。俄然觉，则蘧蘧然周也[3]。不知周之梦为胡蝶与？胡蝶之梦为周与？周与胡蝶则必有分矣。此之谓物化[4]。

【注释】

〔1〕栩栩：生动活泼。
〔2〕喻：知晓，觉得。适志：得意。
〔3〕蘧蘧（qú）：僵直。
〔4〕物化：指物我界限消解，万物融化为一。

【译文】

从前庄周梦见自己变成了蝴蝶，一只活生生的蝴蝶。自己感到得意扬扬，竟然忘记了庄周是谁。忽然梦醒了，才知道自己分明还是僵卧在床上的庄周。不知是庄周做梦化为蝴蝶呢？还是蝴蝶做梦化为庄周？庄周和蝴蝶必定是有所分别的。这就叫作万物融化为一了。

养生主

【原文】

吾生也有涯[1]，而知也无涯，以有涯随无涯，殆已[2]！已而为知者，殆而已矣！为善无近名[3]，为恶无近刑，缘督以为经[4]，可以保身，可以全生，可以养亲[5]，可以尽年。

【注释】

〔1〕涯：限度。
〔2〕殆：危险。
〔3〕名：名利。
〔4〕缘：因顺自然。督：督脉。
〔5〕亲：天性，精神。

【译文】

我们的生命是有限的，而知识是无限的，以有限的生命去追求无限的知识，必然会陷入困顿之中！既然知道这一点，还要去追求知识，只会更加危险！做好事不要追求名利，做世俗认为的"恶"不要遭到刑戮之害，像气循任督二脉周流不息一样，遵循中正自然之路，就可以保护身体，可以修身养性，可以高寿善终。

【原文】

庖丁为文惠君解牛[1]，手之所触，肩之所倚，足之所履，膝之所踦，砉然响然[2]，奏刀騞然[3]，莫不中音[4]，合于《桑林》之舞[5]，乃中《经首》之会[6]。

文惠君曰："嘻，善哉！技盖至此乎？"

庖丁释刀对曰："臣之所好者道也，进乎技矣[7]。始臣之解牛之时，所见无非全牛者，三年之后，未尝见全牛也。方今之时，臣以神遇而不以目视，官知止而神欲行[8]。依乎天理[9]，批大郤[10]，导大窾[11]，因其固然[12]。技经肯綮之未尝[13]，而况大軱乎[14]！良庖岁更刀[15]，割也；族庖月更刀[16]，折也。今臣之刀十九年矣，所解数千牛矣，而刀刃若新发于硎[17]。彼节者有间[18]而刀刃者无厚，以无厚入有间，恢恢乎其于游刃必有余地矣。是以十九年而刀刃若新发于硎。虽然，每至于族[19]，吾见其难为，怵然为戒[20]，视为止[21]，行为迟[22]，动刀甚微[23]，謋然为解[24]，如土委地[25]。提刀而立，为之四顾，为之踌躇满志[26]，善刀而藏之[27]。"

文惠君曰："善哉！吾闻庖丁之言，得养生焉[28]。"

【注释】

[1] 庖（páo）丁：厨师。文惠君：梁惠王。
[2] 砉（huā）然：形容解牛时骨肉分离的声音。
[3] 奏刀：进刀。騞（huō）然：通"砉然"，进刀之声。
[4] 中音：合于乐音。
[5] 桑林：商汤时的乐曲名。
[6] 经首：尧时《咸池》乐曲中的一章。会：音节。
[7] 进乎：超过。
[8] 官：器官。神：精神。
[9] 天理：自然的纹理。
[10] 批：击。郤：指筋骨间的空隙。
[11] 导：引向。窾（kuǎn）：空。
[12] 因：顺着。固然：本来的结构。
[13] 技经：技艺所过的地方。肯：附在骨头上的肉。綮（qìng）：筋骨连接的地方。
[14] 大軱（gū）：大骨。
[15] 良庖：好厨师。更：换。
[16] 族：普通。
[17] 发：磨。硎（xíng）：磨刀石。
[18] 节：骨节。间：间隙。
[19] 族：指筋骨结聚之处。
[20] 怵（chù）：小心谨慎。
[21] 视为止：目不转睛。
[22] 行为迟：动作缓慢。
[23] 甚微：很轻。
[24] 謋（huò）然：形容牛体解开时发出的声音。

〔25〕委地：丢在地上。
〔26〕踌躇：从容自得的样子。
〔27〕善刀：好好收拾刀。
〔28〕得养生焉：领悟到养生之道。

【译文】

庖丁替文惠君宰牛，手所抓的，肩所扛的，脚所踩的，膝所顶的，霍霍有声，进刀割解，发出"哗哗"的声音，无不合于音乐的节奏，像《桑林》舞的动作一样轻松悠然，像《经首》乐章中的音乐那样和谐。

文惠君惊叹道："啊！真是妙极了！你的技术怎么会达到如此高超的地步呢？"

庖丁放下刀回答说："我所爱好的是道，对道的追求已远远超过了技术。我开始宰牛时，看到的是一头整体的牛；三年以后，所看到的就不是整体的牛了。到了现在，我是根据心神去用刀，不需要用眼睛看着，感官的作用停止了而精神活动还在进行。按照牛身上的自然纹理，击打筋骨间的空隙，把刀子引向骨节间的空隙，顺着牛体的自然结构用刀，我的用刀技艺就连筋骨盘结的地方都不曾有妨碍，何况那些大骨头呢？好厨师一年换一把刀，他们是用刀去割筋肉的；普通厨师一个月换一把刀，他们是用刀去砍骨头的。现在我这把刀已经用了十九年了，所宰的牛已有几千头了，可刀口仍像刚在磨刀石上新磨过的一样锋利。牛骨关节是有空隙的，而刀刃很薄，用很薄的刀刃伸入有空隙的筋骨，自然会宽宽绰绰地游刃有余，所以我这把刀用了十九年还像新磨的一样。尽管如此，每当碰到筋骨盘结的地方，不容易下刀，我就特别小心谨慎，聚精会神，慢慢动手将刀轻轻一动，牛一下子就解体了，如同泥土溃散落地一般。这时我提刀站立，四面张望，心满意足，将刀擦干净收藏起来。"

文惠君说："好啊！我听了庖丁这番话，领悟到养生之道了。"

【原文】

公文轩见右师而惊曰[1]："是何人也？恶乎介也[2]？天与？其人与？"曰："天也，非人也。天之生是使独也，人之貌有与也，以是知其天也，非人也。"

【注释】

〔1〕公文轩：相传为宋国人。右师：官名。
〔2〕介：一只脚。

【译文】

公文轩看见右师惊讶地说："这是什么人？为什么只有一只脚？这是天生的呢，还是人为的？"想了想自语道："这是天生的，不是人为的。天生此人使他因祸而断足，因为人的自然形态是天赋与的，由此而知这是天生的，而不是人为的。"

【原文】

泽雉十步一啄[1]，百步一饮，不蕲畜乎樊中[2]。神虽王[3]，不善也。

【注释】

[1] 泽雉（zhì）：生活在草泽中的野鸡。
[2] 樊：笼子。
[3] 王：旺盛。

【译文】

生活在草泽中的野鸡走十步才能啄到一口食，走百步才能喝到一口水，但它并不希望被圈养在笼子里。尽管不愁饮食，精神旺盛，但却失去了自由。

【原文】

老聃死[1]，秦失吊之[2]，三号而出[3]。
弟子曰："非夫子之友邪？"
曰："然。"
"然则吊焉若此可乎？"
曰："然。始也吾以为其人也，而今非也。向吾入而吊焉[4]，有老者哭之，如哭其子；少者哭之，如哭其母。彼其所以会之[5]，必有不蕲言而言，不蕲哭而哭者。是遁天倍情[6]，忘其所受[7]，古者谓之遁天之刑[8]。适来，夫子时也；适去，夫子顺也。安时而处顺，哀乐不能入也，古者谓是帝之县解[9]。"

【注释】

〔1〕老聃（dān）：老子。
〔2〕秦失：老子的朋友。
〔3〕三号：哭号三声。
〔4〕向：刚才。
〔5〕会：聚集。
〔6〕遁天：失去天性。倍情：违背真情。
〔7〕所受：禀受的本性。
〔8〕遁天之刑：违背天理受到的刑罚。
〔9〕帝：天帝。县：通"悬"，倒悬。

【译文】

老子死了，秦失去吊唁，哭了三声就出来了。

弟子问："不是先生您的朋友吗？"

秦失说："是的呀！"

弟子又问："那么，您这样吊唁可以吗？"

秦失说："可以。原先我以为他是至人，现在不这样认为了。刚才我进去吊唁的时候，看见有老年人哭他，如同哭自己的儿子；有少年哭他，如同哭自己的母亲。由此看来，他们之所以聚集在这里痛哭，一定有老聃不期望他们赞而称赞的话，必定有老聃不期望他们哭泣而哭泣的人，吊唁和痛哭只是一种礼节形式罢了。这种表现是没有天性并违背真情的，忘记了禀受的本性，古时候将这称为逃避自然的规范。他该来的时候，老子应时而生；他该去的时候，老子顺理而死。生死顺应自然，就不会受到哀乐之情的困扰，古时候将这称为上苍为人解除束缚。"

【原文】

指穷于为薪[1]，火传也，不知其尽也[2]。

【注释】

〔1〕指：通"脂"，油脂。薪：烛火。
〔2〕尽：穷尽。

【译文】

烛薪的燃烧是有穷尽的，火却一直传下去，没有穷尽的时候。

人间世

【原文】

颜回见仲尼[1]，请行[2]。

曰："奚之[3]？"

曰："将之卫。"

曰："奚为焉？"

曰："回闻卫君，其年壮，其行独[4]。轻用其国，而不见其过。轻用民死，死者以国量乎泽若蕉[5]，民其无如矣[6]！回尝闻之夫子曰：'治国去之[7]，乱国就之[8]，医门多疾。'愿以所闻思其则[9]，庶几其国有瘳乎[10]！"

仲尼曰："嘻，若殆往而刑耳[11]！夫道不欲杂，杂则多，多则扰，扰则忧，忧而不救。古之至人，先存诸己，而后存诸人。所存于己者未定，何暇至于暴人之所行！且若亦知夫德之所荡，而知之所为出乎哉[12]？德荡乎名，知出乎争。名也者，相轧也[13]；知也者，争之器也[14]。二者凶器，非所以尽行也。

"且德厚信矼[15]，未达人气[16]；名闻不争，未达人心。而强以仁义绳墨之言术暴人之前者[17]，是以人恶有其美也，命之曰菑人[18]。菑人者，人必反菑之，若殆为人菑夫[19]！

"且苟为悦贤而恶不肖，恶用而求有以异[20]？若唯无诏[21]，王公必将乘人而斗其捷。而目将荧之[22]，而色将平之，口将营之[23]，容将形之[24]，心且成之。是以火救火，以水救水，名之曰益多。顺始无穷，若殆以不信厚言，必死于暴人之前矣！

"且昔者桀杀关龙逢[25]，纣杀王子比干[26]，是皆修其身以下伛拊人之民[27]，以下拂其上者也[28]，故其君因其修以挤之[29]。是好名者也。

"昔者尧攻丛、枝、胥敖[30]，禹攻有扈[31]。国为虚厉[32]，身为刑戮。

其用兵不止，其求实无已，是皆求名实者也，而独不闻之乎？名实者，圣人之所不能胜也，而况若乎！虽然，若必有以也，尝以语我来。"

颜回曰："端而虚[33]，勉而一[34]，则可乎？"

曰："恶！恶可！夫以阳为充孔扬[35]，采色不定[36]，常人之所不违[37]，因案人之所感[38]，以求容与其心[39]，名之曰日渐之德不成[40]，而况大德乎！将执而不化[41]，外合而内不訾[42]，其庸讵可乎！

"然则我内直而外曲，成而上比[43]。内直者，与天为徒[44]。与天为徒者，知天子之与己，皆天之所子[45]，而独以己言蕲乎而人善之，蕲乎而人不善之邪？若然者，人谓之童子，是之谓与天为徒。外曲者，与人之为徒也。擎跽曲拳[46]，人臣之礼也。人皆为之，吾敢不为邪？为人之所为者，人亦无疵焉，是之谓与人为徒。成而上比者，与古为徒。其言虽教，谪之实也[47]，古之有也，非吾有也。若然者，虽直而不病[48]，是之谓与古为徒。若是则可乎？"

仲尼曰："恶！恶可！大多政法而不谍[49]。虽固[50]，亦无罪。虽然，止是耳矣[51]，夫胡可以及化[52]！犹师心者也[53]。"

颜回曰："吾无以进矣[54]，敢问其方。"

仲尼曰："斋[55]，吾将语若。有心而为之，其易邪？易之者，皞天不宜[56]。"

颜回曰："回之家贫，唯不饮酒不茹荤者数月矣。如此，则可以为斋乎？"

曰："是祭祀之斋，非心斋也。"

回曰："敢问心斋。"

仲尼曰："若一志[57]，无听之以耳，而听之以心；无听之以心，而听之以气。听止于耳，心止于符[58]。气也者，虚而待物者也。唯道集虚。虚者，心斋也。"

颜回曰："回之未始得使[59]，实自回也；得使之也，未始有回也，可谓虚乎？"

夫子曰："尽矣！吾语若：若能入游其樊，而无感其名[60]，入则鸣，不入则止。无门无毒[61]，一宅而寓于不得已，则几矣[62]。绝迹易，无行地难。为人使易以伪，为天使难以伪。闻以有翼飞者矣，未闻以无翼飞者也；闻以有知知者矣，未闻以无知知者也。瞻彼阕者[63]，虚

室生白，吉祥止止[64]。夫且不止，是之谓坐驰[65]。夫徇耳目内通，而外于心知[66]，鬼神将来舍[67]，而况人乎！是万物之化也，禹、舜之所纽也[68]，伏羲、几蘧之所行终[69]，而况散焉者乎[70]！"

【注释】

〔1〕颜回：字子渊，孔丘的弟子。

〔2〕请行：辞行。

〔3〕奚之：去什么地方。

〔4〕独：专横独断。

〔5〕蕉：枯草。

〔6〕无如：走投无路。

〔7〕去：离开。

〔8〕就：进入。

〔9〕则：法则，指治理卫国的法则。

〔10〕庶几：差不多。瘳（chōu）：病愈。

〔11〕若：你。殆：大概。刑：受刑罚。

〔12〕荡：失。所为出：出现的原因。

〔13〕轧：倾轧。

〔14〕器：工具，手段。

〔15〕德厚：道德纯厚。信矼（kòng）：行为诚实。

〔16〕未达：不了解。人气：人的口味。

〔17〕术：通"述"，陈述。

〔18〕命：称。菑：通"灾"，害。

〔19〕若：你。

〔20〕而：你。

〔21〕诏：劝谏。

〔22〕荧：惑乱。

〔23〕营：营救。

〔24〕形：顺从。

〔25〕桀（jié）：夏代的最后一个王，暴君。关龙逢：桀的贤臣，因劝谏而被桀所杀。

〔26〕纣（zhòu）：商代的最后一个国君，暴君。王子比干：纣王的叔父，因劝谏纣王而被剖腹掏心。

〔27〕伛（yǔ）拊：爱抚。人之民：国君的人民。

〔28〕拂：触犯。

〔29〕修：品行，修养。挤：排挤，陷害。

〔30〕丛、枝、胥敖：上古时代三个小国。

〔31〕有扈：夏代小国。

〔32〕虚：废墟。厉：厉鬼。

〔33〕端而虚：正直而谦虚。

〔34〕勉而一：勤勉而专一。

〔35〕以阳为充孔扬：骄横暴虐。

〔36〕采色不定：喜怒无常。

〔37〕不违：不敢触犯。

〔38〕案：压抑。感：感化，劝谏。

〔39〕容与：自快。

〔40〕日渐之德：小德。

〔41〕执：固执。

〔42〕外合而内不訾（zī）：表面上相合而心内固执己见。

〔43〕成而上比：陈述成说，上比于古。

〔44〕与天为徒：以天为师。

〔45〕所子：所生所养。

〔46〕擎：执笏。跽（jì）：跪拜。曲：曲身鞠躬。拳：拱手。

〔47〕谪（zhé）：指责。

〔48〕不病：不会获罪。

〔49〕政：正。谍：妥当。

〔50〕固：浅陋。

〔51〕止是：只不过如此。

〔52〕胡：何。及化：感化别人。

〔53〕师心：师法自己的成见。

〔54〕无以进：没有更好的办法。

〔55〕斋：斋戒。

〔56〕皞（hào）天不宜：与自然之理不合。

〔57〕一志：心志专一。

〔58〕符：接合。

〔59〕得使：受教诲。

〔60〕樊：藩篱。无感其名：不为名利所动。

〔61〕无门无毒：不走门路营求，不用旗帜招摇。

〔62〕一宅：完全安处。寓：寄托。

〔63〕瞻：观望。阕：空，指空明的境界。

〔64〕吉祥：善福。

〔65〕坐驰：形坐而神驰。

〔66〕徇：使。耳目内通：将听觉和视觉通达于体内。外于心知：排除心智的作用。

〔67〕舍：居处。

〔68〕纽：关键。

庄子

[69]几蘧：传说中的上古帝王。所行终：作为终身奉行的准则。

[70]散焉者：众人。

【译文】

颜回拜见孔子，向他辞行。

孔子问："你到哪里去？"

颜回说："到卫国去。"

孔子又问："去干什么？"

颜回说："我听说卫国的国君，年壮气盛，行为独断专横。处理国事轻举妄动，认识不到自己的过错。他轻率用兵，将人民置于死地，死者遍野，形如枯草，人民已经走投无路了！我曾经听您说过：'已经治理好的国家可以离开，正处在危难中的国家则应前往，正如医生的使命就是治疗病人一样。'我想以此行实践先生的教诲，或许可以使这个国家得救！"

孔子说："唉！你去了恐怕要遭受刑罚啊！'道'是不能喧杂的，喧杂就多事了，多事就要混乱，混乱就要引起忧患，这样连自己也不能自救。古代的圣人，先充实自己，然后再去扶持别人。如果自己都站不稳，还怎么去纠正暴君的行为呢！你知道'德'之所以败坏，'智'之所以横出的原因吗？道德败坏是由于追求名利，智慧横出是因为争胜。名利是导致人们互相倾轧的根源，智慧是人们互相争胜的工具。这两者都是凶器，都不是处世的正道。

"而且，一个人虽然道德纯厚、行为诚实，但还是不能被他人所了解；即使不和别人争夺名利，也未必为人所理解。你强用仁义法度的议论在暴君面前陈述，就会被认为是用别人的罪过来换取自己的美德，把你这种行为认为是害人。害别人的人，别人一定要反过来害他。你恐怕要被人家所害。

"如果说卫君喜爱贤才而厌恶坏人，何用你去显示自己呢？除非你不进谏，否则卫君一定会抓住你的漏洞，以他的辩才与你相斗。这时候，你的眼光惑乱了，表情缓和了，口里只是讲一些营救自己的话，容貌也卑恭了，内心也就依顺他的意见了。这是用火去救火，用水去救火，可谓越救越糟糕。开始就依顺他，以后就永远依顺他了。如果你得不到他的信任，还要对他强加谏诤，那就必定死在暴君的面前了。

"从前桀杀关龙逄，纣杀王子比干，都是因为他们德性修养好，以属下的地位爱抚国君的人民，触犯了居于上位的君主的意志，以致君主因为他们的修养太好而

陷害他们。这就是好名的结果啊!

"从前尧攻丛、枝、胥敖，禹伐有扈，使这些国家成了废墟，人民伤亡，国君遭受刑戮。这是由于他们不断用兵，贪利不已。这都是争名贪利的结果，你难道没有听说过吗？名和利的欲念，连圣人都不能克服，何况你呢！尽管这样，你一定有自己的想法，且说给我听听。"

颜回说："我正直而谦虚，勤勉行事而意志专一，这样可以吗？"

孔子说："不！不可以！卫君骄横暴虐，喜怒无常，人们都不敢违背他的意志，他压制别人的劝谏，使人们顺从自己的主张。这种人不断用小德逐渐感化他都不成，何况用大德规劝他，让他立即悔悟呢？他必定固执不化，即使表面附和而内心仍是固执己见，你的办法有什么用呢！"

颜回说："那么，我用内直而外表恭顺、成而上比的美德去感化他。所谓内直，就是以天为师。所谓以天为师，就是认定天子和自己都是天生的，不计较别人对自己的言行是称赞还是指责。如果这样，人们就称他为童子。这就叫以天为师。所谓外表恭顺，就是与一般人一样。执笏、跪拜、鞠躬、拱拳，这是人臣应尽的礼节。人们都这样做，我敢不这样做吗？做人们都做的事，别人就无法指责。这就是叫以人为师。所谓成而上比，就是以古为师。我所说的话虽然都是教化、诤谏方面的内容，但那是古来就有的，并不是我创造的，虽然其言直率却也不会获罪。这就叫以古为师。这样可以吗？"

孔子说："不！不可以！你纠正人家的方式方法太多而又不通达。虽然浅陋，却是可以免罪的。但是，只有如此而已，怎么能够感化别人呢！你太固执己见了。"

颜回说："我没有更好的办法了，请先生赐教。"

孔子说："你先斋戒，我再告诉你。有心去做事，难道容易吗？如果以为容易，那是与天理不合的。"

颜回说："我家贫穷，不饮酒，不吃荤，已经好几个月了。这样可以算是斋戒了吧？"

孔子说："那是祭祀的斋戒，而不是'心斋'。"

颜回说："请问什么是'心斋'？"

孔子说："你专心致志，不要用耳去听，而要用心去听；不要用心去听，而要用气去听。用耳去听只能得到无意义的声音，用心去听只能得到幻灭无常的现象。气是空虚的，却能容纳万物。唯心有道才能集结在空虚之中，因为道本身也是虚的。所以说，空明的心境就是心斋。"

颜回说："我没有接受先生的'心斋'教诲时，实实在在地感觉到颜回的存在；接受了心斋的教诲之后，就觉得不曾有颜回了。这可以称为虚吗？"

孔子说："这就对了！我告诉你：你就像游玩一般进入藩篱之内，不为名利动心，人家听你的意见就讲，不听就不讲。不要提什么治国方案，处理任

庄子

何事情都寄托于不得已,这样就差不多了。一个人不走路容易,走路不踩地则是很难的。被他人驱使就容易做假,顺其自然而行就难以做假。只听说过有翅膀才会飞,没听说过没有翅膀而会飞的;只听说过用智慧去求得知识,没听说过不用智慧可求知识的。看那个空虚的境界,空虚的室内生出白光来,善福就聚集于此。如果心境不能宁静,身体即使静坐而精神却外驰了。使耳目感官向内通达而不用心智,鬼神也会来归附,何况是人呢!这就是顺应万物的变化,禹、舜处世的关键,伏羲、几蘧终身奉行的准则,何况一般人呢!"

【原文】

叶公子高将使于齐[1],问于仲尼曰:"王使诸梁也甚重[2],齐之待使者,盖将甚敬而不急[3]。匹夫犹未可动,而况诸侯乎!吾甚慄之。子常语诸梁也曰:'凡事若小若大,寡不道以欢成[4]。事若不成,则必有人道之患[5];事若成,则必有阴阳之患[6]。若成若不成而后无患者,唯有德者能之。'吾食也执粗而不臧[7],爨无欲清之人[8]。今吾朝受命而夕饮冰,我其内热与!吾未至乎事之情,而既有阴阳之患矣!事若不成,必有人道之患,是两也[9],为人臣者不足以任之,子其有以语我来!"

仲尼曰:"天下有大戒二[10]:其一,命也;其一,义也。子之爱亲,命也,不可解于心;臣之事君,义也,无适而非君也,无所逃于天地之间。是之谓大戒。是以夫事其亲者,不择地而安之,孝之至也;夫事其君者,不择事而安之,忠之盛也;自事其心者,哀乐不易施乎前,知其不可奈何而安之若命,德之至也。为人臣子者,固有所不得已,行事之情而忘其身,何暇至于悦生而恶死!夫子其行可矣!

"丘请复以所闻:凡交,近则必相靡以信[11],远则必忠之以言。言必或传之。夫传两喜两怒之言[12],天下之难者也。夫两喜必多溢美之言,两怒必多溢恶之言。凡溢之类妄[13],妄则其信之也莫[14],莫则传言者殃。故法言曰[15]:'传其常情[16],无传其溢言,则几乎全[17]。'

"且以巧斗力者,始乎阳[18],常卒乎阴[19],太至则多奇巧[20];以礼饮酒者,始乎治[21],常卒乎乱,太至则多奇乐。凡事亦然。始乎谅[22],常卒乎鄙[23];其作始也简[24],其将毕也必巨。夫言者,风波也;行者,实丧也[25]。风波易以动,实丧易以危。故忿设无由[26],巧言偏辞。兽死不择音[27],气息茀然[28],于是并生心厉[29]。克核大至[30],则必有不肖之心应之[31],而不知其然也。苟为不知其然也,孰知其所终[32]!故法言曰:'无迁令[33],无劝成[34],过度,益也[35]。'迁令劝成殆事[36]。美成在久,恶成不及改,可不慎与!且夫乘物以游心[37],托不得已以养中[38],至矣。何作为报也,莫若为致命[39]。此其难者。"

【注释】

〔1〕叶公子高：楚庄王玄孙，被封于叶，字子高，名诸梁。
〔2〕王：楚王。重：责任重大。
〔3〕甚敬而不急：态度非常恭敬，但办事毫不着急。
〔4〕寡不道以欢成：很少不是因为欢悦而成功的。
〔5〕人道之患：国君的惩罚。
〔6〕阴阳之患：阴阳失调而患病。
〔7〕执：取。臧：善。
〔8〕爨（cuàn）：烧火做饭。此处指烧火之人。清：清凉。
〔9〕两：指双重之患。
〔10〕戒：法则。
〔11〕靡：亲顺。
〔12〕两喜：双方都高兴。两怒：双方都愤怒。
〔13〕妄：荒诞。
〔14〕信之也莫：不相信。
〔15〕法言：格言。
〔16〕常情：实情。
〔17〕全：保全。
〔18〕阳：公开。
〔19〕阴：秘密。
〔20〕大至：太甚。奇巧：阴谋诡计。
〔21〕治：有规矩。
〔22〕谅：诚实。
〔23〕鄙：险恶。
〔24〕作：发生。简：微小。
〔25〕实丧：得失。
〔26〕忿设无由：愤怒的发作，没有别的原因。
〔27〕不择音：情急乱叫。
〔28〕茀（bó）：发怒。
〔29〕心厉：害人之意。
〔30〕克核大至：过于苛刻计较。
〔31〕不肖：不善。应：报答。
〔32〕所终：下场。
〔33〕迁令：改变命令。
〔34〕劝成：促成。
〔35〕益：通"溢"。
〔36〕殆事：害事。
〔37〕乘物以游心：顺应万物，以逍遥自在。

〔38〕养中：保善心性。

〔39〕致命：致君之命。

【译文】

叶公子高将要出使齐国，他向孔子请教说："楚王赋予我的使命很重大。齐国对待外国的使者，总是态度很恭敬，办事却拖拖拉拉。我对一个普通人都难以感化，何况诸侯？对此我很害怕。先生常对我说：'凡事不论大小，很少有不靠道术而成功的。若是事情不成功，必定会受到惩罚；若事情成功，必定会忧劳成疾。无论成功还是不成功都不会造成灾难的，只有那大德之人才能做到。'我平时饮食粗糙不求精美，家里烧火做饭的不会因为热而求清凉。现在我早上接受了使命，晚上就要饮清凉解热之剂，这是急出内火了吧！我的使命还没有进行，就已经忧愁成疾；如果事情再办不成，必定还要受到惩罚，真是祸不单行啊！为人臣子的，对双重之祸实在受不了，请先生教我解困之良策！"

孔子说："天下有两大法则：一个是命，一个是义。子女爱父母，这是命，是无法解释清楚的；臣子事君，这是义，无论任何国家都不能没有君，是没有办法可以逃避的。这就是所谓大法则。因此，子女养父母，无论什么境况都要使他们安适，这是尽孝的极点；臣子事君，无论什么事情都要竭尽全力，这是尽忠的极点。懂得调养自己心性的人，不受哀乐情绪的影响，知道事情无可奈何而安于命，这就是德性的极点了。为人臣子的，当然有不得已的事情，但如果根据实际情况去做而忘却自身，哪里有工夫产生贪生怕死的念头呢！你去做就行了！

"我还想把听到的一些道理再给你说一说：大凡国与国相交，邻近的国家必定以信用去亲顺，相隔遥远的国家则必定用忠诚的语言去交结。用语言交结，就必须靠使臣去传达。传达两国相喜或相怒的话，是天下最难的事情。说两国都喜欢的话，必然虚增许多好话；说两国都愤怒的话，则必然虚增许多坏话，凡是虚增的话都是失真的，失真得难以使人相信，那传话的使臣就要遭殃了。所以格言说：'要传常情，不要传达失真的言辞，这样传话的人或许可以保全自己。'

"那些以技巧角力的人，开始的时候明来明去，但往往最后就使用起阴谋来了，发展到极点就诡计百出；以礼饮酒的人，开始的时候规规矩矩，但往往最后就沉醉迷乱，发展到极点就放荡狂欢了。任何事情都是这样，起初彼此谅解，但往往最后就互相欺诈了；开始的时候很简单，到后来就变得复杂艰巨了。语言是风波，传达语言则有得有失。风波容易流动，失实最容易发生危险。所以，愤怒的发作没有别的原因，就是由于花言巧语偏激失当所致。野兽临死的时候狂乱而叫，勃然发怒，于是产生了害人的念头。凡事苛刻计较太甚，则必然招致别人的报复，而他自己还不知道是什么缘故。如果他自己还执迷不悟，谁知道他会有什么下场！所以格言说：'不要改变所要传达的命令，不要强求事情的成功，超过正常尺度，就是犯了夸大失实的错误。'改变所要传达的命令和强求事情的成功，都会把事情办坏。成就一件好事需要很长的时间，但破坏一件事情却悔之莫及，请谨慎啊！顺应万物以逍遥自在，寄托于不得已而保养心性，这是最好的处世之道。何必刻意去完成所受的使命！与其如此，不如顺乎自然地去行事。当然这也是很难做到的。"

【原文】

颜阖将傅卫灵公太子[1]，而问于蘧伯玉曰[2]："有人于此[3]，其德天杀[4]。与之为无方[5]，则危吾国；与之为有方，则危吾身。其知适足以知人之过，而不知其所以过。若然者，吾奈之何？"

蘧伯玉曰："善哉问乎！戒之，慎之，正女身也哉！形莫若就[6]，心莫若和。虽然，之二者有患[7]。就不欲入[8]，和不欲出[9]。形就而入，且为颠为灭，为崩为蹶；心和而出，且为声为名，为妖为孽。彼且为婴儿[10]，亦与之为婴儿；彼且为无町畦[11]，亦与之为无町畦；彼且为无崖[12]，亦与之为无崖。达之人于无疵[13]。

"汝不知夫螳螂乎？怒其臂以当车辙，不知其不胜任也。是其才之美者也[14]。戒之，慎之，积伐而美者以犯之[15]。几矣！

"汝不知夫养虎者乎？不敢以生物与之，为其杀之之怒也；不敢以全物与之，为其决之之怒也[16]。时其饥饱[17]，达其怒心[18]。虎之与人异类，而媚养己者[19]，顺也；故其杀者，逆也。

"夫爱马者，以筐盛矢[20]，以蜄盛溺[21]。适有蚊虻仆缘[22]，而拊之不时[23]，则缺衔、毁首、碎胸[24]。意有所至而爱有所亡[25]，可不慎邪！"

【注释】

[1] 颜阖：鲁国贤人。傅：做他人的师傅。
[2] 蘧（qú）伯玉：卫国贤大夫。
[3] 人：指太子。
[4] 德：性。天杀：天性嗜杀，残忍。
[5] 与之：对他。无方：没有原则。
[6] 形：表面。就：近，附和。
[7] 患：危险。
[8] 入：陷入。
[9] 出：显露。
[10] 婴儿：比喻无知。

〔11〕町畦（tǐng qí）：原义为有田界的园地，这里引申为限制、约束。

〔12〕崖：通"涯"。

〔13〕疵：毛病。

〔14〕是：特。

〔15〕积：多次。伐：夸耀。

〔16〕决：撕裂。

〔17〕时：伺机。

〔18〕达：引导。

〔19〕媚：柔顺。

〔20〕矢：通"屎"，马粪。

〔21〕蜄（shèn）：大蛤壳。

〔22〕仆缘：附着。

〔23〕拊：拍打。

〔24〕缺衔：咬断马勒口。毁首、碎胸：毁坏笼头和肚带。

〔25〕意：主观意图。

【译文】

　　颜阖被聘去当卫灵公太子的师傅，他去请教蘧伯玉说："有这样一个人，他天性残忍。如果无原则地和他相处，就会危害我们的国家；坚持原则和他相处，则会危害我自身。他的聪明可以知道别人的过错，但不知道别人为什么要犯这样的过错。遇到此情况，我该怎么办呢？"

　　蘧伯玉说："你问得很好！要小心谨慎，首先端正你的行为！表面上最好表现成将就顺从的样子，内心则多存诱导之意，即便如此，这样做仍会有祸患。外表顺从他而又不要陷进去，内心诱导他也不要太明显。如果陷进去连你自己都要毁坏堕落的；诱导太明显，他就会以为你在争名求誉，从而招来大祸。他如果像婴儿那样无知，你也姑且随他像婴儿那样无知；他如果行为没有约束，你也姑且随他那样行为放纵；他如果无拘无束，你也姑且随他那样无拘无束。你这样做了，他就不会挑出你的毛病了。

　　"你不知道那螳螂吗？它奋力举起臂膀去阻挡车轮，却不知道自己的力量不能胜任，这是因为它过高地估计了自己的才能。小心谨慎啊！你如果经常自我夸耀而触犯了太子，那就和螳螂差不多了！

"你不知道喂养老虎的人吗？不敢拿活物喂它，怕它咬死活物时激起残杀的天性；不敢拿完整的动物喂它，怕它撕裂动物时激起暴怒的天性。养虎的人总是把握它饥饿的时刻，对它暴怒的性情加以引导。老虎和人不属于同类，但却对饲养自己的人很柔顺，这是因为养虎的人顺着它的性子的缘故；老虎伤人，是因为人触犯了它。

"爱马的人，用精致的筐子去接马粪，用珍贵的大蛤壳去接马尿。偶尔有蚊虻叮在马身上，爱马的人若是出其不意地前去扑打蚊虻，马就会因受惊而咬断口勒，毁坏笼头和肚带。本意出于爱，但却因为爱而造成了损失，能不谨慎吗？"

【原文】

匠石之齐[1]，至于曲辕[2]，见栎社树[3]。其大蔽数千牛，絜之百围[4]，其高临山[5]十仞而后有枝[6]，其可以为舟者旁十数[7]。观者如市，匠伯不顾[8]，遂行不辍[9]。

弟子厌观之[10]，走及匠石，曰："自吾执斧斤以随夫子，未尝见材如此其美也。先生不肯视，行不辍，何邪？"

曰："已矣，勿言之矣！散木也[11]。以为舟则沉，以为棺椁则速腐，以为器则速毁，以为门户则液樠[12]，以为柱则蠹[13]，是不材之木也。无所可用，故能若是之寿[14]。"

匠石归，栎社见梦曰[15]："女将恶乎比予哉？若将比予于文木邪[16]？夫柤梨橘柚，果蓏之属，实熟则剥[17]，剥则辱，大枝折，小枝泄[18]。此以其能苦其生者也[19]。故不终其天年而中道夭，自掊击于世俗者也[20]。物莫不若是。且予求无所可用久矣！几死[21]，乃今得之，为予大用。使予也而有用，且得有此大也邪？且也，若与予也皆物也，奈何哉其相物也？而几死之散人，又恶知散木！"

匠石觉而诊其梦[22]。弟子曰："趣取无用[23]，则为社何邪？"

曰："密[24]！若无言！彼亦直寄焉[25]！以为不知己者诟厉也[26]。不为社者，且几有翦乎[27]！且也，彼其所保与众异，而以义喻之，不亦远乎[28]！"

【注释】

[1]匠石：名叫石的木匠。
[2]曲辕：地名。
[3]栎（lì）：树名。社树：被奉为土地神的树。
[4]絜（xié）：量。
[5]临山：高出山顶。
[6]仞：古代长度单位，一仞长八尺或七尺。

·165·

[7] 为舟：造船。
[8] 不顾：不看。
[9] 辍（chuò）：停止。
[10] 厌观：用心观察。
[11] 散木：无用之木。
[12] 樠（mán）：树名，树心有油脂流出。
[13] 蠹：蛀虫。
[14] 若是：如此。
[15] 见梦：托梦。
[16] 文木：纹理正常可做木料的树。
[17] 剥：击打。
[18] 泄：通"抴"，牵扭。
[19] 苦其生：使一生受苦。
[20] 自掊：自讨打击。
[21] 几死：几乎被砍伐而死。
[22] 诊：告。
[23] 趣取：追求。
[24] 密：保密。
[25] 直寄：特意寄托。
[26] 诟（gòu）厉：讥讽辱骂。
[27] 几：几乎。翦：砍伐。
[28] 远：相差太远。

【译文】

匠石到齐国去，行至曲辕，看见一棵被奉为土地神的树。这棵树很大，可以为几千头牛遮阴，量一量树干有百围之粗，它像山那样高，十仞以上才生树枝，可以造船的树枝就有十几根。观树者人山人海，可匠石看也不看，只顾走自己的路。

匠石的弟子用心看一番，追上匠石，问道："自从我执斧随先生学艺以来，未曾见过这么好的木材，先生不肯看一看而直往前走，究竟为什么呢？"

匠石说："算了吧，不要再说了！那是一棵没有用的散木。用它做船船会沉，用它做棺材，棺材很快会腐烂，用它做器具，器具很快会毁坏，用它做门窗，门窗会流出油脂，用它做梁柱，梁柱会被虫蛀，是一株无用之木。正因为它没有一点用处，所以才能如此长寿。"

匠石回家以后，夜里梦见栎树说："你要用什么东西和我相比呢？把我和文木相比吗？那柤梨橘柚之类结果子的树木，果实熟了就要遭受敲打，蒙受欺凌，大枝被折断，小枝被扭掉。这都是由于它们的有用而终生受苦。它们因此不能享尽天年，而中途夭折，这是自讨世俗之人的摧残，一切东西没有不是这样的。我追求达到无所可用的境地，已经很久了，曾多次几乎被砍死，现在才达到无所可用的目的，这对我来说正是大用。如果我有用的话，还能长到这么大吗？而且，你和我都是物，为什么要互相非议呢？你是将要死的散人，又怎能知道散木？"

匠石醒来，将梦中情形告诉了弟子。弟子说："它追求无用，但为什么要充当社树呢？"匠石说："别吭声！你不要说话！它不过是特意挂着社树的招牌，以保全自己罢了，以致被不了解其本意的人讥讽辱骂。如果它不当社树，岂不早就被砍掉了！而且，它所用的保全自己的办法与众不同，你用常理去议论它，不是太过分了吗！"

【原文】

南伯子綦游乎商之丘[1]，见大木焉，有异[2]，结驷千乘[3]，隐将芘其所藾[4]。子綦曰："此何木也哉？此必有异材夫！"仰而视其细枝，则拳曲而不可以为栋梁；俯而视其大根，则轴解而不可以为棺椁[5]；咶其叶[6]，则口烂而为伤；嗅之，则使人狂酲三日而不已[7]。子綦曰："此果不材之木也，以至于此其大也。嗟乎！神人以此不材！"

【注释】

〔1〕商之丘：商丘，宋国国都。
〔2〕有异：与众不同。
〔3〕驷：四马拉一车。千乘：千辆车。
〔4〕芘：通"庇"。藾（lài）：荫。
〔5〕轴解：木纹旋散。
〔6〕咶（shì）：舔。
〔7〕酲（chéng）：醉酒。

【译文】

南伯子綦到商丘去游玩，看到一棵大树，这棵树与众不同，千乘车马都可以隐庇在它的树荫下。子綦说："这是一棵什么树啊？它必定有奇异的材质！"抬头看它的细枝，弯弯曲曲不能做栋梁；低头看主干，木心旋散不能做棺材；舔一下树叶，嘴就受伤溃烂；闻一闻它，就会使人大醉三日不醒。子綦说："这真是一棵不材之木，所以才会长得这么大。唉！神人也是这样以不才寄寓大才。"

【原文】

宋有荆氏者[1]，宜楸柏桑[2]。其拱把而上者[3]，求狙猴之杙者斩之[4]；三围四围，求高名之丽者斩之[5]；七围八围，贵人富商之家求禅傍者斩之[6]。故未终其天年而中道已夭于斧斤，此材之患也。故解之以牛之白颡者[7]，与豚之亢鼻者[8]，与人有痔病者，不可以适河。此皆巫祝以知之矣，所以为不祥也。此乃神人之所以为大祥也。

【注释】

[1] 荆氏：宋国地名。
[2] 宜：适宜种植。
[3] 拱：两手合握。把：一手所握。
[4] 杙（yì）：小木桩。
[5] 丽：通"欐"，栋梁。
[6] 禅（shàn）傍：整块板的棺材。
[7] 颡（sǎng）：额。
[8] 豚（tún）：小猪。亢：仰。

【译文】

宋国有一处叫荆氏的地方，适宜种植楸树、柏树、桑树。一握、两握粗细的树，想找拴猴子的木桩的人就把它砍去了；三围、四围粗的树，想用作高大屋栋的人就把它砍去了；七围、八围粗的树，贵人和富商想做单幅板棺材就把它砍去了。这些树之所以未能享尽天年而中途丧命于斧子，就是因为有用而招来的祸患。古时祭祀，凡是白额的牛、高鼻的猪、生痔疮的人，都不能用来祭祀河神，这是巫祝都知道的常识。一般人认为不吉祥的，正是神人以为最吉祥的。

【原文】

支离疏者[1]，颐隐于脐[2]，肩高于顶[3]，会撮指天[4]，五管在上[5]，两髀为胁[6]。挫针治繲[7]，足以糊口；鼓策播精[8]，足以食十人[9]。上征武士[10]，则支离攘臂而游于其间[11]；上有大役[12]，则支离以有常疾不受功[13]；上与病者粟，则受三钟与十束薪[14]。夫支离其形者，犹足以养其身，终其天年，又况支离其德者乎！

【注释】

〔1〕支离疏：庄子杜撰的人名。
〔2〕颐：面颊。隐于脐：藏在肚脐里。
〔3〕顶：头顶。
〔4〕会撮：发髻。指天：朝天。
〔5〕五管：五脏的穴位。
〔6〕髀（bì）：大腿。
〔7〕挫：拿。鍼（xiè）：衣服。
〔8〕鼓策播精：卜卦算命。
〔9〕食：赡养。
〔10〕上：指官府。征武士：征兵。
〔11〕支离：支离疏的简称。攘臂：捋起袖子，伸出胳膊，意为满不在乎。
〔12〕役：徭役。
〔13〕不受功：不用服役。
〔14〕钟：古代容量单位，六石四斗为一钟。十束薪：十捆柴。

【译文】

有一个形体不全的人，他的脸藏在肚脐里，肩膀高出头顶，发髻冲天，五脏的脉管在背上突起，两股几乎变成两胁。他拿针给人补衣，就足以糊口；给人家卜卦算命，就足以养活十口人。官府征兵时，他满不在乎地游逛于征兵场所；官府征发徭役时，他因为是残疾人而不用服役；官府救济病人时，他领到三钟粟和十捆柴。身体畸形的人，还能自养其身，享尽天年，何况德性奇特的人呢！

【原文】

孔子适楚，楚狂接舆游其门曰[1]："凤兮凤兮！何如德之衰也？来世不可待，往世不可追也。天下有道，圣人成焉[2]；天下无道，圣人生焉[3]。方今之时，仅免刑焉！福轻乎羽，莫之知载；祸重乎地，莫之知避。已乎，已乎！临人以德[4]。殆乎殆乎，画地而趋！迷阳迷阳[5]，无伤吾行！郤曲郤曲[6]，无伤吾足！"

山木自寇也[7]，膏火自煎也[8]。桂可食，故伐之；漆可用，故割之。人皆知有用之用，而莫知无用之用也。

【注释】

〔1〕楚狂：楚国的狂人。接舆：人名。

〔2〕成：成就。
〔3〕生：求生，保全性命。
〔4〕临人：待人。
〔5〕迷阳：一种多刺的草。
〔6〕郤曲：弯曲，艰难。
〔7〕自寇：自讨砍伐。
〔8〕自煎：自讨燃烧。

【译文】

孔子到楚国去，楚国的狂人接舆走过孔子的门前，唱道："凤凰啊，凤凰啊！你的德性为什么衰败了？来世不可等待，往世也不可追回。天下有道，圣人可以成就事业；天下无道，圣人只能保全性命。当今之时，只求免遭刑害，幸福比羽毛还要轻，但谁也不知道怎样去追求；灾难比大地还要重，但谁也不知道怎样才能避免。算了，算了吧！别在人前炫耀自己。危险，危险啊！莫要画地为牢让人盲目钻进去。荆棘荆棘，不要刺伤我的腿！郤曲啊郤曲，不要伤了我的脚！"

山木自讨砍伐，膏火自讨燃烧。桂树可以食用，因而招致砍伐；漆树之汁可以为用，因而招致刀割。世人都知道有用的用处，但却不知道无用的用处。

德充符

【原文】

鲁有兀者王骀[1]，从之游者与仲尼相若[2]。常季问于仲尼曰[3]："王骀，兀者也，从之游者与夫子中分鲁[4]。立不教，坐不议，虚而往，实而归。固有不言之教，无形而心成者邪？是何人也？"

仲尼曰："夫子，圣人也，丘也直后而未往耳[5]？丘将以为师，而况不若丘者乎[6]！奚假鲁国[7]，丘将引天下而与从之。"

常季曰："彼兀者也，而王先生[8]，其与庸亦远矣[9]。若然者，其用心也，独若之何？"

仲尼曰："死生亦大矣，而不得与之变；虽天地覆坠，亦将不与之遗。审乎无假而不与物迁[10]，命物之化而守其宗也[11]。"

常季曰："何谓也？"

仲尼曰："自其异者视之，肝胆楚越也；自其同者视之，万物皆一也。夫若然者，且不知耳目之所宜，而游心于德之和。物，视其所一而不见其所丧，视丧其足犹遗土也。"

常季曰："彼为己[12]，以其知得其心，以其心得其常心。物何为最之哉[13]？"

仲尼曰："人莫鉴于流水[14]而鉴于止水[15]，唯止能止众止[16]。受命于地，唯松柏独也正，在冬夏青青；受命于天，唯尧、舜独也正，在万物之首。幸能正生[17]，以正众生。夫保始之征[18]，不惧之实，勇士一人，雄入于九军。将求名而能自要者[19]，而犹若是，而况官天地[20]，府万物[21]、直寓六骸[22]、象耳目[23]，一知之所知，而心未尝死者乎！彼且择日而登假[24]，人则从是也。彼且何肯以物为事乎！"

【注释】

〔1〕兀（wù）者：断足之人。王骀（tái）：庄子虚拟的人物。
〔2〕相若：相当。
〔3〕常季：孔子弟子。
〔4〕中分：平分。
〔5〕未往：未能追随。
〔6〕不若：不如。
〔7〕奚假：何止。
〔8〕王：胜过。
〔9〕庸：常人。
〔10〕迁：变化。
〔11〕命：主宰。宗：根本。
〔12〕为己：修养自己。
〔13〕最：聚，归依。
〔14〕鉴：照。
〔15〕止水：静止的水。
〔16〕唯止能止众止：唯有静止的东西才能使众人静止。
〔17〕正生：使自己的心性纯正。
〔18〕保始之征：遵守事先许下的诺言。
〔19〕自要：自律。
〔20〕官：主宰。
〔21〕府：包藏。
〔22〕六骸：指人体头、身、四肢。
〔23〕象耳目：以耳目为虚象，意指徒有耳目之形而没有视听的作用。
〔24〕登假：升于高远，超凡。

庄子

【译文】

鲁国有一个断足者名叫王骀，追随他的弟子与孔子的弟子一样多。常季问孔子："王骀是一个没有脚的人，他的弟子和您的弟子在鲁国各占一半。他对弟子不加教导，不发议论，追随他的人空虚而来，满载而归。莫非真有不用开口教导就能使学生无形中从心里领会的吗？他是什么样的人呢？"

孔子说："这位先生是圣人，我还没来得及去请教他！我都准备拜他为师，何况那些不如我的人呢！何止鲁国，我将鼓动天下的人都去跟他学习。"

常季说："他是没有脚的人，而竟能胜过老师，那么他一定比普通人高明多了。如果真是这样，他的智慧有什么独特之处呢？"

孔子说："死生是一件极大的事，但对他却毫无影响；即使天翻地覆，他也不会随之毁灭。他心静气和不受外物变化的干扰，主宰事物的变化而安守事物的枢纽。"

常季问："这是怎么回事呢？"

孔子说："从万物相异的角度去看，同处一身的肝和胆就像楚国和越国相距那么遥远；从它们相同的角度去看，万物都是一样的。如果真是这样，那就不晓得什么声色才是耳目感到适宜的，而使心神在和顺的道德境界中遨游。从万物相同的角度去看，就看不见有什么丧失，因而在他看来，自己丧失了脚，就像丢失了一块泥土一样。"

常季说："王骀不过是自我修养罢了，以他的智能领悟到自己的心灵，以他的心灵去领悟天道。众人为什么尊崇他呢？"

孔子说："人不会到流动着的水面上去照自己形象的，而到静止的水面上去照。可见，惟有静止的东西才能使众人静止。树木同是受命于地而生，惟有松柏得到了地的正气，故冬夏常青；人同是受命于天而生，惟有尧、舜得到了天的正气，故成为万民之首。他们幸而能自正心性，因而能正众人之性。那些遵守事先许下的诺言，具有无所畏惧的品格的，即使是勇士一人，也敢只身冲入千军万马之中。将士为了求名尚且能够如此，何况那主宰天地，包藏万物，寄形于六骸，以耳目为虚象，以天赋的智能无所不知，而内心未尝有死的念头的人呢！可以选择一个吉日升于高远超尘的人，大家都愿意追随他。他哪里肯把世俗之事放在心上呢！"

【原文】

申徒嘉[1]，兀者也，而与郑子产同师于伯昏无人[2]。子产谓申徒嘉曰："我先出则子止，子先出则我止。"其明日，又与合堂同席而坐[3]。子产谓申徒嘉曰："我先出则子止，子先出则我止。今我将出，子可以止乎？其未邪？且子见执政而不违[4]，子齐执政乎[5]？"

申徒嘉曰："先生之门，固有执政焉如此哉[6]？子而说子之执政而后人者也[7]。闻之曰：'鉴明则尘垢不止，止则不明也。久与贤人处则无过。'今子之所取大者[8]，先生也，而犹出言若是，不亦过乎？"

子产曰："子既若是矣，犹与尧争善[9]。计子之德[10]，不足以自反邪？"

申徒嘉曰："自状其过[11]，以不当亡者众[12]；不状其过，以不当存者寡。知不可奈何而安之若命，唯有德者能之。游于羿之彀中[13]，中央者，中地也[14]；然而不中者，命也。人以其全足笑吾不全足者多矣[15]，我怫然而怒；而适先生之所，则废然而反[16]。不知先生之洗我以善邪[17]？吾与夫子游十九年矣，而未尝知吾兀者也。今子与我游于形骸之内[18]，而子索我于形骸之外[19]，不亦过乎？"

子产蹴然改容更貌曰[20]："子无乃称[21]！"

【注释】

〔1〕申徒嘉：郑国贤人。

〔2〕子产：郑国卿大夫，名侨，字子产。伯昏无人：庄子虚拟的人物。

〔3〕合堂：同室。

〔4〕执政：这是子产的自称。

〔5〕齐：等同。

〔6〕先生：此处指伯昏无人。

〔7〕说：通"悦"。后人：看不起别人。

〔8〕取大：求取最大的东西，指老师伯昏无人的道德。

〔9〕争善：比高低。

〔10〕计：权衡。

〔11〕状：申辩。

〔12〕亡：指刖足。

〔13〕羿（yì）：传说中的善射者。彀（gòu）中：箭能射及的范围。

〔14〕中地：射中的境地。

〔15〕全足：双足齐全。

〔16〕废然：怒气消除的样子。反：通"返"。

〔17〕洗我以善：以善道教育我。

〔18〕形骸之内：指心灵。

[19]形骸之外：指外貌。

[20]蹴（cù）：惭愧不安。

[21]子无乃称：你不要这样说了。

【译文】

申徒嘉是一个断足的人，他和郑国的子产同为伯昏无人的弟子。子产对申徒嘉说："我先出去，你就停下；你先出去，我就停下。"到了第二天，他们同室同席坐在一起。子产对申徒嘉说："昨天我对你说过，我先出去，你就停下；你先出去，我就停下，现在我要出去，你可以停一停的？还是不能？你见了我这执政大臣还不回避，你和执政大臣平起平坐吗？"

申徒嘉说："先生的门下有这样的执政大臣吗？你炫耀你执政的地位而看不起别人。我听说：'镜子明亮就不落灰尘，落上灰尘就不明亮了。经常和贤人相处就没有过失。'你随先生求取学问道德，还说出这种话来，太过分了！"

子产说："你已经这个样子了，还要和尧比高低，你权衡一下自己的德性，难道还不够你自己反省的吗？"

申徒嘉说："申述自己的过错，认为不应该被断足的人是很多的；默认自己的过错，认为应该被断足的人则是很少的。知道无可奈何而安心顺命，唯有有德的人才能做得到。走进羿的射程之内，其中央之处心中之地；然而有时不被射中，那是命。因为自己双足齐全而笑我失足的人很多，我听了勃然大怒；等来到先生这里，我的怒气全消了。这不是先生以善道教育了我吗？我和先生相处已经十九年了，可他从来没有感到我是断足之人。现在你和我以心灵沟通，可你却从外表形体上侮辱我，岂不是太过分了吗？"

子产满面愧色地说："你不要这样说了！"

【原文】

鲁有兀者叔山无趾[1]，踵见仲尼[2]。仲尼曰："子不谨，前既犯患若是矣，虽今来，何及矣！"

无趾曰："吾唯不知务而轻用吾身，吾是以亡足。今吾来也，犹有尊足者存[3]，吾是以务全之也[4]。夫天无不覆，地无不载，吾以夫子为天地，安知夫子之犹若是也！"

孔子曰："丘则陋矣。夫子胡不入乎？请讲以所闻。"

无趾出。孔子曰："弟子勉之！夫无趾，兀者也，犹务学以复补前行之恶，而况全德之人乎！"

无趾语老聃曰："孔子之于至人，其未邪？彼何宾宾以学子为？彼且蕲以諔诡幻怪之名闻[5]，不知至人之以是为己桎梏邪？"

老聃曰："胡不直使彼以死生为一条，以可不可为一贯者，解其桎梏，其可乎？"

　　无趾曰："天刑之，安可解！"

【注释】

　　［1］叔山无趾：庄子虚拟的人物。
　　［2］踵见：用脚跟步行而求见。
　　［3］尊足者：比足还尊贵的东西。
　　［4］务全之：竭力保全它。
　　［5］諔（chù）诡：奇异。

【译文】

　　鲁国有一个断了脚趾的人，名叫叔山无趾，他用脚后跟走路去见孔子。孔子说："你不谨慎，既然已经犯了罪而成为残废，现在来见我也来不及了！"

　　无趾说："我只因不知时务而轻用我的身体，所以才丧失了脚。现在我到你这里来，还有比脚更尊贵的东西，我想竭力保全它。天是无所不覆的，地是无所不载的，我以为先生是天地，哪里知道先生是这样的啊！"

　　孔子说："我见识浅陋。您为什么不进来呢？请讲讲您所听到的。"

　　无趾扭头就走了。孔子说："弟子们努力啊！无趾是一个断了脚趾的人，尚要努力求学以弥补以前的过失，何况要求道德完美的人呢！"

　　无趾对老聃说："孔子还没有达到至人的境界吧？他为什么恭恭敬敬地向您学习呢？他还追求以奇异怪诞的名声传闻于天下，他不知道至人是将这些视为自己的枷锁吧？"

　　老聃说："你为什么不使他懂得死生一样，可与不可相同的道理，解除束缚他的束缚，这样可以吗？"

　　无趾说："这是上天给他的刑罚，怎么可以解除呢？"

【原文】

　　鲁哀公问于仲尼曰："卫有恶人焉[1]，曰哀骀它[2]。丈夫与之处者[3]，思而不能去也[4]；妇人见之，请于父母曰'与为人妻，宁为夫子妾'者，十数而未止也。未尝有闻其唱者也[5]，常和人而已矣[6]。无君人之位以济乎人之死[7]，无聚禄以望人之腹[8]，又以恶骇天下，和而不唱，知不出乎四域，且而雌雄合乎前[9]，是必有异乎人者也。寡人召而观之[10]，果以恶骇天下。与寡人处，不至以月数，而寡人有意乎其为人也[11]；不至乎期年[12]，而寡人信之。国无宰[13]，寡人传国焉[14]。闷然而后应[15]，氾然若辞[16]。寡人丑乎[17]，卒授之国。无几何也[18]，去寡人而行。寡人恤焉若有亡也[19]，若无与乐是国也。是何人者也？"

仲尼曰："丘也尝使于楚矣，适见狍子食于其死母者[20]。少焉眴若[21]，皆弃之而走。不见己焉尔，不得类焉尔。所爱其母者，非爱其形也，爱使其形者也。战而死者，其人之葬也不以翣资[22]；刖者之屦[23]，无为爱之。皆无其本矣。为天子之诸御[24]，不爪翦，不穿耳；娶妻者止于外，不得复使。形全犹足以为尔[25]，而况全德之人乎！今哀骀它未言而信，无功而亲，使人授己国，唯恐其不受也，是必才全而德不形者也[26]。"

哀公曰："何谓才全？"

仲尼曰："死生、存亡、穷达、贫富、贤与不肖、毁誉、饥渴、寒暑，是事之变，命之行也[27]。日夜相代乎前[28]，而知不能规乎其始者也[29]。故不足以滑和[30]，不可入于灵府[31]。使之和豫[32]通而不失于兑[33]。使日夜无隙[34]而与物为春[35]，是接而生时于心者也[36]。是之谓才全。"

"何谓德不形？"

曰："平者，水停之盛也[37]。其可以为法也[38]，内保之而外不荡也。德者，成和之修也[39]。德不形者，物不能离也。"

哀公异日以告闵子曰[40]："始也吾以南面而君天下，执民之纪而忧其死[41]，吾自以为至通矣。今吾闻至人之言，恐吾无其实，轻用吾身而亡其国。吾与孔丘，非君臣也，德友而已矣[42]！"

【注释】

〔1〕恶人：容貌丑陋的人。
〔2〕哀骀它：庄子虚拟的人物。
〔3〕丈夫：男子。
〔4〕思：思慕。
〔5〕唱：倡导立说。
〔6〕和：附和别人。
〔7〕君人之位：人君的地位。
〔8〕禄：粮食。望：满，饱。
〔9〕雌雄：男女。
〔10〕寡人：国君自谦之称。
〔11〕有意乎其为人：觉得他有过人之处。
〔12〕期(jī)年：一年。
〔13〕宰：冢宰。
〔14〕传国：将国家委托于人。
〔15〕闷然：不介意的样子。
〔16〕氾(fàn)：漠不关心。
〔17〕丑：羞愧。
〔18〕无几何：没有多久。

[19] 恤焉：忧愁的样子。
[20] 豚（tún）：小猪。
[21] 少焉：一会儿。眴（shùn）若：惊慌的样子。
[22] 翣：棺材的装饰品。
[23] 刖（yuè）：古代砍掉脚的酷刑。屦（jù）：鞋。
[24] 诸御：宫妃。
[25] 形全：形体完整。
[26] 德不形：道德不显露在外表上。
[27] 命之处行：天命的运行。
[28] 相代：轮流交替。
[29] 规：通"窥"，观察。
[30] 滑：乱。和：平和。
[31] 灵府：心灵。
[32] 和豫：和顺逸乐。
[33] 兑：通"悦"。
[34] 日夜无隙：日夜都不间断。
[35] 为春：变得像春天一样。
[36] 时：四时。
[37] 水停之盛：水最平静的状态。
[38] 法：水准，准则。
[39] 成和之修：完满纯和的修养。
[40] 异日：他日。闵子：孔子弟子闵子骞。
[41] 纪：纲纪。
[42] 德友：以德相交的朋友。

【译文】

鲁哀公问孔子说："卫国有一个面貌丑陋的人，名叫哀骀它。男子和他相处，依恋他舍不得离开；女子见了他，就向父母请求说：'与其做别人的妻子，不如做这位先生的妾。'这样的女子不止有十几个。没听说他倡导什么，只是常常附和别人罢了。他没有人君的权位以救济别人的灾难，也没有食物使别人饱食，而且又面貌丑陋得使天下人见了都感到惊骇，他只是应和而不倡导，知见又很有限，可是女人男人都亲附他，这必定有异乎常人之处。我把他召来一看，果然是面貌奇丑，足以惊骇天下人，但是我和他相处不到一个月，就觉得他有过人之处；相处不到一年，我就很信任他。国家正没有主持国政的大臣，我就想把国政托付于他。他对此漫不经心，既无意应承，漫漫然而未加推辞。我觉得很羞愧，于是就把国政托付给了他。没有多久，他就离我而去。我很忧愁，就像丢失了什么似的，似乎感到没有人乐于和我共同治理国家。他究竟是一个什么样的人呢？"

孔子说："我曾经出使楚国，正巧看见一群小猪在死去的母猪身上吮乳，一会儿它们发觉母猪死了，就都惊慌地跑开了。这是因为母猪对小猪不再有任何感应，不像活着的时候那个样子了。爱母不是爱她的形体，而是爱主宰她形体的精神。对阵亡者，安葬的时候不用棺饰；受了刖刑的人，没有理由再爱惜他的鞋子。这是因为失去了根本啊！做天子妃嫔的，不剪指甲、不穿耳眼；娶了妻子的人不得再侍奉君王，不得再役使。形体完整的人尚且被如此看重，何况追求德性完美的人呢！现在哀骀它没有说什么话就得到了信任，没有功业就受到了亲敬，使人要把国政委托给他，还唯恐他不肯接受，这一定是'才全'而'德不形'的人。"

哀公说："什么叫'才全'？"

孔子说："死生、得失、穷达、贫富、贤和不肖、毁誉、饥渴、寒暑，这些都是事物的变化，自然规律的运行。这就如同白天和黑夜在人们面前轮流交替一样，而人们的智慧不能窥见它们的起始。懂得了这个道理，就不会让这些扰乱了心性的和顺，不会让它们侵入我们的心灵。这样就能保持和顺逸乐，而不失去喜悦的心境。如此则如日夜更替一样永不间断，如同大地回春一般生气勃勃，以平常之心顺应万物的变化。这就叫'才全'。"

哀公说："什么叫'德不形'？"

孔子说："平，就是水极端静止的状态。它可以作为取法的准绳，内心保持平静而外表毫无动荡。德，就是最纯美的修养。德无所显露，万物自然亲附而不肯离去。"

有一天哀公告诉闵子说："过去，我以国君的地位治理天下，执掌法纪而忧虑人民的死亡，我自以为已经很贤明了。现在，我听了至人的言谈，恐怕我没有实在的政绩，只是轻用我的身体，以至危及我们的国家。我和孔子并不是君臣，而是以德相交的朋友。"

【原文】

闉跂支离无脤说卫灵公[1]，灵公说之[2]，而视全人，其脰肩肩[3]。瓮㼜大瘿说齐桓公[4]，桓公说之，而视全人，其脰肩肩。故德有所长，而形有所忘。人不忘其所忘，而忘其所不忘，此谓诚忘[5]。

故圣人有所游，而知为孽，约为胶[6]，德为接，工为商[7]。圣人不谋，恶用知？不斫[8]，恶用胶？无丧，恶用德？不货，恶用商？四者，天鬻也[9]。天鬻者，天食也。既受食于天，又恶用人[10]！

有人之形，无人之情。有人之形，故群于人[11]；无人之情，故是非不得于身。眇乎小哉[12]，所以属于人也；謷乎大哉[13]，独成其天。

· 178 ·

【注释】

[1] 闉（yīn）跂（qí）支离无脤：虚拟的人物。
[2] 说：通"悦"。
[3] 脰（dòu）：颈项。肩肩：瘦小的样子。
[4] 瓮㼜大瘿：虚拟的人物。
[5] 诚：真正。
[6] 约：约束。
[7] 工：技巧。
[8] 斫：砍，分开。
[9] 鬻（yù）：养育。
[10] 人：人为。
[11] 群于人：能与常人共处。
[12] 眇：渺小。
[13] 謷（áo）：高大的样子。

【译文】

有一个拐脚、伛背、无唇的人，去游说卫灵公，卫灵公很喜欢他，再去看形体完整的人，反倒觉得他们的脖子太细长了。有一个脖子上长着大瘤子的人，去游说齐桓公，齐桓公很喜欢他，再去看形体完整的人，反倒觉得他们脖子太细长了。所以只要有过人的德性，形体上的缺陷就会被忘记。人们如果不忘记所应当忘记的，而忘记所不应当忘记的，那才是真正的忘记。

所以圣人要悠游自保，而把智慧视为孽根，把约束视为胶漆，把道德视为交接的工具，把工巧视为经商谋利的手段。圣人不图谋虑，哪里还用智慧？不用分离，哪里还用胶漆？没有丧失，哪里还用道德？不求谋利，哪里还用经商？这四者就是天养，天养就是受天的饲养。既然受天的饲养，哪里还用人为？

圣人有人的形体，没有人的性情。有了人的形体，所以在社会上和人相处；没有人的性情，所以不受人间是非的影响。圣人渺小，是因为寄形貌于常人之中；圣人伟大，是因为能与天道同体。

【原文】

惠子谓庄子曰："人故无情乎？"

庄子曰："然。"

惠子曰："人而无情，何以谓之人？"

庄子曰："道与之貌[1]，天与之形，恶得不谓之人？"

惠子曰："既谓之人，恶得无情？"

庄子曰："是非，吾所谓无情也。吾所谓无情者，言人之不以好恶内伤其身，常因自然而不益生也[2]。"

惠子曰："不益生，何以有其身？"

庄子曰："道与之貌，天与之形，无以好恶内伤其身。今子外乎子之神，劳乎子之精，倚树而吟，据槁梧而瞑。天选子之形，子以坚白鸣。"

【注释】

〔1〕与：赋予。
〔2〕益生：补充营养。

【译文】

惠子问庄子："人是没有情的吗？"

庄子说："是的。"

惠子说："人若没有情，怎么能称为人呢？"

庄子说："自然赋予人容貌，天赋予人形体，怎么不能称为人？"

惠子说："既然称为人，怎么能没有情？"

庄子说："你所说的情不是我所说的情。我所说的情，是说人不以好恶损伤自己的天性，一世顺乎自然而不用人为地去补充营养。"

惠子说："不人为地补充营养，怎么能够保健自己的身体？"

庄子说："自然赋予人容貌，天赋予人形体，不以好恶损伤自己的天性。现在你把精力用在追逐外物上，以致筋疲力尽，坐在树下高谈阔论，靠在干枯的梧桐树下打瞌睡。天赋予你形体，你却自鸣得意于坚白论。"

大宗师

【原文】

知天之所为[1]，知人之所为者，至矣！知天之所为者，天而生也；知人之所为者，以其知之所知，以养其知之所不知，终其天年而不中道夭者，是知之盛也。虽然，有患。夫知有所待而后当[2]，其所待者特未定也[3]。庸讵知吾所谓天之非人乎？所谓人之非天乎？且有真人而后有真知。

何谓真人？古之真人，不逆寡[4]，不雄成[5]，不谟士[6]。若然者，过而弗悔，当而不自得也。若然者，登高不慄，入水不濡[7]，入火不热。是知之能登假于道者也若此。

古之真人，其寝不梦，其觉无忧[8]，其食不甘[9]，其息深深[10]。真人之息以踵，众人之息以喉。屈服者，其嗌言若哇[11]。其耆欲深者[12]，其天机浅。

古之真人，不知说生，不知恶死。其出不䜣[13]，其入不距。翛然而往[14]，翛然而来而已矣。不忘其所始，不求其所终。受而喜之，忘而复之。是之谓不以心捐道[15]，不以人助天，是之谓真人。若然者，其心忘[16]，其容寂，其颡頯[17]。凄然似秋，暖然似春，喜怒通四时，与物有宜而莫知其极。故圣人之用兵也，亡国而不失人心；利泽施乎万世，不为爱人。故乐通物[18]，非圣人也；有亲[19]，非仁也；天时，非贤也；利害不通，非君子也；行名失己[20]，非士也；亡身不真[21]，非役人也。若狐不偕、务光、伯夷、叔齐、箕子、胥馀、纪他、申徒狄[22]，是役人之役[23]，适人之适[24]，而不自适其适者也[25]。

古之真人，其状义而不朋[26]，若不足而不承；与乎其觚而不坚也[27]，张乎其虚而不华也[28]；邴邴乎其似喜也[29]，崔崔乎其不得已也[30]；滀乎进我色也[31]，与乎止我德也，厉乎其似世乎[32]，謷乎其未可制也；连乎其似好闭也[33]，悗乎忘其言也[34]。以刑为体[35]，以礼为翼[36]，以知为时[37]，以德为循[38]。以刑为体者，绰乎其杀也[39]；以礼为翼者，所以行于世也；以知为时者，不得已于事也；以德为循者，言其与有足者至于丘也，而人真以为勤行者也。故其好之也一[40]，其弗好之也一。其一也一，其不一也一。其一与天为徒，其不一与人为徒。天与人不相胜也[41]，是之谓真人。

【注释】

[1]所为：运化，运化的产物。
[2]待：依赖。当：得当。
[3]特：却，但。
[4]逆寡：因少而拒绝。
[5]雄成：力求成功。
[6]谟（mó）：谋。士：通"事"，事情。
[7]濡：沾湿。
[8]觉：醒。
[9]甘：甘美。
[10]息：呼吸。
[11]嗌（ài）：咽喉。哇：呕吐。
[12]耆：通"嗜"，嗜好。
[13]出：生。䜣：通"欣"，欢喜。
[14]翛（xiāo）然：自由自在的样子。
[15]捐：损。

〔16〕志：专一。

〔17〕颡（sǎng）：额头。頯（kuí）：宽大。

〔18〕乐通物：乐意与万物相和。

〔19〕亲：偏爱。

〔20〕行名：求名。失己：丧失自己的天性。

〔21〕亡身不真：丧失真性。

〔22〕此段为衍文。狐不偕：相传为尧时贤人，尧让天下于他，他不接受，投河而死。务光：相传为夏末商初时人，商汤让天下于他，他不接受，负石投庐水而死。伯夷、叔齐：商朝孤竹君的两个儿子，周武王灭商，二人不食周粟，饿死于首阳山。箕子：商末贤臣，因劝谏纣王而遭迫害。胥餘：箕子之名。纪他、申徒狄：相传为商汤时逸民，因担心商汤让天下于己，投河而死。

〔23〕役人之役：被别人役使。

〔24〕适人之适：使别人安适。

〔25〕自适其适：使自己安适。

〔26〕朋：高大。

〔27〕觚（gū）：特立不群。

〔28〕张：开阔。华：浮华。

〔29〕邴邴：舒畅的样子。

〔30〕崔：行为，举动。

〔31〕滀（chù）：水聚的样子。

〔32〕厉：当为"广"字之误。

〔33〕连：沉默。

〔34〕悗（mèn）：无心。

〔35〕体：本。

〔36〕翼：辅助。

〔37〕时：时变。

〔38〕循：依据。

〔39〕绰：从容。

〔40〕一：相同。

〔41〕相胜：相对立。

【译文】

　　知道天的自然运作，知道人的主观所为，其知识就达到极点了。知道天道运化的自然原理，这由于顺应自然的道理而得知；知道人的后天所为，这是庸人智力所能知道的道理，去顺应智力所不知道的东西，以保持长寿，这是最聪明的。尽管如此还有问题。知识有赖于其所反映的对象而后方能判断其是否正确，因为事物的真相不易认识，故难以确定。何以知道我所说的天道自然不是人为呢？我所说的人为不是天道自然呢？只有真人才能知道。

什么叫真人？古时候的真人，不违逆微少，不自恃成功，不考虑什么事情。像这样的人，错过了时机而不追悔，一帆风顺也不自得。像这样的人，登高不发抖，下水不觉湿，入火不觉热。知识达到了道的境界就是这样的。

古时候的真人，睡觉时不做梦，醒来时无忧无虑，饮食不求精美，呼吸深长。真人的气息直达脚跟，普通人的仅存在咽喉。辩论中被人所屈服的人，话语咽塞在喉头就像要呕吐一样。凡嗜欲深的人，他的天机就浅薄了。

古时候的真人，不知道贪生，不知道怕死。他出生的时候不欣喜，人死的时候不拒绝，无拘无束地去了，自由自在地来了，死生不过如此而已。不忘记他自己的来源，也不追求他自己的归宿。获得了生命欣然接受，失去了生命则复归自然。这就叫不用心智去损害道，不用人为去帮助天。这就叫作真人。像这样的人，他心里忘记了一切，他的容貌寂静安详，他的额头宽广而恢宏，严肃像秋天一样，温暖像春天一般，喜怒如同四时运行一样自然，顺应事物的变化随遇而安，人们无法测知他的底蕴。所以圣人用兵，灭亡了敌国而不失掉民心；恩泽施及万世，并不是出于有意爱人之心。所以，有意与万物相通，就不是圣人；有偏爱，就不是仁人；揣度时势，就不是贤人；利害不能相通为一，就不是君子；求名而丧失自己的天性，就不是有学之士；丧身忘性，就不是役使世人的人。例如狐不偕、务光、伯夷、叔齐、箕子、胥馀、纪他、申徒狄，都是被别人役使，使别人安适，而不能自己使自己安适的人。

他的形体高大而不崩坏，好像不足却无须承受；安闲特立却不固执，胸怀宽广而不浮华；他那舒畅的样子好像非常高兴，一举一动又好像不得已；他那和蔼的样子令人可亲，他那宽厚的样子令人归依；他精神宽广犹如辽阔的世界，高远超迈而不可限量；他沉默不语好像封闭了感觉，心不在焉好像忘记了要说的话。他以刑法为主体，以礼仪为羽翼，以智慧适应时变，以道德为依据。以形法为主体，就是从容地去杀罚；以礼仪为羽翼，就是顺应世俗行事；以智慧适应时变，就是不得已而随机应变；以道德为依据，就是行事遵循天道。所以，他所喜好的是天人合一，他不喜好的也是天人合一。不管认为天人是否合一，它们都是合一的。认为天人合一就是与自然同类，认为天人不合一就是与人同类。把天和人视为不是相互对立的，这就叫作真人。

庄子

【原文】

死生命也；其有夜旦之常[1]，天也。人之有所不得与[2]，皆物之情也。彼特以天为父[3]，而身犹爱之，而况其卓乎[4]？人特以有君为愈乎己[5]，而身犹死之，而况其真乎！

泉涸[6]，鱼相与处于陆，相呴以湿[7]，相濡以沫[8]，不如相忘于江湖。与其誉尧而非桀也，不如两忘而化其道。

夫大块载我以形[9]，劳我以生，佚我以老，息我以死。故善吾生者，乃所以善吾死也。夫藏舟于壑，藏山于泽，谓之固矣！然而夜半有力者负之而走，昧者不知也。藏大小有宜[10]，犹有所遁[11]。若夫藏天下于天下而不得所遁，是恒物之大情也。特犯人之形而犹喜之[12]，若人之形者，万化而未始有极也，其为乐可胜计邪？故圣人将游于物之所不得遁而皆存。善妖善老[13]，善始善终，人犹效之，又况万物之所系而一化之所待乎[14]！

【注释】

［1］旦：白天。
［2］与：参与，干预。
［3］彼：人们。特：仅，只是。
［4］卓：卓越，超绝，指天道。
［5］愈：超过。
［6］涸（hé）：水干。
［7］呴（xǔ）：吐口水。
［8］濡（rú）：沾湿。
［9］大块：大地，也可指自然之道。
［10］有宜：得当，适宜。
［11］遁：亡失。
［12］犯：遇，获得。
［13］妖：通"夭"，少，指生命短。
［14］系：从属。一化：一切变化。

【译文】

死生是命，如同日夜交替的永恒变化一样，是自然的规律。有许多事情是人力所无法改变的，这是万物所固有的常情。人们认为天是生命之父，而终身敬仰它，何况那独立超绝的大道呢？人们认为国君的地位比自己高贵，尚且为之舍身效忠，何况那真君呢！

泉水干了，鱼儿一同困在陆地上，用湿气互相呼吸，用口沫互相湿润，倒不如在江湖里互相忘记。与其赞誉尧而非议桀，不如把两者都忘掉，而同化于大道。

　　天地给我以形体，用生使我勤劳，用衰老使我安逸，用死使我安息。因此，把生存看作好事的，也必然把死亡看作好事。把船藏在山谷中，把山藏在深泽里，应该说是很牢靠了，可是半夜里有一个大力士把山谷和深泽背走了，糊涂人还不知道呢！把小东西藏在大东西里是适宜的，但不免要亡失。若是把天下藏在天下就不会亡失了，这才是事物永恒的至理。仅仅获得了人的形体就那么高兴，而大道能变化出成千上万的像人形一类的东西，无穷无尽，那么这种欢乐岂可计算得清楚呢？因此，圣人要邀游于物不会失去境地而和大道共存。对于老少生死都乐于安顺的人，们尚且去效法，何况那万物之根本，一切变化所依赖的大道呢！

【原文】

　　夫道有情有信[1]，无为无形；可传而不可受，可得而不可见；自本自根[2]，未有天地，自古以固存；神鬼神帝，生天生地；在太极之先而不为高[3]，在六极之下而不为深[4]，先天地生而不为久，长于上古而不为老。豨韦氏得之[5]，以挈天地；伏戏氏得之[6]，以袭气母[7]；维斗得之[8]，终古不忒[9]；日月得之，终古不息；堪坏得之[10]，以袭昆仑[11]；冯夷得之[12]，以游大川；肩吾得之[13]，以处大山[14]；黄帝得之，以登云天；颛顼得之[15]，以处玄宫[16]，禺强得之[17]，立乎北极；西王母得之[18]，坐乎少广[19]，莫知其始，莫知其终；彭祖得之，上及有虞[20]，下及五伯[21]；傅说得之[22]，以相武丁，奄有天下，乘东维，骑箕尾，而比于列星。

【注释】

　　〔1〕情：实。信：真。
　　〔2〕自本自根：自为根本。
　　〔3〕太极：天地未形成以前的那股混沌之气。
　　〔4〕六极：天、地、四方的极限。

〔5〕狶(xī)韦氏：传说中的远古帝王。

〔6〕伏戏氏：伏羲氏，传说中的远古帝王。

〔7〕袭：调和。气母：指元气。

〔8〕维斗：北斗星。

〔9〕忒(tè)：差错。

〔10〕堪坏：昆仑山神。

〔11〕袭：入主。

〔12〕冯夷：传说中的黄河之神。

〔13〕肩吾：传说中的泰山神。

〔14〕大山：泰山。

〔15〕颛顼(zhuān xū)：又名高阳氏，传说中的五帝之一。

〔16〕玄宫：帝宫。

〔17〕禺强：传说中的水神。

〔18〕西王母：传说中的神人。

〔19〕少广：山名。

〔20〕有虞：舜。

〔21〕五伯：春秋五霸。

〔22〕傅说：商代的贤臣，曾辅佐商王武丁治理天下。相传傅说死后，其精神升天，乘骑在东维、箕尾两星之间，与众星并列。

【译文】

大道是真实存在的，但它却没有作为没有形迹；大道可以心传而不可以口授，可以心得而不可以目见；它自为根本，在没有天地以前就已存在；它生出了鬼神和天地，生出苍天和大地；它在太极之上而不算高，在六极之下而不算深，先于天地存在而不算久，长于远古而不算老。狶韦氏得到了它，用以提举天地；伏羲得到了它，用以调和元气；北斗星得到了它，永远不改变方位；日月得到了它，永远运行不息；堪坏得到了它，用以掌管昆仑；冯夷得到了它，用以游于大川；肩吾得到了它，用以安居泰山；黄帝得到了它，用以登上云天；颛顼得到了它，用以安居玄宫；禺强得到了它，用以立于北极；西王母得到了它，用以坐于少广之山，无人知道她的起始，也无人知道她的终结；彭祖得到了它，可以上及有虞的时代，下及五霸；傅说得到了它，能够辅佐武丁治理天下，乘驾着东维星和箕尾星，而和众星并列。

【原文】

南伯子葵问乎女偊曰[1]："子之年长矣，而色若孺子[2]，何也？"

曰："吾闻道矣。"

南伯子葵曰："道可得学邪？"

曰："恶！恶可！子非其人也。夫卜梁倚有圣人之才而无圣人之道[3]，我有圣人之道而无圣人之才。吾欲以教之，庶几其果为圣人乎[4]！不然，以圣人之道，告圣人之才，亦易矣。吾犹守而告之，参日[5]而后能外天下[6]；已外天下矣，吾又守之，七日而后能外物[7]；已外物矣，吾又守之，九日而后能外生[8]；已外生矣，而后能朝彻[9]；朝彻，而后能见独[10]；见独，而后能无古今[11]；无古今，而后能入于不死不生[12]。杀生者不死，生生者不生。其为物，无不将也[13]，无不迎也，无不毁也，无不成也。其名为撄宁[14]。撄宁也者，撄而后成者也。"

南伯子葵曰："子独恶乎闻之？"

曰："闻诸副墨之子[15]，副墨之子闻诸洛诵之孙[16]，洛诵之孙闻之瞻明[17]，瞻明闻之聂许[18]，聂许闻之需役[19]，需役闻之於讴[20]，於讴闻之玄冥[21]，玄冥闻之参寥[22]，参寥闻之疑始[23]。"

【注释】

[1] 南伯子葵：南伯子綦。女偊（yǔ）：庄子虚拟的人物，得道之士。

[2] 色：容貌。孺子：儿童。

[3] 卜梁倚：庄子虚拟的人物。

[4] 庶几：或许。

[5] 参：同"三"。

[6] 外天下：把天下置之度外。

[7] 外物：指忘事。

[8] 外生：忘身，忘我。

[9] 朝彻：心境豁然开朗。

[10] 见独：见常人所不见，即领悟大道。

[11] 无古今：把古今看作没有区别，即不受时空的限制。

[12] 不死不生：无所谓死，无所谓生。

[13] 将：送。

[14] 撄（yīng）：干扰。宁：宁静。

[15] 副墨：意为文字书册，是庄子按照意思假设的名字，以下八人皆同。

[16] 洛诵：诵读、传诵。

[17] 瞻明：指目见。瞻，见。

[18] 聂许：指耳闻。

[19] 需役：勤于实践。

[20] 於讴：讴诵歌谣。

[21] 玄冥：静默。

[22] 参寥：空旷。

[23] 疑始：万物之起源。

【译文】

南伯子葵向女偊说:"你的年龄很大了,但容貌却如同儿童一般,这是什么缘故呢?"

女偊说:"我得道了。"

南伯子葵说:"道可以学得到吗?"

女偊说:"不!不可以!你不是学道的人。卜梁倚有圣人之才而没有圣人之道,我有圣人之道而没有圣人之才。我想用圣人之道教他,或许他可以成为圣人了吧!不然的话,将圣人之道告诉有圣人之才的人,也是容易领悟的。我还是坚持告诉他,三天之后,他能将天下置之度外;他已经将天下置之度外了,我又坚持了七天,可以将一切事物置之度外;已经把一切事物置之度外了,我又坚持了九天,他可以将生死置之度外了,心境就能豁然开朗;心境已经豁然开朗,就能够真正领悟到大道;领悟到大道,就可以不受时空的限制;不受时空的限制,就无所谓生死。对于决定命运的主宰者来说,它本身是没有生与死的问题的。道对于万物,无不一面相送,无不一面相迎;无不毁坏,无不生成。这就叫作'撄宁'。所谓'撄宁',就是在复杂纷纭的变化中不受干扰而保持宁静自如的心境。"

南伯子葵说:"你从哪里得来的道呢?"

女偊说:"我是从副墨的儿子那里得来的,副墨的儿子是从诵读的孙子那里得来的,诵读的孙子是从目见那里得来的,目见是从耳闻那里得来的,耳闻是从实行那里得来的,实行是从歌吟那里得来的,歌吟是从静默那里得来的,静默是从空旷那里得来的,空旷是从物源那里得来的。"

【原文】

子祀、子舆、子犁、子来四人相与语曰[1]:"孰能以无为首,以生为脊,以死为尻[2];熟知生死存亡之一体者,吾与之友矣!"四人相视而笑,莫逆于心[3],遂相与为友。俄而子舆有病,子祀往问之。曰:"伟哉,夫造物者将以予为此拘拘也。"曲偻发背[4],上有五管[5],颐隐于齐[6],肩高于顶,句赘指天[7],阴阳之气有沴[8],其心闲而无事,跰𨇤而鉴于井[9],曰:"嗟乎!夫造物者又将以予为此拘拘也。"

子祀曰:"汝恶之乎[10]?"

曰："亡[11]！予何恶！浸假而化予之左臂以为鸡[12]，予因以求时夜；浸假而化予之右臂以为弹，予因以求鸮炙[13]；浸假而化予之尻以为轮[14]，以神为马，予因以乘之，岂更驾哉[15]！且夫得者，时也，失者，顺也，安时而处顺，哀乐不能入也。此古之所谓县解也。而不能自解者，物有结之。且夫物不胜天久矣，吾又何恶焉！"

俄而子来有病，喘喘然将死。其妻子环而泣之。子犁往问之，曰："叱！避！无怛化[16]！"倚其户与之语曰[17]："伟哉造化！又将奚以汝为？将奚以汝适？以汝为鼠肝乎？以汝为虫臂乎？"

子来曰："父母于子，东西南北，唯命之从。阴阳于人，不翅于父母[18]，彼近吾死而我不听[19]，我则悍矣，彼何罪焉？夫大块载我以形，劳我以生，佚我以老，息我以死。故善吾生者，乃所以善吾死也。今之大冶铸金[20]，金踊跃曰：'我且必为镆铘[21]！'大冶必以为不祥之金。今一犯人之形而曰：'人耳[22]！人耳！'夫造化者必以为不祥之人。今一以天地为大炉，以造化为大冶，恶乎往而不可哉！"成然寐，蘧然觉。

【注释】

［1］子祀、子舆、子犁、子来：庄子虚拟的四个人物。

［2］尻（kāo）：脊骨的末端。

［3］莫逆于心：都觉得顺心。

［4］曲偻（lóu）：伛偻曲腰。发背：背弯。

［5］五管：五脏穴位。

［6］齐：通"脐"，肚脐。

［7］句赘：发髻。

［8］沴（lì）：错乱。

［9］跰𨇤（pián xiān）：步履蹒跚。

［10］恶：厌恶。

［11］亡：无，不。

［12］浸：渐渐地。

［13］鸮炙：鸮鸟的烤肉。

［14］轮：指车。

［15］更驾：另求车马。

［16］怛（dá）：惊恐。

［17］倚：靠。户：门。

［18］不翅：不止，何止。

［19］近吾死：使我近死。

［20］冶：铁匠。金：铁。

［21］镆铘：良剑名。

〔22〕人耳：我是人。

【译文】

　　子祀、子舆、子犁、子来四个人相互交谈说："谁能够把无当作头，把生当作脊梁，把死当作屁股，谁能知道生死存亡是一体的，我们就和他交朋友。"四个人相视而笑，心心相印，于是就结为朋友。不久，子舆生病了，子祀去探望他。子舆说："伟大啊！造物者，竟然把我变成了这个样子。"子舆弯腰驼背，五脏的六位朝上，面颊藏在肚脐下，肩膀高过头顶，颈椎直指天空，阴阳二气错乱不和。但他却心情安闲若无其事，步履蹒跚地走到井边，照了照自己的影子说："哎呀！造物者又把我变成了这个样子。"

　　子祀说："你厌恶吗？"

　　子舆说："不！我为什么厌恶？假使把我的左臂变成鸡，我就用它来打鸣报晓；假使把我的右臂变成弹丸，我就用它打鹗鸟烤了吃；假使把我的屁股变成车，把我的精神变成马，我就乘坐着它，哪里还用得着另外去寻求车马呢！而且，得生是时机，死去是顺应，安于时机而顺应变化，就不会受哀乐之情的影响。这就是古时候所说的解除束缚。那些不能自求解脱的人，是因为被外物束缚住了。人不能胜天已由来已久，我又有什么厌恶的呢？"

　　不久，子来生了病，气喘吁吁，将要死了。他的妻子围着他哭泣。子犁前去探望，对子来的妻子儿女说："去！躲开！不要惊动变化的人！"他靠着门对子来说："伟大啊！造化者，又要把你变成什么呢？要让你到什么地方去呢？要把你变成鼠肝吗？要把你变成虫子的臂膀吗？"

　　子来说："儿子对于父母，无论是东西南北，都要唯命是从。阴阳对于人，何止父母对待儿女，它要我死而我不听从，我就大逆不顺了，它有什么罪过呢？天地给我形体，用生使我劳苦，用老使我清闲，用死使我安息。所以善待我赋予我生命的，同样善待我赋予我死亡的，也应该以死为善。现在有一个铁匠铸铁造物，铁跳起来说：'一定要把我铸造成镆铘宝剑！'铁匠必定会认为这是块不吉祥的铁。现在偶然成了人的形状，就喊着：'我是人！我是人！'造化者必定会认为这是不吉祥的人。现在就把天地视为大熔炉，把造化者视为铁匠，去哪里而不可呢！"子来说完后酣然睡去，又自在地醒来。

【原文】

　　子桑户、孟子反、子琴张三人相与友[1]，曰："孰能相与于无相与[2]，相为于无相为[3]？孰能登天游雾，挠挑无极[4]，相忘以生，无所终穷？"三人相视而笑，莫逆于心，遂相与为友。

　　莫然有间[5]，而子桑户死，未葬。孔子闻之，使子贡往侍事焉[6]，或编曲，或鼓琴，相和而歌曰："嗟来桑户乎！嗟来桑户乎！而已反其真[7]，而我犹为人猗！"子贡趋而进曰："敢问临尸而歌，礼乎？"

二人相视而笑曰[8]："是恶知礼意！"

子贡反，以告孔子曰："彼何人者邪？修行无有，而外其形骸[9]，临尸而歌，颜色不变，无以命之[10]。彼何人者邪？"

孔子曰："彼游方之外者也[11]，而丘游方之内者也。外内不相及，而丘使女往吊之，丘则陋矣！彼方且与造物者为人[12]，而游乎天地之一气。彼以生为附赘县疣[13]，以死为决疣溃痈[14]。夫若然者，又恶知死生先后之所在！假于异物，托于同体；忘其肝胆，遗其耳目；反复终始，不知端倪；芒然彷徨于尘垢之外[15]，逍遥乎无为之业[16]。彼又恶能愦愦然为世俗之礼[17]，以观众人之耳目哉！"

子贡曰："然则夫子何方之依？"

孔子曰："丘，天之戮民也[18]。虽然，吾与汝共之。"

子贡曰："敢问其方？"

孔子曰："鱼相造乎水[19]，人相造乎道。相造乎水者，穿池而养给；相造乎道者，无事而生定[20]。故曰：鱼相忘乎江湖，人相忘乎道术。"

子贡曰："敢问畸人[21]？"

曰："畸人者，畸于人而侔于天[22]。故曰：天之小人，人之君子；人之君子，天之小人也。"

【注释】

［1］子桑户、孟子反、子琴张：庄子虚拟的三个人物。

［2］相与于无相与：相交于无心。

［3］为：帮助。

［4］挠挑：宛转。

［5］莫然：淡漠无心的样子。有间：不久。

［6］侍事：助办丧事。

［7］反其真：归本返真。

［8］二人：此处指孟子反、子琴张。

〔9〕外其形骸：把形骸置之度外。
〔10〕无以命之：无法形容。
〔11〕游方之外：超脱于现实世界。
〔12〕为人：为何等人物。
〔13〕附赘县疣：长在身上的肉瘤脓疮。
〔14〕痪（huàn）、痈（yōng）：脓疮之类。
〔15〕尘垢：尘世。
〔16〕业：事业。
〔17〕愦愦（kuì）：糊涂昏乱。
〔18〕戮民：受惩罚的人。
〔19〕相造：适宜。
〔20〕生：通"性"。
〔21〕畸人：不正常的人，指不合于俗的人。
〔22〕侔于天：与天齐一。

【译文】

子桑户、孟子反、子琴张三个人相互交谈说："谁能够相交出于无心，相助出于无为呢？谁能够登天游雾，跳跃于无极之中，忘记了生死，而没有止境？"三个人相视而笑，心心相印，于是就结为朋友。

漠然之中过了不久，子桑户死了，尚未安葬。孔子听说了，就叫子贡去助理丧事。子贡前去，看到孟子反和子琴张一个在编曲，一个在弹琴，他们合唱道："哎呀桑户啊！哎呀桑户啊！你已经归本返真了，而我们还生存在人间啊！"子贡上前问："请问对着尸体歌唱，合乎礼吗？"

他们相视而笑，说："你哪里知道礼的意义呢？"

子贡回去后，将其所见告诉孔子，说："他们是什么人呢？不讲修行而把形骸置之度外，对着尸体唱歌，面不改色，真是无法说清楚。他们是什么人呢？"

孔子说："他们是游于方域之外的人，而我是游于方域之内的人。方域之外和方域之内彼此不相干，而我让你前去吊唁，这是我的浅陋了。他们和造物者为友，遨游于天地之间，同气合为一体。他们把生视为身体的赘瘤，把死视为溃烂的毒疮。像这个样子，又哪里知道死生先后的区别呢！依靠各种不同的物质，聚合成一个形体；遗忘了肝胆，遗忘了耳目；视生死变化如循环反复没有始终；茫茫然徘徊于尘世外，逍遥于无所为的事业之中。他们又怎么能糊涂昏乱地拘泥于世俗之礼，以表演给众人观看呢！"

子贡说："那么您是依从哪一方呢？"

孔子说："我是受天惩罚的人。尽管如此，我愿意和你共同追求方外之道。"

子贡说:"请问有什么方外的方法?"

孔子说:"鱼儿相互追寻水源,人们相互向往大道。相互寻找水源的,挖掘水池来供养;相互向往大道的,安然无事就天性自得。所以说:鱼游于江湖就忘记一切而自由快活,人游于大道就忘记一切而逍遥自在。"

子贡说:"请问那些不合于俗的异人是什么样的人?"

孔子说:"异人就是不同于世俗之人而效法自然。所以说:天道中的小人乃是人间的君子,人间的君子乃是天道中的小人。"

【原文】

颜回问仲尼曰:"孟孙才[1],其母死,哭泣无涕,中心不戚[2],居丧不哀。无是三者,以善处丧盖鲁国[3],固有无其实而得其名者乎?回壹怪之。"

仲尼曰:"夫孟孙氏尽之矣,进于知矣[4]。唯简之而不得,夫已有所简矣。孟孙氏不知所以生,不知所以死,不知就先,不知就后。若化为物,以待其所不知之化已乎!且方将化,恶知不化哉?方将不化,恶知已化哉?吾特与汝,其梦未始觉者邪!且彼有骇形而无损心[5],有旦宅而无情死[6]。孟孙氏特觉[7],人哭亦哭,是自其所以乃[8]。且也相与'吾之'耳矣!庸讵知吾所谓吾之乎?且汝梦为鸟而厉乎天[9],梦为鱼而没于渊[10]。不识今之言者,其觉者乎?其梦者乎?造适不及笑[11],献笑不及排[12],安排而去化[13],乃入于寥天一。"

【注释】

[1]孟孙才:鲁国人。

[2]中心:心中。戚:忧伤。

[3]盖:覆盖,超越。

[4]进:超过。

[5]骇形:形体发生变化。损心:心神损伤。

[6]旦宅:通"怛咤",惊扰。情死:精神死亡。

[7]特觉:独自觉醒。

[8]乃:犹言"那样""如此"。

[9]厉:到达。

[10]没:深入。

[11]造适不及笑:遇到适意的事情来不及笑。

[12]排:流露。

[13]安排而去化:任听自然的安排而顺应变化。

【译文】

颜回问孔子说:"孟孙才的母亲死了,他哭泣没有眼泪,心中不忧伤,居丧不悲哀。三种哀痛和表示他一种也没有,竟然还以善于居丧闻名于鲁国。怎么有无其实而得到虚名的呢?我觉得很奇怪。"

孔子说:"孟孙氏已经尽了居丧之道,而且他还超过了那些所谓懂得丧礼的。丧事本应简化,只是世俗难以做到,然而他已经有所简化了。孟孙氏不知道什么是生,不知道什么是死,不知道迷恋生前,不知道悼念死后,他把生死视为物的变化,以应付那不可知的变化而已!将要变化,怎么能知道那不变化的情形呢?将不变化,又怎么能知道那已经变化的情形呢?我和你都是在做梦还没有觉醒啊!孟孙氏认为其母虽有形体的惊动而没有心神的损伤,虽有惊扰而没有精神的死亡。孟孙氏独自觉醒,别人哭他也随着哭,这就是他所以那个样子的原因。世人互相称说这是我,其实哪里能够确知就真的是我呢!比如你梦做鸟在高空飞翔,梦做鱼在深渊遨游,而现在在这里和我交谈的你,不知是醒着呢,还是在做梦呢?遇到适意的事情来不及笑,真正从内心发出的笑声事先未曾流露出来,听任自然的安排而顺应变化,就可以进入与寥廓无涯的天道同一的境界。"

【原文】

意而子见许由[1],许由曰:"尧何以资汝[2]?"

意而子曰:"尧谓我:'汝必躬服仁义而明言是非。'"

许由曰:"而奚来为轵[3]?夫尧既已黥汝以仁义[4],而劓汝以是非矣[5]。汝将何以游夫遥荡恣睢转徙之涂乎[6]?"

意而子曰:"虽然,吾愿游于其藩[7]。"

许由曰:"不然。夫盲者无以与乎眉目颜色之好,瞽者无以与乎青黄黼黻之观[8]。"

意而子曰:"夫无庄之失其美[9],据梁之失其力[10],黄帝之亡其知,皆在炉捶之间耳[11]。庸讵知夫造物者之不息我黥而补我劓[12],使我乘成以随先生邪[13]?"

许由曰:"噫!未可知也。我为汝言其大略:吾师乎!吾师乎!赍万物而不为义[14],泽及万世而不为仁,长于上古而不为老,覆载天地、刻雕众形而不为巧。此所游已!"

【注释】

[1]意而子:庄子虚拟的人物。
[2]资:教诲。

〔3〕轵：通"只"，句尾助词。
〔4〕黥（qíng）：古代一种刑罚，用刀刺刻犯人的额颊并涂上墨。
〔5〕劓（yì）：割鼻子，古代一种刑罚。
〔6〕恣睢：放纵。转徙：变迁。
〔7〕藩：藩篱，门户。
〔8〕黼黻（fǔ fú）：古代礼服上绣的斧形花纹。
〔9〕无庄：古代美人名。
〔10〕据梁：古代大力士的名字。
〔11〕炉捶：陶冶锻炼。
〔12〕息我黥：养好。
〔13〕乘成：载着完整的躯体。
〔14〕齑（jī）：调和。

【译文】

意而子拜见许由。许由说："尧用什么教导你呢？"

意而子说："尧对我说：'你一定要实行仁义而明辨是非。'"

许由说："你为什么还到这里来？尧既然用仁义给你施行了墨刑，用是非给你施行了劓刑，你怎么能够逍遥自在地游于变化的境界呢？"

意而子说："即使这样，我还是希望游于这个境界之中。"

许由说："不行。盲人无从欣赏眉目颜色的姣好，也无从欣赏彩色锦绣的华丽。"

意而子说："无庄失去自己的美丽，据梁失去自己的力气，黄帝失去自己的智慧，都是陶冶锻炼成的。怎么知道造物者不会养好我遭受墨刑的伤痕，修补我遭受劓刑的残缺，使我以完整的躯体追随先生呢？"

许由说："咦！这是不可知的。不过我可以给你说个大略：我的大宗师啊！我的大宗师啊！调和万物而不是为了义，恩泽及于万世而不是为了仁，长于上古而不算老，覆载天地、雕刻众物的形象而不是为了显示技巧。这就是逍遥游的境界啊！"

【原文】

颜回曰："回益矣[1]。"

仲尼曰："何谓也？"

曰："回忘仁义矣。"

曰："可矣，犹未也[2]。"

他日复见，曰："回益矣。"

曰："何谓也？"

曰："回忘礼乐矣。"

曰:"可矣,犹未也。"

他日复见,曰:"回益矣。"

曰:"何谓也?"

曰:"回坐忘矣。"

仲尼蹴然曰[3]:"何谓坐忘?"

颜回曰:"堕肢体,黜聪明,离形去知[4],同于大通[5],此谓坐忘。"

仲尼曰:"同则无好也[6],化则无常也[7]。而果其贤乎!丘也请从而后也[8]。"

【注释】

〔1〕益:进步。

〔2〕未:不够。

〔3〕蹴(cù):吃惊。

〔4〕离形:离开躯体。去知:除去心智。

〔5〕大通:大道。

〔6〕好:偏好。

〔7〕常:固执。

〔8〕请从而后:愿步你的后尘。

【译文】

颜回说:"我进步了。"

孔子说:"何以见得呢?"

颜回说:"我忘掉仁义了。"

孔子说:"很好,但还不够。"

过了几天,颜回又见孔子,说:"我进步了。"

孔子说:"何以见得呢?"

颜回说:"我忘掉礼乐了。"

孔子说:"很好,但还不够。"

过了几天,颜回又见孔子,说:"我进步了。"

孔子说:"何以见得呢?"

颜回说:"我能坐忘了。"

孔子吃惊地说:"什么叫坐忘?"

颜回说:"遗忘自己的肢体,抛弃自己的智慧,离开躯体而除去心智,和大道融为一体,这就叫坐忘。"

孔子说："和万物融通就没有偏好，顺应万物的变化就不会偏执。你果然是贤人啊！我愿意追随着你。"

【原文】

子舆与子桑友。而霖雨十日[1]，子舆曰："子桑殆病矣[2]！"裹饭而往食之。至子桑之门，则若歌若哭，鼓琴曰："父邪？母邪？天乎？人乎？"有不任其声而趋举其诗焉[3]。

子舆入，曰："子之歌诗，何故若是？"

曰："吾思乎使我至此极者而弗得也。父母岂欲吾贫哉？天无私覆，地无私载，天地岂私贫我哉？求其为之者而不得也。然而至此极者，命也夫！"

【注释】

〔1〕霖雨：连绵细雨。
〔2〕殆：大概。
〔3〕不任其声：声音微弱。趋举其诗：诗句急促，不成调子。

【译文】

子舆和子桑是好朋友。大雨一连下了十天，子舆说："子桑大概要饿病了吧！"于是就带着饭去送给他吃，走到子桑的门口，听到里边又像唱歌又像哭泣，听见他弹着琴唱道："父亲吗？母亲吗？天吗？人吗？"那声音微弱急促。

子舆走进门去，问道："你唱歌为什么这种调子？"

子桑说："我正在想使我贫困到这般地步的原因，然而不得其解。难道父母愿意要我贫困吗？天无私地覆盖着一切，地无私地承载着一切，天地岂能让我贫困到这般地步？使我贫困的原因实在找不出来！然而我却落到这般地步，这是由于命吧！"

应帝王

【原文】

　　啮缺问于王倪，四问而四不知。啮缺因跃而大喜，行以告蒲衣子[1]。蒲衣子曰："而乃今知之乎[2]？有虞氏不及泰氏[3]。有虞氏其犹藏仁以要人[4]，亦得人矣[5]，而未始出于非人[6]。泰氏其卧徐徐[7]，其觉于于[8]。一以己为马，一以己为牛。其知情信，其德甚真，而未始入于非人。"

【注释】

〔1〕蒲衣子：庄子虚拟的人物。

〔2〕而：你。

〔3〕泰氏：传说时代的上古帝王。

〔4〕藏仁：心怀仁义。要：笼络。

〔5〕得人：得人心。

〔6〕未始出于非人：从来没有超脱出外物的牵累。

〔7〕徐徐：安稳的样子。

〔8〕于于：安闲的样子。

【译文】

　　啮缺问王倪，问了四次，王倪都回答说不知道。啮缺因此高兴得跳了起来，跑去告诉蒲衣子。蒲衣子说："你现在知道了吗？有虞氏不如泰氏。有虞氏还心怀仁义以笼络人心，虽然他也能得人心，但是从来没有超脱出外物的牵累。泰氏睡觉时呼吸舒缓，醒来时安闲自得，任人家把自己称作马，或是称作牛。他的心智真实无伪，他的品德纯真高尚，而从来没有受过外物的牵累。

【原文】

　　肩吾见狂接舆。狂接舆曰："日中始何以语女[1]？"

　　肩吾曰："告我，君人者以己出经式义度[2]，人孰敢不听而化诸[3]？"

　　狂接舆曰："是欺德也[4]。其于治天下也，犹涉海凿河，而使蚊负山也。夫圣人之治也，治外乎？正而后行[5]，确乎能其事者而已矣[6]。且鸟高飞以避矰弋之害[7]，鼷鼠深穴乎神丘之下以避熏凿之患[8]，而曾二虫之无知？"

【注释】

　　[1]日中始：庄子虚拟的人物。

　　[2]君人者：国君。出：公布。经式义度：法度。

　　[3]化：感化。

　　[4]欺德：虚伪骗人的言行。

　　[5]正而后行：先正自己而后感化别人。

　　[6]能其事：各尽所能。

　　[7]矰（zēng）：鸟网。弋（yì）：系丝之箭。

　　[8]神丘：社坛。

【译文】

　　肩吾拜见接舆。接舆问："日中始对你说了些什么？"

　　肩吾说："他告诉我，国君凭自己的意志制定颁布法度，人民谁敢不听从而归从呢？"

　　狂接舆说："这是虚伪骗人的做法。他这样去治理天下，就如同在大海里凿河道，让蚊虫背负大山一样。圣人治理天下难道是用法度来约束人们的外表吗？圣人是先正自己而后感化别人，使人们各尽其所能罢了。鸟尚且知道高飞以躲避弓箭的伤害，鼷鼠尚且知道深藏于神坛底下以避开烟熏和铲掘的灾祸，能够说鸟和鼠是无知的吗？"

【原文】

　　天根游于殷阳[1]，至蓼水之上[2]，适遭无名人而问焉[3]，曰："请问为天下[4]。"

　　无名人曰："去！汝鄙人也，何问之不豫也[5]！予方将与造物者为人[6]，厌则又乘夫莽眇之鸟[7]，以出六极之外，而游无何有之乡，以处圹埌之野[8]。汝又何帠以治天下感予之心为[9]？"

　　又复问，无名人曰："汝游心于淡，合气于漠，顺物自然而无容私焉[10]，而天下治矣。"

【注释】

〔1〕天根：庄子虚拟的人物。殷阳：殷山之南。
〔2〕蓼（liǎo）水：水名。
〔3〕适遭：恰巧碰到。无名人：虚拟的人物。
〔4〕为：治理。
〔5〕豫：喜欢。
〔6〕方将：正在。
〔7〕厌：厌烦。莽眇：虚无缥缈。
〔8〕圹埌（làng）：圹，同"旷"，与"埌"同义。空荡辽阔。
〔9〕呭（yì）：梦话。感：惑乱。
〔10〕容：夹杂。私：私心，成见。

【译文】

天根游于殷阳，走到蓼水的岸边，恰巧遇到无名人，他问无名人说："请问治理天下的方法。"

无名人说："去！你真是个鄙陋的人，为什么要问使人讨厌的问题呢？我正在和造物者伴游，厌烦了就乘着像鸟一样的轻盈清虚的气流，飞出天地四方之外，邀游于无何有之乡，安处于广阔无际的旷野。你为什么要用治理天下这样的梦话来扰乱我的心呢？"

无根又问，无名人说："你的心神要安于淡漠，你的形气要合于虚寂，顺应事物的自然本性而不夹杂私心成见，天下就可以治理好了。"

【原文】

阳子居见老聃[1]，曰："有人于此，向疾强梁[2]，物彻疏明[3]，学道不倦。如是者，可比明王乎[4]？"

老聃曰："是于圣人也[5]，胥易技系[6]，劳形怵心者也[7]。且也虎豹之文来田[8]，猿狙之便、执嫠之狗来藉[9]。如是者，可比明王乎？"

阳子居蹴然曰："敢问明王之治。"

老聃曰："明王之治，功盖天下而似不自己[10]，化贷万物而民弗恃[11]；有莫举名[12]，使物自喜；立乎不测，而游于无有者也。"

【注释】

〔1〕阳子居：姓阳名朱，字子居。
〔2〕向疾强梁：敏捷而刚强。
〔3〕物彻疏明：对事物的认识深刻清楚。
〔4〕明王：英明的君主。

〔5〕于：何，哪能。
〔6〕胥易技系：有才智的小吏治事为其技能所系累。
〔7〕怵心：忧心，惊心。
〔8〕文：花纹。田：打猎。
〔9〕便：敏捷。执：捉。藉：系缚。
〔10〕不自己：不归功于自己。
〔11〕化：教化。贷：施。
〔12〕举：称说。名：形容。

【译文】

阳子居拜见老子，说："有这样一个人，他敏捷而刚强，认识事物深刻清楚，学道精勤不倦。这样可以和明王相比吗？"

老子说："这样的人在圣人看来，不过就像有才智的小吏为自己的技能所累，劳苦形骸而惊扰心神。而且，虎豹因为皮毛华丽而招人猎杀，猿猴因为敏捷、猎狗由于会捉狐狸而被人捉到拴住。这样可以和明王相比吗？"

阳子居惭愧地说："请问明王是怎样治理天下的？"

老子说："明王治理天下，功盖天下而不归功于自己，教化施及万物而人民却不觉得有所依赖，他虽有功德却不能用名称说出来，他使万物各得其所，而自己立于高深莫测的地位，游于虚无缥缈的境界。"

【原文】

郑有神巫曰季咸，知人之死生、存亡、祸福、寿夭，期以岁月旬日[1]，若神[2]。郑人见之，皆弃而走。列子见之而心醉，归，以告壶子[3]，曰："始吾以夫子之道为至矣，则又有至焉者矣。"

壶子曰："吾与汝既其文[4]，未既其实。而固得道与？众雌而无雄，而又奚卵焉！而以道与世亢[5]，必信，夫故使人得而相汝[6]。尝试与来[7]，以予示之。"

明日，列子与之见壶子。出，而谓列子曰："嘻！子之先生死矣！弗活矣！不以旬数矣！吾见怪焉，见湿灰焉[8]。"

列子入，泣涕沾襟以告壶子。壶子曰："乡吾示之以地文[9]，萌乎不震不止[10]。是殆见吾杜德机也[11]。尝又与来。"

明日，又与之见壶子。出，而谓列子曰："幸矣！子之先生遇我也，有瘳矣[12]！全然有生矣！吾见其杜权矣[13]！"

列子入，以告壶子。壶子曰："乡吾示之以天壤[14]，名实不入，而机发于踵。是殆见吾善者机也[15]。尝又与来。"

明日，又与之见壶子。出，而谓列子曰："子之先生不齐[16]，吾无得而相焉。试齐，且复相之。"

列子入，以告壶子。壶子曰："吾乡示之以太冲莫胜[17]，是殆见吾衡气机也[18]。鲵桓之审为渊[19]，止水之审为渊，流水之审为渊。渊有九名[20]，此处三焉。尝又与来。"

明日，又与之见壶子。立未定，自失而走。壶子曰："追之！"列子追之不及，反，以报壶子曰："已灭矣，已失矣，吾弗及也。"

壶子曰："乡吾示之以未始出吾宗[21]。吾与之虚而委蛇[22]，不知其谁何[23]，因以为弟靡[24]，因以为波流，故逃也。"

然后列子自以为未始学而归，三年不出，为其妻爨[25]，食豕如食人，于事无与亲[26]。雕琢复朴[27]，块然独以其形立[28]。纷而封哉[29]，一以是终[30]。

【注释】

〔1〕期：预言。

〔2〕若神：像神一样灵验。

〔3〕壶子：列子的老师。

〔4〕与：传授。既：尽。文：表面。

〔5〕亢：通"抗"，抗衡，较量。

〔6〕相：相面。

〔7〕与来：带来。

〔8〕湿灰：喻毫无生气。

〔9〕乡：刚才，过去。地文：大地阴静的气象。

〔10〕萌：昏昧。不震不止：不动不止。

〔11〕杜德机：闭塞生机。

〔12〕瘳（chōu）：病愈。

〔13〕杜权：闭塞中有转机。

〔14〕天壤：天地间的生气。

〔15〕善者机：生机。

〔16〕不齐：神色变化不定。

〔17〕太冲：阴阳二气调和。

〔18〕衡气机：生机平和。

〔19〕桓：盘旋，徘徊。

〔20〕渊有九名：《列子·黄帝篇》："鲵旋之潘为渊，止水之潘为渊，流水之潘为渊，滥水之潘为渊，沃水之潘为渊，沈水之潘为渊，雍水之潘为渊，汧水之潘为渊，肥水之潘为渊，是为九渊焉。"

〔21〕未始出吾宗：未曾显露我的根本大道。

〔22〕委蛇（yí）：顺其自然。

〔23〕不知其谁何：不知道我是怎么回事。
〔24〕弟靡：茅靡，茅草，草芥。
〔25〕爨（cuàn）：烧火煮饭。
〔26〕无与亲：漠不关心。
〔27〕雕琢复朴：去雕琢而复归于朴。
〔28〕块然：像土块一样，意即无知无识。
〔29〕纷而封哉：在纷乱的世事中持守真朴。
〔30〕一以是终：一直以此终生。

【译文】

郑国有一个神巫，名叫季咸，能够占算人的生死存亡、祸福寿夭，所预言的年、月、旬、日，准确如神。郑国的人见了他，因为害怕知道自己的凶日而都惊慌地逃走。列子见了他为之心醉，回来告诉壶子说："原先以为先生的道术是高深了，现在才知道还有更高深的。"

壶子说："我教给你的只是表面的东西，没有向你传授内在的实质，难道你就以为得道了吗？一群雌鸟而没有雄鸟，又怎么能生出传代的卵呢！你以表面的道去和世人周旋，偏听妄信，因而被人家窥测到了底细。你把他请来，给我相相面。"

第二天，列子邀季咸去见壶子。季咸出来对列子说："唉！你的先生将要死了！不能活了！过不了十天！我看他气色怪异，生机全无。"

列子进去，痛哭流涕地把季咸的话告诉了壶子。壶子说："刚才我显示给他看的是大地般的寂静，隐藏了生机，不动不止，因而他只看见我堵塞了生机。你再请他来看。"

第二天，列子又邀季咸去见壶子。季咸出来对列子说："幸运啊！你的先生幸亏遇见了我，现在可以痊愈了！全然有生气了！我看见他闭塞的生机开始活动了！"

列子进去，告诉了壶子。壶子说："我刚才给他看的是天地间的一丝生机，没有夹杂虚名实利，一线生机从脚跟升起。他大概看到了我这点生机。你再请他来看看。"

第二天，列子又邀季咸去见壶子。季咸出来对列子说："你的先生神情恍惚不定，我无法给他相面。等他心神安宁的时候，再给他看相。"

列子进去，告诉了壶子。壶子说："我刚才给他看的是无迹可寻的太虚境界，他大概看到了我生机平和而不偏一端的情况。鲵鱼盘旋之处成为渊，止水之处成为渊，流水之处成为渊。渊有九种，我给他看的只有三种。你再请他来看看。"

第二天，列子又邀季咸去见壶子。季咸进去还没有站定，就惊慌失色地逃走了。壶子说："追上他！"列子没有追上，回来告诉壶子说："不见踪影了，已经跑掉了，我追不上他。"

壶子说："我刚才给他看的是虚无之态，未曾显露我的根本大道。我和他随顺应变，他摸不着头脑，就像狂风吹起的草芥、激流中的浮萍一样不知如何是好，所以就逃走了。"

列子这才知道自己没有学到什么，回到家中，三年闭门不出。他替妻子烧火煮饭，喂猪就如同侍奉人一般，对世事毫不关心。他弃浮华而归真朴，漠然独立于尘世之外，在纷乱的世界中持守虚静，如此终生。

【原文】

无为名尸[1]，无为谋府[2]，无为事任[3]，无为知主[4]。体尽无穷[5]，而游无朕[6]，尽其所受乎天[7]，而无见得，亦虚而已。至人之用心若镜，不将不迎，应而不藏，故能胜物而不伤。

【注释】

〔1〕无为名尸：不为名之主。
〔2〕谋府：出谋划策的地方。
〔3〕事任：承担责任。
〔4〕知主：智慧的主宰者。
〔5〕体尽无穷：体悟无穷的大道。
〔6〕朕：迹象。
〔7〕尽其所受乎天：承受自然的本性。

【译文】

　　不要追求名声，不要做出谋划策的智囊，不要承担什么责任，不要当智慧的主宰者。体悟无穷的大道，游心于无踪迹的境界，享受天所给的一切，而不要以为有什么所得，这也不过是虚无罢了。至人的用心如同镜子一般，对物的来去不迎不送，客观地反应而不加隐藏，所以能够胜物而不被物伤害。

【原文】

　　南海之帝为儵[1]，北海之帝为忽，中央之帝为浑沌。儵与忽时相与遇于浑沌之地，浑沌待之甚善。儵与忽谋报浑沌之德[2]，曰："人皆有七窍[3]，以视听食息，此独无有，尝试凿之。"日凿一窍，七日而浑沌死。

【注释】

　　[1]儵（shū）：与下文的忽、浑沌，都是庄子杜撰的寓言人物。
　　[2]谋报：筹谋报答。德：恩德。
　　[3]七窍：指一口、两耳、两目、两鼻孔。

【译文】

　　南海的帝王名叫儵，北海的帝王名叫忽，中央的帝王名叫浑沌。儵和忽常常到浑沌的领地内相会，浑沌待他们很好。儵和忽筹谋报答浑沌的恩德，说："人都有七窍，用来看、听、饮食、呼吸，唯独浑沌没有，我们试着给他凿开窍。"于是一天凿一窍，到了第七天浑沌就死了。

外篇

骈拇

【原文】

　　骈拇枝指出乎性哉[1]，而侈于德[2]；附赘县疣出乎形哉[3]，而侈于性；多方乎仁义而用之者[4]，列于五藏哉，而非道德之正也。是故骈于足者，连无用之肉也；枝于手者，树无用之指也；骈枝于五藏之情者，淫僻于仁义之行[5]，而多方于聪明之用也。

　　是故骈于明者[6]，乱五色[7]，淫文章[8]，青黄黼黻之煌煌非乎[9]？而离朱是已[10]。多于聪者，乱五声[11]，淫六律[12]，金、石、丝、竹、黄钟、大吕之声非乎[13]？而师旷是已[14]！枝于仁者[15]，擢德塞性以收名声[16]，使天下簧鼓以奉不及之法非乎？而曾、史是已[17]！骈于辩者，累瓦、结绳、窜句[18]，游心于坚白同异之间，而敝跬誉无用之言非乎[19]？而杨、墨是已[20]！故此皆多骈旁枝之道，非天下之至正也[21]。

【注释】

　　[1]骈（pián）拇：脚拇指与第二指连生。枝指：手拇指旁生的小指。

　　[2]侈：多余。

　　[3]形：形体。

　　[4]多方：多端，多方面。

　　[5]淫僻于仁义之行：走上了邪门歪道。

　　[6]明：视觉，明察。

　　[7]五色：青、黄、赤、白、黑。

　　[8]文章：青与赤相交为文，赤与白相交为章。

　　[9]煌煌：缭乱的样子。

　　[10]离朱：相传为黄帝时人，视力甚好，能在百步之外见秋毫之末。

　　[11]五声：古乐中的五音，即宫、商、角、徵、羽。

　　[12]六律：古乐中的六个谐音，即黄钟、大吕、姑洗、蕤宾、无射、夹钟。

　　[13]金、石、丝、竹：泛指音乐。

　　[14]师旷：春秋时期晋国著名的乐师。

　　[15]枝于仁：在仁义上多生枝节。

　　[16]擢（zhuó）德塞性：标榜道德。

　　[17]曾：指曾参，孔子弟子。史：指史䲣，即子鱼，卫灵公臣子。

〔18〕累瓦、结绳：聚无用之语，如瓦之累，绳之结。窜句：穿凿之句。

〔19〕跬誉：一时之誉。

〔20〕杨：杨朱。墨：墨子。

〔21〕至正：至道正理。

【译文】

骈拇和枝指虽然是天生的，但对人的身体而言却是多余的；毒疮肉瘤虽然生长在人身上，但是对于天生的身体却是多余的；使用各种方法推行仁义，并把仁义比列于五脏，但却不是纯正的道德。因此，骈生于脚上的，只是连接了一块无用的肉；枝生于手上的，只是多长了一个无用的指头；节外生枝地把仁义与五脏相匹配而超出了五脏的实情，这种实行仁义的淫僻行为，只不过是耍小聪明而已。

因此，纵情于视觉的，就迷乱五色，混淆文采，岂不像彩色华丽的服饰那样耀人眼目吗？如离朱就是这类人的代表。纵情于听觉的，就惑乱五声，混淆六律，岂不是搅乱了金、石、丝、竹、黄钟、大吕之声吗？师旷就是这类人的代表。在仁义上多生枝节，自我标榜道德以沽名钓誉，岂不是让天下人鼓噪着去奉守不可企及的法式吗？曾参和史鰌就是这类人的代表。多言巧辩的，空谈阔论，穿凿文句，热衷于坚白同异之论，岂不是以无用之言哗众取宠吗？杨朱和墨子就是这类人的代表。因此，这些都属于歪门邪道，而不是天下的至道正理。

【原文】

彼正正者[1]，不失其性命之情。故合者不为骈，而枝者不为跂；长者不为有余，短者不为不足。是故凫胫虽短[2]，续之则忧；鹤胫虽长，断之则悲。故性长非所断，性短非所续，无所去忧也[3]。意仁义其非人情乎[4]！彼仁人何其多忧也？

【注释】

〔1〕正正：当为"至正"之误。

〔2〕凫（fú）：野鸭。胫：小腿。

〔3〕无所去忧：没有什么忧虑的。

〔4〕意：通"噫"，叹词。

【译文】

那些至道正理，不失其性命之情。因此，合在一起的并不是拼凑，分枝的并不是多出的歧岔；长的并不是多余，短的并不是不足。所以，野鸭的腿虽然短，接上一段便造成了痛苦；鹤的腿虽然长，截掉一节便造成了悲哀。因而原本足长的不能切短，原本足短的不能接长，没有什么可以忧虑的。仁义自是人之情性啊！那些仁人为什么那样多忧呢？

【原文】

且夫待钩绳规矩而正者[1]，是削其性者也；待绳约胶漆而固者，是侵其德者也；屈折礼乐，呴俞仁义[2]，以慰天下之心者，此失其常然也[3]。天下有常然。常然者，曲者不以钩[4]，直者不以绳，圆者不以规，方者不以矩，附离不以胶漆[5]，约束不以纆索[6]。故天下诱然皆生而不知其所以生[7]，同焉皆得而不知其所以得。故古今不二，不可亏也。则仁义又奚连连如胶漆纆索而游乎道德之间为哉！使天下惑也！

【注释】

〔1〕待：以来。
〔2〕呴俞：和悦的样子。
〔3〕常然：正常的状态。
〔4〕以：用。
〔5〕附离：黏合。
〔6〕纆（mò）：三条索扭合成的绳。
〔7〕诱然：自然而然。

【译文】

要用钩绳规矩来矫正事物，就伤害物体的本性；要用绳索胶漆来加固物体，便侵蚀物体的本德；举乐行礼，施仁义来安抚，以安慰天下人心的，就违背了本然真性。天下事物都有本然真性。所谓本然真性，就是曲的不用钩，直的不用绳，圆的不用规，方的不用矩，黏合的不用胶漆，约束的不用绳索。因此，天下事物自然而然地生长却不知是怎样生长的，万物混同各得其所却不知其所以然。因而古今之理同一，不必强去损伤。那么又何必如不断使用胶漆绳索一样费神于道德之间，使天下人感到迷惑呢！

【原文】

夫小惑易方[1]，大惑易性。何以知其然邪？自虞氏招仁义以挠天下也[2]，天下莫不奔命于仁义，是非以仁义易其性与？故尝试论之：自三代以下者，天下莫不以物易其性矣。小人则以身殉利，士则以身殉名，大夫则以身殉家，圣人则以身殉天下。故此数子者，事业不同，名声异号，其于伤性以身为殉，一也。臧与谷[3]，二人相与牧羊而俱亡其羊[4]。问臧奚事，则挟策读书[5]；问谷奚事，则博塞以游[6]。二人者，事业不同，其于亡羊均也[7]。伯夷死名于首阳之下[8]，盗跖死利于东陵之上[9]。二人者，所死不同，其于残生伤性均也。奚必伯夷之是而盗跖之非乎！天下尽殉也。彼其所殉仁义也，则俗谓之君子；其所殉货财也，则俗谓之小人。其殉一也，则有君子焉，有小人焉；若其残生损性，则盗跖亦伯夷已，又恶取君子小人于其间哉！

庄子

【注释】

［1］惑：迷惑。方：四方。
［2］招：标榜。挠：扰乱。
［3］臧：奴隶。谷：童子。
［4］亡：丢失。
［5］挟策：手持书卷。
［6］博塞：棋类游戏，指掷骰子。
［7］均：相同。
［8］首阳：山名。
［9］盗跖：传说为古代的大盗。

【译文】

小的迷惑会颠倒方向，大的迷惑则会改变本性。何以知道如此呢？自从有虞氏标榜仁义扰乱天下，天下没有不奔命于仁义的。这不是用仁义来错乱本性吗？这里试作申论：自三代以后，天下没有不用外物错乱本性的，小人牺牲自身以求利，士牺牲自身以求名，大夫牺牲自身以求家，圣人牺牲自身以求天下。这几种人，虽然事业不同，名号各异，但在损伤本性牺牲自身这一点上，却是共同的。臧和谷同去放羊，结果俩人都把羊丢了。问臧在做什么，他手捧书卷在读；问谷在做什么，他在下棋游戏。这两个人所做的事情虽然不同，但却同样丢失了羊。伯夷为名死于首阳山下，盗跖为利死于东陵之上。这两个人所死的原因虽然不同，但在残

·211·

生伤性上却是共同的。既然如此，那又何必赞颂伯夷而非议盗跖呢！天下人都在为了某种目的而牺牲自身。有的为了仁义而牺牲，世俗称之为君子；有的为了财宝而牺牲，世俗则称之为小人。他们同样都是牺牲，却有君子和小人之分；如果就残生伤性来看，则盗跖和伯夷并无两样，又何必分为君子和小人呢！

马 蹄

【原文】

马，蹄可以践霜雪，毛可以御风寒。龁草饮水，翘足而陆[1]，此马之真性也。虽有义台路寝[2]，无所用之。及至伯乐[3]，曰："我善治马。"烧之[4]，剔之[5]，刻之[6]，雒之[7]，连之以羁馽[8]，编之以皂栈[9]，马之死者十二三矣[10]；饥之，渴之，驰之，骤之，整之，齐之，前有橛饰之患[11]，而后有鞭策之威[12]，而马之死者已过半矣！陶者曰[13]："我善治埴[14]。圆者中规[15]，方者中矩。"匠人曰[16]："我善治木，曲者中钩，直者应绳[17]。"夫埴木之性，岂欲中规矩钩绳哉？然且世世称之曰："伯乐善治马，而陶匠善治埴木。"此亦治天下者之过也！

【注释】

[1]陆：跳。

[2]义台路寝：高台大殿。

[3]伯乐：秦穆公时人，以善相马而著称。

[4]烧：把铁烧红在马身上打烙印。

[5]剔：剪马毛。

[6]刻：削马蹄。

[7]雒（luò）：通"络"，给马戴笼头。

[8]连：绑上。羁（jī）：带嚼子的马络头。馽（zhí）：用来绊住马前足的绳索。

[9]编：架搭。皂（zào）：马槽。栈：马棚。

[10]十二三：十分之二三。

[11]橛（jué）：马衔。饰：马缨。患：束缚。

[12]鞭策：打马的工具，带皮的叫鞭，无皮的叫策。

[13]陶者：制作陶器的人。

[14] 埴（zhí）：黏土。
[15] 中：符合。
[16] 匠人：木匠。
[17] 应：适合。

【译文】

马，蹄能够践踏霜雪，毛能够抵御风寒。吃草饮水，翘足跳跃，这是马的真性。即使有高台大殿，对它也没有用处。到了伯乐时，他说："我善于调理马。"于是给马打烙印，剪马毛，削马蹄，戴笼头，绑上络头和绊索，拴在马棚中的食槽旁，这样马就死去了十分之二三；然后让马饿着、渴着，驱使马急速奔跑，整修马饰，使马前有马嚼子和马缨的束缚，后有鞭策的威胁，如此折腾马就死掉了大半。陶工说："我善于捏制陶土，使圆的合乎规，方的合乎矩。"木匠说："我善于整治木头，使曲的合乎钩，直的合乎绳。"黏土和树木的本性，难道需要合乎规矩钩绳吗？然而世世代代的人们称颂说："伯乐善于调理马，陶工和木匠善于整治黏土和木头。"这也是治理天下者的过错啊！

【原文】

吾意善治天下者不然[1]。彼民有常性，织而衣，耕而食，是谓同德[2]。一而不党[3]，命曰天放[4]。故至德之世，其行填填[5]，其视颠颠[6]。当是时也，山无蹊隧[7]，泽无舟梁[8]；万物群生，连属其乡[9]；禽兽成群，草木遂长[10]。是故禽兽可系羁而游[11]，鸟鹊之巢可攀援而窥。

夫至德之世，同与禽兽居，族与万物并[12]，恶乎知君子小人哉？同乎无知[13]，其德不离[14]；同乎无欲，是谓素朴。素朴而民性得矣。及至圣人，蹩躠为仁[15]，踶跂为义[16]，而天下始疑矣[17]；澶漫为乐[18]，摘僻为礼[19]，而天下始分矣。故纯朴不残[20]，孰为牺尊[21]？白玉不毁，孰为珪璋[22]？道德不废，安取仁义？性情不离，安用礼乐？五色不乱，孰为文采？五声不乱，孰应六律？夫残朴以为器，工匠之罪也；毁道德以为仁义，圣人之过也。

【注释】

[1] 意：认为。
[2] 同德：共同得于自然。
[3] 一而不党：纯一而不偏私。
[4] 天放：自然放任。
[5] 填填：脚步迟重的样子。
[6] 颠颠：质朴纯真的样子。
[7] 蹊：小路。隧：隧道。

〔8〕梁：桥。
〔9〕连属其乡：居处相连而不分彼此。
〔10〕遂长：成长。
〔11〕系羁而游：牵系着游玩。
〔12〕族：聚集。
〔13〕同乎无知：与无知一样。
〔14〕不离：不失本性。
〔15〕蹩躠（bié xiè）：行走困难的样子。引申为勉强用心力的意思。
〔16〕踶跂（zhì qǐ）：踮起脚尖。
〔17〕疑：惑。
〔18〕澶（chán）漫：放纵。
〔19〕摘僻：琐屑拘泥的样子。
〔20〕纯朴：未加工过的木头。
〔21〕牺尊：酒器。
〔22〕珪璋：玉器。

【译文】

我认为会治理天下的人不会这样。人民有不变的天性，他们纺织而衣，耕耘而食，这就叫共同的本性。纯一而不偏私，名为自然放任。因而在道德最高尚的时代，人们的行为悠闲稳重，面貌质朴纯真。在那个时代，山中没有路径通道，水上没有船只桥梁；万物群生，居处相连；禽兽成群，草木旺盛。因而禽兽可以牵系着游玩，鸟鹊的巢可以攀援上去窥视。

在道德最高尚的时代，与禽兽同居，和万物并聚，哪里知道什么君子小人！憨厚无知，不失本性；淡静无欲，即纯真朴实。纯真朴实就能保持人民的本性。等到圣人出现，勉强用力，挖空心思地推行仁义，天下于是开始产生疑惑；纵情为乐，烦屑拘泥地追求礼乐，天下的人们才开始变坏。因此，完整的木头不被破开，怎么会有酒器？白玉不被毁坏，怎么会有珪璋？道德不被废弛，哪里需要仁义？真性不离，哪里要礼乐？五色不被散乱，怎么会有文采？五声不被错乱，哪里要合六律？残破原木来做器具，这是工匠的罪过；毁坏道德而用仁义，这是圣人的过失。

【原文】

　　夫马,陆居则食草饮水,喜则交颈相靡[1],怒则分背相踶[2]。马知已此矣[3]。夫加之以衡扼[4],齐之以月题[5],而马知介倪闉扼鸷曼、诡衔、窃辔[6]。故马之知而态至盗者[7],伯乐之罪也。

　　夫赫胥氏之时[8],民居不知所为,行不知所之[9],含哺而熙[10],鼓腹而游[11],民能以此矣。及至圣人,屈折礼乐以匡天下之形[12],县跂仁义以慰天下之心[13],而民乃始踶跂好知[14],争归于利,不可止也。此亦圣人之过也。

【注释】

　　〔1〕靡:通"摩"。
　　〔2〕分背:背对背。踶:踢。
　　〔3〕已:止。
　　〔4〕衡:车辕前端的横木。扼:通"轭",叉着马颈的曲木,两头与衡木相连。
　　〔5〕齐:装饰。月题:马额上的佩饰,形状似月,又称当颅。
　　〔6〕介倪:马侧立在两辕之间,不服驾驭。倪,借为"輗",车辕与车衡连接的关键部位。马曲着脖子,企图摆脱掉轭。闉(yīn)扼:闉,曲。扼:通"轭"。鸷:猛。曼:突。诡衔:诡诈地吐掉嚼子。辔:缰绳。
　　〔7〕知:通"智"。而:与。
　　〔8〕赫胥氏:传说中的上古帝王。
　　〔9〕之:往。
　　〔10〕熙:通"嬉",游戏。
　　〔11〕鼓:饱。
　　〔12〕匡:正。
　　〔13〕县跂:悬举,提倡。慰:安。
　　〔14〕好知:推崇才智。

【译文】

　　马,生活在陆地上,吃草饮水,高兴时交颈相摩,发怒时转身相踢。马所知道的只不过如此。等到给马加上了车衡颈轭,装饰上额前佩物,马就懂得不服驾驭,曲颈脱轭,抵触车輗,诡诈地吐掉嚼子,偷偷地咬坏缰绳等反抗行为。所以说马的智力竟能达到违人意而做坏事的程度,那是伯乐的罪过啊!

　　在赫胥氏的时代,人民安居而无所作为,闲适而无所往,口含食物游戏,肚子吃得饱饱地游荡,人民安然自得如此。等到圣人出现,巧施礼乐以匡正天下人的行为举止,提倡仁义以安天下人之心,人民于是开始竭力去追求巧智,竞相争利,一发不可收拾。这也是圣人的过失啊!

胠 箧

【原文】

将为胠箧探囊发匮之盗而为守备[1]，则必摄缄縢[2]，固扃鐍[3]，此世俗之所谓知也。然而巨盗至，则负匮揭箧担囊而趋[4]，唯恐缄縢扃鐍之不固也。然则乡之所谓知者[5]，不乃为大盗积者也[6]？

故尝试论之：世俗之所谓知者，有不为大盗积者乎？所谓圣者，有不为大盗守者乎？何以知其然邪？昔者齐国邻邑相望，鸡狗之音相闻，罔罟之所布[7]，耒耨之所刺[8]，方二千余里。阖四竟之内[9]，所以立宗庙社稷[10]，治邑屋州闾乡曲者[11]，曷尝不法圣人哉[12]？然而田成子一旦杀齐君而盗其国[13]，所盗者岂独其国邪？并与其圣知之法而盗之。故田成子有乎盗贼之名，而身处尧、舜之安。小国不敢非，大国不敢诛，十二世有齐国[14]。则是不乃窃齐国并与其圣知之法以守其盗贼之身乎？

【注释】

［1］胠（qū）：撬开。箧（qiè）：小箱子。
［2］摄：绑。缄縢：绳子。
［3］扃鐍（jiōng jué）：门窗或箱柜上用来加锁的部件。
［4］负：背负。揭：手提。
［5］乡：通"向"，早先，过去。
［6］不乃：不正是。积：储聚。
［7］布：设置。
［8］耒（lěi）：犁。耨（nòu）：锄草的工具。
［9］阖（hé）：总合。竟：通"境"。
［10］宗庙：祭祀祖宗的场所。社：土地神。稷：谷神。
［11］邑、屋、州、闾、乡、曲：古代大小不同的土地面积和行政区划。
［12］曷：何。法：效法。
［13］田成子：春秋晚期齐国大夫陈恒。
［14］有：享有。

【译文】

为了防备撬箱、摸袋、开柜之类的小贼，于是就绑紧绳索，加固锁钮，这是世俗所谓的聪明。但是大盗一来，就会背起柜子、手提箱子、挑起口袋而偷走，唯恐绳索锁钮不够牢固。那么以前所谓的聪明，不正是帮了大盗的忙吗？

在此试作申论：世俗所谓的聪明，有不帮大盗忙的吗？所谓的圣人，有不替大盗守备的吗？为什么这样说呢？过去的齐国邻里相望，鸡鸣狗叫之声相闻，人民打猎捕鱼和耕耘的地域方圆有两千多里。总合四境之内，凡是建立宗庙社稷，治理各级行政区域，何尝不是效法圣人的呢？但是田成子一旦杀了齐君而盗取了齐国，所盗取的岂止是那个国家呢？连齐国的圣智法度也一起盗取了。所以田成子虽然有盗贼之名，其地位却像尧、舜一样安适，小国不敢非议，大国不敢诛伐，享有齐国达十二世之久。这岂不是不仅窃取了齐国，而且把圣智法度也窃取了，去保护他那盗贼之身吗？

【原文】

尝试论之：世俗之所谓至知者，有不为大盗积者乎？所谓至圣者，有不为大盗守者乎？何以知其然邪？昔者龙逢斩，比干剖，苌弘胣[1]，子胥靡[2]，故四子之贤而身不免乎戮。故跖之徒问于跖曰："盗亦有道乎？"跖曰："何适而无有道邪[3]？夫妄意室中之藏[4]，圣也；入先[5]，勇也；出后[6]，义也；知可否[7]，知也；分均[8]，仁也。五者不备而能成大盗者，天下未之有也。"由是观之，善人不得圣人之道不立，跖不得圣人之道不行。天下之善人少而不善人多，则圣人之利天下也少而害天下也多。故曰，唇竭则齿寒[9]，鲁酒薄而邯郸围[10]，圣人生而大盗起。掊击圣人[11]，纵舍盗贼[12]，而天下始治矣。

夫川竭而谷虚[13]，丘夷而渊实[14]。圣人已死，则大盗不起，天下平而无故矣[15]！圣人不死，大盗不止。虽重圣人而治天下，则是重利盗跖也。为之斗斛以量之[16]，则并与斗斛而窃之；为之权衡以称之[17]，则并与权衡而窃之；为之符玺以信之[18]，则并与符玺而窃之；为之仁义以矫之[19]，则并与仁义而窃之。何以知其然邪？彼窃钩者诛[20]，窃国者为诸侯。诸侯之门而仁义存焉，则是非窃仁义圣知邪？故逐于大盗[21]，揭诸侯[22]，窃仁义并斗斛权衡符玺之利者，虽有轩冕之赏弗能劝[23]，斧钺之威弗能禁[24]。此重利盗跖而使不可禁者，是乃圣人之过也。

【注释】

〔1〕苌弘：周敬王时大夫，因为与晋国范氏关系密切，导致范氏之政敌赵氏讨伐，公元前492年被周人所杀，事见《左传》"哀公三年"。胣（chǐ）：剖肠。

〔2〕子胥靡：伍子胥因劝谏吴王夫差而被杀，抛尸于江水，糜烂其中。靡：通"糜"。

〔3〕何适：无论哪里。

〔4〕妄意：猜想。

〔5〕入先：带头进去。

〔6〕出后：最后出来。

〔7〕知可否：判断出能不能成功。

〔8〕分均：分赃平均。

〔9〕竭：亡。

〔10〕鲁酒薄而邯郸围：许慎《淮南子》注云：楚会诸侯，鲁、赵俱献酒于楚王。鲁酒薄而赵酒厚，楚之主酒吏求酒于赵，赵不与。吏怒，乃以赵厚酒易鲁薄酒，奏之。楚王以赵酒薄，故围邯郸也。

〔11〕掊（pǒu）：击，打倒。

〔12〕纵舍：释放。

〔13〕川：两山间的流水。谷：两山间的水道。

〔14〕夷：平。实：满。

〔15〕平：太平。无故：无事。

〔16〕斛（hú）：量器，一斛为十斗或五斗。

〔17〕权：秤杆。衡：秤砣。称：衡量轻重。

〔18〕符：符契。玺（xǐ）：印章。

〔19〕矫：正。

〔20〕钩：腰带钩。

〔21〕逐：追随。

〔22〕揭：举而夺之。

〔23〕轩：古时大夫以上官员乘的车。冕（miǎn）：古时大夫以上官员戴的帽子。劝：勉励。

〔24〕钺（yuè）：大斧。

【译文】

接着在此试作申论：世俗所谓最聪明的人，有不替大盗帮忙的吗？所谓至圣，有不替大盗守备的吗？怎么知道是这样的呢？从前关龙逢被斩，比干被剖心，苌弘受剖肠而死，伍子胥烂尸于江，这四个人虽然贤能却难免杀身之祸。

因而跖的徒弟问跖："盗也有道吗？"跖说："何处没有道呢？能够猜测出房子里藏有什么，就是英明；带头进去，就是勇敢；最后出来，就是义气；判断出能否成功，就是聪明；分赃平均，就是仁惠。不具备这五种素质而能成为大盗，这是天下没有的事。"由此看来，善人不得圣人之道就不能自立，盗跖不得圣人之道就不能行窃下去；天下的善人少而不善的人多，那么圣人有利于天下的少而有害于天下的多。所以说，唇亡则齿寒，鲁国的酒味薄而殃及赵国的都城邯郸遭围困，圣人出现而大盗兴起。打倒圣人释放盗贼，天下才能大治。

川水干涸则谷道空虚，山丘夷平则深渊填满。圣人死了，大盗则不会兴起，天下也就太平无事了。若圣人不死，大盗就不会停息。重用圣人来治理天下，则是帮了盗跖的大忙。制造斗斛来量，却连斗斛也一起盗去了；制造权衡来称，却连权衡也一起盗去了；制作符玺来取信，却连符玺也一起盗去了；使用仁义来矫正，却连仁义也一起盗去了。怎么知道是这样的呢？那些偷窃腰带钩的小偷被处死，而盗窃国家的大盗却成了诸侯，于是乎诸侯的门庭就有了仁义，这难道不是盗窃了仁义圣智吗？因而那些追随大盗，拥立诸侯，盗窃仁义、斗斛、权衡、符玺之利的人，即使赏赐官爵也无法勉励他们不要这么干，用斧钺的刑威也不能禁止他们。这些重利盗跖而又无法禁绝的现象，都是圣人的过错。

【原文】

故曰："鱼不可脱于渊，国之利器不可以示人[1]。"彼圣人者[2]，天下之利器也，非所以明天下也[3]。故绝圣弃知，大盗乃止；摘玉毁珠[4]，小盗不起；焚符破玺，而民朴鄙；掊斗折衡，而民不争；殚残天下之圣法[5]，而民始可与论议；擢乱六律[6]，铄绝竽琴[7]，塞瞽旷之耳[8]，而天下始人含其聪矣[9]；灭文章，散五采，胶离朱之目[10]，而天下始人含其明矣；毁绝钩绳，而弃规矩，攦工倕之指[11]，而天下始人有其巧矣[12]。故曰："大巧若拙。"削曾、史之行[13]，钳杨、墨之口[14]，攘弃仁义，而天下之德始玄同矣[15]。彼人含其明，则天下不铄矣[16]；人含其聪，则天下不累矣[17]；人含其知，则天下不惑矣；人含其德，则天下不僻矣[18]。彼曾、史、杨、墨、师旷、工倕、离朱，皆外立其德，而以爚乱天下者也[19]，法之所无用也。

【注释】

〔1〕利器：指法规制度、仁义圣智等。

〔2〕圣人：当为圣知。

〔3〕明：公开，明示。

〔4〕擿（zhì）：通"掷"，扔掉。

〔5〕殚残：彻底摧毁。

〔6〕擢乱：搞乱。

〔7〕铄：烧断。竽：古代乐器，其形状与笙相似。瑟：古代的一种弦乐。

〔8〕瞽旷：即师旷。

〔9〕含：内藏不露。聪：听觉灵敏。

〔10〕胶：粘住。

〔11〕捆（yì）：折断。工倕（chuí）：尧时著名工匠，相传规矩是他发明的。

〔12〕有：应为"含"。

〔13〕削：灭除。

〔14〕钳：封住。

〔15〕玄同：玄妙混同。

〔16〕铄：消坏，消散。

〔17〕累：忧患。

〔18〕僻：邪僻。

〔19〕爚：火乱飞的样子。

【译文】

　　所以说："鱼不能离开深渊，国家的利器不可以显示于人。"那些圣智之法就是天下的利器，不可以明示于天下。所以，抛弃圣智，大盗才能平息；毁弃珠玉，小盗才不会兴起；焚毁符玺，人民就会变得纯朴；折毁斗衡，人民就不会争利；彻底摧毁天下的圣智法度，人民才可以参与讨论；搞乱六律，销毁竽琴，塞住师旷的耳朵，天下的人才能保全灵敏的听觉；除灭文饰，离散五采，粘住离朱的眼睛，天下的人才能保全清楚的视觉；毁弃钩绳规矩，折断工倕的手指，天下的人才能保全高超的技巧。所以说："大巧似乎显得笨拙。"灭除曾参、史鱼的品行，封住杨朱、墨翟的口舌，摒弃仁义，天下的德性才能达到玄妙混同的境界。人们能保全清楚的视觉，那么天下就不会迷乱了；人们能保持灵敏的听觉，那么天下就没有忧患了；人们能保全高超的技巧，天下就不会迷惑；人们能保全天赋的德行，天下就不会邪僻。曾参、史鱼、杨朱、墨翟、师旷、工倕、离朱等人，都是炫耀自己的才能品德以惑乱天下，这些都是大道所不足取的。

【原文】

　　子独不知至德之世乎？昔者容成氏、大庭氏、伯皇氏、中央氏、栗陆氏、骊畜氏、轩辕氏、赫胥氏、尊卢氏、祝融氏、伏牺氏、神农氏[1]，当是时也，民结绳而用之[2]，甘其食，美其服，乐其俗，安其居，邻国相望，鸡狗之音相闻，民至老死而不相往来。若此之时，则至治已。今遂至使民延颈举踵，曰"某所有贤者"，赢粮而趣之[3]，则内弃其亲而外去其主之事，足迹接乎诸侯之境，车轨结乎千里之外[4]，则是上好知之过也。

　　上诚好知而无道，则天下大乱矣。何以知其然邪？夫弓弩、毕弋、机变之知多[5]，则鸟乱于上矣；钩饵、罔罟、罾笱之知多[6]，则鱼乱于水矣；削格、罗落、罝罘之知多[7]，则兽乱于泽矣；知诈渐毒、颉滑坚白、解诟同异之变多[8]，则俗惑于辩矣。故天下每每大乱[9]，罪在于好知。故天下皆知求其所不知，而莫知求其所已知者；皆知非其所不善，而莫知非其所已善者，是以大乱。故上悖日月之明[10]，下烁山川之精[11]，中堕四时之施[12]；惴耎之虫[13]，肖翘之物[14]，莫不失其性。甚矣，夫好知之乱天下也！自三代以下者是已。舍夫种种之民而悦夫役役之佞[15]，释夫恬淡无为而悦夫啍啍之意[16]，啍啍已乱天下矣！

【注释】

〔1〕容成氏等十二人：这十二人都是传说中的古代帝王或部族首领。

〔2〕结绳：文字发明以前的记事方法之一。

〔3〕赢：担。

〔4〕结：纵横交错。

〔5〕弩：用机栝发箭的弓。毕：有长柄的网。机变：机巧变诈。

〔6〕钩：鱼钩。饵：钓饵。罾（zēng）：渔网。笱（gǒu）：捕鱼的竹篓子。

〔7〕削格、罗落：捕兽的器具机关。罝罘（jū fú）：捕兽的网。

〔8〕渐毒：欺诈。颉滑：狡黠。

〔9〕每每：昏昏，糊涂。

〔10〕悖（bèi）：亏蚀。

〔11〕烁：销熔。

〔12〕堕：破坏。施：运行。

〔13〕惴耎（zhuì ruǎn）：虫子蠕动的样子。

〔14〕肖翘：微小。

〔15〕种种：纯朴的样子。役役：狡猾的样子。

〔16〕啍啍（zhūn zhūn）：通"谆谆"，教诲人的口气。

【译文】

　　你不知道盛德的时代吗？过去有容成氏、大庭氏、伯皇氏、中央氏、栗陆氏、骊畜氏、轩辕氏、赫胥氏、尊卢氏、祝融氏、伏牺氏、神农氏，在那个时代，人民结绳记事，吃的饭菜很香甜，穿的衣服很美观，习俗快乐，居所安适，邻国之间可以互相看见，鸡鸣狗吠的声音可以互相听到，人们一生都互不往来。像那种时代，就是最好的社会了。而到了现在，竟然使人们热切企望地说"某地方有贤人"，于是就携带干粮去投奔他，他们遗弃了家人，抛弃了君主，足迹遍及列国，车轨纵横交错于千里之外。这都是统治者推崇才智的过错。

　　统治者推崇才智而无道，天下就要大乱。怎么知道是这样的呢？捕鸟的器具智巧多，天上的鸟就要大乱了；捕鱼的器具智巧多，水中的鱼就要大乱了；捕兽的器具智巧多，草泽里的野兽就要大乱了；运用奸诈、狡黠、坚白之论、同异之辩的权变多了，世俗之人就会被诡辩所迷惑。所以天下昏昏大乱，罪过就在于推崇智巧。因而天下都去追求他所不知道的，却不知回顾他已经知道的；都只知非难他所认为不好的，却不知非难他认为好的，这是天下大乱的原因。因此上而亏蚀了日月的光明，下而销熔了山川的精气，中而破坏了四时的运行；蠕动的爬虫，飞翔的小虫，都丧失其本性。推崇智巧以扰乱天下，竟然达到了这种地步！自夏、商、周三代以后都是这样的。舍弃淳朴的百姓而喜欢奔走钻营的佞民，舍弃恬淡无为而喜欢喋喋不休的教诲，喋喋不休的教诲已使天下大乱了。

在 宥

【原文】

闻在宥天下[1]，不闻治天下也。在之也者，恐天下之淫其性也[2]；宥之也者，恐天下之迁其德也[3]。天下不淫其性，不迁其德，有治天下者哉？昔尧之治天下也，使天下欣欣焉人乐其性，是不恬也[4]；桀之治天下也，使天下瘁瘁焉人苦其性[5]，是不愉也[6]。夫不恬不愉，非德也；非德也而可长久者，天下无之。

【注释】

〔1〕在宥（yòu）：自在宽容。
〔2〕淫：过分，乱。
〔3〕迁：变。
〔4〕恬：静。
〔5〕瘁瘁焉：忧虑的样子。
〔6〕愉：舒畅。

【译文】

只听说任天下人自由自在地生活的，没有听说要治理天下百姓的。所以要任由人们自在生活，是怕他们丧失了本性；所以要让百姓能够宽松安适，是怕他们改变纯朴的德性。天下不扰乱其本性，不改变德性，何须治理天下？从前尧治理天下，使人们高高兴兴身心快乐，这是不安静；桀治理天下，使人们劳累忧虑、身心受苦，这是不舒畅。让天下人不安静和不舒畅，都是违背德性的。违背德性而能够长久的，这是天下没有的事。

【原文】

人大喜邪，毗于阳[1]；大怒邪，毗于阴。阴阳并毗，四时不至，寒暑之和不成，其反伤人之形乎！使人喜怒失位[2]，居处无常，思虑不自得，中道不成章[3]。于是乎天下始乔诘卓鸷[4]，而后有盗跖、曾、史之行。故举天下以赏其善者不足[5]，举天下以罚其恶者不给[6]。故天下之大不足以赏罚。自三代以下者，匈匈焉终以赏罚为事[7]，彼何暇安其性命之情哉！

而且说明邪[8]，是淫于色也；说聪邪，是淫于声也；说仁邪，是乱于德也；说义邪，是悖于理也；说礼邪，是相于技也[9]；说乐邪，是相于淫也；说圣邪，是相于艺也[10]；说知邪，是相于疵也[11]。天下将安其性命之情，之八者，存可也，亡可也。天下将不安其性命之情，之八者，乃始脔卷狯囊而乱天下也[12]。而天下乃始尊之惜之。甚矣，天下之惑也！岂直过也而去之邪[13]！乃齐戒以言之[14]，跪坐以进之，鼓歌以儛之[15]。吾若是何哉！

故君子不得已而临莅天下[16]，莫若无为。无为也，而后安其性命之情。故贵以身于为天下，则可以托天下；爱以身于为天下，则可以寄天下。故君子苟能无解其五藏[17]，无擢其聪明[18]，尸居而龙见[19]，渊默而雷声[20]，神动而天随[21]，从容无为，而万物炊累焉[22]。吾又何暇治天下哉！

【注释】

[1] 毗（pí）：伤。

[2] 失位：失常。

[3] 中道不成章：做事半途而废。

[4] 乔诘卓鸷：骄傲自大。

[5] 举：尽。

[6] 不给：不够。

[7] 匈匈焉：乱哄哄的样子。

[8] 说：通"悦"，爱好，提倡。

[9] 相：助。技：技巧。

[10] 艺：技艺。

[11] 疵：毛病。

[12] 脔（luán）卷：拘束的样子。狯囊：借为"抢攘"，放纵喧嚷的样子。

[13] 去：抛弃。

[14] 齐：通"斋"。

[15] 儛：通"舞"。

[16] 莅（lì）：到。

[17] 解：放纵。

[18] 擢：显示。

[19] 尸居：寂然不动。龙见：像龙一样神灵活现。

[20] 渊默：像深渊一样沉静。

[21] 神动：精神活动。天随：随天，符合天理自然。

[22] 万物炊累：万物如风吹尘土一样自然运动。

【译文】

人过分欢乐，就会伤害阳气；过于愤怒，就会伤害阴气。阴阳并伤，则四时不顺，寒暑不和，这样岂不伤害了人体！使人喜怒失常，心神不定，六神无主，做事半途而废，于是天下才出现了自大、责备、高傲、凶猛等不和谐的现象，随后就有盗跖、曾参、史鱼等不同的行为。因此尽天下之物不足以奖赏善者，尽天下之力不足以惩罚恶者，所以天下之大不足以赏罚。自三代以后，那些国君乱哄哄地以赏罚为能事，他们哪里有工夫来安定性命之情呢！

爱好明，就是沉溺于色彩；爱好聪，就是沉溺于声音；提倡仁，就是惑乱于德；提倡义，就是违逆于理；提倡礼，就是助长技巧；提倡乐，就是助长淫声；提倡圣，就是助长技艺；提倡智，就是助长吹毛求疵。天下若想安定性命之情，这八者就可有可无；天下若不想安定性命之情，这八者就会迂曲搅扰而迷乱天下。而天下却开始推崇它和珍惜它，天下竟然迷惑到了这般地步！哪里就认为是错误的东西而抛弃掉它呢！还要斋戒着去谈论它，恭敬地去进奉它，钟鼓齐鸣地去歌舞它，我对此又有什么办法呢！

所以君子如果不得已而君临天下，最好是无为而治。无为才能安定性命之情。因此，珍重自身胜过珍重天下的人，才可以把天下寄付给他；爱护自己胜过爱护天下，才可以把天下托交给他。所以，君子如果能不放纵情欲，不炫耀聪明，寂然不动而活灵如龙，深沉静默而震动如雷，行动如神而合于自然，从容无为而万物如风吹尘土一样自然运动，又何须我来治理天下呢！

【原文】

崔瞿问于老聃曰[1]："不治天下，安藏人心[2]？"

老聃曰："汝慎，无撄人心[3]。人心排下而进上[4]，上下囚杀[5]，淖约柔乎刚强[6]，廉刿雕琢[7]。其热焦火，其寒凝冰。其疾俯仰之间而再抚四海之外[8]，其居也渊而静，其动也县而天。偾骄而不可系者[9]，其唯人心乎！昔者黄帝始以仁义撄人之心，尧、舜于是乎股无胈[10]，胫无毛，以养天下之形，愁其五藏以为仁义，矜其血气以规法度。然犹有不胜也。尧于是放讙兜于崇山[11]，投三苗于三峗[12]，流共工于幽都[13]，此不胜天下也。夫施及三王而天下大骇矣[14]。下有桀、跖，上有曾、史，而儒墨毕起。于是乎喜怒相疑，愚知相欺，善否相非，诞信相讥[15]，而天下衰矣；大德不同，而性命烂漫矣[16]；天下好知，而百姓求竭矣[17]。于是乎釿锯制焉[18]，绳墨杀焉[19]，椎凿决焉。天下脊脊大乱[20]，罪在撄人心。故贤者伏处大山嵁岩之下[21]，而万乘之君忧栗乎庙堂之上。今世殊死者相枕也，桁杨者相推也[22]，刑戮者相望也，而儒墨乃始离跂攘臂乎桎梏之间[23]。意[24]，甚矣哉！其无愧而不知耻也甚矣！吾未知圣知之不为桁杨椄槢也[25]，仁义之不为桎梏凿枘也[26]，焉知曾、史之不为桀、跖嚆矢也[27]！故曰：绝圣弃知而天下大治。"

【注释】

〔1〕崔瞿：庄子杜撰的人物。

〔2〕安：怎能。臧：通"臓"，善。

〔3〕撄：扰乱。

〔4〕排下而进上：得失而情绪不定。

〔5〕囚杀：拘囚杀害。

〔6〕淖（chuò）约：软弱。柔：顺，屈从。

〔7〕廉刿（guì）：尖利。

〔8〕疾：快。

〔9〕偾（fèn）骄：不可禁之势。不可系：无法约束。

〔10〕股：大腿。胈（bá）：大腿根部的肉。

〔11〕放：流放。讙兜（huān dōu）：尧的臣子。

〔12〕投：放逐。三苗：古代部族名。三峗（wéi）：山名。

〔13〕流：流配。共工：古代部族名。

〔14〕施：延。三王：夏、商、周三代的君王。

〔15〕诞：荒诞。信：诚实。

〔16〕烂漫：散乱。

〔17〕求竭：无以供其求。

〔18〕釿（jīn）：斧头。制：断。

〔19〕绳墨：法律，法度。

〔20〕脊脊：纷纷。

〔21〕伏处：陷居。嵁（kān）：深。

〔22〕桁（háng）杨：夹在足和颈上的刑具。

〔23〕离跂：用力的样子。

〔24〕意：通"噫"。

〔25〕椄槢（jiē xí）：接合枷锁的横木。

〔26〕凿枘：加固桎梏的榫卯。

〔27〕嚆（hāo）矢：响箭，信号。

【译文】

崔瞿问老子说:"不治理天下,怎能使人心向善?"

老子说:"你要谨慎小心,别扰乱了人心。人心患得患失情绪不稳,就像被绳索囚缚,当被囚缚时,软弱就会转化为刚强。人们的心理屡受震荡,高兴时热如烈火,愤怒时冷若冰霜。心神活动之快顷刻之间就会驰骋于四海之外,安稳时深沉而寂静,跃动时思绪高入云天。强傲而无法约束的,就是人心啊!从前黄帝用仁义扰乱人心,于是尧、舜这样效法奔波劳苦,致使大腿上没有肉,小腿上不长毛,为天下人的衣食而操劳;愁劳身心以施行仁义,耗费心血以建立法度,即使这样还是不能改变人心。尧于是将谨兜流放到崇山,将三苗放逐到三峗,将共工流配到幽都,这都是不能治理好天下的事例。到了三代帝王,天下大乱。下有夏桀、盗跖,上有曾参、史鱼,其间又有儒墨之争并起。于是喜怒互相猜疑,愚智互相欺诈,善恶互相非议,荒诞与诚实互相讥讽,天下随之衰败;大德不能统一,性命则散乱;天下推崇智巧,百姓则贫困。于是用刑具来制裁,用法律来酷杀,用肉刑来摧残。天下纷纷大乱,其罪过就在于扰乱人心。所以贤者隐居于高山深谷,国君则忧虑于朝廷之上。当今惨死的人尸体残藉堆积,戴枷锁的人拥挤不堪,刑杀的人满目皆是,而儒墨之徒竟然还竭力鼓吹于枷锁之间。唉!真是太过分了!他们也太不知道羞耻了!圣智是枷锁的横木,仁义是加固枷锁的榫眼榫头,曾参、史鱼之流则是夏桀、盗跖之类暴君盗贼出现的前导!所以说:只有绝弃圣智,天下才能大治。"

【原文】

黄帝立为天子十九年,令行天下,闻广成子在于空同之山[1],故往见之,曰:"我闻吾子达于至道,敢问至道之精。吾欲取天地之精,以佐五谷[2],以养民人。吾又欲官阴阳[3],以遂群生[4],为之奈何?"

广成子曰:"而所欲问者,物之质也[5];而所欲官者,物之残也[6]。自而治天下,云气不待族而雨[7],草木不待黄而落,日月之光益以荒矣[8],而佞人之心翦翦者[9],又奚足以语至道!"

黄帝退,捐天下[10],筑特室[11],席白茅[12],闲居三月,复往邀之。

广成子南首而卧[13]，黄帝顺下风，膝行而进，再拜稽首而问曰："吾闻子达于至道，敢问治身，奈何而可以长久？"

广成子蹶然而起[14]，曰："善哉问乎！来，吾语女至道。至道之精，窈窈冥冥[15]；至道之极[16]，昏昏默默[17]。无视无听，抱神以静，形将自正。必静必清，无劳女形，无摇女精，乃可以长生。目无所见，耳无所闻，心无所知，女神将守形，形乃长生。慎女内[18]，闭女外[19]，多知为败。我为女遂于大明之上矣[20]，至彼至阳之原也；为女入于窈冥之门矣，至彼至阴之原也。天地有官，阴阳有藏。慎守女身，物将自壮。我守其一，以处其和[21]，故我修身千二百岁矣，吾形未常衰[22]。"

黄帝再拜稽首曰："广成子之谓天矣！"

广成子曰："来！余语女：彼其物无穷，而人皆以为有终；彼其物无测，而人皆以为有极。得吾道者，上为皇而下为王；失吾道者，上见光而下为土[23]。今夫百昌皆生于土而反于土[24]。故余将去女，入无穷之门，以游无极之野。吾与日月参光[25]，吾与天地为常。当我[26]缗乎[27]！远我[28]昏乎！人其尽死，而我独存乎！"

【注释】

[1]广成子：庄子虚拟的寓言人物。空同：亦作"崆峒"，杜撰的山名。

[2]五谷：指黍、稷、菽、麻、麦。

[3]官：掌管。

[4]遂：成就。群生：各种生物。

[5]物之质：事物的本质。

[6]物之残：事物的渣滓。

[7]族：聚集，凝聚。

[8]荒：昏。

[9]謷謷：狭隘鄙陋的样子。

[10]捐：抛弃。

[11]特室：独居的房子。

[12]席：铺，垫。

[13]南首：头向南面。

[14]蹶（jué）然：迅疾的样子。

〔15〕窈窈冥冥：深不可测。

〔16〕极：尖端。

〔17〕昏昏默默：昏暗寂静。

〔18〕内：内心活动。

〔19〕外：感官，言行。

〔20〕遂：达到。

〔21〕我守其一，以处其和：我坚守道而与万物和谐相处。

〔22〕常：通"尝"。

〔23〕为土：化为尘土。

〔24〕百昌：百物。

〔25〕参光：同样光明。

〔26〕当我：迎我而来。

〔27〕缗：通"冥"。

〔28〕远我：背我而去。

【译文】

黄帝当天子十九年，政令通行天下，听说广成子在空同山上，特地去见他，对他说："我听说先生已经达到了至道的境界，请问至道的精粹。我想摄取天地之精华，用来助长五谷，养育人民。我还想掌管阴阳，来成就万物，不知如何？"

广成子说："你所要问的，乃是事物的本质；你所要掌管的，乃是事物的残渣。自从你治理天下，云气没有凝聚就下雨，草木没有枯黄就凋零，日月之光越来越昏暗，你这佞人的心胸狭隘鄙陋，有什么资格谈至道呢！"

黄帝退回后，抛弃天下，独居一室，铺垫白茅，闲居了三个月，又去请教广成子。

广成子面朝南躺着，黄帝从下方跪行而前，叩头施礼后问："我听说先生已达到至道，请问怎样修身才能长寿？"

广成子一跃而起，说："你问得很好！来！我告诉你至道。至道的精粹，深不可测；至道的尖端，沉静幽深。不要看不要听，凝神虚静，形体自然就会健康。清静无虑，不要劳累你的形体，不要扰动你的精气，才可以长寿。目不外视，耳不旁听，心不多想，精神就能守住形体，形体就会健康。内心少

思,不言少行,弃绝智巧。我将帮助你达到大明的境界,达到至阳的本原;帮助你进入幽深的门径,达到至阴的本原。天地各司其职,阴阳各有其所,谨慎地守护你自身,万物将会自然昌盛。我坚守道而与万物和谐相处,所以我修身已达一千两百年,身体从未有过衰老。"

黄帝叩头施礼说:"广成子可以说是与天合而为一了。"

广成子说:"来!我告诉你。万物无穷,但人们都认为物有所终;万物深不可测,但人们都认为物有极限。获得我的道,在上可以为皇,在下可以为王;丧失了我的道,在上只能看见日月之光,在下便化为尘土。当今万物都生于土而返归于土,所以我将离你而去,进入无穷之门,以遨游于无极之野。我和日月同光,我与天地同寿。对于迎我而来或背我而去的,我一概不把他们放在心上!人们都将死去,唯独我长生不老!"

【原文】

云将东游[1],过扶摇之枝而适遭鸿蒙[2]。鸿蒙方将拊脾雀跃而游[3]。云将见之,倘然止[4],贽然立[5],曰:"叟何人邪[6]?叟何为此?"

鸿蒙拊脾雀跃不辍[7],对云将曰:"游!"

云将曰:"朕愿有问也[8]。"

鸿蒙仰而视云将曰:"吁[9]!"

云将曰:"天气不合,地气郁结,六气不调,四时不节。今我愿合六气之精以育群生,为之奈何?"

鸿蒙拊脾雀跃掉头曰:"吾弗知!吾弗知!"

云将不得问。又三年,东游,过有宋之野,而适遭鸿蒙[10]。云将大喜,行趋而进曰:"天忘朕邪[11]?天忘朕邪?"再拜稽首,愿闻于鸿蒙。

鸿蒙曰:"浮游不知所求,猖狂不知所往[12],游者鞅掌[13],以观无妄[14]。朕又何知!"

云将曰:"朕也自以为猖狂,而百姓随予所往;朕也不得已于民,今则民之放也[15]!愿闻一言。"

鸿蒙曰:"乱天之经[16],逆物之情,玄天弗成[17];解兽之群[18],而鸟皆夜鸣;灾及草木,祸及止虫[19],意!治人之过也。"

云将曰:"然则吾奈何?"

鸿蒙曰:"意!毒哉!仙仙乎归矣[20]。"

云将曰:"吾遇天难,愿闻一言。"

鸿蒙曰:"意!心养。汝徒外无为[21],而物自化。堕尔形体,吐尔聪明[22],伦与物忘[23],大同乎涬溟[24]。解心释神,莫然无魂[25]。万物云云,各复其根[26],各复其根而不知。浑浑沌沌,终身不离。若彼知之,乃是离之。无问其名,无窥其情,物固自生。"

云将曰:"天降朕以德,示朕以默。躬身求之,乃今也得。"再拜稽首,起辞而行。

【注释】

〔1〕云将:庄子虚拟的寓言人物。
〔2〕扶摇:神木。鸿蒙:庄子虚拟的寓言人物。
〔3〕拊脾:拍大腿。脾,通"髀"。拊,拍击。
〔4〕倘然:忽然。
〔5〕贽然:拱立的样子。
〔6〕叟:对长者的称呼。
〔7〕辍:停止。
〔8〕朕:我。
〔9〕吁:感叹词,这里表示不屑回答。
〔10〕有宋:指宋国。
〔11〕天:对鸿蒙的尊称。
〔12〕猖狂:无所束缚。
〔13〕鞅掌:众多。
〔14〕无妄:真实。
〔15〕放:依。
〔16〕经:常。
〔17〕玄天:自然造化。
〔18〕解:散。
〔19〕止虫:昆虫。
〔20〕仙仙乎:轻飘飘的样子。
〔21〕徒:只要。
〔22〕堕:抛弃。
〔23〕伦:类同。
〔24〕涬(xìng)溟:自然之气。
〔25〕无魂:除去心智。
〔26〕根:本。

【译文】

云将到东方游玩,经过神木的旁边时,正好遇见鸿蒙。鸿蒙正在拍着腿跳跃游玩。云将看见后忽然停下,站立着问:"您是谁呀?为什么要这样呢?"

鸿蒙拍着腿不停地跳跃,对云将说:"去遨游!"

云将说:"我想请教您。"

鸿蒙仰头看着云将说:"嗯!"

云将说:"天气不和,地气郁结,六气失调,四时不顺。现在我想调和六气的精华来养育万物,该怎么办呢?"

鸿蒙拍腿跳跃转过头说:"我不知道!我不知道!"

云将得不到所问。又过了三年,云将去东方游玩,经过宋国的原野时恰好遇见了鸿蒙。云将非常高兴,快步跑上前去说:"您忘了我吗?您忘了我吗?"接着叩头施礼,请求鸿蒙赐教。

鸿蒙说:"悠然遨游无所贪求,随心所欲无所不往;遨游者纷纷纭纭,来观察万物的真象。我又能知道什么呢!"

云将说:"我也想随心所游,而老百姓总是追随着我跑;我对老百姓实在没有办法,现在却成了他们的依靠。愿听您的指教。"

鸿蒙说:"乱天然常道,违万物之情,自然之化不成;群兽离散,鸟雀夜鸣;草木临灾,昆虫遭祸。唉!这都是治人的过错啊!"

云将说:"那么我该怎么办呢?"

鸿蒙说:"唉!深受毒害啊!你快点回去吧!"

云将说:"我很难见您,请您一定赐教。"

鸿蒙说:"唉!重在养心。你只要自然无为,万物就会自生自化。忘掉你的形体,放弃你的聪明,忘却自身和万物,与自然之气浑然一体,解心释神,茫茫然无所用心。万物纷纭,各自恢复它们的本性这种生灭复归的过程,本身全然不知不觉的自化过程。混混沌沌,终生不失本性;如果万物有心追求复归自然本性,本身就是离开了自然本性。不要问其名称,不要求其真象,万物都是自生的。"

云将说:"您赐予我道德,以静默感化我。我恭敬求道,现在才有所得。"于是叩头施礼,拜辞而去。

【原文】

世俗之人,皆喜人之同乎己而恶人之异于己也。同于己而欲之,异于己不欲者，以出乎众为心也[1]。夫以出乎众为心者，曷常出乎众哉！因众以宁所闻[2]，不如众技众矣。而欲为人之国者[3]，此揽乎三王之利而不见其患者也。此以人之国侥幸也，几何侥幸而不丧人之国乎！其存人之国也，无万分之一；而丧人之国也，一不成而万有馀丧矣。悲夫，有土者之不知也[4]！

夫有土者，有大物也[5]。有大物者，不可以物物[6]；而不物[7]，故能物物。明乎物物者之非物也，岂独治天下百姓而已哉！出入六合，游乎九州[8]，独往独来，是谓独有。独有之人，是谓至贵。

【注释】

〔1〕出乎众为心：想出人头地。
〔2〕宁：安。
〔3〕为人之国者：当一国的统治者。
〔4〕有土者：占有国家，指诸侯。
〔5〕大物：指天下。
〔6〕不可以物物：不可为物所支配。
〔7〕不物：不拘泥于物。
〔8〕九州：相传大禹治水，将全国划为九州，为古代中国的代称。

【译文】

世俗的人，都喜欢别人赞同自己而讨厌别人不赞同自己。赞同自己就喜欢，不赞同自己就不喜欢，这是因为想出人头地的缘故。想出人头地的人，又何尝能出人头地呢！依据大众的认同来坚信自己的见闻，其实你的才能不如众人的才能多。而想要用喜同恶异之心来治理天下的人，这是只追求三代帝王的荣华而没有看到它的祸患。这是把国家作为谋求私利的凭借，可是能有多少谋求私利而不丧失其统治地位的呢！这样能保存国家的，连万分之一也没有；而丧失国家的，则几乎是百分之百。悲哀啊，统治者对此竟不明白！

位居国君者，拥有土地和人民。为天下所累的人，就不足以主宰万物，而无心治理天下才可以主宰万物。明白了这个道理，能够治理的岂止是天下百姓！他能够出入六合，遨游九州，独往独来，这就是独能于大道往来。具有这种独有特性的人，可以说是最尊贵的人。

【原文】

大人之教[1]，若形之于影，声之于响，有问而应之，尽其所怀，为天下配[2]。处乎无响，行乎无方。挈汝适复之挠挠[3]，以游无端；出入无旁[4]，与日无始[5]；颂论形躯[6]，合乎大同[7]，大同而无己。无己，恶乎得有有！睹有者，昔之君子；睹无者，天地之友。

【注释】

〔1〕大人：至人，得道的人。
〔2〕配：响应者。
〔3〕挠挠：纷乱的样子。
〔4〕无旁：无所依傍。
〔5〕与日无始：与日俱新。
〔6〕颂论：容貌。
〔7〕大同：大道。

【译文】

至人对别人的教导，就像形体对于影子，声音对于回响，有问必答，全盘托出，来做天下人的响应者。他处身于静寂，行动没有固定的方位。引导纷纭的人群使其归复本性，出入没有依傍；其言谈形躯，与常人相同，与常人相同而能做到忘我。既然无我，怎么会有"有"呢！着眼于有的，是昔日的君子；着眼于无的，是天地的朋友。

【原文】

贱而不可不任者[1]，物也；卑而不可不因者[2]，民也；匿而不可不为者[3]，事也；粗而不可不陈者[4]，法也；远而不可不居者[5]，义也；亲而不可不广者[6]，仁也；节而不可不积者[7]，礼也；中而不可不高者，德也；一而不可不易者[8]，道也；神而不可不为者[9]，天也。故圣人观于天而不助，成于德而不累[10]，出于道而不谋，会于仁而不恃[11]，薄于义而不积[12]，应于礼而不讳[13]，接于事而不辞，齐于法而不乱[14]，恃于民而不轻，因于物而不去。物者，莫足为也，而不可不为。不明于天者，不纯于德，不通于道者，无自而可[15]；不明于道者，悲夫！何谓道？有天道，有人道。无为而尊者，天道也；有为而累者，人道也。主者，天道也；臣者，人道也。天道之与人道也，相去远矣，不可不察也。

【注释】

〔1〕任：依凭。
〔2〕因：顺。
〔3〕匿：模糊不清。
〔4〕陈：施，实行。
〔5〕居：守。
〔6〕广：推广。
〔7〕积：多。

〔8〕一：谓与自然一体。
〔9〕神：神妙。
〔10〕累：束缚。
〔11〕会：符合。
〔12〕薄：迫，近。
〔13〕讳：拘束。
〔14〕齐：整齐划一。
〔15〕无自而可：一切都行不通。

【译文】

物虽然低贱，但也不可不用；民虽然卑微，但也不可不顺其性；事情虽然隐秘，但也不可不做；法度虽然粗疏，但也不可不实施；义虽然远离于道，但也不可不遵守；仁虽然是对亲人而言的，但也不可不推而广之；礼虽然是有节制的，但又不能不那样繁多；德虽然顺合于世，但其内质必须高尚；道的本质是永恒的，但又是不断变化的；天机虽然神妙莫测，但也不可不发挥作用。所以，圣人顺乎自然而无须有所作为，德性自然形成而不受束缚，出于道而不必有意图谋，合乎仁而无须有所依赖，近于义而无须积累，应于礼而无须拘束，接于事而无须推辞，统一法度而不乱，依靠百姓而不轻用，利用万物而不随意抛弃。对于物不可强为，又不可不为。不明白自然法则的，德性就不会纯正；不通于道的，任何事都办不成；不了解道的人，是莫大的悲哀！什么叫道？道有天道，有人道。无为而尊居在上的，是天道；有为而受牵累的，是人道。君主所遵从的，应是天道；臣子所遵从的，应是人道。天道和人道之间有很大的距离，这一点必须搞清楚。

天 地

【原文】

天地虽大，其化均也；万物虽多，其治一也；人卒虽众[1]，其主君也。君原于德而成于天，故曰：玄古之君天下[2]，无为也，天德而已矣。以道观言而天下之君正[3]，以道观分而君臣之义明[4]，以道观能而天下之官治，以道泛观而万物之应备。故通于天地者，德也；行于万物者，道也；上治人者，事也；能有所艺者，技也。技兼于事[5]，事兼于义，义兼于德，德兼于道，道兼于天。故曰：古之畜天下者[6]，无欲而天下足，无为而万物化，渊静而百姓定[7]。《记》曰[8]："通于一而万事毕，无心得而鬼神服。"

【注释】

〔1〕人卒：百姓。
〔2〕玄古：远古。
〔3〕言：名。正：得当。
〔4〕分：职分。
〔5〕兼：归属。
〔6〕畜：养育。
〔7〕渊静：像深渊里的水一样平静。
〔8〕《记》：书名，相传为老子所作。

【译文】

天地虽然大，但它们育化万物却是均匀的；万物虽然繁多，但它们各得其所却是一致的；百姓虽然众多，但他们却要求国君来主宰。君王以德为本而达于自然，所以说：远古的君王治理天下，无为而治之，只是顺应自然而已。用道观察称谓，天下之君王的名位都得当；用道观察职分，君臣之义明确；用道观察才能，天下官吏都尽职；用道广泛观察万物，万物的需求无不齐备。所以，通达于天地的是德，作用于万物的是道，君主治理百姓，凭借的是礼乐政刑之事；人们有所专长、凭借的是技巧。技艺归属于政事，政事归属于义，义归属于德，德归属于道，道归属于天，所以说：古时候养育百姓，君王无贪欲而天下富足，无为而万物自化，清静而百姓自定。《记》书说："贯通于道而万事可成，心中空无一物而鬼神敬服。"

【原文】

夫子曰[1]："夫道，覆载万物者也，洋洋乎大哉！君子不可以不刳心焉[2]。无为为之之谓天，无为言之之谓德，爱人利物之谓仁，不同同之之谓大，行不崖异之谓宽[3]，有万不同之谓富[4]。故执德之谓纪[5]，德成之谓立，循于道之谓备，不以物挫志之谓完。君子明于此十者，则韬乎其事心之大也[6]，沛乎其为万物逝也[7]。若然者，藏金于山，藏珠于渊；不利货财，不近贵富；不乐寿，不哀夭；不荣通，不丑穷；不拘一世之利以为己私分[8]，不以王天下为己处显[9]。显则明。万物一府[10]，死生同状。"

【注释】

〔1〕夫子：指老子，一说指庄子。
〔2〕刳心：彻底抛弃个人的心智。刳（kū），挖空。
〔3〕崖异：与众不同。
〔4〕有万不同：包容万物。
〔5〕纪：纲纪。
〔6〕韬：宽广，包容。
〔7〕逝：往。
〔8〕拘：取。一世：全天下。私分：据为己有。
〔9〕王天下：为天下之王。显：彰显。
〔10〕一府：一体。

【译文】

先生说："道是覆载万物的，真是广阔盛大啊！君子不可以不彻底抛弃个人的心智。以无为的态度去处世就是天道，无所教化就是顺应天性，爱人利物就是仁，混同不同的事物就是大，行为不表现出奇异就是宽，包容万物就是富。所以掌握德行就是把握了万物的纲纪，完成德行就是功业的确立，遵循道就是完备，不被外物挫伤心志就是德行完美。君子通晓这10项，就能包容万物心胸广阔，德泽充盈为万物所归。如果是这样，就能任凭金藏于山，珠藏于渊；不谋财货，不近富贵；不因长寿而高兴，不因短命而悲伤；不以通达为荣，不以穷困为耻；不取全天下的利益据为己有，不以身居王位而彰显自己。彰显就是炫耀。万物一体，死生同状。"

【原文】

夫子曰："夫道，渊乎其居也，漻乎其清也[1]。金石不得[2]无以鸣。故金石有声，不考不鸣[3]。万物孰能定之！夫王德之人[4]，素逝而耻通于事[5]，立之本原而知通于神[6]，故其德广，其心之出，有物采之[7]。故形非道不生，生非

德不明。存形穷生[8]，立德明道，非王德者邪？荡荡乎[9]！忽然出，勃然动，而万物从之乎！此谓王德之人。视乎冥冥[10]，听乎无声。冥冥之中，独见晓焉；无声之中，独闻和焉。故深之又深而能物焉，神之又神而能精焉。故其与万物接也，至无而供其求，时骋而要其宿，大小、长短、修远。"

【注释】

〔1〕漻（liáo）：清澈。
〔2〕金石：钟磬。
〔3〕考：通"拷"，敲击。
〔4〕王：通"旺"，盛。
〔5〕素：真。
〔6〕立之本原：立足于天道这一根本。
〔7〕采：牵动，感应。
〔8〕存：任。
〔9〕荡荡：辽阔的样子。
〔10〕冥冥：幽深。

【译文】

先生说："道幽深静寂像深潭，清澈澄明像泉水。钟磬如不得道，便无从鸣响。所以钟磬虽然有声，不敲则不鸣。万物都是如此，谁能测定它呢！盛德之人，以通晓俗事为耻辱，立足于天道这一根本，智慧通于神明，所以，他的德行广远，他心志的显露，是处于对外物的感应。因而形体非道不生，生命非道不明。任形体以尽其生命，立德明道，难道不是盛德吗！辽阔啊！忽然出现，勃然而动，万物依从！这就是盛德之人。道视于幽深，听于无声。幽深之中，独见万象；无声之中，独闻和音。深而又深却能支配万物，神秘莫测却能显示它的精妙。所以，道与万物相联系，虽然虚无至极却能满足万物的需求，驰骋不已却能成为万物的归宿，无论大小、长短、深远。"

【原文】

黄帝游乎赤水之北[1]，登乎昆仑之丘而南望。还归，遗其玄珠[2]。使知索之而不得[3]，使离朱索之而不得，使喫诟索之而不得也[4]。乃使象罔[5]，象罔得之。黄帝曰："异哉！象罔乃可以得之乎？"

【注释】

〔1〕赤水：水名。
〔2〕玄珠：玄妙的珍珠，比喻道。

[3]知：即"智"，庄子虚拟的名字。
[4]喫诟（kài gòu）：庄子虚拟的名字。
[5]象罔：庄子虚拟的名字。

【译文】

黄帝游于赤水北面，登上昆仑山向南望。返回时遗失了玄珠。让智去找没有找到，让离朱去找也没有找到，让喫诟去找还是没有找到。于是派象罔去找，结果象罔找到了。黄帝说："奇怪啊！象罔怎么可以找到呢？"

【原文】

尧之师曰许由，许由之师曰齧缺，齧缺之师曰王倪，王倪之师曰被衣。

尧问于许由曰："齧缺可以配天乎[1]？吾藉王倪以要之[2]。"

许由曰："殆哉圾乎天下[3]！齧缺之为人也，聪明叡知，给数以敏[4]，其性过人，而又乃以人受天[5]。彼审乎禁过[6]，而不知过之所由生。与之配天乎？彼且乘人而无天[7]，方且本身而异形[8]，方且尊知而火驰[9]，方且为绪使[10]，方且为物絯[11]，方且四顾而物应[12]，方且应众宜[13]，方且与物化而未始有恒[14]。夫何足以配天乎？虽然，有族有祖[15]，可以为众父[16]，而不可以为众父父[17]。治，乱之率也[18]，北面之祸也[19]，南面之贼也[20]。"

【注释】

[1]配天：当天子。
[2]藉：借助。要：邀。
[3]圾：通"岌"，危险。
[4]给：便捷。数：急。
[5]以人受天：用人的才智作用于自然。
[6]审：明察。禁过：制止过错。
[7]乘人：依恃人的才智。无天：无视天道。
[8]本身：以自身为本。异形：形迹不同于别人。
[9]尊知：崇尚才智。
[10]绪：丝端，形容细微。
[11]絯（gāi）：束缚。
[12]物应：与万物相应接。
[13]应众宜：事事求合宜。
[14]与物化：随机应变。
[15]祖：谓一族之所自始，喻道。
[16]众父：众人之父，喻臣子。
[17]众父父：指天子。

［18］率：先导。

［19］北面：指臣子。

［20］南面：指君主。

【译文】

尧的老师是许由，许由的老师是啮缺，啮缺的老师是王倪，王倪的老师是被衣。尧问许由说："啮缺可以当天子吗？我借助王倪去邀请他。"许由说："天下危险了！啮缺的为人，聪明睿智，机警敏捷，天性过人，而又把人的才智作用于天。他善于制止过错，却不知道过错产生的原因。能让他当天子吗？他将会依恃人的才智而无视天道，以自身为本而不与万物同形，崇尚智巧而急功近利，将会为琐事所牵制，为外物所束缚，将会顾盼四方而使万物顺应他自己，事事求合宜，将会与物俱化而失去自然本性。他怎么能够当天子呢？尽管如此，但他与得道认同为一族类、同一始祖，他可以做臣子，但不可以当天子。治是产生乱的原因，不仅害臣属和百姓，也将害君主。"

【原文】

尧观乎华[1]，华封人曰[2]："嘻，圣人！请祝圣人，使圣人寿。"尧曰："辞[3]。""使圣人富。"尧曰："辞。""使圣人多男子。"尧曰："辞。"封人曰："寿、富、多男子，人之所欲也。女独不欲，何邪？"尧曰："多男子则多惧，富则多事，寿则多辱。是三者，非所以养德也[4]，故辞。"封人曰："始也我以女为圣人邪，今然君子也。天生万民，必授之职。多男子而授之职，则何惧之有？富而使人分之，则何事之有？夫圣人，鹑居而鷇食[5]，鸟行而无彰；天下有道，则与物皆昌；天下无道，则修德就闲；千岁厌世，去而上仙[6]；乘彼白云，至于帝乡[7]。三患莫至[8]，身常无殃，则何辱之有？"封人去之，尧随之，曰："请问。"封人曰："退已！"

【注释】

［1］华：地名。

［2］封人：看守边疆的人。

［3］辞：谢绝。

［4］养德：谓培养无为之德。

［5］鹑居鷇食：意为简居粗食。鹑，鹌鹑。鷇（kòu），初生小鸟。

［6］上仙：升仙。

［7］帝乡：天帝居住的地方。比喻幽远至虚的境界。

［8］三患：指上文的多惧、多事、多辱。

【译文】

　　尧到华地视察。华地看守边疆的人说："啊,圣人!请让我为圣人祝福,祝圣人长寿。"尧说："不用了。"封人说："祝圣人富有。"尧说："不用了。"封人说："祝圣人多生男孩。"尧说："不用了。"看守边疆的人说:"长寿、富有、多男孩,这是人们所共同期望的。你却对此不感兴趣,这是为什么呢?"尧说："多男孩便会多忧惧,富有便会招致麻烦,长寿便会多受困辱。这三者不利于培养德行,所以我谢绝。"看守边疆的人说:"开始我还以为你是圣人呢,现在看来你只不过是个君子。天生万民,必定会授予相应的职事。多男孩而授予职事,这有什么担心的?富有而任人分用,这会有什么麻烦?圣人简居粗食,行迹不显;天下有道,便与众同昌;天下无道,便闲居修德;高寿厌世,弃人世而升仙;腾驾白云,升入虚无之境。三患不来,身无祸殃,有什么困辱的呢?"看守边疆的人离去。尧追上他说："请再指教。"看守边疆的人说："回去吧!"

【原文】

　　尧治天下,伯成子高立为诸侯[1]。尧授舜[2],舜授禹,伯成子高辞为诸侯而耕。禹往见之,则耕在野。禹趋就下风,立而问焉,曰:"昔尧治天下,吾子立为诸侯。尧授舜,舜授予,而吾子辞为诸侯而耕。敢问其何故也?"

　　子高曰:"昔尧治天下,不赏而民劝[3],不罚而民畏。今子赏罚而民且不仁,德自此衰,刑自此立,后世之乱自此始矣。夫子阖行邪[4]?无落吾事[5]!"俋俋乎耕而不顾[6]。

【注释】

〔1〕伯成子高:人名。
〔2〕授:传位。
〔3〕劝:自勉行善。
〔4〕阖:何不。
〔5〕落:废,耽误。
〔6〕俋俋(yì yì):用力耕作的样子。

【译文】

　　尧治理天下,伯成子高被立为诸侯。尧传天下于舜,舜传天下于禹,伯成子高辞掉诸侯而去耕作。禹前去看他,他正在田野耕耘。禹走到他的下方,站立着问:"从前尧治理天下,您位居诸侯。

尧传天下于舜，舜传天下于我，您就辞去诸侯而耕作。请问这是为什么呢？"

伯成子高说："从前尧治理天，不行赏而人民勤勉，不用刑罚而人民畏惧。你现在实行赏罚而人民却不仁爱，道德从此衰落，刑罚从此建立，后世的祸乱从此开始了。你为什么还不走开呢？不要耽误了我的耕作！"于是专心耕耘而不再回顾。

【原文】

泰初有无[1]，无有无名；一之所起，有一而未形。物得以生，谓之德；未形者有分，且然无间，谓之命；留动而生物，物成生理，谓之形；形体保神，各有仪则，谓之性。性修反德，德至同于初。同乃虚，虚乃大。合喙鸣[2]。喙鸣合，与天地为合。其合缗缗[3]，若愚若昏，是谓玄德，同乎大顺[4]。

【注释】

〔1〕泰初：宇宙的开始，原始。
〔2〕喙（huì）：鸟嘴。
〔3〕缗缗（mín）：合适。
〔4〕大顺：谓完全顺从泰初自然之理。

【译文】

宇宙最初只有"无"，没有"有"，也没有"名称"；从无到有，先产生"一"，但还没有呈现出形状。万物在道的作用下而生成，称之为德；无形的道未成形却有阴阳之分，而且浑然一体，称之为命；道在阳动阴静的变化过程中产生物，万物在生成后条理井然，称之为形；形体中寄寓着精神，而且各有其表现形式，称之为性。性经过修养返归于德，德就达到了与原始相同的境界。同于原始便是虚无，虚无便是无所不包的大。出于无心，合于自然，便与天地融为一体。这种融合天衣无缝。既若愚迷，又如昏暗，称之为玄德，同于天道。

【原文】

夫子问于老聃曰[1]："有人治道若相放[2]，可不可[3]，然不然[4]。辩者有言[5]：'离坚白[6]，若县寓。'若是，则可谓圣人乎？"

老聃曰："是胥易技系，劳形怵心者也。执留之狗成思[7]，猿狙之便自山林来。丘，予告若，而所不能闻与而所不能言[8]，凡有首有趾、无心无耳者众[9]，有形者与无形无状而皆存者尽无[10]。其动止也，其死生也，其废起也[11]，此又非其所以也[12]。有治在人[13]，忘乎物，忘乎天，其名为忘己；忘己之人，是之谓入于天[14]。"

【注释】

〔1〕夫子：此指孔子。
〔2〕相放：相悖逆，即不苟同众说。
〔3〕可不可：以不可为可。
〔4〕然不然：以不然为然。
〔5〕辩者：指以公孙龙为代表的名辩学派。
〔6〕离：分析。
〔7〕留：指竹鼠。
〔8〕而：你。
〔9〕有首有趾：指具备人的形体。无心无耳：无知无闻。
〔10〕无形无状：指道。尽无：极为罕见。
〔11〕起：兴。
〔12〕非其所以：非人力所为。
〔13〕有治在人：有心于治，则是在于人为。
〔14〕入于天：融合于天道。

【译文】

孔子问老子说："有人研究大道好像与众说相悖逆，以不可为可，以不然为然。公孙龙之徒说：'分析坚白之论就像悬空的日月那样高显易见。'像这样，可以称为圣人吗？"

老子说："这就像更换职事的小吏和为工巧所系累的工匠那样，劳身伤神。捕竹鼠的狗被人拘系，猿猴因为敏捷被从山林中捉来。孔丘，我告诉你一些你所听不到的和你所说不出的事物。大凡具体的人无知无闻的多，有形的人与无形无状的道并存的则极为罕见。无知无闻者的动与止、死与生、废与兴等变化，这些又不是大道之所在。有心于治则是在于人为，忘掉万物，忘掉天，这就叫忘掉自己；忘掉自己的人，可称之为融合于天道。"

【原文】

将闾葂见季彻曰[1]："鲁君谓葂也曰：'请受教[2]。'辞不获命[3]，既已告矣，未知中否，请尝荐之[4]。吾谓鲁君曰：'必服恭俭[5]，拔出公忠之属而无阿私[6]，民孰敢不辑！'"季彻局局然笑曰[7]："若夫子之言，于帝王之德，犹螳螂之怒臂以当车轶，则必不胜任矣。且若是，则其自为处危[8]，其观台多物[9]，将往投迹者众[10]。"将闾葂覤覤然惊曰[11]："葂也汒若于夫子之所言矣[12]。虽然，愿先生之言其风也[13]。"季彻曰："大圣之治天下也，摇荡民心，使之成教易俗，举灭其贼心而皆进其独志[14]，若性之自为，而民不知其所由然。若然者，岂兄尧舜之教民，溟涬然弟之哉[15]！欲同乎德而心居矣[16]！"

【注释】

[1] 将闾葂（miǎn）、季彻：均为人名。
[2] 受教：授治国之术。
[3] 辞不获命：推辞而得不到允许。
[4] 荐：陈述。
[5] 服：实行。
[6] 拔：提拔。
[7] 局局然：笑不出声的样子。
[8] 危：高。
[9] 观台：宫门两边的楼台。
[10] 投迹：举足而来。
[11] 觑觑（xì）然：惊恐的样子。
[12] 汒（máng）：不明白。
[13] 风：大略。
[14] 举：尽。
[15] 溟涬：冥冥愚钝，无所知的样子。
[16] 居：安定。

【译文】

将闾葂见季彻说："鲁君对我说：'请教授治国之术。'我推辞却未得到允许，已向鲁君陈述了为政之道不知道对不对，让我说给你听听。我对鲁君说：'为政必须实行恭俭，提拔公正忠直的人，为政不偏不私，百姓谁敢不顺从！'"季彻笑呵呵地说："像先生所说的话，对于帝王的德业，犹如螳螂奋臂阻挡车轮，必定是不能胜任的。如果像你所言，把公忠之人提拔出来作为榜样，这就会像高大景物的宫观，趋利之徒就会蜂拥而来。"将闾葂惊恐地说："我对先生所说的感到茫然不解。不过，还是请先生说出它大概的意思。"季彻说："圣人治理天下，因任民心，使人民自然教化而移风易俗，尽灭其有为之心，而促进其得道之志，随顺人类本性的自由发展，而人民还不知自己的本性正在自由发展。像你所说，岂不是要推崇尧舜的教民之道，而糊里糊涂地使自己跟在他们后面呢！圣人在于引导百姓步步靠近自然无为之德，从而使他们的心境安静下来啊！"

【原文】

子贡南游于楚[1]，反于晋[2]，过汉阴[3]，见一丈人方将为圃畦[4]，凿隧而入井，抱瓮而出灌，搰搰然用力甚多而见功寡[5]。子贡曰："有械于此[6]，一日浸百畦[7]，用力甚寡而见功多，夫子不欲乎？"

为圃者卬而视之曰："奈何？"

曰："凿木为机[8]，后重前轻，挈水若抽[9]，数如泆汤[10]，其名为槔[11]。"

为圃者忿然作色而笑曰："吾闻之吾师，有机械者必有机事，有机事者必有机心。机心存于胸中，则纯白不备；纯白不备，则神生不定[12]；神生不定者，道之所不载也。吾非不知，羞而不为也。"

子贡瞒然惭[13]，俯而不对。

有间，为圃者曰："子奚为者邪？"

曰："孔丘之徒也。"

为圃者曰："子非夫博学以拟圣[14]，於于以盖众[15]，独弦哀歌以卖名声于天下者乎？汝方将忘汝神气，堕汝形骸，而庶几乎！而身之不能治，而何暇治天下乎！子往矣，无乏吾事[16]！"

子贡卑陬失色[17]，顼顼然不自得[18]，行三十里而后愈[19]。

其弟子曰："向之人何为者邪[20]？夫子何故见之变容失色，终日不自反邪[21]？"

曰："始吾以为天下一人耳[22]，不知复有夫人也[23]。吾闻之夫子，事求可，功求成，用力少，见功多者，圣人之道。今徒不然。执道者德全，德全者形全，形全者神全，神全者，圣人之道也。托生与民并行而不知其所之[24]，汒乎淳备哉！功利机巧，必忘夫人之心。若夫人者，非其志不之[25]，非其心不为。虽以天下誉之，得其所谓，謷然不顾[26]；以天下非之，失其所谓，傥然不受[27]。天下之非誉，无益损焉，是谓全德之人哉！我之谓风波之民[28]。"

反于鲁，以告孔子。孔子曰："彼假修浑沌氏之术者也[29]。识其一，不知其二；治其内，而不治其外。夫明白入素[30]，无为复朴[31]，体性抱神，以游世俗之间者，汝将固惊邪[32]？且浑沌氏之术，予与汝何足以识之哉？"

【注释】

〔1〕子贡：孔子弟子。

〔2〕反：通"返"。

〔3〕汉阴：汉水之南。

〔4〕丈人：对长者的称呼。圃畦（qí）：菜园。

〔5〕搰搰（kū）然：费力的样子。

〔6〕械：器械。

〔7〕浸：灌溉。

〔8〕机：机械。

〔9〕抽：提。

〔10〕数：快。泆（yì）：沸溢。

〔11〕槔（gāo）：汲水机械。

〔12〕生：性。

〔13〕瞒然：目无神采的样子。

〔14〕拟圣：以圣人自比。

〔15〕於于：夸耀。

〔16〕乏：阻碍。

〔17〕卑陬（zōu）：惭愧不安的样子。

〔18〕顼顼（xū）然：失态的样子。

〔19〕愈：指恢复常态。

〔20〕向：刚才。

〔21〕反：恢复。

〔22〕天下一人：天下只有一个圣人（指孔子）。

〔23〕复：再。

〔24〕托生：寄生在世上。之：往。

〔25〕非其志：不合乎他的意志。

〔26〕謷然：自得的样子。

〔27〕傥然：无心的样子。

〔28〕风波之民：容易受外物影响而波动的人。

〔29〕修：修习。

〔30〕明白入素：心地明净，达到纯素的境界。

〔31〕复朴：返归自然。

〔32〕固：何。

【译文】

　　子贡到南方的楚国游历，返归晋国，经过汉水南岸时，看见一位长者在菜园里劳作，只见他向井边挖水渠，抱着瓮取水浇灌，用力很多而功效很小。子贡说："有一种器械，一天可以灌溉一百畦，用力很少而功效很大，您不想使用吗？"

　　灌园者抬头看看他说："那是什么东西啊？"

　　子贡说："用木头凿制机械，后面重而前面轻，提水如同抽引，快如沸汤上溢，这种机械名叫桔槔。"

　　灌园者听了满面怒容，冷笑着说："我听我的老师说，有机械的必定有机事，有机事的必定有机变之心。机变之心藏在胸中，就不具备纯洁清白的品质；不具备纯洁清白的品质，就会神情不定；神情不定，就不能载道。我不是不知道那种机械，而是耻于去用它。"

子贡满面愧色，低头不语。

过了一会儿，灌园者说："你是干什么的？"

子贡说："我是孔丘的弟子。"

灌园者说："你不就是那个自恃博学比拟圣人，以自夸凌驾于众人之上，无病呻吟地自弹自唱到处卖名声的人吗？你的神气将要消散，形体也要毁坏，危险啊！你连自己的身体都不能调治，怎么能治理天下呢！你走开，不要耽误了我灌园！"

子贡羞愧失色，垂头丧气，走了30里路才恢复常态。

子贡的弟子问："刚才那个人是干什么的？先生为什么见了他面容失色，整天不能恢复原来的风采呢？"

子贡说："原来我以为天下只有孔夫子一个圣人，不知道还有这样的人。我听老师说，事情求可行，功业求成就，用力少而见效多的就是圣人之道。现在才知道并非如此。执天道者德行完美，德行完美者形体健全，形体健全者精神专一。精神专一就是圣人之道。寄生于世与民并行而不知所往，茫昧而品质纯朴啊！这种人必定不会把功利机巧放在心上。像这样的人，不合他的意志不会去求，不合他的心愿不会去做。即使天下都赞誉他，只要合其意志，便傲然不顾；即使天下都非议他，只要不合其心愿，便漠然不受。天下的毁誉对他毫无影响，真是德行完美的人啊！我们却是计较功利毁誉而随波逐流的人。"

子贡回到鲁国，告诉了孔子。孔子说："他是个修习浑沌氏道术的人。他只识天道，不知其他；只抱道守素，而不能随时应变。心地明净，无为虚淡，返璞归真，悟真性而抱精淳，遨游于世俗之间，这有什么好惊异的？而且浑沌氏的道术，我和你怎么能认识呢！"

【原文】

谆芒将东之大壑[1]，适遇苑风于东海之滨[2]。苑风曰："子将奚之？"曰："将之大壑。"曰："奚为焉？"曰："夫大壑之为物也，注焉而不满[3]，酌焉而不竭。吾将游焉[4]。"

苑风曰："夫子无意于横目之民乎[5]？愿闻圣治[6]。"谆芒曰："圣治乎？官施而不失其宜[7]，拔举而不失其能，毕见其情事而行其所为[8]，行言自为而天下化，手挠顾指[9]，四方之民莫不俱至，此之谓圣治。"

"愿闻德人。"曰："德人者，居无思，行无虑，不藏是非美恶。四海之内共利之之谓悦，共给之之谓安；怊乎若婴儿之失其母也[10]，傥乎若行而失其道也[11]；财用有余而不知其所自来，饮食取足而不知其所从，此谓德人之容。"

"愿闻神人。"曰："上神乘光[12]，与形灭亡，此谓照旷[13]；致命尽情，天地乐而万事销亡，万物复情[14]，此之谓混冥。"

【注释】

〔1〕谆芒：虚拟的寓言人物。大壑：指大海。

〔2〕苑风：虚拟的寓言人物。

〔3〕注：灌。

〔4〕酌：取。

〔5〕横目之民：四面瞻望圣治的百姓。

〔6〕圣治：圣人之治。

〔7〕官施：设官施令。

〔8〕毕见：看清。

〔9〕手挠顾指：挥手指示，举目顾盼。

〔10〕怊（chāo）：惆怅。

〔11〕道：道路。

〔12〕上神：神人腾跃而上。乘光：驾乘光明。

〔13〕照旷：虚明空旷。

〔14〕复：恢复。情：本性。

【译文】

谆芒将东游大海，正巧在东海碰见苑风。苑风说："你要到哪里去？"谆芒说："要到大海去。"苑风说："去干什么？"谆芒说："作为大海，江河灌注也不会满溢，从里面取水也不会干涸。我要去遨游。"

苑风说："先生不想当百姓的君主吗？想请您谈谈圣人治世之道。"谆芒说："圣人治世之道吗？设官施令得当，选拔人才依据才能，明察真情而做所应该做的，任其自为而百姓自然从化，举目挥手，四方百姓都心悦归附，这就是圣治。"

苑风说："请谈谈德人。"谆芒说："德人安居没有思考，行动没有谋虑，内心不藏是非善恶；天下人人都得到好处便是喜悦，人人都得到给养便是安定；惆怅时就像婴儿失去了母亲，茫然时就像走路迷失了方向；财物富足却不知其来自何处，食品丰盛也不知取自何方，这就是德人的风貌。"

苑风说："请谈谈神人。"谆芒说："神人超然天地之外，日月之光反在其下，有身却不见形迹，称之为虚明空旷。穷尽性命，挥发性情，与天地同乐而万事不受牵累，万物归璞返真，这就叫混冥。"

【原文】

门无鬼与赤张满稽观于武王之师[1]。赤张满稽曰:"不及有虞氏乎!故离此患也[2]。"

门无鬼曰:"天下均治而有虞氏治之邪[3],其乱而后治之与?"赤张满稽曰:"天下均治之为愿,而何计以有虞氏为!有虞氏之药疡也[4],秃而施髢[5],病而求医。孝子操药以修慈父[6],其色燋然[7],圣人羞之。至德之世,不尚贤,不使能,上如标枝[8],民如野鹿。端正而不知以为义,相爱而不知以为仁,实而不知以为忠,当而不知以为信,蠢动而相使,不以为赐[9]。是故行而无迹,事而无传。"

【注释】

〔1〕门无鬼、赤张满稽:虚拟的寓言人物。武王:周武王。师:军队。

〔2〕离:通"罹",遭受。

〔3〕均治:太平。

〔4〕药:治疗。疡(yáng):头疮。

〔5〕髢(dì):假发。

〔6〕修:进。

〔7〕燋(qiáo):憔悴。

〔8〕标枝:树木高处的枝条。

〔9〕蠢动:蠕动。相使:互相帮助。赐:恩赐。

【译文】

门无鬼和赤张满稽观看周武王的东征之师。赤张满稽说:"不如有虞舜禅让好啊!所以天下遭此战祸。"

门无鬼说:"是天下太平有虞氏去治理呢,还是天下大乱才去治理?"赤张满稽说:"天下太平是人们的心愿,何需有虞氏去治理!有虞氏治天下好像治疗头疮,秃了才装假发,病了才去求医一样。孝子为父亲煎药治病,而面色憔悴,圣人却为他感到羞耻,因为他事先未能使父亲免于患病。在盛德的社会,不崇尚贤能,不任用智能之士,君主如同树木高处的枝条一样,百姓如同野鹿,行为端正却不知道这是义,互相友爱却不知道这是仁,为人诚实却不知道这是忠,举止得当却不知道这是信,人们出于本能而互相帮助,不认为这是什么恩赐。因此,率性而行也没有留下遗迹,我有特别的事情故没有传下来。"

【原文】

孝子不谀其亲[1],忠臣不谄其君[2],臣、子之盛也[3]。亲之所言而然,所行而善,则世俗谓之不肖子;君之所言而然,所行而善,则世俗谓之不肖臣。而未知此其必然邪？世俗之所谓然而然之，所谓善而善之，则不谓之道谀之人也[4]。然则俗故严于亲而尊于君邪？谓己道人[5]则勃然作色，谓己谀人，则怫然作色。而终身道人也，终身谀人也。合譬饰辞聚众也[6]，是终始本末不相坐[7]。垂衣裳[8]，设采色，动容貌，以媚一世，而不自谓道谀；与夫人之为徒，通是非，而不自谓众人，愚之至也。知其愚者，非大愚也；知其惑者，非大惑也。大惑者，终身不解；大愚者，终身不灵。三人行而一人惑，所适者犹可致也[9]，惑者少也；二人惑，则劳而不至，惑者胜也。而今也以天下惑，予虽有祈向[10]，不可得也，不亦悲乎！大声不入于里耳[11]，《折杨》《皇荂》[12]"，则嗑然而笑。是故高言不止于众人之心[13]，至言不出[14]，俗言胜也。以二缶钟惑[15]，而所适不得矣。而今也以天下惑，予虽有祈向，其庸可得邪！知其不可得也而强之，又一惑也。故莫若释之而不推[16]。不推，谁其比忧[17]？厉之人，夜半生其子[18]，遽取火而视之[19]，汲汲然唯恐其似己也[20]。

【注释】

〔1〕谀：奉承。

〔2〕谄：讨好。

〔3〕盛：最。

〔4〕道谀：谄谀。

〔5〕道谀之人：阿谀奉承之人。

〔6〕合譬饰辞：使用花言巧语。

〔7〕不相坐：不会被人怪罪。

〔8〕垂：穿挂。

〔9〕致：达。

〔10〕祈向：向往。

〔11〕大声：高雅的音乐。里耳：俗里陋巷人之耳朵，指孤陋寡闻的人。

〔12〕折杨、皇荂（fū）：通俗的乐曲名。

〔13〕止：留。

〔14〕至言：至道之言。

〔15〕缶：土缶，即俗音。钟：正音。

〔16〕释：放弃。推：推究。

〔17〕忧：忧患。

〔18〕厉：通"疠"，恶疮。

〔19〕遽：急速。

〔20〕汲汲然：紧张的样子。

【译文】

　　孝子不奉承他的父亲，忠臣不谄媚其君主，这是为臣、为子的最好表现。对父亲所说的都认为是对的，所做的事都予以称颂，世俗便称他为不肖之子；君主所说的都认为是对的，所做的事都予以称颂，世俗便称他为不肖之臣。然而却不知世俗的谄媚奉承之情是必然的吗？世俗所认为对的便以为对，认为好的便以为好，却不认为他是阿谀奉承的人。难道世俗之人果真比父亲更可敬，比君主更可尊吗？说自己是谄媚之人，便勃然大怒；说自己是阿谀之人，便愤然变色。然而他们却一辈子干着谄人、谀人的事。用花言巧语来哗众取宠，但却始终不会被人怪罪。穿挂衣裳，巧施文采，华饰容貌，以谄媚于世人，但自己却不认为是阿谀之人；与世俗之人同流合污，有共同的是非，但自己却认为与众不同，真是愚蠢至极。知道自己愚蠢，就不是大愚；知道自己迷惑的，就不是最迷惑的。最迷惑的人，终身不能觉悟；最愚昧的人，终身不能通达。三个人同行，其中一人迷惑，还可以到达所要去的目的地，因为迷惑的人少；如果两个人迷惑，就会徒劳而难达目的地，因为迷惑的人多。而现在整个天下人都迷惑，我虽然有所向往，但也无能为力。真是可悲啊！高雅的音乐不被俗里巷人所欣赏，对《折杨》《皇荂》一类的俗曲则津津有味。所以，高明的言论难于为众人所接受，至道之言隐而不显，流言俗语却泛滥于世。用二只缶的俗音搅乱一口钟的正音，那么听者会无所适从而疑惑。而现在天下人都迷惑，我虽然有所向往，怎么能够实现呢！明知难达目的却又要勉强，这又是一种迷惑，所以还不如放弃它而不加推究。不加推究，谁还会有忧患呢？满身长满恶疮的人在半夜里生下孩子，迫不及待地取灯来看，心情十分紧张唯恐孩子像自己。

【原文】

　　百年之木，破为牺尊[1]，青黄而文之[2]，其断在沟中。比牺尊于沟中之断，则美恶有间矣[3]，其于失性一也[4]。跖与曾、史，行义有间矣[5]，然其失性均也。且夫失性有五：一曰五色乱目，使目不明；二曰五声乱耳，使耳不聪；三曰五臭熏鼻[6]，困惾中颡[7]；四曰五味浊口，使口厉爽[8]；五曰趣舍滑心[9]，使性飞扬。此五者，皆生之害也。而杨、墨乃始离跂自以为得，非吾所谓得也。夫得者困，可以为得乎？则鸠鸮之在于笼也，亦可以为得矣。且夫趣舍、声色以柴其内[10]，皮弁、鹬冠、搢笏绅修以约其外[11]，内支盈于柴栅[12]，外重缴缴[13]，睆睆然在缴缴之中而自以为得[14]，则是罪人交臂历指而虎豹在于囊槛[15]，亦可以为得矣。

【注释】

〔1〕牺尊：祭祀用的酒器。

〔2〕文：涂饰花纹。

〔3〕间：差别。

〔4〕失性：丧失本来的天性。

〔5〕行义：品行。

〔6〕臭：气味。

〔7〕困慅（zōng）：冲逆。

〔8〕厉爽：病伤。

〔9〕趣舍：取舍。

〔10〕柴其内：如柴木一样充塞在心胸之中。

〔11〕皮弁（biàn）：用皮做的帽子。鹬冠：用鹬毛装饰的帽子。鹬（yù）：鸟名。搢笏绅修：古时的朝服。

〔12〕支盈：塞满。栅：木排。

〔13〕重：再加上。

〔14〕睆睆（huǎn）：目光呆滞。

〔15〕历指：古代酷刑的一种。

【译文】

百年大树，破开做成祭祀的酒器，涂饰上五颜六色的花纹，将砍去不用的断木抛弃在沟中。牺尊和抛弃在沟中的断木相比，则有美和丑的差别，但在丧失了树木本来的天性这一点上两者却是相同的。盗跖和曾参、史鱼，他们的品行虽有差别，但在丧失本性这一点上却是相同的。丧失本性有五种情况：一是五色乱目，使眼睛看不清楚；二是五声乱耳，使耳朵听不明白；三是五臭熏鼻，塞鼻伤额；四是五味污浊了口舌，使口舌受到伤害；五是取舍搅乱了心神，心猿意马。这五种都是天性的祸害。杨朱、墨翟汲汲追求自以为有所得，那并不是我所说的得。得而受困，能算是得吗？如果这样，那么斑鸠、鸠鸮关在笼中受困，也可以叫作自得了。况且好恶声色如柴木一样充塞于心，冠冕服饰束缚于体外，内塞柴木而外缚绳索，在束缚之中目光呆滞，还自以为有多得，那么罪人被反缚着，手指被夹起来，虎豹被囚困在兽槛里，也可以算作自得了！

天 道

【原文】

　　天道运而无所积[1]，故万物成[2]；帝道运而无所积，故天下归[3]；圣道运而无所积，故海内服。明于天[4]，通于圣[5]，六通四辟于帝王之德者[6]，其自为也，昧然无不静者矣[7]。圣人之静也，非曰静也善，故静也；万物无足以铙心者，故静也。水静则明烛须眉[8]，平中准[9]，大匠取法焉[10]。水静犹明，而况精神！圣人之心静乎！天地之鉴也，万物之镜也。夫虚静、恬淡、寂漠、无为者，天地之平而道德之至也，故帝王、圣人休焉[11]。休则虚，虚则实，实则备矣[12]。虚则静，静则动，动则得矣。静则无为，无为也则任事者责矣[13]。无为则俞俞[14]。俞俞者，忧患不能处，年寿长矣。夫虚静、恬淡、寂漠、无为者，万物之本也。明此以南乡[15]，尧之为君也；明此以北面，舜之为臣也。以此处上，帝王天子之德也；以此处下，玄圣素王之道也[16]。以此退居而闲游，江海、山林之士服。以此进为而抚世[17]，则功大名显而天下一也。静而圣，动而王，无为也而尊，朴素而天下莫能与之争美。

　　夫明白于天地之德者，此之谓大本大宗，与天和者也。所以均调天下，与人和者也。与人和者，谓之人乐；与天和者，谓之天乐。

【注释】

　　[1]运：运行、转化。积：停滞。
　　[2]成：生成。
　　[3]归：归附。
　　[4]明于天：明白天道。
　　[5]通于圣：通晓圣道。
　　[6]六通：四方上下通达。四辟：春夏秋冬顺畅。
　　[7]昧然：不知不觉的样子。
　　[8]明烛：清楚地照见。
　　[9]准：水准。
　　[10]大匠：高明的工匠。
　　[11]休：息虑。
　　[12]备：通行本原作"伦"，根据陈碧虚《庄子阙误》引江南古藏本改。
　　[13]责：负责。

[14]俞俞：从容安逸的样子。
[15]乡：通"向"。
[16]玄圣素王：道德高尚而无爵位官职的君子。
[17]进为而抚世：从政而治理天下。

【译文】

天道运行而不停滞，万物因而得以生成；帝道运行而不停顿，所以天下归附；圣道运行而不停息，所以海内宾服。明白天道，通晓圣道，通达六合而顺应四时的，都是任其自为，无不自然而然地清静。圣人的清静，不是说清静是好的，所以才清静；而是因为万物不足以扰乱内心，所以清静。水清静便能清楚地照见须眉，平到可以成为标准，为高明的工匠所效法。水清静犹能照须眉，何况是精神！圣人之心清静！可以作为天地的明鉴，万物的明镜。虚静、恬淡、寂寞、无为，乃是天地的根本和道德的实质，所以帝王、圣人安心于这种境界。心神安然则虚静，虚静则充实，充实则完备。虚则静，静则动，动则自得。清静则无为，无为则百官各负其责。无为则从容安逸，从容安逸则不被忧患所困扰，寿命便能长久。虚静、恬淡、寂寞、无为，乃是万物之本。明白这个道理而来做君主的，尧就是这样的人；明白这个道理来当臣子的，舜就是这样的人。以此对待尊上之位，便是帝王天子的德；以此对待卑下之位，便是布衣君子的道。以此隐居闲游，则江海山林隐士佩服。以此从政而治理天下，则功名显赫而天下统一。静则圣，动则王，无为则受人尊崇，朴素则为天下所称颂。

明白天地以无为为德的，称之为大本大宗，与天和顺；以此调和天下，便是与人和睦。与人和睦，称为人乐；与天和顺，称为天乐。

【原文】

庄子曰："吾师乎，吾师乎！齑万物而不为戾，泽及万世而不为仁，长于上古而不为寿，覆载天地、刻雕众形而不为巧。此之谓天乐。故曰：'知天乐者，其生也天行[1]，其死也物化[2]。静而与阴同德，动而与阳同波[3]。'故知天乐者，无天怨，无人非，无物累，无鬼责。故曰：'其动也天，其静也地，一心定而王天下[4]；其鬼不祟[5]，其魂不疲，一心定而万物服。'言以虚静推于天地，通于万物，此之谓天乐。天乐者，圣人之心，以畜天下也。"

【注释】

〔1〕天行：顺乎自然而运行。
〔2〕物化：事物的转化。
〔3〕同波：合流。
〔4〕一心定：专心于静寂的境界。
〔5〕祟：鬼神给人造成灾祸。

【译文】

庄子说："我的大宗师啊，我的大宗师啊！调和万物却不自以高明，恩泽及于万世却不自以为为了仁，长于上古而不是为了长寿，覆载天地、雕刻众物的形象却不以为巧妙，这就叫天乐。所以说：'知天乐的，他的生是顺乎自然而运行，他的死是事物的转化。静则与阴同德，动则与阳合流。'所以知天乐的，不怨天，不尤人，没有外物牵累，不遭受鬼神责罚。所以说：'动则如天动转，静则如地寂然，专心于静寂的境界则统治天下；鬼神不为祸害，精神不疲劳，专心于静寂的境界而万物归服。'这是说以虚静之心推及于天地之间，通达于万物，这就叫天乐。所谓天乐，就是以圣人之心来管理天下，无为而治。"

【原文】

夫帝王之德，以天地为宗，以道德为主，以无为为常。无为也，则用天下而有馀；有为也，则为天下用而不足。故古之人贵夫无为也。上无为也，下亦无为也，是下与上同德，下与上同德则不臣[1]；下有为也，上亦有为也，是上与下同道，上与下同道则不主[2]。上必无为而用天下，下必有为为天下用，此不易之道也。故古之王天下者，知虽落天地[3]，不自虑也；辨虽雕万物[4]，不自说也；能虽穷海内，不自为也。天不产而万物化[5]，地不长而万物育，帝王无为而天下功[6]。故曰：莫神于天，莫富于地，莫大于帝王。故曰：帝王之德配天地。此乘天地[7]，驰万物，而用人群之道也。

【注释】

〔1〕不臣：不称其为臣民。
〔2〕不主：不称其为君主。
〔3〕知：通"智"。落：通"络"，包罗。
〔4〕辨：口才。雕：粉饰。

[5]化：自然化育。
[6]功：成功。
[7]乘：驾驭。

【译文】

帝王之德，以天地为根本，以道德为主干，以无为为常法。为君的实行无为之道，则治理天下轻轻松松；作为臣子的实行有为之道，终日殚精竭虑以理繁务，仍然感到自己不够称职。所以古人推崇无为之治。君主无为，臣下也无为，就是臣下与君主同德，君臣同德就不称其为臣下；臣下有为，君主也有为，就是君主与臣下同道，君臣同道则不称其为君主。君主必须以无为驾驭天下，臣下必须以有为各司其职，这是不可变易之道。所以古代的君王，智慧虽然包罗天地，但自己不谋虑；口才虽然足以应对万物，但不自己言谈；才能虽然海内无双，但不躬亲事务。天无心生产而万物自然化育，地无心生长而万物自然成长，帝王无为而天下成功。所以说：没有比天更神奇的，没有比地更富足的，没有比帝王更伟大的。所以说：帝王之德合于天地，这就是驾驭天地、驱使万物、役使百姓之道。

【原文】

本在于上，末在于下；要在于主，详在于臣。三军五兵之运[1]，德之末也；赏罚利害，五刑之辟[2]，教之末也；礼法度数，形名比详[3]，治之末也；钟鼓之音，羽旄之容，乐之末也；哭泣衰绖[4]，隆杀之服[5]，哀之末也。此五末者，须精神之运，心术之动，然后从之者也。末学者[6]，古人有之，而非所以先也[7]。君先而臣从，父先而子从，兄先而弟从，长先而少从，男先而女从，夫先而妇从。夫尊卑先后，天地之行也，故圣人取象焉。天尊地卑，神明之位也；春夏先，秋冬后，四时之序也；万物化作，萌区有状，盛衰之杀，变化之流也。夫天地至神，而有尊卑先后之序，而况人道乎！宗庙尚亲，朝廷尚尊，乡党尚齿，行事尚贤，大道之序也。语道而非其序者，非其道也。语道而非其道者，安取道！

是故古之明大道者，先明天而道德次之，道德已明而仁义次之，仁义已明而分守次之，分守已明而形名次之，形名已明而因任次之，因任已明而原省次之[8]，原省已明而是非次之，是非已明而赏罚次之，赏罚已明而愚知处宜[9]，贵贱履位，仁贤不肖袭情[10]，必分其能，必由其名[11]。以此事上，以此畜下[12]，以此治物，以此修身，知谋不用，必归其天[13]，此之谓太平，治之圣也。故书曰："有形有名。"形名者，古人有之，而非所以先也。古之语大道者，五变而形名可举，九变而赏罚可言也。骤而语形名，不知其本也；骤而语赏罚，不知其始也。倒道而言，迕道而说者[14]，人之所治也[15]，安能治人！骤而语形名赏罚，此有知治之具，非知治之道；可用于天下[16]，不足以用天下。此之谓辩士，一曲之人也[17]。礼法度数，形名比详，古人有之，此下之所以事上，非上之所以畜下也。

【注释】

[1] 五兵：五种兵器，即弓、矢、矛、戈、戟。
[2] 五刑：五种刑罚，即劓、墨、刖、宫、大辟。辟：法。
[3] 形名：指事物的实体与名称。比：参验。
[4] 衰绖（cuī dié）：丧服。
[5] 隆杀之服：根据与死者关系的亲疏程度穿着不同等差的丧服。
[6] 末学：指上述五末之学。
[7] 先：根本。
[8] 原省：考察。
[9] 处宜：安排得当。
[10] 袭：根据。
[11] 由：根据。
[12] 畜：管理。
[13] 归其天：复归于自然。
[14] 迕（wǔ）：违逆。
[15] 人之所治：被人统治。
[16] 用于天下：被天下所用。
[17] 一曲之人：指一管之见而不懂大道的人。

【译文】

无为之本君主把握，有为之末臣下执行；君道简要而闲逸，臣道繁冗而劳累。兴兵动武，是道德的末流；赏利罚害，五刑之法，是教化的末流；礼制法度，循名责实，是治天下的下策；钟鼓之音，盛饰之舞，是音乐的末流；哭泣守孝，以礼服丧，是悲哀的枝节。上述五末，都是人们费精神、动心机才产生出来的。五末之学，古时候就已经有了，但并未将其视为根本。君为先而臣为后，父为先而子为后，兄为先而弟为后，长为先而少为后，男为先而女为后，夫为先而妇为后。天地运行变化，有先后高低之序，所以圣人效法之以制定人伦等级。天尊地卑，是神明的位次；春夏先，秋冬后，是四时的顺序；万物化育，萌芽分枝各有形状，春夏茂盛而秋冬衰落，这是变化的程序。天地最为神明，尚有尊卑先后之序，何况人道！宗庙尚亲，朝廷尚尊，乡党之间推崇长者，任事推崇贤能，这是大道之序。论道而否认道的尊卑先后之序，所谈的就不是真正的道；论道而否认真正的道，怎么取法于道呢！

所以，古代通晓大道的，先明天而后道德，道德已明而后仁义，仁义已明

而后分职，分职已明而后名实，名实已明而后因任，因任已明而后考察，考察已明而后是非，是非已明而后赏罚，赏罚已明而愚智各处其宜，贵贱各居其位，仁贤与不肖各尽其情，各行所能，各得其所。以此侍奉主上，以此管理下民，以此修身，智谋不用，必复归于自然。这就叫太平，是最好的治世原则。所以书说："有形有名。"古人对形名已有论述，但并未将其视为根本。古代谈论大道的，五变而形名仍可列举，九变而赏罚仍可言及。突然论及形名，不知其根本；突然议论赏罚，不知其始端。颠倒道理而言，违逆道理而论，将为人所治，怎么还能治人！突然议论形名赏罚，这是只知道治世的工具，不知道治世的要诀；只能被天下所用，不能驾驭天下。这种人称为辩士，是一种只有一管之见而不懂大道的人。礼制法度，循名责实，古已有之，这是臣下事君之术，而非主上驭民之道。

【原文】

昔者舜问于尧曰："天王之用心何如[1]？"

尧曰："吾不敖无告[2]，不废穷民，苦死者[3]，嘉孺子而哀妇人[4]，此吾所以用心已。"

舜曰："美则美矣，而未大也[5]。"

尧曰："然则何如？"

舜曰："天德而出宁[6]，日月照而四时行，若昼夜之有经[7]，云行而雨施矣[8]。"

尧曰："胶胶扰扰乎[9]！子，天之合也[10]；我，人之合也[11]。"

夫天地者，古之所大也，而黄帝、尧、舜之所共美也。故古之王天下者，奚为哉？天地而已矣。

【注释】

〔1〕天王：天子。

〔2〕无告：指有苦无处诉的人。

〔3〕苦：悲悯。

〔4〕嘉：喜爱。孺子：小孩。

〔5〕大：指完善的事。
〔6〕天德而出宁：与天合德则宁静。
〔7〕经：规律。
〔8〕施：降。
〔9〕胶胶扰扰：纠缠不清。
〔10〕天：指天道。
〔11〕人：人事。

【译文】

从前舜问尧说："天子如何用心呢？"

尧说："我对有苦无处诉的人不傲慢，不抛弃穷困者，悲悯死者，喜爱小孩而哀怜妇女。这就是我的用心之处。"

舜说："好虽然好，但还不算完善。"

尧说："那么究竟该如何呢？"

舜说："有自然之德的人，总是显出宁静无为的状态，就像日月光照、四时运行那样自然，就如昼夜交替一样有规律，云飘而雨降一样合乎时宜。"

尧说："我过去真是糊涂徒劳啊！您是与天道相和顺，而我却是用心于人事上的协调。"

天地自古以来就广大无际，为黄帝、尧、舜所共同赞美。所以，古代的君王还需要干什么呢？顺应自然就可以了。

【原文】

孔子西藏书于周室^[1]，子路谋曰^[2]："由闻周之征藏史有老聃者^[3]，免而归居^[4]，夫子欲藏书，则试往因焉^[5]。"孔子曰："善。"

往见老聃，而老聃不许，于是繙十二经以说^[6]。老聃中其说^[7]，曰："大谩^[8]，愿闻其要。"孔子曰："要在仁义。"老聃曰："请问：仁义，人之性邪？"孔子曰："然。君子不仁则不成，不义则不生。仁义，真人之性也，又将奚为矣？"老聃曰："请问：何谓仁义？"孔子曰："中心物恺^[9]，兼爱无私，此仁义之情也。"老聃曰："意，几乎后言^[10]！夫兼爱，不亦迂乎^[11]！

无私焉，乃私也。夫子若欲使天下无失其牧乎[12]？则天地固有常矣，日月固有明矣，星辰固有列矣[13]，禽兽固有群矣，树木固有立矣[14]。夫子亦放德而行，遁道而趋，已至矣[15]！又何偈偈乎揭仁义[16]，若击鼓而求亡子焉！意，夫子乱人之性也！"

【注释】

〔1〕周室：周王室。
〔2〕子路：孔子弟子，名由。
〔3〕征藏史：收集管理图书典籍的史官。
〔4〕免：免官。归居：归家隐居。
〔5〕因：通过。
〔6〕繙（fán）：反复申说。
〔7〕中：中途。
〔8〕谩：通"漫"，繁多。
〔9〕恺：和乐。
〔10〕几：危。
〔11〕迂：迂曲。
〔12〕牧：养。
〔13〕列：次序排列。
〔14〕立：成长。
〔15〕已至矣：已经是最好的了。
〔16〕偈偈（jié）乎：用尽气力的样子。

【译文】

孔子想要往西将自己的著作藏在周王室的书库中，子路出主意说："我听说周王室有位掌管典籍的史官叫老聃，隐退在家，先生要藏书，可以去找他帮忙。"孔子说："好。"

孔子去见老子，老子却不帮忙，孔子于是反复申说十二经以说服他。老子打断他的说话，说："太空泛烦冗，请说出要点。"孔子说："要点是仁义。"老子说："请问：仁义是人的天性吗？"孔子说："是的。君子不仁则不能成长，不义则不能生存。仁义确实是人的本性，还有什么怀疑吗？"老子说："请问：什么是仁义？"孔子说："与万物同乐，兼爱无私，这就是仁义之情。"老子说："噫！这种浅近的言论真危险！兼爱出于私心，离开大道甚远，不是太迂曲难通了吗！既有无私之名，说明胸中必定先有私。你想让天下人不失去养育吗？实际上，天地固有其变化的规律，日月固有其光辉，禽兽固有其群居，树木原本是生长的。你也仿效天德而行，遵循天道而进，这已经是最好的了！又何必竭尽全力地标榜仁义，就像敲着鼓去追捕逃亡之人一样可笑呢。噫！你是在扰乱人的天性啊！"

【原文】

士成绮见老子而问曰[1]："吾闻夫子圣人也，吾固不辞远道而来愿见，百舍重趼而不敢息[2]。今吾观子，非圣人也。鼠壤有余蔬[3]，而弃妹之者[4]，不仁也，生熟不尽于前[5]，而积敛无崖[6]。"

老子漠然不应。

士成绮明日复见，曰："昔者吾有刺于子，今吾心正却矣[7]，何故也？"

老子曰："夫巧知神圣之人，吾自以为脱焉[8]。昔者子呼我牛也而谓之牛，呼我马也而谓之马。苟有其实，人与之名而弗受，再受其殃。吾服也恒服[9]，吾非以服有服。"

士成绮雁行避影[10]，履行遂进而问[11]："修身若何？"

老子曰："而容崖然[12]，而目冲然[13]，而颡頯然[14]，而口阚然[15]，而状义然[16]，似系马而止也[17]。动而持[18]，发也机[19]，察而审[20]，知巧而睹于泰[21]。凡以为不信[22]。边竟有人焉[23]，其名为窃。"

【注释】

〔1〕士成绮：人名，事迹不详。

〔2〕舍：古时行三十里一止宿，称为一舍。百舍：形容路途遥远。趼（jiǎn）：通"茧"，脚掌因走路过多而磨出的硬皮。重趼：一重重的厚茧。

〔3〕鼠壤：老鼠生活的地方。

〔4〕妹：通"末"。

〔5〕生熟：生熟食物。不尽于前：堆满面前。

〔6〕无崖：无边际。

〔7〕正却：正在开窍，意即有所觉悟。

〔8〕脱：离，不及。

〔9〕服：服从，接受。

〔10〕雁行避影：像大雁斜行，侧身避影。表示对老子的恭敬。

〔11〕履行：穿鞋而行。

〔12〕崖然：姿容高傲之状。

〔13〕冲然：鼓目注视之状。

〔14〕頯（kuí）然：宽大高亢之状。

〔15〕阚（hǎn）然：张口动唇之状。

〔16〕义然：高傲之状。

〔17〕系马：马被绑住。

〔18〕动而持：想动而勉强约束。

〔19〕发也机：发动如弩放矢。

〔20〕察而审：好明察而谨慎。

〔21〕睹：外露。泰：骄泰。

〔22〕不信：不真实。

〔23〕竟：通"境"。

【译文】

士成绮拜见老子，说："我听说先生是圣人，所以我不辞劳苦远道而来希望拜见您，路途遥远，脚上都磨出了厚厚的茧子，也不敢稍有歇息。现在我看先生并不是圣人。鼠穴中有吃剩的粮食，弃而不顾，这是不仁，生熟食物堆积于前，却还聚敛不已。"

老子态度冷漠，不理睬他。

士成绮第二天又去见老子，说："昨天我讽刺了您，今天我心中有所觉悟，这是为什么呢？"

老子说："巧智神圣之人，我认为不能与之比。过去你把我叫作牛也可以，叫作马也可以。如果我确有其实，别人给我名称而拒不接受，那就是错上加错。我接受别人给予的名称，这是长久地接受，并非有心接受才去接受。"

士成绮斜步侧身而行，不敢践踏老子的足迹，慌乱之中，竟忘了脱鞋就进入了室内，问："如何修身？"

老子说："你的姿容高傲自大，你的眼睛鼓目突出，你的额头宽大高亢，你的口舌启动欲言，你的体型巍峨高大，犹如狂马被缚而意欲奔驰。欲动而勉强约束，发动如弩发矢，明察而谨慎，智巧多端而所见虚浮不实，这些都不是真诚之德。边境上有一种人，他的名字叫窃贼。"

【原文】

夫子曰[1]："夫道，于大不终[2]，于小不遗[3]，故万物备[4]。广广乎其无不容也，渊乎其不可测也[5]。形德仁义，神之末也，非至人孰能定之！夫至人有世[6]，不亦大乎，而不足以为之累；天下奋棅而不与之偕[7]，审乎无假而不与利迁[8]，极物之真[9]，能守其本，故外天地[10]，遗万物，而神未尝有所困也。通乎道，合乎德，退仁义，宾礼乐[11]，至人之心有所定矣[12]！"

【注释】

〔1〕夫子：指老子。

〔2〕不终：无穷无尽。

〔3〕不遗：毫无遗漏。

〔4〕备：具备。

〔5〕渊乎：深奥的样子。

〔6〕有世：有天下。
〔7〕奋：争。棅：通"柄"，权柄。偕：同。
〔8〕审：守。无假：纯真。
〔9〕极：穷究。
〔10〕外天地：把天地置之度外。
〔11〕宾：通"摈"，摈弃。
〔12〕定：寂定，宁静。

【译文】

老子说："道，就大而言无穷无尽，就小而言毫无遗漏，所以道在万物之内。它虚旷广大啊，无所不容；它幽深渊静，不可测量。形德仁义，是精神的末流，若非至人谁能确定它！至人拥有天下，天下确实很大，但却不足以牵累他。天下人争权夺利而他不与之合流，持守纯真而不求名逐利，穷究事物之真性，能坚守其根本，所以将天地置之度外，忘却万物，而精神未尝有所困扰。通达于道，融合于德，斥退仁义，抛弃礼乐，至人的心就宁静了。"

【原文】

世之所贵道者，书也[1]，书不过语，语有贵也。语之所贵者意也，意有所随[2]。意之所随者，不可以言传也，而世因贵言传书[3]。世虽贵之，我犹不足贵也，为其贵非其贵也。故视而可见者，形与色也；听而可闻者，名与声也。悲夫，世人以形色名声为足以得彼之情[4]！夫形色名声果不足以得彼之情，则知者不言，言者不知，而世岂识之哉！

【注释】

〔1〕贵道：看重道。
〔2〕随：从，由来。
〔3〕贵言：珍重语言。
〔4〕情：实质。

【译文】

世俗所看重的是书，书不过是用语言文字写成的，语言文字有它的可贵之处。语言文字所可贵的在于它所表达的意义，不过这些意义是寄寓在外的。寄寓在外的意义，是难于用语言表达的，而世俗则因珍重语言文字而传之于书。世俗虽然看重书，我却认为书不足珍贵，因为珍重的并不是真正可贵的。所以，可以看得见的，是形和色；可以听得见的，是名和声。可悲啊！世人认为根据形色和名声就可得到道的实质！从形色名声中果然得不到道的实质，可以知道的人不说话，说话的人并不知道，而世俗又怎么能了解呢！

【原文】

桓公读书于堂上[1]。轮扁斫轮于堂下[2]，释椎凿而上[3]，问桓公曰："敢问，公之所读者，何言邪？"

公曰："圣人之言也。"

曰："圣人在乎？"

公曰："已死矣。"

曰："然则君之所读者，古人之糟魄已夫[4]！"

桓公曰："寡人读书，轮人安得议乎！有说则可[5]，无说则死！"

轮扁曰："臣也以臣之事观之。斫轮，徐则甘而不固[6]，疾则苦而不入[7]。不徐不疾，得之于手而应于心。口不能言，有数存焉乎其间[8]。臣不能以喻臣之子[9]，臣之子亦不能受之于臣，是以行年七十而老斫轮。古人之与其不可传也死矣，然则君之所读者，古人之糟魄已夫！"

【注释】

〔1〕桓公：齐桓公。
〔2〕轮扁：制作车轮的匠人，名扁。
〔3〕释：放下。
〔4〕魄：通"粕"。
〔5〕有说：说出道理。
〔6〕徐：缓。甘：松滑。
〔7〕疾：紧。苦：滞涩。
〔8〕数：术数，技术，窍门。
〔9〕喻：明白。

【译文】

齐桓公在堂上读书。轮扁在堂下削制车轮，他放下手中的工具走上前来，问桓公："请问公所读的是什么书？"

桓公说："是圣人之言。"

轮扁问："圣人还活着吗？"

桓公说："已经死了。"

轮扁说："那么您所读的，不过是古人的糟粕罢了！"

桓公说:"我读书,造轮的人怎么能妄加评论!你能说出道理则作罢,说不出道理就得死!"

轮扁说:"我是根据我的工作来观察的。拿制作车轮来说吧,做工太慢太细就会因为甘滑而不牢固,做得太快太粗就会因滞涩而安不进去。只有做工不缓不急,得心应手,才能恰到好处。对此说不出来,分寸大小则心中有数。我无法使儿子明白其中的奥妙,儿子也无法掌握我的技术,所以我虽然已七十高龄却还得制作车轮。古人和他那无法言传的东西一同死了,那么您所读的,只不过是古人的糟粕罢了!"

天 运

【原文】

"天其运乎?地其处乎[1]?日月其争于所乎[2]?孰主张是[3]?孰维纲是[4]?孰居无事推而行是[5]?意者其有机缄而不得已邪[6]?意者其运转而不能自止邪?云者为雨乎?雨者为云乎?孰隆施是[7]?孰居无事淫乐而劝是[8]?风起北方,一西一东[9],在上彷徨[10],孰嘘吸是[11]?孰居无事而披拂是[12]?敢问何故?"

巫咸䄂曰[13]:"来,吾语女。无有六极五常[14],帝王顺之则治,逆之则凶。九洛之事[15],治成德备[16],监照下土[17],天下戴之[18],此谓上皇。"

【注释】

[1] 处:静止。
[2] 所:处所,轨道。
[3] 主张:主宰施张。
[4] 维纲:维持纲纪。
[5] 推而行是:推着它们运行。
[6] 意:估计,猜想,推测。机:机关。缄:闭。
[7] 隆:兴。
[8] 淫乐:过度的快乐。
[9] 一:或。
[10] 彷徨:飘忽不定。
[11] 嘘吸:呼吸。

〔12〕披拂：扇动。

〔13〕巫咸：商代的神巫，名咸。袑（shào）：通"招"。一说袑是巫咸的寄名。

〔14〕六极：东西南北上下六个方面的极限，亦称六合。五常：五行，指金、木、水、火、土。

〔15〕九洛之事：九州聚落之事。一说九洛是指九畴洛书，详见《尚书·洪范》。

〔16〕治成：实现太平。德备：道德完备。

〔17〕监：临。

〔18〕戴：爱戴，尊崇。

【译文】

"天运行不息吗？地静止不动吗？日月是自己在争夺运行的轨道吗？由谁维系着？是谁闲居无事而推动它呢？或者是有机关控制着它们而不得已为之？或者是它们运转不息而不能自制？云造成了雨吗？还是雨造成的云？由谁兴云降雨？是谁闲居无事为了追求过度的快乐而助成这云兴雨施呢？风起北方，忽西忽东，在空中飘忽不定，由谁呼吸？是谁闲居无事而扇动？请问这都是因为什么缘故？"

巫咸招了招手说："过来，我告诉你。天有六极五常，帝王顺应它天下就太平，违逆它天下就大乱。九州百姓安居的事情，就会大功告成而道德完备，光辉临照人间，天下百姓爱戴他，这就叫上超越三皇。"

【原文】

商太宰荡问仁于庄子[1]。庄子曰："虎狼，仁也。"曰："何谓也？"

庄子曰："父子相亲，何为不仁？"

曰："请问至仁。"庄子曰："至仁无亲。"大宰曰："荡闻之，无亲则不爱，不爱则不孝。谓至仁不孝，可乎？"庄子曰："不然。夫至仁尚矣，孝固不足以言之。此非过孝之言也[2]，不及孝之言也。夫南行者至于郢[3]，北面而不见冥山[4]，是何也？则去之远也。故曰：以敬孝易，以爱孝难；以爱孝易，以忘亲难；忘亲易，使亲忘我难；使亲忘我易，兼忘天下难；兼忘天下易，使天下兼忘我难。夫德遗尧、舜而不为也，利泽施于万世，天下莫知也。岂直太息而言仁孝乎哉[5]！夫孝悌仁义，忠信贞廉，此皆自勉以役其德者也[6]，不足多也[7]。故曰：至贵，国爵并焉[8]；至富，国财并焉；至愿，名誉并焉。是以道不渝[9]。"

【注释】

[1] 商：指宋国，因宋国是商朝的后代。太宰：官名。荡：太宰名。
[2] 过孝：超过孝。
[3] 郢：楚国的都城，在今湖北江陵一带。
[4] 冥山：山名，在郢都北面。
[5] 岂直：难道。太息：嗟叹。
[6] 役：劳役。德：性。
[7] 多：赞颂。
[8] 并：抛弃。
[9] 渝：变。

【译文】

宋国的太宰荡向庄子请教仁。庄子说："虎狼也具备仁德。"太宰荡说："这是怎么说的呢？"

庄子说："它们父子相亲，难道不是仁吗？"

太宰荡说："请问什么是至仁？"庄子说："至仁就是无所偏爱。"太宰荡说："我听说，无所偏爱就不会爱父母，不爱父母就不会孝顺。您说至仁不孝，可以吗？"庄子说："不是的。至仁是崇高的，孝本来就不足以说明它。这并非有责备孝的意思，而是说它与孝没有关系。往南走到了郢都，北面的冥山就看不见了，这是为什么呢？因为两者相距太遥远了。所以说：用恭敬行孝容易，用爱行孝难；用爱行孝容易，用虚淡之心忘怀双亲困难；我淡忘双亲容易，让双亲淡忘我困难；让双亲忘掉我容易，兼忘天下则难；兼忘天下容易，让天下百姓忘掉我困难。天德身后的人蔑视天下，即使像尧、舜这样的帝位也不会羡慕，恩泽施及万世而天下不知，难道还要赞叹仁孝吗！孝、悌、仁、义、忠、信、贞、廉，这些都是自我勉励而劳累天性，是不值得赞颂的。所以说：最尊贵的，就是抛弃国君的爵禄；最富有的，就是抛弃天下的财货；最好的愿望，就是抛弃一切名誉。因此，道是永恒不变的。"

【原文】

北门成问于黄帝曰[1]："帝张《咸池》之乐于洞庭之野[2]，吾始闻之惧，复闻之怠[3]，卒闻之而惑[4]，荡荡默默[5]，乃不自得[6]。"

帝曰："汝殆其然哉[7]！吾奏之以人，征之以天；行之以礼义，建之以太清[8]。四时迭起[9]，万物循生；一盛一衰，文武伦经[10]；一清一浊，阴阳调和，流光其声；蛰虫始作[11]，吾惊之以雷霆；其卒无尾，其始无首；一死一生，一偾一起[12]；所常无穷，而一不可待。汝故惧也。吾又奏之以阴阳之和，烛之以日月之明[13]。其声能短能长，能柔能刚，变化齐一，

不主故常；在谷满谷，在阬满阬[14]；涂郤守神[15]，以物为量。其声挥绰[16]，其名高明。是故鬼神守其幽[17]，日月星辰行其纪[18]。吾止之于有穷[19]，流之于无止[20]。子欲虑之而不能知也，望之而不能见也，逐之而不能及也。傥然立于四虚之道[21]，倚于槁梧而吟；目知穷乎所欲见，力屈乎所欲逐[22]，吾既不及已夫！形充空虚[23]，乃至委蛇[24]。汝委蛇，故怠。吾又奏之以无怠之声，调之以自然之命[25]。故若混逐丛生[26]，林乐而无形[27]；布挥而不曳[28]，幽昏而无声；动于无方，居于窈冥；或谓之死，或谓之生；或谓之实[29]，或谓之荣[30]；行流散徙[31]，不主常声。世疑之，稽于圣人。圣也者，达于情而遂于命也。天机不张而五官皆备，此之谓天乐，无言而心说。故有焱氏为之颂曰：'听之不闻其声，视之不见其形，充满天地，苞裹六极。'汝欲听之而无接焉，而故惑也。乐也者，始于惧，惧故祟；吾又次之以怠，怠故遁；卒之于惑，惑故愚；愚故道，道可载而与之俱也。"

【注释】

[1] 北门成：黄帝之臣。
[2] 张：设，演奏。《咸池》：乐曲名。
[3] 怠：懈怠，说明已稍有领悟。
[4] 卒：最终。惑：心神迷惑。
[5] 荡荡：恍恍惚惚。默默：昏昏暗暗。
[6] 不自得：不能自主。
[7] 殆其然：可能会那样。
[8] 建：立。太清：天道。
[9] 迭起：更替。
[10] 伦经：经纶。
[11] 蛰（zhé）虫：冬眠的虫。作：动。
[12] 偾（fèn）：跌倒。
[13] 烛：照。
[14] 阬：通"坑"，坑洼。

〔15〕涂：塞。
〔16〕挥绰：悠扬。
〔17〕幽：阴暗。
〔18〕纪：轨道。
〔19〕穷：尽头。
〔20〕流：动。
〔21〕傥然：无心的样子。
〔22〕屈：尽。
〔23〕形充：形体内。
〔24〕委蛇：通"逶迤"，宛转徘徊的样子。
〔25〕调：调节。
〔26〕混逐：混杂一起，相互追逐。丛生：丛聚并生。
〔27〕林乐：群乐，指众乐齐奏。无形：无法分辨。
〔28〕布挥：张扬。不曳：没有约束。
〔29〕实：结果实。
〔30〕荣：开花。
〔31〕行流散徙：随物变化。

【译文】

北门成问黄帝说："您在洞庭之野演奏《咸池》乐曲，我初听时感到惊惧，再听时感到松懈，最后听了心神迷惑，恍惚昏暗，不能自主。"

黄帝说："你可能会那样吧！我奏乐涉及人事，引证自然，体现礼义，以天道为体。最好的音乐，先应之以人事，顺之以天理，行之以五德，应之以自然，然后调理四时，太和万物。四时更替，万物顺时生长；一盛一衰，文武经纶；一清一浊，阴阳调和，声光交流；蛰虫开始蠕动，我用雷霆之声震惊它们；乐声终了却没有结尾，起始却没有开头；一静一响，一落一起；变化无穷，完全不能预料。所以你感到惊惧。我又演奏阴阳调和，照以日月之光。乐声可短可长，能柔能刚，变化有致，不守成章；充盈广宇，无所不在；约制多欲之心智，凝守静寂之精神，以自然为度量。乐声悠扬，高亢明快。因而鬼神居守于阴暗的角落，日月星辰循序运行。我奏乐富于节奏变化，抑扬顿挫，无不得当。你想思念它却无法通晓，想观察却无法看见，想追逐却无法赶上。茫然置身于四周空虚之途，靠着枯槁的梧桐树而自吟自唱；虽然想看但视力穷尽，虽然追赶却无能为力，既然如此只有作罢！形体空虚，致使心神舒缓。心神舒缓宽闲，所以松弛。我又演奏无怠之声，和以自然之性。所以，音调浑然相逐，丛聚并生，合奏时众音协调，浑然一体，爽朗奔放，幽深而无声；动则不拘程式，居则隐于幽冥；或称之为死，或称之为生；或称之为结果；或称之为开花；行云流水般飘逸运转，老调不弹而新律迭出。世人对此疑惑，求验于圣人。所谓圣，就是通于性情而顺于自然。五官齐备但却不动心机，这就叫天乐，无须说明而内心愉悦。所以神农氏称颂它说："听而不闻其声，视而不见其形，充满天地，包容六极。"你想听它却无法捉摸，所以你感到迷惑。这种乐章，开始时惊惧，因为惊惧便视为祸患；接着心意松弛，松弛便是退缩回避；最终感到心神迷惑，迷惑便愚钝无知；愚钝无知便可进入道的境界，你就与天道浑然一体了。"

【原文】

孔子西游于卫[1]，颜渊问师金曰[2]："以夫子之行为奚如[3]？"

师金曰："惜乎！而夫子其穷哉[4]！"

颜渊曰："何也？"

师金曰："夫刍狗之未陈也[5]，盛以箧衍[6]，巾以文绣[7]，尸祝齐戒以将之[8]。及其已陈也，行者践其首脊，苏者取而爨之而已[9]。将复取而盛以箧衍，巾以文绣，游居寝卧其下，彼不得梦，必且数眯焉。今而夫子亦取先王已陈刍狗，聚弟子游居寝卧其下。故伐树于宋[10]，削迹于卫[11]，穷于商周[12]，是非其梦邪？围于陈蔡之间，七日不火食，死生相与邻，是非其眯邪？夫水行莫如用舟，而陆行莫如用车。以舟之可行于水也，而求推之于陆，则没世不行寻常[13]。古今非水陆与？周鲁非舟车与？今蕲行周于鲁[14]，是犹推舟于陆也！劳而无功，身必有殃。彼未知夫无方之传[15]，应物而不穷者也。且子独不见夫桔槔者乎？引之则俯[16]，舍之则仰。彼，人之所引，非引人也，故俯仰而不得罪于人。故夫三皇五帝之礼义法度[17]，不矜于同而矜于治[18]。故譬三皇五帝之礼义法度[19]，其犹柤梨橘柚邪！其味相反而皆可于口。

故礼义法度者，应时而变者也[20]。今取猨狙而衣以周公之服，彼必龁啮挽裂[21]，尽去而后慊[22]。观古今之异，犹猨狙之异乎周公也。故西施病心而矉其里[23]，其里之丑人见之而美之，归亦捧心而矉其里[24]。其里之富人见之，坚闭门而不出；贫人见之，挈妻子而去之走。彼知矉美而不知矉之所以美。惜乎，而夫子其穷哉！"

【注释】

〔1〕卫：国名。

〔2〕师金：鲁国太师，名金。

〔3〕奚如：如何。

〔4〕穷：陷入困境。

〔5〕刍狗：用茅草扎成的狗，祭祀时使用。陈：摆设。

〔6〕箧衍：竹筐。

［7］巾：覆盖，装饰。

［8］尸祝：主持祭祀的人。

［9］苏者：取草烧饭的人。

［10］伐树于宋：孔子曾游说于宋国，在一棵大树下聚徒讲学，宋司马桓魋因与孔子有积怨，将大树砍倒，孔子落荒而逃。

［11］削迹于卫：孔子曾在卫国被围受辱，决意不再去卫国。

［12］穷于商周：指孔子曾在宋国和卫国受困。

［13］没世：终生。

［14］行：推行。

［15］无方：没有定向。传：传车，驿车。

［16］引：拉。

［17］三皇五帝：见前注。

［18］矜：尚，珍重。

［19］譬：比方。

［20］应时：适应时势。

［21］龁啮（hé niè）：咬。挽裂：扯破。

［22］慊（qiè）：满意。

［23］矉（pín）：通"颦"，皱眉。

［24］捧心：按着胸口。

【译文】

孔子西游到卫国，颜渊问师金说："您认为我老师此次出行将会怎么样？"

师金说："可怜啊！您老师要陷入困境了！"

颜渊说："为什么呢？"

师金说："祭祀用的草狗在没有献祭的时候，盛装于竹筐，覆盖着绣巾，主持祭祀的尸祝沐浴斋戒后奉献。一旦献祭完毕，路人对其任意践踏，割草的人拿去当柴火烧。要是有人再把它盛入竹筐，盖上绣巾，视为珍爱之物而形影不离地带着，那人即使不招来噩梦，也会被鬼魔所惊吓。现在您的老师也是搜罗了先王已经使用过的草狗，聚集弟子而形影不离地带着它。所以在宋国受伐树之辱，受困于卫国，不得志于宋、卫等国，这不正是他的噩梦吗？被围困在陈、蔡之间，七天不得饮食，几乎丢掉性命，这不正是招来的惊吓吗？水上通行莫过于用船，陆上行走莫过于用车。因为船能在水上运行，而把它推到陆地上行走，那一辈子也走不了多远。古和今不就像水和陆地吗？周和鲁不就像船和车吗？现在试图将周代的制度推行到鲁国去，就像行船于陆地上，劳而无功，自身还要遭殃。他不懂得能够应变自然，可以四通八达。你难道没有见过桔槔吗？人一拉它就垂下，松开手它就升起。它是被人牵引的，而不是牵引人的，所以它无论是下还是上都不会得罪人。三皇五帝的礼义法度，可贵的不是

庄子

·271·

因为它们彼此相同，可贵之处在于它们都能使天下太平。所以，三皇五帝的礼义法度，就好像柤梨橘柚啊！味道虽然各不相同却都非常可口。

所以，礼义法度是顺应时代的变迁而不断变化的。现在如果让猿猴穿上周公的礼服，它一定会咬破扯碎，全部丢弃而后快。观察古今的不同，就像猿猴不同于周公一样。西施心痛，皱着眉头，邻里的丑女看见了觉得很美，于是也捂着心口皱起眉头。邻里的富人看见了，关紧大门而不出；穷人看见了，带着妻子儿女远走他乡。她知道皱着眉头美，却不知皱眉为什么美。可惜啊！你的老师要陷入困境了！"

【原文】

孔子行年五十有一，而不闻道，乃南之沛见老聃[1]。老聃曰："子来乎？吾闻子，北方之贤者也，子亦得道乎？"孔子曰："未得也。"老子曰："子恶乎求之哉？"曰："吾求之于度数[2]，五年而未得也。"老子曰："子又恶乎求之哉？"曰："吾求之于阴阳，十有二年而未得。"老子曰："然。使道而可献[3]，则人莫不献之于其君；使道而可进，则人莫不进之于其亲；使道而可以告人，则人莫不告其兄弟；使道而可以与人，则人莫不与其子孙。然而不可者，无佗也[4]，中无主而不止[5]，外无正而不行。由中出者，不受于外，圣人不出；由外入者，无主于中，圣人不隐。名[6]，公器也，不可多取。仁义，先王之蘧庐也[7]，止可以一宿，而不可以久处，觏而多责[8]。古之至人，假道于仁[9]，托宿于义[10]，以游逍遥之虚[11]，食于苟简之田[12]，立于不贷之圃[13]。逍遥，无为也；苟简，易养也；不贷，无出也。古者谓是采真之游[14]。以富为是者[15]，不能让禄；以显为是者，不能让名；亲权者[16]，不能与人柄[17]。操之则栗[18]，舍之则悲，而一无所鉴[19]，以窥其所不休者，是天之戮民也。怨、恩、取、与、谏、教、生、杀八者，正之器也[20]，唯循大变无所湮者为能用之[21]。故曰：正者[22]，正也。其心以为不然者，天门弗开矣[23]。"

【注释】

〔1〕沛：地名，今江苏沛县。

〔2〕度数：制度名数。

〔3〕使：假使。

〔4〕佗：通"他"。

〔5〕主：主见。

〔6〕名：名誉。

〔7〕蘧庐：传舍，即供传递公文的人或往来官员途中暂宿之所。

〔8〕觏（gòu）：积滞。

〔9〕假：借。
〔10〕托宿：寄居，利用。
〔11〕虚：通"墟"，境界。
〔12〕苟简：苟且简略，粗放。
〔13〕不贷：只求自给自足，无须贷出。
〔14〕采真：神采纯真。
〔15〕是：善。
〔16〕亲权：热衷于权势。
〔17〕柄：权柄。
〔18〕操：掌握。
〔19〕鉴：觉察。
〔20〕正之器：治理的手段。
〔21〕湮（yān）：滞塞。
〔22〕正：治理。
〔23〕天门：天道之门。

【译文】

孔子五十一岁了不懂得大道，于是南往沛地拜见老子。老子说："你来了吗？我听说你是北方的贤人，你也学到大道了吗？"孔子说："还没有学到。"老子说："你是从何处寻求大道的呢？"孔子说："我求之于制度名数，五年了还没有学到道。"老子说："你又从何处寻求大道呢？"孔子说："我求之于阴阳，十二年了还没有学到。"老子说："是的。假使道可以奉献，人臣没有不把它奉献给君主的；假使道可以奉献，人们没有不把它奉献给双亲的；假使道可以告诉人，人们没有不把它告诉兄弟的；假使道可以给予人，人们没有不把它给予子孙的。然而这些都是不可能的，这没有其他别的原因，而是自己内心没有接受大道的真意，道无法留在心中，自内流露到外的德行如果不合于道，就不能被外方接受。出自内心的感悟，而不为外界所接受，圣人便不出教；由外入内的东西，如果不合于自己的主意，圣人便不藏道。名誉，是天下共用的器具，不可以多取。仁义，是先王的旅舍，只可小住而不可久居，沉溺于此就会多招责难。古时候的至人，借道于仁，寄居于义，以遨游于逍遥的境地，饮食只求苟且简略，立身于自给自足的园圃。逍遥，可以无为；粗简，容易养活；不贷，无须施与。古时候称这为采真之游。以财富为追求对象的，便不会出让利禄；以荣显为追求对象的，便不会出让名誉；热衷于权势的，便不会给人权柄。掌握这些便恐惧，舍弃这些则悲伤，对上述利害毫无觉察，而是一味地注视着不断追求的权势名利，这是上天刑戮之民。怨、恩、取、与、谏、教、生、杀，这八者都是整治百姓的工具，只有能够顺应自然的变化而不停滞的人才能运用。所以说，整治百姓，必先端正自己。如果内

心不以此为然，天道的大门就不会对他开放。"

【原文】

孔子见老聃而语仁义。老聃曰："夫播糠眯目，则天地四方易位矣；蚊虻噆肤[1]，则通昔不寐矣。夫仁义憯然乃愤吾心[3]，乱莫大焉。吾子使天下无失其朴，吾子亦放风而动[4]，总德而立矣[5]，又奚傑然若负建鼓而求亡子者邪[6]？夫鹄不日浴而白[7]，乌不日黔而黑[8]。黑白之朴，不足以为辨；名誉之观[9]，不足以为广[10]。泉涸，鱼相与处于陆，相呴以湿，相濡以沫，不若相忘于江湖。"

孔子见老聃归，三日不谈。弟子问曰："夫子见老聃，亦将何规哉[11]？"

孔子曰："吾乃今于是乎见龙！龙，合而成体，散而成章，乘云气而养乎阴阳。予口张而不能嗋[12]，予又何规老聃哉？"子贡曰："然则人固有尸居而龙见[13]，雷声而渊默，发动如天地者乎？赐亦可得而观乎[14]？"遂以孔子声见老聃[15]。

老聃方将倨堂而应[16]微曰："予年运而往矣[17]，子将何以戒我乎[18]？"子贡曰："夫三皇五帝之治天下不同，其系声名一也。而先生独以为非圣人，如何哉？"老聃曰："小子少进[19]！子何以谓不同？"对曰："尧授舜，舜授禹，禹用力而汤用兵，文王顺纣而不敢逆，武王逆纣而不肯顺，故曰不同。"老聃曰："小子少进！余语汝三皇五帝之治天下。黄帝之治天下，使民心一，民有其亲死不哭而民不非也。尧之治天下，使民心亲，民有为其亲杀其服而民不非也[20]。舜之治天下，使民心竞[21]，民孕妇十月生子，子生五月而能言，不至乎孩而始谁[22]，则人始有夭矣。禹之治天下，使民心变，人有心而兵有顺，杀盗非杀人，自为种而天下耳，是以天下大骇，儒墨皆起。其作始有伦，而今乎妇女，何言哉！余语汝，三皇五帝之治天下，名曰治之，而乱莫甚焉。三皇之知，上悖日月之明，下睽山川之精，中堕四时之施。其知憯于蛎虿之尾[23]，鲜规之兽，莫得安其性命之情者，而犹自以为圣人，不可耻乎，其无耻也？"子贡蹴蹴然立不安。

【注释】

[1] 嘈（cǎn）：叮。
[2] 昔：夜。
[3] 憯：通"惨"，狠毒。愤：激。
[4] 放：依。
[5] 总：持。
[6] 傑然：用力的样子。
[7] 鹄：通"鹤"。
[8] 乌：乌鸦。黔：黑色。
[9] 观：观台。
[10] 广：扩大。
[11] 规：规劝，教导。
[12] 噏（xié）：合拢。
[13] 尸居而龙见：看似寂然不动，实如龙一般活现。
[14] 赐：子贡名。
[15] 以孔子声：凭着孔子的名声。
[16] 倨堂：坐在堂上。
[17] 年运而往：行年老迈。
[18] 戒：教。
[19] 少进：稍上前来。
[20] 杀：降级。服：丧服。
[21] 竟：争。
[22] 不至乎孩而始谁：还不会笑就已经能识别人。
[23] 蛎虿（lì chài）：毒虫。

【译文】

孔子见到老子便谈论仁义。老子说："谷糠进入眼里，就会分辨不清东南西北；遭蚊虻叮咬，就会彻夜不眠。仁义毒害扰乱人心，扰乱物性没比它大的了。你如果要使天下不丧失真朴，你自己也能任凭风教而动，持德而立，又何必费力地去标举仁义，好像敲打大鼓去追捕逃亡之人呢？鹤不用天天洗澡也白，乌鸦不用天天染黑也黑。黑白都是天然生成的颜色，无须分辨谁美谁丑；名誉仅仅是外饰，不足以增广本性。泉水干了，鱼儿一起困在陆地上，用湿气互相滋润，用口沫互相沾湿，倒不如在江湖里彼此相忘。"

孔子见过老子回来，三天不说话。弟子问："先生见到老子，是怎样劝谏的呢？"

孔子说："我现在才见到了龙！龙，合起来成一整体，散开来成为灿烂的文采，腾云驾雾翱翔于阴阳之间。我对此惊得张口结舌，我又如何去劝谏老子呢？"子贡说："那么人真有看似寂然不动实际如龙一般活现，看似深沉静默实际如雷一般震动，动如天静如地那样变幻莫测的吗？我也可去看看吗？"于是他就自称孔子的弟子去见老子。

老子坐在堂上，轻轻地说："我已年迈了，你对我有什么指教呢？"子贡说："三皇五帝治理天下的方法虽然不同，他们的名声却是众口一词地称赞。而唯独先生您却认为他们不是圣人，这是为什么呢？"老子说："年轻人上前来！你为什么说他们治理天下不同？"子贡回答说："尧传舜，舜传禹，禹用力治水而汤用兵伐桀，文王顺从纣不敢违逆，武王违抗纣而不肯顺从，所以说不同。"老子说："年轻人上前来！我告诉你三皇五帝治理天下的事。黄帝治理天下，使民心纯一，有人死了双亲不哭而人们不非议他。尧治理天下，使民心有了偏爱，有人区别出丧服的等次来表达隆盛双亲的不同丧礼而人们不非议他。舜治理天下，使民心充满竞争，孕妇怀胎十月生子，教之快，使婴儿生下五个月就能说话，还不会笑就能识别人，于是人开始招致夭折了。禹治理天下，使民心变诈，人有心机而认为用兵是合理的，杀盗贼不算杀人，人们以利害关系结为同伙立派别于天下，因而天下震惊，儒墨并起。开始时还有一点道理，但越来越不像话，还有什么说的呢！我告诉你，三皇五帝治理天下，名曰治理，实则混乱至极。三皇的心智，上蔽日月之光明，下违山川之精华，中坏四时之运行。他们的心智毒如蝎尾，不能得到本性的安宁，还自以为是圣人，难道不可耻吗？他们确实无耻！"子贡惊恐得站立不安。

【原文】

孔子谓老聃曰："丘治《诗》《书》《礼》《乐》《易》《春秋》六经，自以为久矣，孰知其故矣[1]；以奸者七十二君[2]，论先王之道而明周、召之迹[3]，一君无所钩用[4]。甚矣夫！人之难说也，道之难明邪？"

老子曰："幸矣，子之不遇治世之君也！夫六经，先王之陈迹也，岂其所以迹哉！今子之所言，犹迹也。夫迹，履之所出，而迹岂履哉！夫白鶂之相视[5]，眸子不运而风化[6]；虫，雄鸣于上风，雌应于下风而风化。类自为雌雄，故风化；性不可易，命不可变，时不可止，道不可壅。苟得于道，无自而不可[7]；失焉者，无自而可。"

孔子不出三月，复见曰："丘得之矣。乌鹊孺[8]，鱼傅沫[9]，细要者化[10]，有弟而兄啼。久矣夫，丘不与化为人！不与化为人，安能化人！"

老子曰："可。丘得之矣！"

【注释】

〔1〕孰：通"熟"，熟悉。

〔2〕奸：求，进。

〔3〕周、召：指周公、召公，两人都是西周初年的重臣。

〔4〕钧：取。

〔5〕鹢（yì）：通"鹢"，一种水鸟。

〔6〕眸子不运：定睛注视。风化：孕育。

〔7〕自：由。

〔8〕乌鹊：乌鸦和喜鹊。孺：孵化而生子。

〔9〕傅沫：以沫相育，即以口沫相濡而受孕。

〔10〕要：通"腰"。

【译文】

孔子对老子说："我研究《诗》《书》《礼》《乐》《易》《春秋》六经，自以为研习已久，能够熟知其精神，便以此用来进见七十二位君主，论先王之道，阐明周公和召公的业绩，但没有一个君主采纳我的主张。太难了！是这些人难说服呢，还是道难阐明？"

老子说："幸亏你没有遇到治世的君主。六经，是先王的陈迹，哪里是足迹的根源呢！现在你所说的，就如同足迹。足迹，是鞋踩出来的，而足迹并不等于鞋！白鹢鸟雌雄相视，定睛注视而孕育。虫，雄的在上风叫，雌的在下风应，于是就孕育；有种叫类的兽，一身兼有雌雄两性，所以自己就能交感而孕。性不可改易，命不可变更，时间不可停止，道不可壅塞。如果得到道，怎样都可行；失掉道，怎样都不可行。"

孔子三月闭门不出，再去见老子，说："我懂得道了。乌鸦、喜鹊孵化而生子，鱼以口沫相交而受孕，细腰类的昆虫化生，弟弟出生而哥哥啼哭。我很久没有和造化为友了！不和造化为友，怎么能化人呢！"老子说："可以，孔丘得道了！"

刻 意

【原文】

　　刻意尚行[1]，离世异俗[2]，高论怨诽，为亢而已矣[3]。此山谷之士[4]，非世之人，枯槁赴渊者之所好也[5]。语仁义忠信，恭俭推让，为修而已矣[6]。此平世之士，教诲之人，游居学者之所好也。语大功，立大名，礼君臣，正上下，为治而已矣。此朝廷之士，尊主强国之人，致功并兼者之所好也。就薮泽[7]，处闲旷，钓鱼闲处，无为而已矣。此江海之士，避世之人，闲暇者之所好也。吹呴呼吸，吐故纳新，熊经鸟申[8]，为寿而已矣。此道引之士[9]，养形之人，彭祖寿考者之所好也[10]。若夫不刻意而高，无仁义而修，无功名而治，无江海而闲，不道引而寿，无不忘也[11]，无不有也，澹然无极而众美从之[12]。此天地之道，圣人之德也。

【注释】

　　[1]刻意：磨炼意志。尚行：在行为上力求高尚。
　　[2]离世异俗：超脱世俗。
　　[3]亢：高，清高。
　　[4]山谷之士：指隐居山谷之人。
　　[5]枯槁：指身体枯毁。赴渊：投水自杀。
　　[6]修：修身。
　　[7]就：到。
　　[8]熊经鸟申：如兽禽之类的动物锻炼身体的动作。
　　[9]道引：又作"导引"，古代方士的一种养生方法。
　　[10]寿考：长寿。
　　[11]无不忘：一切无心。
　　[12]众美从之：一切美好的东西都随之而来。

【译文】

　　磨炼意志，行为高尚，超脱世俗，高谈阔论以非议时势，不过是为了显示清高罢了。这是隐居山谷之士，不满现实社会之人，牺牲自我者所喜好的。谈论仁义忠信，恭俭推让，不过是为了修身罢了。这是平时治世之士，从事教育的人，游说和聚徒讲学者所喜好的。谈论大功，建立大名，维护君臣之礼，匡正上下关系，不过是为了治国罢了。这是朝廷之士，尊君强国之人，建功拓疆者所喜好的。出没于川泽，栖身于旷野，悠闲垂钓，不过是无为罢了。这是隐居于江海之士，逃避现实之人，悠然闲暇者所喜好的。调养呼吸，吐故纳新，像老熊吊颈，飞鸟展翅，不过是为了延长寿命罢了。这是导引之士，养生之人，企求彭祖那样高寿者所喜好的。若不雕砺心志，追求高尚，不高谈仁义而修身，不追求功名而治世，不隐于江海而悠闲，不行导引而高寿，一切完全无心，一切都会自然而然地得到，恬淡无极而一切美好的东西都随之而来。这是天地之道，圣人之德。

【原文】

故曰，夫恬惔寂漠，虚无无为，此天地之平而道德之质也[1]。

故曰，圣人休焉，休则平易矣[2]，平易则恬惔矣。平易恬惔，则忧患不能入，邪气不能袭，故其德全而神不亏[3]。

故曰，圣人之生也天行[4]，其死也物化。静而与阴同德，动而与阳同波[5]。不为福先，不为祸始。感而后应，迫而后动，不得已而后起。去知与故[6]，循天之理。故无天灾，无物累，无人非，无鬼责。不思虑，不豫谋[7]。光矣而不耀，信矣而不期[8]。其寝不梦，其觉无忧。其生若浮[9]，其死若休[10]。其神纯粹，其魂不罢[11]。虚无恬惔，乃合天德。

故曰，悲乐者，德之邪也；喜怒者，道之过；好恶者，德之失。故心不忧乐，德之至也；一而不变，静之至也；无所于忤[12]，虚之至也；不与物交，惔之至也；无所于逆，粹之至也。

故曰，形劳而不休则弊，精用而不已则劳，劳则竭。水之性惔不杂则清，莫动则平；郁闭而不流，亦不能清，天德之象也。

故曰，纯粹而不杂，静一而不变，惔而无为，动而以天行，此养神之道也。

【注释】

〔1〕平：准则。
〔2〕休焉：宽容的样子。
〔3〕神不亏：精神饱满。
〔4〕天行：随自然而运动。
〔5〕同波：合流。
〔6〕去：抛弃。故：习惯。
〔7〕豫：通"预"，预先。
〔8〕期：约。

〔9〕浮：轻。
〔10〕休：休息。
〔11〕罢：通"疲"。
〔12〕于：与。忤：抵触。

【译文】

所以说，恬淡、寂寞、虚无、无为，这是天地的准则和道德的本质。

所以说，圣人宽容而安稳，安稳则恬淡。安稳恬淡，则忧患不能进入，邪气不能侵袭，因而道德完美而精神饱满。

所以说，圣人的存在顺乎自然，死亡便与外物化为一体，静时与阴同行，动时与阳合流；不求福，不为祸；有所感而后回应，有所迫而后动作，不得已而后起动。抛弃智慧和习惯，遵循天理。所以不遇天灾，不受外物牵累，无人非议，没有鬼神责难。生时如浮游，死去如休息。不思虑，不预谋。光明而不照耀，守信而不约定。睡着不做梦，醒来不忧愁。精神纯一，灵魂不疲。虚无恬淡，合乎天德。

所以说，悲哀与欢乐，是危害德行的邪恶；高兴与愤怒，是道的过错；爱好与厌恶，是德行的失误。所以，内心没有忧乐，是德的极致；专一而不变，是静的极致；与外界没有抵触，是虚的极致；不与外物交接，是淡的极致；无所违逆，是纯粹的极致。

所以说，形体辛劳而不休息就会疲惫，无休止地使用精力就劳累，劳累则枯竭。水的本性，不混杂就清澈，不搅动就平静；堵塞就不能流动，也不能清澈。这反映的是自然的现象。

所以说，纯粹而不混杂，虚静专一而不变动，恬淡而无为，行动顺乎自然，这就是养神之道。

【原文】

夫有干越之剑者[1]，柙而藏之[2]，不敢用也，宝之至也。精神四达并流[3]，无所不极[4]，上际于天[5]，下蟠于地[6]，化育万物，不可为象[7]，其名为同帝[8]。纯素之道，唯神是守。守而勿失，与神为一。一之精通[9]，合于天伦。野语有之曰："众人重利，廉士重名，贤士尚志，圣人贵精。"故素也者，谓其无所与杂也；纯也者，谓其不亏其神也。能体纯素[10]，谓之真人。

【注释】

〔1〕干越：吴越。
〔2〕柙：通"匣"。
〔3〕四达并流：四通八达，无处不流。

〔4〕极：至。
〔5〕际：达。
〔6〕蟠：遍及。
〔7〕不可为象：无法捉摸。
〔8〕同帝：其功用如同天帝。
〔9〕一之精通：精通纯一之道。
〔10〕体：体悟。

【译文】

吴越的宝剑，珍藏在匣子里，舍不得使用，珍爱之至。精神流溢四方，无所不至，上达于天，下及于地，化育万物，不可捉摸，它的功用如同天帝。纯素的道，专心守神。坚守不失，与精神合而为一。精通纯一之道，合乎自然之理。俗话说："普通人注重利，廉洁之士注重名，贤士崇尚志气，圣人看重精神。"所谓素，就是不含杂质；所谓纯，就是不损伤精神。能够体悟纯素者，就是真人。

缮 性

【原文】

缮性于俗学[1]，以求复其初[2]；滑欲于俗思[3]，以求致其明[4]：谓之蔽蒙之民[5]。

古之治道者，以恬养知。知生而无以知为也，谓之以知养恬。知与恬交相养[6]，而和理出其性[7]。夫德，和也；道，理也。德无不容，仁也；道无不理，义也；义明而物亲[8]，忠也；中纯实而反乎情[9]，乐也；信行容体而顺乎文[10]，礼也。礼乐偏行，则天下乱矣。彼正而蒙己德[11]，德则不冒[12]，冒则物必失其性也。

【注释】

〔1〕缮性：修心养性。俗学：指世俗的学问。
〔2〕初：本性。
〔3〕滑：治。俗思：世俗的观念。
〔4〕致：得到。
〔5〕蔽蒙：昏庸闭塞。

〔6〕交相养：相互涵养。
〔7〕和理：指道德。
〔8〕物亲：与物相亲。
〔9〕中：内心。
〔10〕信行：以信为行，讲信用。
〔11〕蒙：敛藏。
〔12〕冒：露，外露。

【译文】

用世俗的学问修心养性，以求复归本性；用世俗的观念根治情欲，以求获得明智。这类人是昏庸闭塞的人。

古时候修道的人，以恬静涵养智慧。智慧生成而不外用，称为以智慧涵养恬静。智慧与恬静相互涵养，而和顺便在心性中养成。德就是和谐；道就是理顺。德和而无不包容，则无不兼爱；道理而无不随顺，则无不适宜。义明而与物相亲，就是忠；内心朴实而归于情，就是乐；行为忠信宽容而顺乎自然，就是礼。礼乐遍行，则天下大乱。人们端正了就会敛藏自己的德行，这样德行就不会外露，德行一旦外露，那人们必定要丧失自然无为的本性。

【原文】

古之人，在混芒之中[1]，与一世而得澹漠焉[2]。当是时也，阴阳和静[3]，鬼神不扰，四时得节[4]，万物不伤，群生不夭[5]，人虽有知，无所用之，此之谓至一[6]。当是时也，莫之为而常自然[7]。逮德下衰[8]，及燧人、伏羲始为天下，是故顺而不一。德又下衰，及神农、黄帝始为天下，是故安而不顺。德又下衰，及唐、虞始为天下，兴治化之流[9]，澆淳散朴[10]，离道以善[11]，险德以行[12]，然后去性而从于心。心与心识知，而不足以定天下，然后附之以文[13]，益之以博[14]。文灭质[15]，博溺心[16]，然后民始惑乱，无以反其性情而复其初[17]。由是观之，世丧道矣[18]，道丧世矣，世与道交相丧也，道之人何由兴乎世[19]？世亦何由兴乎道哉？道无以兴乎世，世无以兴乎道，虽圣人不在山林之中，其德隐矣。隐，故不自隐。

古之所谓隐士者，非伏其身而弗见也，非闭其言而不出也，非藏其知而不发也，时命大谬也[20]。当时命而大行乎天下，则反一无迹[21]；不当时命而大穷乎天下[22]，则深根宁极而待[23]。此存身之道也。

古之存身者，不以辩饰知，不以知穷天下，不以知穷德，危然处其所而反其性[24]，已又何为哉！道固不小行[25]，德固不小识[26]。小识伤德，小行伤道。故曰，正己而已矣。乐全之谓得志[27]。古之所谓得志者，非轩冕之谓也[28]，谓其无以益其乐而已矣。今之所谓得志者，轩冕之谓也。轩冕在身，非性命也，物之傥来[29]，寄者也[30]。寄之，其来不可圉[31]，其去不可止。故不为轩冕肆志[32]，不为穷约趋俗[33]，其乐彼与此同[34]，故无忧而已矣！今寄去则不乐。由是观之，虽乐，未尝不荒也[35]，故曰，丧己于物[36]，失性于俗者[37]，谓之倒置之民[38]。

【注释】

［1］混芒：混沌茫昧。

［2］得：能。

［3］和静：和顺而宁静。

［4］得节：与节令相适应。

［5］群生：各种生物。

［6］至一：完美纯一。

［7］莫之为：无为。

［8］逮：及。

［9］治化：教化。流：风气。

［10］澆（xiāo）：通"浇"，扰乱。

［11］离道：背道。

［12］险：危害。

［13］附：加。文：礼文，也指文饰。

［14］博：博学。

［15］灭质：毁坏纯朴的本质。

［16］溺心：淹没天然的心性。

［17］复：恢复。

［18］丧：败坏。

［19］兴：复兴。

［20］时命：时机。

［21］反一：返归于至一之道。无迹：没有痕迹。

［22］穷：困顿。

［23］深根宁极：深藏静处。

［24］危然：独立。

［25］固：本来。

［26］小识：成见，偏见。

［27］乐全：保全纯朴的心性。

［28］轩冕：车子和衣冠，这里代指高官厚禄。

〔29〕傥：偶然。

〔30〕寄：寄托。

〔31〕圉：通"御"，抵挡。

〔32〕肆志：恣纵心志。

〔33〕穷约：穷困。趋俗：趋炎附势。

〔34〕彼：指轩冕。此：指穷约。

〔35〕荒：恐慌。

〔36〕丧己于物：为追求外物而葬送了自己。

〔37〕失性于俗：因为世俗而丧失了本性。

〔38〕倒置：本末倒置。

【译文】

　　古时候的人，在混沌茫昧之中，相处一世都很淡漠。在当时，阴阳和顺而宁静，鬼神不打扰，四季合乎节令，万物不受伤害，各种生物不夭折，人们虽然有智慧，却无处可用，这就叫作完美纯一。在当时，人人无为而合乎自然。等到道德衰落，到燧人氏和伏羲氏开始治理天下，民心虽然顺从，但已无法返归完美纯一的境地。道德又衰落，到神农和黄帝开始治理天下，天下虽然安定，但民心已不顺从。道德继续衰落，到陶唐氏和有虞氏开始治理天下，大兴教化之风，扰乱破坏了淳朴的风气，背道而行，危害道德，然后舍弃天性而顺从心机。彼此以私心互相窥测，天下不能安定，于是便附加粉饰，增益博学。粉饰毁坏纯朴的本质，博学淹没天然的心性，于是民心开始惑乱，无法返归恬淡的性情而恢复本初。由此看来，世事败坏道，道败坏世事，世事与道相互败坏，有道的人怎么复兴世事？世事又怎么复兴道呢？道无法复兴世事，世事无法复兴道，即使圣人不在山林之中，他的德行也要隐匿了。隐匿，却不是自己隐匿。

　　古代所谓的隐士，并不是隐伏身体而不见人，并不是闭口不言，也不是藏其智慧而不显露，而是与世运大相背离。逢时而盛于天下，则返归于至一之道而不露痕迹；不逢时而穷困于天下，就深藏静处而等待。这就是保全自身的方法。

　　古代保全自身的，不用巧辩文饰智慧，不用智谋令天下人困顿，不用心智来困扰心性，端正地独立自处而返归自然的本性，自己又何须有所作为！道本来不是小行，德本来不是小识。小识伤德，小行伤道。所以说，匡正自己就可以了。保全内心纯朴的心性就叫得志。古代所谓的得志者，并不指高官厚禄，而是指无以复加的快乐。现在所说的得志者，指的是高官厚禄。高官厚禄在身，并不是性命所固有的，而是如同外物偶然而来，寄托一时而已。寄托的东西，来时不能抵御，去时不可挽留。所以不要为高官厚禄而恣纵心志，也不要因为穷困而趋炎附势，两者同样快乐，无须忧虑。现在失去高官厚禄便不快乐，由此看来，虽然有过快乐，又何尝不是心慌意乱呢！所以说，为追求外物而葬送了自己，受世俗的影响而丧失了本性，这就叫作本末倒置的人。

秋　水

【原文】

秋水时至[1]，百川灌河，泾流之大[2]，两涘渚崖之间[3]，不辩牛马[4]。于是焉河伯欣然自喜[5]，以天下之美为尽在己。顺流而东行，至于北海，东面而视，不见水端[6]。于是焉河伯始旋其面目[7]，望洋向若而叹曰[8]："野语有之曰：'闻道百，以为莫己若者。'我之谓也。且夫我尝闻少仲尼之闻而轻伯夷之义者[9]，始吾弗信。今我睹子之难穷也，吾非至于子之门则殆矣[10]，吾长见笑于大方之家[11]。"

北海若曰："井蛙不可以语于海者，拘于虚也[12]；夏虫不可以语于冰者，笃于时矣[13]；曲士不可以语于道者[14]，束于教也。今尔出于崖涘，观于大海，乃知尔丑[15]，尔将可与语大理矣[16]。天下之水，莫大于海，万川归之，不知何时止而不盈[17]，尾闾泄之[18]，不知何时已而不虚[19]；春秋不变，水旱不知。此其过江河之流[20]，不可为量数[21]。而吾未尝以此自多者[22]，自以比形于天地，而受气于阴阳[23]，吾在于天地之间，犹小石小木之在大山也。方存乎见少[24]，又奚以自多！计四海之在天地之间也，不似礨空之在大泽乎[25]？计中国之在海内，不似稊米之在大仓乎[26]？号物之数谓之万，人处一焉[27]。人卒九州[28]，谷食之所生，舟车之所通，人处一焉。此其比万物也，不似豪末之在于马体乎？五帝之所连[29]，三王之所争，仁人之所忧，任士之所劳，尽此矣！伯夷辞之以为名，仲尼语之以为博[30]，此其自多也，不似尔向之自多于水乎[31]？"

【注释】

　　[1] 时：按时。
　　[2] 泾流：洪水。
　　[3] 涘（sì）：水边。渚：水中之洲。
　　[4] 辩：通"辨"，分辨。
　　[5] 河伯：河神。
　　[6] 端：尽头。

[7] 旋：转。
[8] 若：海神名。
[9] 少：以……为少。
[10] 殆：危险。
[11] 大方之家：懂得大道的人。
[12] 拘：局限。
[13] 笃：固，浅陋不通，局限。
[14] 曲士：孤陋寡闻的人。
[15] 丑：鄙陋。
[16] 大理：大道。
[17] 盈：满。
[18] 尾闾：海水出口处。
[19] 已：止。虚：指水尽。
[20] 过：超过。
[21] 为量数：进行估量和计算。
[22] 自多：自夸。
[23] 比形：具形，寄形。
[24] 见少：显得太少。
[25] 礨空：指蚁穴。
[26] 稊（tí）米：稊的果实，与谷子相似。
[27] 处一：占万物中之一。
[28] 人卒：人众。
[29] 连：连续禅让。
[30] 以为博：以此显示学问上的渊博。
[31] 向：从前。

【译文】

秋季汛期到了，千百条河流注入黄河，水流之大，隔河相望，分不清对岸的牛马。于是河神沾沾自喜，以为天下的盛美都聚集于自己一身了。河神顺流东行，到了北海，向东远望，看不到水的尽头，于是河神改变了沾沾自喜的面容，仰起头对海神若感叹说："俗话说：'听了许多道理，总以为谁都比不上自己。'我就是这样。而且我曾听说有人看不起孔子的学问并轻视伯夷的行为，开始我还不相信。现在我看到您这样广阔无际，我要是不到您这里来那就糟了，我将永远被懂得大道的人所嘲笑。"

北海若说："井底之蛙不可以和它谈论大海，因为它局限于狭小的活动空间；夏天的虫子不可以和它谈论冰雪，因为它受生存时间的限制；孤陋寡闻的人不可以和他谈论道，因为他被所受的教育束缚。现在你摆脱了河道的局限，看到了大海，知道了自己的鄙陋，这就可以和你谈论大道了。天下的水没有比海更大的了，万条江河汇聚其中，不知什么时候才能止息，而海水还是不满；海水从出海口排出，不知什么时候才会停止，然而大海不会空虚；无论是春秋还是涝旱，海水永远不变，不受影响。它远远超过了江河的流水，无法进行估量和计算。但我并未因此而自满，而是认为是形成于天地，禀受于阴阳之气。我在天地之间，好比小石头和小树木在大山上一样，显得那样渺小，有什么值得自满的！看四海处于天地之间，不就像蚁穴在大泽中一样吗？看中国在四海之内，不就像小米在大粮仓中一样吗？物的种类不计其数，人不过是其中之一而已。人众聚居的九州，凡是粮食所生长的地方，舟车所通行的地方，都有人类，而个人只是人类中的一分子。个人和万物相比，不就如一根毫毛在马身上一样吗？五帝相继禅位，三王所争夺的，仁人所忧虑的，能士所辛劳的，不过如此而已！伯夷的行为是为了求名，孔子的谈说是为了显示学问的渊博，他们的自满，不就像你从前对河水的自夸一样吗？"

【原文】

河伯曰："然则吾大天地而小毫末，可乎？"

北海若曰："否。夫物，量无穷，时无止，分无常，终始无故[1]。是故大知观于远近，故小而不寡，大而不多，知量无穷。证向今故[2]，故遥而不闷，掇而不跂[3]，知时无止。察乎盈虚，故得而不喜，失而不忧，知分之无常也。明乎坦涂，故生而不说，死而不祸，知终始之不可故也。计人之所知，不若其所不知；其生之时，不若未生之时；以其至小，求穷其至大之域，是故迷乱而不能自得也。由此观之，又何以知毫末之足以定至细之倪，又何以知天地之足以穷至大之域！"

【注释】

〔1〕故：通"固"，固定。
〔2〕向今：古今。
〔3〕掇：拾取。跂：求。

【译文】

河神说："那么，我视天地为大，视毫毛为小，可以吗？"

北海神说："不可以。万物，容量没有穷尽，存在的时间没有止境，界限变化无常，开始和终结不固定。所以大智者既看到远也看到近，小的不以为少，大的不以为多，知道容量没有穷尽。他博古通今，所以他明白遥远的过去，对近在眼前的东西也不企求，知道时间是没有止境的。他明察盈虚之理，所以得到了也不高兴，失去了也不忧愁，知道界限变化无常。他通晓大道，所以对生并不喜悦，对死也不认为是灾祸，知道终始没有一定。看来人们所知道的，不如不知道的多；人们生存的时间，没有未生存的时间长；以有限的人生与知识，去追求无限的领域，必然会迷茫而一无所得。由此看来，怎么知道毫毛是最小的，又怎么知道天地是最大的呢！

【原文】

河伯曰："世之议者皆曰：'至精无形[1]，至大不可围。'是信情乎[2]？"

北海若曰："夫自细视大者不尽，自大视细者不明。夫精，小之微也；垺[3]，大之殷也。故异便，此势之有也。夫精粗者，期于有形者也；无形者，数之所不能分也；不可围者，数之所不能穷也。可以言论者，物之粗也；可以意致者，物之精也；言之所不能论，意之所不能察致者，不期精粗焉。是故大人之行，不出乎害人，不多仁恩；动不为利，不贱门隶；货财弗争，不多辞让；事焉不借人，不多食乎力，不贱贪污；行殊乎俗，不多辟异；为在从众，不贱佞谄；世之爵禄不足以为劝，戮耻不足以为辱；知是非之不可为分，细大之不可为倪。闻曰：'道人不闻，至德不得，大人无己。'约分之至也。"

【注释】

〔1〕至精：最细小。
〔2〕信：实。
〔3〕垺（fú）：特大之意。

【译文】

河神说："世俗的议论者都说：'最小的东西没有形体，最大的东西不能以范围来限制。'这真实吗？"

北海神说："从小看大不会全面，从大看小不会清楚。精，是小中之微小；垺，是大中之盛大。所以各物大小不相同却有着自己的相宜之处，这是势态不同的必然现象。有形状的东西才有大小之别。所谓精小粗大，乃是依赖于形体；没有形体的东西，是无法用数字去划分的；无限大的东西，是无法用数字完全表达的。可以用语言描述的，是粗大的物体；可以用意识感受的，是精细的物质；至于语言所不能描述的、意识所不能感受的，那就是精细和粗大之外的东西了。所以悟道者的行为，无心害人，也不赞美仁义恩惠；举动不为谋利，也不贱视奴仆；不争财宝，也不赞美辞让；做事不借助于人，也不赞美自食其力，也没有轻贱贪污之人的念头；行为不同于世俗，也不赞美标新立异；听任众人之所为，也不鄙视献媚者；世俗的爵禄不足以勉励，刑罚也不足以羞辱；知道是非无法区分，细小和粗大无法度量。我听说：'悟道的人不求名声，道德最高尚的人不求有所得，大德的人忘却自我。'这是最高的精神境界。"

【原文】

河伯曰："若物之外，若物之内，恶至而倪贵贱[1]？恶至而倪小大？"

北海若曰："以道观之，物无贵贱；以物观之，自贵而相贱；以俗观之，贵贱不在己。以差观之，因其所大而大之，则万物莫不大；因其所小而小之，则万物莫不小；知天地之为稊米也，知毫末之为丘山也，则差数睹矣[2]。以功观之[3]，因其所有而有之，则万物莫不有；因其所无而无之，则万物莫不无；知东西之相反而不可以相无，则功分定矣。以趣观之[4]，因其所然而然之，则万物莫不然；因其所非而非之，则万物莫不非；知尧、桀之自然而相非[5]，则趣操睹矣[6]。昔者尧、舜让而帝，之、哙让而绝[7]；汤、武争而王，白公争而灭[8]。由此观之，争让之礼，尧、桀之行，贵贱有时[9]，未可以为常也。梁丽可以冲城而不可以窒穴[10]，言殊器也；骐骥骅骝一日而驰千里[11]，捕鼠不如狸狌，言殊技也；鸱鸺夜撮蚤，察毫末，昼出瞋目而不见丘山，言殊性也。故曰：盖师是而无非，师治而无乱乎？是未明天地之理、万物之情者也。是犹师天而无地，师阴而无阳，其不可行明矣！然且语而不舍，非愚则诬也！帝王殊禅，三代殊继。差其时，逆其俗者，谓之篡夫；当其时，顺其俗者，谓之义之徒。默默乎河伯，女恶知贵贱之门，大小之家！"

【注释】

[1]倪：区分。

[2]睹：看清楚。

[3]功：功用。

[4]趣：取向。

[5]相非：相对立。

[6]趣操：取向和情操。

[7]之、哙让而绝：哙,亦作噲，战国时期燕王哙宠信国相子之，将王位禅让给子之，招致国内大乱，齐国乘机伐燕，杀燕王哙与子之，燕国几乎亡国。

[8]白公争而灭：战国时期楚平王的孙子白公胜为争夺政权发动武装政变，结果兵败自杀。

[9]有时：有一定的时宜。

[10]梁丽：梁栋，大木。

[11]骐骥骅骝：都是良马。

【译文】

河神说:"若是在物的外面、物的内面,怎么区分贵贱?怎么区分大小?"

北海神说:"用道来观察,物没有贵贱;从物的立场来看,都是以己为贵而贱视他物;用世俗之人的眼光来看,贵贱由人而定。从事物的相对差别来看,万物的大小都是相对的,若从它大的方面来说,万物又都可以说是大的;若从它小的方面来说,万物又都可以说是小的。明白了天地如同一粒小米那么小,毫毛如同一座山丘那么大的道理,就可以明白万物大小的差别了。从功用上来看,从有用的方面说,则万物都有用;从无用的方面来说,则万物都无用;明白了东和西是相反的又是相互依存的,就可以明白万物的功用和地位。从取向来看,看到对的一面就认为它对,则万物都是对的;看到不对的一面就认为它不对,则万物都是不对的;知道了尧和桀各自以为是而相互否定,就可以看清楚人们的取向和情操了。尧和舜通过禅让而做了帝王,子之和燕王哙却因为禅让而灭亡;商汤和周武王通过争夺而为王,白公却因为争夺而灭亡。由此看来,争夺和禅让的举措,尧和桀的行为,其好坏效果因时势不同而截然相反,而不是一成不变的。梁栋之大可以用来撞毁城墙,但却不能用来堵塞小洞,这是说器具的用场不同;骏马一日可行千里,但是捕鼠却不如野猫和黄鼠狼,这是说技能不同;猫头鹰在夜间能捉跳蚤,明察秋毫,但在白天睁大眼睛连山丘也看不见,这是说物性不同。所以说,怎能把自己认为是正确的就认为没有错误的一面,把自己认为是治理了的就认为没有乱的一面呢?之所以这样,是因为不明天地之理和万物之情,这就好比只取法于天而不取法于地,取法于阴而不取法于阳,这显然是不可行的。然而人们对此仍然坚持己见而不肯抛弃,这不是愚蠢便是说谎。帝王禅让的方式不同,三代继承的方式不同。不合时代,违逆社会,就被视为篡夺的人;顺应时代,迎合社会,就被称为大义之人。沉默吧河神!你哪里知道贵贱、大小的道理!"

【原文】

河伯曰:"然则我何为乎?何不为乎?吾辞受趣舍[1],吾终奈何?"

北海若曰:"以道观之,何贵何贱,是谓反衍[2];无拘而志,与道大蹇[3]。何少何多,是谓谢施[4];无一而行[5],与道参差。严乎若国之有君,其无私德;繇繇乎若祭之有社[6],其无私福;泛泛乎其若四方之无穷,其无所畛域[7]。兼怀万物[8],其孰承翼[9]?是谓无方。万物一齐,孰短孰长?道无终始,物有死生,不恃其成[10]。一虚一满,不位乎其形[11]。年不可举[12],时不可止。消息盈虚[13],终则有始。是所以语大义之方[14],论万物之理也。物之生也,若骤若驰,无动而不变,无时而不移。何为乎?何不为乎?夫固将自化[15]。"

【注释】

［1］趣舍：取舍。
［2］反衍：向相反方向发展、演化。
［3］蹇（jiǎn）：抵触，违逆。
［4］谢施：相互转化。
［5］无：不要。一：执一，固守。
［6］繇繇（yóu）：通"悠悠"，自得的样子。
［7］畛域：界限。
［8］怀：容。
［9］翼：庇护。
［10］恃：凭依。成：生成。
［11］位：守。
［12］年：岁月。
［13］消：消亡。
［14］大义之方：大道的方向。
［15］自化：自行变化。

【译文】

河神说："那么，我该做什么？不该做什么？辞受取舍，我到底该怎么办呢？"

北海神说："用道的观点来看，无所谓贵贱，贵贱是相互转化的；不要固守你的心志，否则与道相抵触。无所谓多少，多少是相互变换的；不要固执你的所为，否则与道是不相符合的。要像国君一样庄重，对谁都没有偏心；像受祭的社神一样超然，毫无偏私；像天地四方一样辽阔，没有局限。兼容万物，有谁承受庇护？这就叫没有偏向。万物齐一，谁短谁长？道没有终始，万物有生死的变化，其生成的形态是不足凭依的；万物的变化一时虚一时满，不应专守一时之虚或一时之满。岁月无法使它提前离去，时光也无法让它停留；消亡与生息，盈满与空虚，终结了再开始。这就是讲大道的方向，谈万物的道理。万物的生长，如快马奔驰一般，动作在不断变化，时刻都在移动。该做什么？不该做什么？万物本来会自行变化的。"

【原文】

河伯曰："然则何贵于道邪？"

北海神曰："知道者必达于理，达于理者必明于权[1]，明于权者不以物害己。至德者，火弗能热，水弗能溺，寒暑弗能害，禽兽弗能贼[2]。非谓其薄之也[3]，言察乎安危，宁于祸福，谨于去就，莫之能害也。故曰：'天在内，人在外，德在乎天。'知天人之行，本乎天[4]，位乎德，'蹢躅而屈伸[5]，反要而语极。'"

【注释】

〔1〕权：应变。
〔2〕贼：伤害。
〔3〕薄：迫近，逼近。
〔4〕本乎天：以天为根本。
〔5〕蹢躅（zhí zhú）：进退不定的样子。

【译文】

河神说："那么道有什么可贵的呢？"

北海神说："懂得道的人必定通达万物之理，通达万物之理的人必定明于应变，明于应变的人不会让外物伤害他。德行最高的人，火不能烧他，水不能淹他，寒暑不能损伤他，禽兽不能伤害他。这不是说他有意去触犯有害之物，而是说他能明察安危，对祸福的来临冷静对待，谨慎进退，所以没有什么东西能够伤害他。所以说：'天性蕴藏在内心，人事显露在外表，道德体现在天性上。'懂得自然与人类活动的规律，才能以天为根本，安然自得，时进时退，时屈时伸，归根返本而谈论万物的至理。"

【原文】

曰："何谓天？何谓人？"

北海若曰："牛马四足，是谓天；落马首[1]，穿牛鼻，是谓人。故曰：'无以人灭天，无以故灭命[2]，无以得殉名[3]。谨守而勿失，是谓反其真。'"

【注释】

〔1〕落：通"络"，指套上马笼头。
〔2〕故：有心而为，造作。
〔3〕殉：牺牲。

【译文】

河神说:"什么叫作天然?什么叫作人为?"

北海神说:"牛马有四只脚,这就叫作天然;给马套上笼头,给牛鼻穿上缰绳,这就叫作人为。所以说:'不要用人事毁灭天然,不要用世事毁灭天命,不要因考虑得失而为功名做牺牲。牢记这些道理而不违失,就叫返归真性。'"

【原文】

夔怜蚿,蚿怜蛇[1],蛇怜风,风怜目,目怜心。

夔谓蚿曰:"吾以一足趻踔而行[2],予无如矣[3]。今子之使万足,独奈何?"

蚿曰:"不然。子不见夫唾者乎?喷则大者如珠,小者如雾,杂而下者不可胜数也。今予动吾天机,而不知其所以然。"

蚿谓蛇曰:"吾以众足行,而不及子之无足,何也?"

蛇曰:"夫天机之所动,何可易邪?吾安用足哉!"

蛇谓风曰:"予动吾脊胁而行,则有似也。今子蓬蓬然起于北海[4],蓬蓬然入于南海,而似无有,何也?"

风曰:"然。予蓬蓬然起于北海而入于南海也,然而指我则胜我,鳅我亦胜我[5]。虽然,夫折大木、蜚大屋者[6],唯我能也。"

故以众小不胜为大胜也。为大胜者,唯圣人能之。

【注释】

[1]夔(kuí):独角兽。怜:羡慕。蚿(xián):多足虫,俗名百足。

[2]趻踔(chěn chuō):跳着走。

[3]无如:没有办法。

[4]蓬蓬然:风尘转动的样子。

[5]鳅(qiū):通"蹢",踏。

[6]蜚:通"飞",刮起。

【译文】

夔羡慕蚿,蚿羡慕蛇,蛇羡慕风,风羡慕眼睛,眼睛羡慕心。

夔对蚿说:"我用一只脚跳着走,那是没有办法。你现在使用许许多多的脚,是怎么走的呢?"

蚿说:"不是这样的。你没有见过吐唾沫的吗?喷出来的大的像水珠,小的像细雾,夹杂而下不计其数。我现在也像唾沫是根据天生的本能而行,但不知道为什么会这样。"

蚿对蛇说："我用许多脚行走，还不如你没有脚走得快，这是为什么呢？"

蛇说："本能的活动，怎么能够改易呢？我哪里要用脚！"

蛇对风说："我运动着脊背行走，还像有脚似的。现在你呼呼地从北海刮起来，又呼呼地吹入南海，却像无形一般，这是为什么呢？"

风说："是的。我虽然呼呼地从北海刮入南海，但用手指戳我就能胜我，用脚踏我也能胜我。然而摧折大木、掀掉大屋，却只有我能够做到。"

所以不以胜过众小为胜才算大胜。可以大胜的，只有圣人才能做到。

【原文】

孔子游于匡[1]，卫人围之数匝[2]，而弦歌不惙[3]。子路入见，曰："何夫子之娱也[4]？"

孔子曰："来，吾语女。我讳穷久矣[5]，而不免，命也！求通久矣[6]，而不得，时也[7]！当尧、舜而天下无穷人，非知得也[8]；当桀、纣而天下无通人，非知失也：时势适然。夫水行不避蛟龙者，渔父之勇也[9]；陆行不避兕虎者[10]，猎夫之勇也；白刃交于前，视死若生者，烈士之勇也；知穷之有命，知通之有时，临大难而不惧者，圣人之勇也。由，处矣[11]！吾命有所制矣[12]！"

无几何，将甲者进，辞曰："以为阳虎也[13]，故围之。今非也，请辞而退。"

【注释】

〔1〕匡：地名，位于宋、卫、郑三国之间。

〔2〕匝：层，圈。

〔3〕惙（chuò）：通"辍"，止。

〔4〕娱：乐。

〔5〕讳：担忧。

〔6〕通：通达，顺利。

〔7〕时：时势。

〔8〕知：通"智"。

〔9〕渔父：渔夫。

〔10〕兕（sì）：犀牛一类的野兽。

〔11〕处矣：安然处之，安居。

〔12〕制：支配，限制。

〔13〕阳虎：鲁国贵族季孙氏的家臣，曾专鲁政三年。

【译文】

孔子周游到匡邑，被卫国人团团围住，但他还是不停地弹琴歌唱。子路进屋拜见孔子，说："先生为什么还这样快乐呢？"

孔子说："过来，我给你说。我力求避免困窘的局面已经很久了，然而还是不能幸免，这是命运不好；我追求通达也已经很久了，然而还是一无所得，这是时势不好。在尧、舜时代，天下没有不得志的人，这并不是他们用智慧取得的；在桀、纣时代，天下没有得志的人，这并不是因为他们才智不足：这是由时势造成的。在水中行走不避蛟龙，这是渔夫的勇敢；在陆地上行走不避猛兽，这是猎人的勇武；在刀光剑影中视死如生，这是烈士的气概；知道穷困是因为天命，通达是由于时势，面临大难而不畏惧，这是圣人的勇气。仲由，你不要担心！我的命运是由天支配的！"

过了一会儿，率兵者走进来道歉说："我们把您当成了阳虎，所以包围了您。现在才知道误会了，真对不起，我们已经撤围了。"

【原文】

公孙龙问于魏牟曰[1]："龙少学先王之道，长而明仁义之行；合同异，离坚白；然不然，可不可；困百家之知，穷众口之辩；吾自以为至达已。今吾闻庄子之言，汒焉异之[2]。不知论之不及与？知之弗若与？今吾无所开吾喙[3]，敢问其方。"

公子牟隐机太息，仰天而笑曰："子独不闻夫坎井之蛙乎？谓东海之鳖曰：'吾乐与！出跳梁乎井干之上[4]，入休乎缺甃之崖[5]；赴水则接腋持颐，蹶泥则没足灭跗[6]。还虷蟹与科斗[7]，莫吾能若也。且夫擅一壑之水[8]，而跨跱坎井之乐[9]，此亦至矣，夫子奚不时来入观乎[10]？'东海之鳖左足未入，而右膝已絷矣[11]。于是逡巡而却[12]，告之海曰：'夫千里之远，不足以举其大[13]；千仞之高，不足以极其深[14]。禹之时，十年九潦[15]，而水弗为加益；汤之时八年七旱，而崖不为加损[16]。夫不为顷久推移[17]，不以多少进退者[18]，此亦东海之大乐也。'于是坎井之蛙闻之，适适然惊[19]，规规然自失也[20]。

"且夫知不知是非之竟，而犹欲观于庄子之言，是犹使蚊负山，商蚷驰河也[21]，必不胜任矣。且夫知不知论极妙之言，而自适一时之利者[22]，是非坎井之蛙与？且彼方跐黄泉而登大皇[23]，无南无北，奭然四解[24]，沦于不测[25]；无东无西，始于玄冥[26]，反于大通[27]。子乃规规然而求之以察[28]，索之以辩，是直用管窥天，用锥指地也，不亦小乎？子往矣！且子独不闻夫寿陵馀子之学行于邯郸与[29]？未得国能[30]，又失其故行矣[31]，直匍匐而归耳[32]。今子不去，将忘子之故，失子之业。"

公孙龙口呿而不合[33]，舌举而不下，乃逸而走[34]。

【注释】

[1] 公孙龙：战国时赵国人。魏牟：魏国公子，又称公子牟。
[2] 汇：通"茫"。
[3] 喙（huì）：鸟嘴。
[4] 跳梁：跳跃。井干：井栏。
[5] 甃（zhòu）：砌井壁用的砖。崖：指井壁。
[6] 蹶：踏。跗（fū）：脚背。
[7] 虷（hán）：孑孓。
[8] 擅：独占。
[9] 跨跱（zhì）：叉开腿立着。
[10] 时：常。
[11] 絷（zhí）：绊住。
[12] 逡巡：迟疑徘徊的样子。
[13] 举：称得上，形容。
[14] 极：尽，量尽。
[15] 潦：水淹，指洪水。
[16] 崖：海岸，指水位。
[17] 推移：变化。
[18] 进退：指水位的升降。
[19] 适适然：惊惧的样子。
[20] 规规然：局促的样子。
[21] 商蚷（jù）：马蚿。马蚿生活于陆地，不能在水上游走。
[22] 适：往，追求。
[23] 跐（cǐ）：踩。
[24] 奭（shì）：通"释"。四解：四面通达。
[25] 沦：入。
[26] 玄冥：万物产生前的混沌状态。
[27] 大通：无所不通的大道。
[28] 察：明察，细看。
[29] 寿陵：燕国地名。馀子：少年。学行：学走路。邯郸：赵国国都。
[30] 国能：指国都人走路的步法。
[31] 故行：原来走路的步法。
[32] 直：只能。
[33] 呿（qū）：张开。
[34] 逸：逃。

【译文】

公孙龙问魏牟说:"我年轻时学先王之道,长大后又懂得了仁义的行为;提出了'合同异,离坚白''然不然,可不可'的命题;能把百家的才智都难倒,使人的口才都无法施展;我自以为是最通达的了。现在我听了庄子的理论,感到十分迷茫和惊奇。不知是我的口才不如他呢?还是知识不及他?现在我无法开口。请问其中的缘故。"

公子牟靠着几案长叹一声,仰天大笑说:"你难道没有听说过浅井之蛙的故事吗?它对东海的鳖说:'我很快乐!出来在井栏上跳跃,进去在破砖砌成的井壁中休息;在水中浮游,水承托着我的两腋及两腮,跳到泥里泥浆没过我的脚背;我回头看井里的孑孓、螃蟹和蝌蚪,谁都不如我。况且我独占一坑水,叉腿站在井中,真是快乐到了极点,您为什么不常来看看呢?'东海的鳖还未迈进左脚,右腿就被绊住了,于是迟疑地退了回来,向青蛙告诉大海的情形说:'千里之远的距离,不足以形容它的大;千仞之高的高度,不足以量尽它的深。大禹时十年九涝,而海水并不见增加;商汤时八年七旱,而海水并不见减少。它不因时间的长短而有所改变,也不因雨水的多少而水位有所升降,这也是东海的大快乐。'井中之蛙听了,惊惧不已,茫然自失。

而且,智力还不能辨识是非的界限,就想了解庄子的理论,这就像让蚊子背山,马蚿渡河一般,必定无法胜任。智力不足以理解微妙的理论,而追求一时之利,不就像井中之蛙一样吗?况且庄子的理论可入地登天,不分南北,四通八达,高深莫测;不分东西,开始于天地未分的混沌状态,返归于无所不通的大道。而你却用狭隘的观点去衡量,寻求什么辩论,这简直如同用竹管观天,用锥子量地一样,不是显得太渺小了吗?你走开吧!你难道没有听说过寿陵的少年去邯郸学他人走步的故事吗?他不但没有学会邯郸人的步法,而且连自己原来的步法也忘掉了,结果只好爬着回去。现在你还不走开,就会忘掉你原来的技能,失去你的学业了。"

公孙龙闻言大惊,张口结舌,灰溜溜地逃走了。

【原文】

庄子钓于濮水[1],楚王使大夫二人往先焉[2],曰:"愿以境内累矣[3]!"

庄子持竿不顾[4]，曰："吾闻楚有神龟，死已三千岁矣，王巾笥而藏之庙堂之上[5]。此龟者，宁其死为留骨而贵乎[6]？宁其生而曳尾于涂中乎[7]？"

二大夫曰："宁生而曳尾于涂中。"

庄子曰："往矣！吾将曳尾于涂中。"

【注释】

［1］濮水：水名，在今山东濮县。

［2］先：先去传达楚王的旨意。

［3］累：拖累，麻烦。意思是请庄子到楚国从政。

［4］不顾：不回头，不理睬。

［5］巾笥：用巾布包起来，装进竹箱。笥（sì），竹箱。

［6］宁：宁可。留骨而贵：留下骨壳被人珍贵。

［7］曳：拖。涂：泥。

【译文】

庄子在濮水钓鱼，楚王派两个大夫先去转达他的意思说："希望先生能到楚国从政！"

庄子继续钓鱼，头也不回地对大夫说："我听说楚国有一神龟，已经死去三千年了，楚王把它用巾布包起来装进竹箱，藏在庙堂之上。这只龟，是宁可死去而留下骨壳被人珍惜呢？还是宁愿活着拖尾爬行于泥中？"

两个大夫说："当然宁愿活着拖尾爬行于泥中。"

庄子说："你们回去吧！我也愿意拖着尾巴爬行于泥中。"

【原文】

惠子相梁[1]，庄子往见之。或谓惠子曰[2]："庄子来，欲代子相。"于是惠子恐，搜于国中三日三夜。

庄子往见之，曰："南方有鸟，其名为鹓鶵[3]，子知之乎？夫鹓鶵，发于南海而飞于北海，非梧桐不止[4]，非练实不食[5]，非醴泉不饮[6]。于是鸱得腐鼠[7]，鹓鶵过之，仰而视之曰：'吓'！今子欲以子之梁国而吓我邪[8]？"

【注释】

［1］惠子：惠施，曾为梁惠王相。梁：魏国。

［2］或：有人。

［3］鹓鶵（yuān chú）：像凤凰一类的鸟。

［4］止：栖息。

［5］练实：竹实。

〔6〕醴（lǐ）泉：甘美的泉水。
〔7〕鸱：猫头鹰。腐鼠：腐烂的老鼠，比喻相位。
〔8〕吓：有两解，其一，状声词，表示一种惊怕的语气；其二，吓唬。

【译文】

惠施在魏国做宰相，庄子要去见他。有人对惠施说："庄子来，想取代您的相位。"惠施听了很害怕，搜捕了庄子三天三夜。

庄子见到惠施，对他说："南方有一种鸟，名叫鹓鶵，你知道吗？鹓鶵从南海出发，飞往北海，沿途非梧桐树不栖息，不是竹子的果实不食，不是甘美的泉水不喝。这时猫头鹰抓到一只已经腐烂的死老鼠，看见鹓鶵经过，仰头对着它说：'吓！'现在你难道想用魏国相位来吓唬我呀？"

【原文】

庄子与惠子游于濠梁之上[1]。庄子曰："鲦鱼出游从容[2]，是鱼之乐也。"

惠子曰："子非鱼，安知鱼之乐？"

庄子曰："子非我，安知我不知鱼之乐？"

惠子曰："我非子，固不知子矣；子固非鱼矣，子之不知鱼之乐，全矣[3]！"

庄子曰："请循其本[4]。子曰'汝安知鱼乐'云者，既已知吾知之而问我，我知之濠上也。"

【注释】

〔1〕濠（háo）：水名，在今安徽凤阳县附近。梁：拦河堰。
〔2〕鲦鱼：白条鱼。
〔3〕全矣：完全如此，意即无可辩驳。
〔4〕循：追溯。本：始，指开头的话题。

【译文】

庄子和惠施在濠水的河堰上游玩。庄子说："鲦鱼从容自得地游出来，这是鱼的快乐。"

惠施说："你不是鱼，怎么知道鱼的快乐？"

庄子说："你不是我，怎么知道我不懂得鱼的快乐？"

惠施说："我不是你，固然不知道你；你本来也不是鱼，那么你不知道鱼的快乐，就是无可辩驳的了。"

庄子说："请从开头的话题说起。你说'你哪儿知道鱼的快乐'，说明你已经知道了我晓得鱼的快乐才来问我的。现在我来告诉你吧，我是在濠水的河堰上知道的。"

至 乐

【原文】

天下有至乐无有哉？有可以活身者无有哉？今奚为奚据？奚避奚处？奚就奚去？奚乐奚恶？

夫天下之所尊者，富贵寿善也；所乐者，身安厚味美服好色音声也；所下者，贫贱夭恶也；所苦者，身不得安逸，口不得厚味，形不得美服，目不得好色，耳不得音声。若不得者，则大忧以惧，其为形也亦愚哉！

夫富者，苦身疾作[1]，多积财而不得尽用，其为形也亦外矣[2]！夫贵者，夜以继日，思虑善否，其为形也亦疏矣[3]！人之生也，与忧俱生。寿者惛惛[4]，久忧不死，何苦也！其为形也亦远矣！烈士为天下见善矣，未足以活身。吾未知善之诚善邪？诚不善邪？若以为善矣，不足活身；以为不善矣，足以活人。故曰："忠谏不听，蹲循勿争[5]。"故夫子胥争之，以残其形；不争，名亦不成。诚有善无有哉？

今俗之所为与其所乐，吾又未知乐之果乐邪？果不乐邪？吾观夫俗之所乐，举群趣者[6]，誙誙然如将不得已，而皆曰乐者，吾未之乐也，亦未之不乐也。果有乐无有哉？吾以无为诚乐矣，又俗之所大苦也。故曰："至乐无乐，至誉无誉。"

天下是非果未可定也。虽然，无为可以定是非。至乐活身，唯无为几存[7]。请尝试言之：天无为以之清，地无为以之宁，故两无为相合，万物皆化生。芒乎芴乎[8]，而无从出乎！芴乎芒乎，而无有象乎[9]！万物职职[10]，皆从无为殖[11]。故曰："天地无为也而无不为也。"人也孰能得无为哉！

【注释】

〔1〕疾作：拼命干。

〔2〕外：相背离。

〔3〕疏：远。

〔4〕惛惛：糊涂的样子。

〔5〕蹲循：迟疑退却的样子。

〔6〕举群：成群。趣：追逐。

〔7〕几存：接近。

〔8〕芒乎芴乎：恍惚。
〔9〕象：迹象。
〔10〕职职：繁多的样子。
〔11〕殖：繁殖，产生。

【译文】

　　天下有最快乐还是没有？有活身之道还是没有？如果有，现在应该怎么做？依据什么？要避免什么？怎么安处？要接近什么？又要舍弃什么？应当喜欢什么？又应当厌恶什么呢？

　　天下所尊崇的，是富有、尊贵、长寿、善名；所喜欢的，是身体安适、饮食丰盛、服饰华丽、容貌娇艳、音乐悦耳；所鄙视的，是贫苦、卑贱、夭折和恶名；所痛苦的，是身体不得安适，吃不到美味佳肴，穿不上华丽的衣服，眼睛看不到美色，耳朵听不到高雅的音乐。如果得不到这些，就大为忧愁恐惧。如此对待身体真是太愚昧了！

　　富有的人，劳苦身体，拼命经营，积聚了许多财物而不能充分享用，这样做不是也太不爱惜身体了吗！那些贵人们，夜以继日地思虑着如何保住官运的亨通，避免危机的到来，这样对待身体，不是太疏忽了吗！人一出生就与忧愁并存，年纪老迈的人糊里糊涂，长期忧愁而不死，是多么痛苦的事啊！这样对待身体，不也是太疏远了吗！烈士被天下所称善，却保不住自己的性命。我不知道这种善是真善呢？还是真不善？如果认为是善，却不能保住自己的性命；认为是不善，却救活了别人。所以说："如果忠谏不被君所接受，就退下不要再争。"过去伍子胥因忠谏强争而遭杀戮，即使他不谏争，他也不会成名。如此说来，到底有善还是没有？

　　现在世俗的所为及其所乐，我不知道是果真快乐？还是不快乐？我看世俗所快乐的，大家都去追逐，那种兴致高亢的样子，好像无法平静下来，而大家都说快乐，我没有感到快乐，也没有感到不快乐。果真有快乐还是没有？我认为无为是真正的快乐，而这又是世俗所认为的痛苦。所以说："最大的快乐就是忘掉快乐，最大的荣誉就是忘掉荣誉。"

　　天下的是非确实无法确定。尽管如此，无为可以定是非。至乐能够养活性命，只有无为可以让快乐留存。请让我试着说明这一点：天因为无为而清明，地因为无为而宁静。这两种无为相结合，从而使万物变化生长。恍恍惚惚，不知道从何而出；恍恍惚惚，没有一点迹象！万物繁多，都是出自无为。所以说"天地无为而无不为。"而谁又能够学得这种无为呢？

【原文】

　　庄子妻死，惠子吊之，庄子则方箕踞鼓盆而歌[1]。惠子曰："与人居[2]，长子[3]、老、身死，不哭，亦足矣[4]，又鼓盆而歌，不亦甚乎！"

庄子曰："不然。是其始死也，我独何能无概然[5]！察其始而本无生，非徒无生也而本无形，非徒无形也而本无气。杂乎芒芴之间，变而有气，气变而有形，形变而有生，今又变而之死，是相与为春秋冬夏四时行也。人且偃然寝于巨室[6]，而我噭噭然随而哭之[7]，自以为不通乎命，故止也。"

【注释】

〔1〕箕踞：一种不拘礼节的坐姿，状如簸箕。
〔2〕居：生活。
〔3〕长子：生儿育女。
〔4〕亦足：已不合情理。
〔5〕概：通"慨"，感叹。
〔6〕偃然：安然。巨室：指天地。
〔7〕噭噭然：哭号之声。

【译文】

庄子的妻子死了，惠子前去吊丧，庄子正不拘礼节地坐着，敲盆唱歌。惠子说："妻子和你一起生活，为你生儿育女，现在她老而身死，你不哭就已不合情理，还敲盆唱歌，真是太过分了！"

庄子说："不是的。她刚刚死，我怎么能不悲伤呢！但是推究起来，她起初原本是没有生命的，不仅没有生命而且没有形骸，不仅没有形骸而且没有气。她混杂在恍惚之间，变而有气，气变而有形骸，形骸变而有生命，现在又变而为死，这种变化就像四季的运行一样，是自然而然地运行的。人已经安然歇息于天地之间，而我却哭哭啼啼，我认为这样是不通达自然变化之理的，所以不哭。"

【原文】

支离叔与滑介叔观于冥伯之丘[1]，昆仑之虚[2]，黄帝之所休。俄而柳生其左肘[3]，其意蹶蹶然恶之[4]。

支离叔曰："子恶之乎？"滑介叔曰："亡[5]，予何恶！生者，假借也[6]；假之而生生者，尘垢也。死生为昼夜。且吾与子观化而化及我[7]，我又何恶焉！"

【注释】

[1] 支离叔、滑介叔：虚拟的寓言人物。
[2] 虚：通"墟"。
[3] 柳："瘤"。
[4] 蹴蹴然：惊动不安的样子。
[5] 亡：通"无"。
[6] 假借：寄托。
[7] 观化：观察天地万物的变化。

【译文】

支离叔和滑介叔一同观览冥伯之丘、昆仑之墟，这些都是黄帝曾经休息的地方。不一会儿，滑介叔的左肘部长出了一个肿瘤，他显得惊动不安，似乎很厌恶它。

支离叔说："你厌恶它吗？"滑介叔说："不，我为什么厌恶！生命来到世上，不过是一时的寄托罢了，而由人的生命所派生出来的东西，如瘤子等，只不过如渺小的尘垢。死生就像昼夜的运行一样平常。我和你观察万物的变化，现在变化降临到我的身体上，我对它又有什么厌恶的呢！"

【原文】

庄子之楚，见空髑髅[1]，髐然有形[2]。撽以马捶[3]，因而问之，曰："夫子贪生失理而为此乎[4]？将子有亡国之事[5]，斧钺之诛而为此乎？将子有不善之行，愧遗父母妻子之丑[6]而为此乎？将子有冻馁之患而为此乎？将子之春秋故及此乎？"于是语卒，援髑髅[7]，枕而卧。

夜半，髑髅见梦曰[8]："子之谈者似辩士，视子所言，皆生人之累也[9]，死则无此矣。子欲闻死之说乎？"庄子曰："然。"髑髅曰："死，无君于上，无臣于下，亦无四时之事，从然以天地为春秋[10]，虽南面王乐，不能过也。"庄子不信，曰："吾使司命复生子形[11]，为子骨肉肌肤，反子父母、妻子、闾里、知识[12]，子欲之乎？"

髑髅深矉蹙頞曰[13]："吾安能弃南面王乐而复为人间之劳乎！"

【注释】

[1] 髑髅（dú lóu）：死人的头骨。
[2] 髐（xiāo）然：空枯的样子。
[3] 撽（qiào）：敲击。马捶：马鞭。

〔4〕失理：违反天理。
〔5〕将：还是。
〔6〕遗：给。
〔7〕援：拉。
〔8〕见：通"现"，显。
〔9〕生人：活人。累：拖累，负担。
〔10〕从：通"纵"。从然：放纵自由的样子。
〔11〕司命：掌管生命的神。
〔12〕知识：熟悉的人，朋友。
〔13〕深矉蹙頞：深深地皱眉头，表示忧愁的样子。矉，额。

【译文】

庄子去楚国，看到一具空骷髅，空枯有形。庄子用马鞭敲敲骷髅，问道："先生您是因为贪求人生欲望，违反天理，才成了这个样子的吗？还是因为国家灭亡，遭受刑戮，成了这个样子？还是因为行为不端，愧对父母妻儿，成了这个样子？还是因为冻饿而死，成了这个样子？还是因为年寿已尽自然死亡，成了这个样子？"说完之后，拉过骷髅，枕在上面睡觉。

到了半夜，骷髅托梦对庄子说："您的谈论像辩士，您所说的，都是活人的负担，死后就没有这些拖累了。您想听听关于死的道理吗？"庄子说："好的。"骷髅说："死人上无君王，下无臣子，也没有四季寒暑之忧，放纵自由地与天地一样长寿，即使是位居君王的快乐，也比不上此之乐。"庄子不相信，说："我让生命之神恢复您的形体，还原您的骨肉肌肤，归还您的父母、妻儿和邻里朋友，您愿意吗？"

骷髅紧皱眉头忧愁地说："我怎么能放弃君王般的快乐而重返人间的劳苦呢！"

【原文】

颜渊东之齐，孔子有忧色。子贡下席而问曰："小子敢问：回东之齐，夫子有忧色，何邪？"

孔子曰："善哉汝问。昔者管子有言[1]，丘甚善之，曰：'褚小者不可以怀大[2]，绠短者不可以汲深[3]。'夫若是者，以为命有所成而形有所适也[4]，夫不可损益。吾恐回与齐侯言尧、舜、黄帝之道，而重以燧人、神农之言。彼将内求于己而不得[5]，不得则惑，人惑则死。且女独不闻邪？昔者海鸟止于鲁郊，鲁侯御而觞之于庙[6]，奏《九韶》以为乐[7]，具太牢以为膳[8]。鸟乃眩视忧悲[9]，不敢食一脔[10]，不敢饮一杯，三日而死。此以己养养鸟也[11]，非以鸟养养鸟也。夫以鸟养养鸟者，宜栖之深林，游之坛陆[12]，浮之江湖，食之鳅鲦[13]，随行列而止，委蛇而处。彼唯人言之恶闻，奚以夫䚂䚂[14]为乎？《咸池》《九韶》之乐，张之洞庭之野，鸟闻之而飞，兽闻之而走，鱼闻之而下入，人卒闻之，相与还而观之。鱼处水而生，人处水而死，彼必相与异，其好恶故异也。故先圣不一其能，不同其事。名止于实，义设于适，是之谓条达而福持。"

【注释】

[1] 管子：管仲，春秋齐国著名的政治家和思想家，曾辅佐齐桓公称霸。

[2] 褚（zhǔ）：袋子。怀：装。

[3] 绠（gěng）：吊水用的绳子。

[4] 成：定。适：合。

[5] 内求于己：自我要求。

[6] 觞（shāng）：酒杯，用作动词，谓以酒招待。

[7] 《九韶》：舜时的乐曲名。

[8] 太牢：牛、羊、猪三者齐备的祭祀品。

[9] 眩视：看得眼花。

[10] 脔（luán）：切成小块的肉。

[11] 己养：养自己的方法。

[12] 坛：通"坦"。坦陆：广阔的地方。

[13] 鳅鲦：泥鳅之类的小鱼。

[14] 䚂䚂（náo）：喧闹的音乐。

【译文】

颜渊往东去齐国，孔子脸色忧愁。子贡离席走上前去问道："弟子请问：颜渊往东去齐国，先生面有忧色，这是为什么？"

孔子说："你问得好。从前管子有句话，我很赞赏，他说：'小袋子不能装大东西，短绳不能从深井里汲水。'之所以这样说，是因为性命各有所定而形体各有所适合，不可变更。我担心颜渊向齐侯谈论尧、舜、黄帝之道，重申燧人、神农之言。齐侯听了将以此要求自己，但却无法做到，做不到则产生怀疑，被怀疑的人就要面临死亡的危险了。你难道没有听说过这个故事吗？从前有只海鸟飞落在鲁国的郊外，鲁侯将它迎进庙堂，让它饮酒，演奏《九韶》之乐取悦于它，宰牛羊猪供它食用。海鸟看得眼花缭乱，内心忧愁悲惧，不敢吃一块肉，不敢饮一杯酒，三天就死了。这是用养人的方法去养鸟，而不是用养鸟的方法养鸟。用养鸟的方法来养鸟，应该让它栖息于茂密的树林，翱翔于广阔的地方，吃小鱼小虾，鸟群结队而行，自由自在地生活。鸟最讨厌听到人的声音，为什么还要那喧哗嘈杂的音乐呢？在广漠的野外演奏《咸池》《九韶》之乐，鸟听了就会飞走，兽听了就会逃跑，鱼听了就会沉入水下，而人们听了却会围上前来观赏。鱼在水里生灵活现，人在水里就会淹死，两者的秉性各异,好恶也就不同了。所以,过去的圣人不把人们的才能看成整齐划一,不强迫人们做同样的事情。名要与实相符,各尽其能,各适其宜,这就称为条理通达而好事常有。

【原文】

列子行,食于道从[1],见百岁髑髅,攓蓬而指之曰[2]:"唯予与汝知而未尝死[3],未尝生也。若果养乎[4]?予果欢乎?"种有几[5],得水则为继[6],得水土之际则为鼃蠙之衣[7],生于陵屯则为陵舄[8],陵舄得郁栖则为乌足[9]。乌足之根为蛴螬[10],其叶为胡蝶。胡蝶胥也化而为虫[11],生于灶下,其状若脱,其名为鸲掇[12]。鸲掇千日为鸟,其名为乾余骨。乾余骨之沫为斯弥。斯弥为食醯[13]。颐辂生乎食醯[14],黄軦生乎九猷[15],瞀芮生乎腐蠸[16],羊奚比乎不笋[17]。久竹生青宁[18],青宁生程[19],程生马,马生人,人又反入于机。万物皆出于机,皆入于机。

【注释】

[1]从:旁。

[2]攓(qiān):拔。蓬:草。

[3]唯:只。予:我。

[4]养:忧。

[5]几:微。

[6]继:通"继",水绵。

[7]鼃蠙(wā pín)之衣:青苔。

[8]陵屯:土堆。陵舄(xì):车前草。

[9]郁栖:粪土。乌足:草名,车前草的变种。

[10]蛴螬(qí cáo):金龟子的幼虫。

[11]胥:不久。

[12]鸲(qú)掇:乾余骨的幼虫。

[13]斯弥:虫名。食醯(xī):醋瓮中的小虫。

[14]颐辂(lù):小虫名。

[15]黄軦(kuàng):虫名。九猷:过时的酒,即坏了的甜酒。

[16]瞀芮(mào ruì):小蚊虫。腐蠸:瓜类害虫,亦称黄守瓜。

[17]羊奚:草名。不笋:不生笋的竹子。

[18]久竹:老竹。青宁:竹根虫。

[19]程:豹。

【译文】

列子旅行,在路旁进食,看见一个百年的骷髅,于是拨开蓬草指着它说:

"只有我和你知道你未曾死,也未曾活。你果真以死为忧愁吗?我果真以活着为快乐吗?"物类之中藏有极微妙的变化因素,这种因素,得到水的滋润就会长出细如断丝的鳖草,在水和土之间就变成青苔,生在土堆中就变成车前草,车前草得到粪土就变为乌足草。乌足草的根变成蛴螬,它的叶子会变为蝴蝶。蝴蝶不久化为虫,这种虫生在灶下,就像刚刚蜕了皮,名叫鸲掇。鸲掇千日之后变为鸟,名叫乾馀骨。乾馀骨吐出的黏液变为斯弥,斯弥变成醋瓮中的小虫。颐辂虫生于醋虫,黄軦虫从九猷虫中生出,蚊子从腐烂的黄守瓜虫中生出,羊奚草生在不长笋的竹根上,老竹生青宁虫,青宁生豹,豹生马,马生人,人又复归于自然。万物都是出于自然,又归于自然。

达 生

【原文】

达生之情者[1],不务生之所无以为[2];达命之情者,不务知之所无奈何[3]。养形必先之以物[4],物有余而形不养者有之矣;有生必先无离形[5],形不离而生亡者有之矣。生之来不能却[6],其去不能止[7]。悲夫!世之人以为养形足以存生,而养形果不足以存生,则世奚足为哉!虽不足为而不可不为者,其为不免矣!

夫欲免为形者,莫如弃世。弃世则无累,无累则正平[8],正平则与彼更生[9],更生则几矣[10]!事奚足弃而生奚足遗[11]?弃事则形不劳,遗生则精不亏。夫形全精复,与天为一。天地者,万物之父母也,合则成体,散则成始。形精不亏,是谓能移[12]。精而又精,反以相天[13]。

【注释】

〔1〕达:明白。生:生命。情:情理。

〔2〕所无以为:无法做到的。

〔3〕所无奈何:无能为力的。

〔4〕形:身体。物:物质条件。

〔5〕离形:脱离形体,即死。

〔6〕却:拒绝。

〔7〕止:挽留。

〔8〕正平:心正气平。

〔9〕彼:指大自然,造化。更生:新生。

〔10〕几：接近，这里指大道。
〔11〕事：世事。
〔12〕能移：能随自然一起变化迁移。
〔13〕相：辅助。

【译文】

通达声明实情的人，不去追求生命所不必要的东西；通晓寿命实情的人，不去做对寿命无能为力的事情。保养身体必须先有物质条件。但有些人物质丰裕却保养不好身体；保有生命首先必须不脱离形体，但有些人形体不离生命却死亡了。生命来临不能拒绝，生命离去也无法阻止。可悲啊！世俗之人以为保养好身体便可以保全生命，然而保养身体确实不足以保全生命，那么世人还有什么事情可做呢！虽然不值得管却不可不去管，那就免不了要劳累了。

要想免除形体的劳累，不如抛弃世俗。抛弃世俗就没有拖累，没有拖累则心正气平，心正气平就会与大自然一同发展变化而生生不息，生生不息就会接近于所要达到的养生目标。世事为什么值得抛弃而生命值得忘怀呢？抛弃世事则形体不劳，忘怀生命则精神不亏。形体健全而精神饱满，就会与自然合为一体。天地是万物的父母，阴阳二气的相合就生成万物的形体，阴阳二气分离则万物返归于原始混沌状态。形体健全精神饱满，就能随自然变化而更新。养生达到了炉火纯青的境界，反过来又会有助于天地自然的发展。

【原文】

子列子问关尹曰[1]："至人潜行不窒[2]，蹈火不热，行乎万物之上而不栗[3]。请问何以至于此？"

关尹曰："是纯气之守也[4]，非知巧果敢之列。居[5]，吾语女。凡有貌象声色者，皆物也，物与物何以相远？夫奚足以至乎先？是色而已。则物之造乎不形而止乎无所化，夫得是而穷之者，物焉得而止焉！彼将处乎不淫之度[6]，而藏乎无端之纪[7]，游乎万物之所终始，壹其性[8]，养其气，合其德，以通乎物之所造[9]。夫若是者，其天守全[10]，其神无郄[11]，物奚自入焉！夫醉者之坠车，虽疾不死。骨节与人同而犯害与人异[12]，其神全也，乘亦不知也，坠亦不知也，死生惊惧不入乎其胸中，是故遻物而不慴[13]。彼得全于酒而犹若是，而况得全于天乎？圣人藏于天[14]，故莫之能伤也。复仇者不折镆干[15]，虽有忮心者，不怨飘瓦[16]，是以天下平均。故无攻战之乱，无杀戮之刑者，由此道也。不开人之天，而开天之天。开天者德生[17]，开人者贼生[18]。不厌其天[19]，不忽于人[20]，民几乎以其真[21]。"

【注释】

〔1〕子列子：即列御寇，亦称列子。关尹：老子弟子，姓尹名喜，曾为函谷关令，故亦称关令尹。

〔2〕潜行：入水而行。

〔3〕万物之上：最高处。

〔4〕纯气之守：保持着纯正之气。

〔5〕居：坐。

〔6〕不淫之度：恰如其分。

〔7〕无端：无首无尾。

〔8〕壹其性：使心性纯一。

〔9〕物之所造：造物者，即派生万物的大道。

〔10〕天守全：天性完备。

〔11〕郤：通"隙"，间隙，裂缝。

〔12〕犯害：伤害，受害。

〔13〕遻（è）：通"迕"，触，遇到。慑（shè）：恐惧。

〔14〕藏于天：居心于天道。

〔15〕镆干：镆铘、干将的简称，传说楚国有夫妇二人善铸剑，夫名干将，妻名镆铘。后将镆铘干将作为利剑的代称。

〔16〕忮（zhì）心：忌恨之心。

〔17〕德生：养成良好的道德。

〔18〕贼生：产生祸害的心理。

〔19〕厌：满足。

〔20〕忽：疏忽。人：人为。

〔21〕真：指天性。

【译文】

列子问关尹说："至人入水行走而不窒息，走在火上而不觉得热，在最高处行走而不畏惧。请问为什么能达到这般境地？"

关尹说："这是保持了纯正之气的缘故，而不是使用巧智和勇敢所能做到的。坐下，我对你说！凡具有形状声色的，都是物，物与物之间为什么有很大差别？物怎么能达到未始有物之光的至虚境界呢？这些都是拘于色相之物罢了。物产生于无形而终止于无变化，明白了这个道理，就不会把万物放在心上！至人处于恰如其分的位置，藏心于循环之理，游心于无为之道，使心性纯一，保养纯正之气，使德性与天道相合，以通达于自然。像这样的至人，天性完备，精神健全无缺，外物怎么能侵入呢！醉酒者从车上掉下来，虽然受伤却不会摔死。他的骨节和别人一样而伤害程度却和别人不同，这是因为他的精神健全，乘坐在车上和从车上掉下来都没有感觉，心里没有死生惊惧的念头，所以撞在地上也不恐惧。他从醉酒中获得的精神健全尚且有这样的效果，何况从天道修养中所获得的精神健全呢？圣人居心于天道，所以外物无法伤害他。复仇的人虽曾为镆铘、干将所伤，但在复仇时却不会折断它们；即使气量狭隘常存忌恨之心的人，也不会去怨恨那砸伤自己的飘落之瓦。因此，人人都像镆干、飘瓦一样无心无情，那天下就会和平安宁。奉行无为之道，就不会有战乱之患和杀戮之刑。不要倡导人为，而要顺应自然。顺应自然就会养成良好的道德，倡导人为则会产生祸害的心理。要大力提倡无为之道，谨防人为之害，这样人们就会按照天真的本性行事。"

【原文】

仲尼适楚，出于林中[1]，见痀偻者承蜩[2]，犹掇之也[3]。

仲尼曰："子巧乎[4]！有道邪？"

曰："我有道也。五六月累丸二而不坠[5]，则失者锱铢[6]；累三而不坠，则失者十一[7]；累五而不坠，犹掇之也。吾处身也，若厥株拘[8]；吾执臂也[9]，若槁木之枝[10]。虽天地之大，万物之多，而唯蜩翼之知。吾不反不侧[11]，不以万物易蜩之翼，何为而不得！"

孔子顾谓弟子曰："用志不分，乃凝于神，其痀偻丈人之谓乎[12]！"

【注释】

［1］出：经过。

［2］痀偻（jū lóu）：老人曲背的样子。承蜩：在竹竿顶端放上胶状物把蝉粘住，捕蝉的方法之一。承，取，抓。蜩（tiáo），蝉。

［3］掇：拾取。

［4］巧：纯熟。

［5］累：叠。

［6］锱铢（zī zhū）：古代的重量单位，这里用来表示极少。

［7］十一：十分之一。

［8］若厥株拘：像木桩一样静止不动。

［9］执：持，控制。

［10］槁木：干枯的树。

［11］不反不侧：一心一意，心无二念。

［12］丈人：古时候对老年人的尊称。

【译文】

孔子去楚国，经过树林中，看见一位驼背老人用竹竿粘蝉，像在地上拾取一样轻而易举。

孔子上前说："您的手真巧！有什么粘蝉之道吗？"

捕蝉者回答说："我有门道。我为了提高技巧，在竹竿顶端叠放上两个弹丸，经过五六个月的训练之后，两个弹丸可以不掉下来，失手的时候已很少；叠放三个弹丸也不会掉下来的时候，那么失手的概率只有十分之一；叠放五个弹丸不掉，那就像拾取东西一样容易。我粘蝉时，身体像木桩一样静止不动；我对胳膊的控制，像干枯的树枝一样稳健；虽然天地无限广大，万物纷纭繁杂，而我的心思只在蝉翼上。我心无二念，不因为其他东西而转移对蝉翼的专注，这样还有什么得不到！"

孔子回头对弟子说："心不分散，聚精神，就是在说这位驼背老人啊！"

【原文】

颜渊问仲尼曰："吾尝济乎觞深之渊[1]，津人操舟若神[2]。吾问焉，曰：'操舟可学邪？'曰：'可。善游者数能[3]。若乃夫没人[4]，则未尝见舟而便操之也[5]。'吾问焉而不吾告[6]，敢问何谓也？"

仲尼曰："善游者数能，忘水也。若乃夫没人之未尝见舟而便操之也，彼视渊若陵，视舟之覆犹其车却也[7]。覆却万方陈乎前而不得入其舍[8]，恶往而不暇[9]！以瓦注者巧[10]，以钩注者惮[11]，以黄金注者殙[12]。其巧一也[13]，而有所矜[14]，则重外也[15]。凡外重者内拙[16]。"

【注释】

[1] 觞深：渊名。

[2] 津人：摆渡的人。

[3] 数：数次，多次。

[4] 没人：善于潜水的人。

[5] 便：轻巧。

[6] 不吾告：不告诉我。

[7] 却：退。

[8] 舍：心。

[9] 暇：闲暇自由，轻松。

[10] 注：赌注。巧：心思灵巧。

[11] 钩：带钩。惮：怕。

[12] 殙（hūn）：心绪紊乱。

[13] 一：一样。

[14] 矜（jīn）：怜惜。

[15] 重外：注重于身外之物。

[16] 内拙：内心笨拙。

庄子

【译文】

颜渊问孔子说:"有一次我经过一个深渊渡口,摆渡的人撑船技术高明极了。我问他:'撑船可以学习吗?'他说:'可以。善于游泳的人经过多次练习就能学会,而善于潜水的人即使没有见过船也能熟练行驶。'我问其中的原因,他却不告诉我,请问他的话是什么意思?"

孔子说:"善于游泳的人经过多次练习就能学会,这是因为他忘掉水能危害人的性命。善于潜水的人没见过船就能驾驭船只,这是因为他把深渊视为山丘,把船翻视为车倒退一样。他对出现在眼前的翻船如倒车的情景毫不在乎,心里若无其事,他怎么能不镇静自若呢!用瓦片做赌注便心思灵巧,用带钩做赌注内心就有点害怕,用黄金做赌注则心烦意乱。他的赌博技巧前后一样,但后来却顾虑重重,这是由于身外的利害得失。注重于身外之物的内心就笨拙。"

【原文】

田开子见周威公[1],威公曰:"吾闻祝肾学生[2],吾子与祝肾游,亦何闻焉?"田开子曰:"开子操拔篲以侍门庭[3],亦何闻于夫子!"威公曰:"田子无让[4],寡人愿闻之。"开子曰:"闻之夫子曰:'善养生者,若牧羊然,视其后者而鞭之。'"威公曰:"何谓也?"田开子曰:"鲁有单豹者[5],岩居而水饮,不与民共利[6],行年七十而犹有婴儿之色,不幸遇饿虎,饿虎杀而食之。有张毅者,高门县薄[7],无不走也,行年四十而有内热之病以死。豹养其内而虎食其外[8],毅养其外而病攻其内,此二者,皆不鞭其后者也[9]。仲尼曰:'无入而藏[10],无出而阳[11],柴立其中央[12]。三者若得,其名必极[13]。'夫畏涂者[14],十杀一人,则父子兄弟相戒也[15],必盛卒徒而后敢出焉[16],不亦知乎!人之所取畏者[17],衽席之上[18],饮食之间,而不知为之戒者,过也!"

【注释】

〔1〕田开子:学道之人。周威公:东周王室的一位君主。
〔2〕祝肾:人名,事迹不详。学生:学习养生之道。
〔3〕拔篲:扫帚。

〔4〕无：通"毋"，不要。

〔5〕单豹：鲁国隐士。

〔6〕共利：争利。

〔7〕高门：富贵之家。县薄：垂帘，指贫寒之家。薄，通"箔"。

〔8〕养其内：修心养性。外：形体。

〔9〕不鞭其后：指行为偏颇，不能取长补短。

〔10〕无入而藏：不要深深地隐藏起来。

〔11〕阳：外露。

〔12〕柴立：像木头一样站立，表示无心。

〔13〕其名必极：必然获得最高的称号。

〔14〕畏涂：阴险多盗之途。涂，通"途"。

〔15〕戒：通"诫"，告诫。

〔16〕盛卒徒：成群结队。

〔17〕取畏：自取危险的事。

〔18〕衽（rèn）席之上：指色欲之事。

【译文】

田开子见到周威公，威公说："我听说祝肾在学习养生之道。你常和他在一起，听到过什么吗？"田开子说："我不过是拿着扫帚替先生打扫门庭，能从先生那儿听到什么呢！"威公说："你不要推辞，我很想听听养生的道理。"开子说："听先生说：'善于养生的，就像牧羊一样，看见落后就用鞭子抽。'"威公说："这是什么意思？"田开子说："鲁国有一个名叫单豹的人隐居于山岩，饮用泉水，不与人争利，年已70岁而容颜还像婴儿一般，不幸遇饿虎，被饿虎吞食。有一个名叫张毅的，走东家串西家，四处钻营，年仅40岁却得内热病而死。单豹修心养性却被老虎吃掉了形体，张毅保养形体却被疾病攻入了体内。这两个人，都是行为偏颇而不能调和折中。孔子说：'不要隐藏得太深，也不要过于外露，而应该像木头一样中立于动静之间。这三者如果都能做到，就达到了养生之道的极致。'险阻多盗的道路，假如有10人经过那里，有1人被害，父子兄弟就会互相告诫，必定成群结伙才敢上路，真聪明啊！人们自取危险的，是色欲之事，饮食之事，而人们却不知道对此戒备，这是过错啊！"

【原文】

祝宗人元端以临牢策[1]，说彘曰[2]："汝奚恶死？吾将三月㹖汝[3]，十日戒，三日齐，藉白茅[4]，加汝肩尻乎雕俎之上，则汝为之乎？"为彘谋，曰不如食以糠糟而错之牢策之中[5]；自为谋[6]，则苟生有轩冕之尊，死得于腞楯之上、聚偻之中则为之[7]。为彘谋则去之，自为谋则取之，所异彘者何也？

【注释】

〔1〕祝宗人：祝人、宗人，掌管祭祀者。元端：一种祭祀时穿的服饰。临：靠近。牢策：猪栏。

〔2〕彘（zhì）：猪。

〔3〕豢（huàn）：养。

〔4〕藉白茅：用白茅当垫子，以表示洁净。

〔5〕错：通"措"，放置。

〔6〕自为谋：为自己打算。

〔7〕腞楯（zhuàn shǔn）：有画饰的柩车。聚偻：装饰华丽的棺椁。

【译文】

掌管祭祀的祝人和宗人身穿祭服走近猪栏，对猪说："你为什么怕死？我要好好喂养你三个月，然后为你戒食十天，斋戒三天，铺上白茅草，把你的肩肘和后腿放置在雕饰的祭器上，你愿意吗？"如果为猪打算，就不如用糟糠让它存活于猪栏中；如果为自己打算，只要希望生前高官厚禄，死后隆重厚葬就满意了。为猪打算就让它放弃享受祭祀之礼的死，替自己打算就追求虚荣之死，这和猪有什么区别？

【原文】

桓公田于泽[1]，管仲御[2]，见鬼焉。公抚管仲之手曰："仲父何见[3]？"对曰："臣无所见。"公反[4]，诶诒为病[5]，数日不出。

齐士有皇子告敖者曰[6]："公则自伤，鬼恶能伤公！夫忿滀之气[7]，散而不反，则为不足；上而不下，则使人善怒；下而不上，则使人善忘；不上不下，中身当心，则为病。"

桓公曰："然则有鬼乎？"曰："有。沈有履[8]，灶有髻[9]。户内之烦壤[10]，雷霆处之[11]；东北方之下者，倍阿鲑蠪跃之[12]；西北方之下者，则泆阳处之[13]。水有罔象[14]，丘有峷[15]，山有夔，野有彷徨[16]，泽有委蛇。"

公曰："请问委蛇之状何如？"皇子曰："委蛇，其大如毂，其长如辕，紫衣而朱冠。其为物也，恶闻雷车之声，则捧其首而立。见之者殆乎霸。"桓公辴然而笑曰[17]："此寡人之所见者也。"于是正衣冠与之坐，不终日而不知病之去也[18]。

【注释】

〔1〕桓公：齐桓公。

〔2〕御：驾车。

〔3〕仲父：对管仲的尊称。

〔4〕反：通"返"。

〔5〕诶诒（xī yí）：病而失魂，自笑自言。

〔6〕皇子告敖：齐国的贤士。

〔7〕忿滀（chù）：蓄愤郁结。

〔8〕沈：水下污泥。履：鬼名。

〔9〕髻：灶神。

〔10〕烦壤：粪壤。

〔11〕雷霆：鬼名。

〔12〕倍阿、鲑蠪（wā lóng）：鬼名。

〔13〕泆（yì）阳：神名。

〔14〕罔象：水怪名。

〔15〕峷：怪兽。

〔16〕彷徨：怪兽，状如蛇，双头。

〔17〕辴（chǎn）然：欢笑的样子。

〔18〕不终日：不到一天的工夫。

【译文】

齐桓公在沼泽地打猎，管仲驾车，见到了鬼。桓公握住管仲的手说："仲父您看见了什么？"管仲回答说："我什么也没有看见。"齐桓公返回宫中，失魂呓语而得病，几天闭门不出。

齐国有位贤士皇子告敖说："您这是自己忧伤，鬼怎么能伤害您呢！郁结之气，扩散而不能收敛回复，就精气不足；集中于身体上部而不能下通，就使人容易发怒；集中于身体下部而不能上达，就使人容易健忘；不上达也不下通，聚积于身体中部，就要致病。"

桓公说："那么有鬼吗？"皇子说："有。水下污泥处有名叫履的鬼，灶台有名叫髻的神。屋内堆积粪壤之处，有名叫雷霆的鬼；东北方的下面，有名叫倍阿、鲑蠪的鬼在跳跃；西北方的下面，有名叫泆阳的鬼。水中有罔象，丘陵有峷神，山里有夔，野地有彷徨，沼泽有委蛇。"

桓公问："委蛇是什么样子？"皇子说："委蛇的形状，大如车轴，长如车辕，穿紫衣戴红冠。这种鬼，害怕听雷车的声音，听到就捧着头站立。看到它的人将会称霸。"桓公大笑着说："那就是我

所见到的东西。"于是整好衣冠与皇子相坐，不到一天的工夫，病就不知不觉地好了。

【原文】

纪渻子为王养斗鸡[1]。

十日而问："鸡已乎[2]？"曰："未也。方虚憍而恃气[3]。"

十日又问，曰："未也，犹应向景。"

十日又问，曰："未也，犹疾视而盛气。"

十日又问，曰："几矣。鸡虽有鸣者，已无变矣。望之似木鸡矣，其德全矣，异鸡无敢应者，反走矣。"

【注释】

[1] 纪渻(shěng)子：人名，事迹不详。王：指齐王。
[2] 已：可以。
[3] 憍：通"骄"，骄矜。

【译文】

纪渻子给齐王养斗鸡。

过了十天，齐王问："鸡可以斗了吗？"纪渻子回答说："不行，性情骄横，自恃意气。"

十天后，齐王又问，纪渻子回答说："不行，听到别的鸡叫或见到别的鸡的影子还有反应。"

十天后，齐王又问，纪渻子回答说："不行，还怒视而好斗。"

十天后，齐王又问，纪渻子回答说："可以了。虽然听到别的鸡叫，却毫无反应，看起来像只木鸡，静寂淡漠，德行已经完美，别的鸡不敢应战，见到它扭头就逃走。"

【原文】

孔子观于吕梁[1]，县水三十仞，流沫四十里，鼋鼍鱼鳖之所不能游也[2]。见一丈夫游之，以为有苦而欲死也，使弟子并流而拯之[3]。数百步而出，被发行歌而游于塘下[4]。

孔子从而问焉，曰："吾以子为鬼，察子则人也。请问，蹈水有道乎？"曰："亡，吾无道。吾始乎故，长乎性，成乎命。与齐俱入[5]，与汩偕出[6]，从水之道而不为私焉。此吾所以蹈之也。"孔子曰："何谓始乎故，长乎性，成乎命？"曰："吾生于陵而安于陵，故也；长于水而安于水，性也；不知吾所以然而然，命也。"

庄子

【注释】

〔1〕吕梁：水名。一说为山名。
〔2〕鼋（yuán）：鳖类中的一种，形体比一般鳖大。鼍（tuó）：鳄鱼的一种。
〔3〕并流：靠近岸边，顺流游去。
〔4〕塘下：岸下。
〔5〕齐：通"脐"，水漩洄而下时，形似肚脐，故称。
〔6〕汩：上涌的漩涡。

【译文】

孔子观赏吕梁之山水，瀑布高悬几十丈，飞流溅沫40里，就连鱼鳖都无法游过。看见一男子游入激流，以为他有痛苦的事而想自杀，赶快叫弟子顺流去救他。那个男子没入水中数百步才浮出来，披发唱歌而游到岸边。

孔子走上前去问："我以为你是鬼，仔细察看才知道是人。请问，你游水有什么方法吗？"那人回答说："没有，我没有方法。我起始于本然，长大习而成性，成于顺其自然。与漩涡一起没入，与涌流同时浮出，顺着水势自然而出，这就是我的游水之道。"孔子问："什么叫起始于本然，长大习而成性，成于顺其自然？"回答说："我生于陆地而安于陆地，这就是故地；成长于水边而安于水，这就是习性；我不知道为什么会这样，这就是顺其自然。"

【原文】

梓庆削木为鐻[1]，鐻成，见者惊犹鬼神[2]。鲁侯见而问焉，曰："子何术以为焉？"对曰："臣，工人，何术之有！虽然，有一焉。臣将为鐻，未尝敢以耗气也[3]。必齐以静心。齐三日，而不敢怀庆赏爵禄；齐五日，不敢怀非誉巧拙；齐七日，辄然忘吾有四枝形体也[4]。当是时也，无公朝，其巧专而外骨消；然后入山林，观天性；形躯至矣，然后成见鐻，然后加手焉[5]；不然则已。则以天合天，器之所以疑神者，其是与[6]！"

·317·

【注释】

〔1〕梓庆：工匠名。鐻：悬挂钟磬等乐器的木架子，雕刻有装饰图案。
〔2〕鬼神：鬼斧神工。
〔3〕耗气：损耗精气。
〔4〕辄然：不动的样子。枝：通"肢"。
〔5〕加手：着手取木。
〔6〕其是与：恐怕就是这个原因吧！

【译文】

梓庆用木头制作鐻，做成后，看到的人惊叹为鬼斧神工。鲁侯看见后问："你是用什么妙技做成的呢？"梓庆回答说："我是个工匠，能有什么道术！不过，我还是有一点。我在做鐻之前，不敢损耗精气，必定斋戒以平心静气。斋戒三天，不敢怀有功名利禄之心；斋戒五天，不敢怀有是非善恶之心；斋戒七日，就达到了忘我的境界。在这个时候，眼里没有朝廷，专心于工艺技巧而排除了外界的干扰；然后进入山林，观察树木的天性；见到形态极其符合的材料，一个成型的鐻就呈现在眼前，然后着手取木；如果不是这样，就放弃不取。这样心性自然与外界自然相合，乐器之所以被疑为神工，恐怕就是这个原因吧！"

【原文】

东野稷以御见庄公，进退中绳，左右旋中规。庄公以为文弗过也[1]，使之钩百而反[2]。

颜阖遇之[3]，入见曰："稷之马将败[4]。"公密而不应[5]。少焉，果败而反。公曰："子何以知之？"曰："其马力竭矣，而犹求焉，故曰败。"

【注释】

〔1〕文：图画。
〔2〕钩：转圈。
〔3〕颜阖：鲁国贤人。
〔4〕败：垮。
〔5〕密：沉默。

【译文】

东野稷因为善于驾车得见鲁庄公，他驾车进退往来像绳子一样笔直，左右旋转像圆规画得一样圆。庄公以为造父的技术也不能超过他，让他再转100圈后回来。颜阖遇见了，进来对庄公说："东野稷的马要垮。"庄公沉默不语。过了一会儿，马果然垮掉了。庄公说："你怎么知道马要垮呢？"颜阖回答说：

"马已经筋疲力尽,但他还继续强迫马奔跑,所以必然要垮。"

【原文】

工倕旋而盖规矩[1],指与物化而不以心稽[2],故其灵台一而不桎[3]。忘足,屦之适也;忘腰,带之适也;知忘是非,心之适也;不内变,不外从,事会之适也。始乎适而未尝不适者,忘适之适也。

【注释】

〔1〕旋:画圈。盖:合。
〔2〕指与物化:手指动作随着所造的器物而变化。
〔3〕灵台:心灵。桎:通"窒"。

【译文】

工倕用手画圆赛过规矩,手指动作随着所造的器物而变化,根本不用思索,所以他的心性专一而通达。只要忘了脚,鞋子是会合适的;只要忘了腰,腰带是会合适的;只要忘了是非,内心就会感到舒适;心神如一,不追随外物,遇事就可以顺心应手。本性安适而无所不适,就是忘了安适的安适。

【原文】

有孙休者[1],踵门而诧子扁庆子曰[2]:"休居乡不见谓不修[3],临难不见谓不勇。然而田原不遇岁[4],事君不遇世,宾于乡里[5],逐于州部[6],则胡罪乎天哉[7]?休恶遇此命也?"

扁子曰:"子独不闻夫至人之自行邪?忘其肝胆,遗其耳目,芒然彷徨乎尘垢之外,逍遥乎无事之业[8],是谓为而不恃,长而不宰[9]。今汝饰知以惊愚,修身以明污[10],昭昭乎若揭日月而行也[11]。汝得全而形躯,具而九窍,无中道夭于聋盲跛蹇而比于人数,亦幸矣,又何暇乎天之怨哉!子往矣!"

孙子出,扁子入,坐有间,仰天而叹。弟子问曰:"先生何为叹乎?"

扁子曰:"向者休来,吾告之以至人之德,吾恐其惊而遂至于惑也。"

弟子曰:"不然。孙子之所言是邪?先生之所言非邪?非固不能惑是。孙子所言非邪?先生所言是邪?彼固惑而来矣,又奚罪焉!"

扁子曰:"不然。昔者有鸟止于鲁郊,鲁君说之,为具太牢以飨之,奏《九韶》以乐之,鸟乃始忧悲眩视,不敢饮食。此之谓以己养养鸟也。若夫以鸟养养鸟者,宜栖之深林,浮之江湖,食之以委蛇,则安平陆而已矣。今休,款启寡闻之民也,吾告以至人之德,譬之若载鼷以车马[12],乐鴳以钟鼓也,彼又奚能无惊乎哉!"

【注释】

〔1〕孙休：鲁国俗人。

〔2〕踵门：登门求见。诧：惊讶而问。子扁庆子：鲁国贤人。

〔3〕见：被。

〔4〕田原：指耕作。

〔5〕宾：通"摈"，排斥，抛弃。

〔6〕州部：州邑。

〔7〕胡：何。

〔8〕无事：无为。

〔9〕宰：主宰。

〔10〕明污：显露别人的污秽。

〔11〕昭昭乎：光明磊落的样子。

〔12〕鼷（xī）：小老鼠。

【译文】

有一个名叫孙休的人，登门求见子扁庆子，他惊讶地问："我住在乡里，不曾被人家说过自己品行不端正；遇到危难，也不曾被人家说过自己不勇敢。但是种田遇不上好时岁，侍奉君主遇不上圣君明主，在乡里被人排斥，在州邑被人驱逐，我怎么得罪了天？竟然如此倒霉？"

扁子说："你难道没有听说过至人的行为吗？忘记自身，不求聪明，超然于尘世之外，逍遥于清净无为，这就是虽然有所作为，但并不自恃，对事物有所助长，但并不以主宰者自居。现在你粉饰智慧以惊醒愚顽之人，修身以揭露黑暗，光明磊落就像举着日月行走。你能保全自己的躯体，九窍完整无缺，没有中途夭折残废而跻身于人的行列，已经够幸运的了，何须怨天尤人！你走吧！"

孙休出去了。扁子进来，坐了一会儿，仰天而叹。弟子问："先生为什么叹气？"

扁子说："刚才孙休来，我告诉他至人的德行，我担心他过于震惊而变得更加迷惑。"

弟子说："不会这样的。如果孙休说的正确，先生说的错误，错误的当然就不能迷惑正确的；如果孙休说的错误，先生说的正确，他本来就是迷惑着前来，您又有什么过错呢！"

扁子说："不对。从前有只鸟飞落在鲁国郊外，鲁君很喜欢它，奉上太牢祭品供它食用，演奏《九韶》之乐取悦于它，鸟看得眼花缭乱，内心忧愁悲惧，不敢饮食。这就叫作用养人的方法养鸟。用养鸟的方法养鸟，应该让它栖息于茂密的树林，浮游于江湖，从容啄食，放之于原野。刚才的孙休是个孤陋寡闻的人，我告诉他至人之德，就好比是让小老鼠坐马车，对小鸟敲钟击鼓使它高兴，他怎么能不感到震惊呢！"

山 木

【原文】

庄子行于山中，见大木，枝叶盛茂，伐木者止其旁而不取也。问其故，曰："无所可用。"庄子曰："此木以不材得终其天年。"

夫子出于山[1]，舍于故人之家[2]。故人喜，命竖子杀雁而烹之[3]。竖子请曰："其一能鸣，其一不能鸣，请奚杀？"主人曰："杀不能鸣者。"

明日，弟子问于庄子曰："昨日山中之木，以不材得终其天年；今主人之雁，以不材死。先生将何处？"

庄子笑曰："周将处乎材与不材之间。材与不材之间，似之而非也，故未免乎累。若夫乘道德而浮游则不然。无誉无訾[4]，一龙一蛇，与时俱化，而无肯专为[5]。一上一下，以和为量，浮游乎万物之祖。物物而不物于物[6]，则胡可得而累邪！此神农、黄帝之法则也。若夫万物之情，人伦之传则不然[7]。合则离，成则毁，廉则挫[8]，尊则议，有为则亏，贤则谋，不肖则欺，胡可得而必乎哉！悲夫！弟子志之，其唯道德之乡乎！"

【注释】

［1］夫子：指庄子。
［2］故人：老朋友。
［3］竖子：童仆。
［4］訾（zǐ）：诋毁。
［5］专为：固守一端。
［6］物物：主宰外物。不物于物：不为外物所主宰。
［7］传：习俗。
［8］廉：锐利。

【译文】

庄子在山中行走，看见一棵大树，枝叶茂盛，伐木的人停在树旁却不砍伐它。问其中的原因，伐木的人说："没有一点用处。"庄子说："这棵树因为不成材而享尽了天年。"

庄子出了山，住在朋友家。朋友很高兴，让童仆杀鹅招待客人。童仆问："一只鹅会叫，另一只鹅不会叫，请问杀哪只？"主人说："杀那只不会叫的。"

第二天，弟子问庄子："昨天山中的树木，因为不成材而享尽天年；现在主人的鹅，因为不会鸣叫而被杀。请问先生将要处于哪种情境呢？"

庄子笑着说："我将处于材与不材之间。不过材与不材之间似乎是合适的位置，其实不然，这样还是难免于受累。若是顺应自然之道而游于虚之境，就大不一样了。那时赞誉与诋毁没有，时隐时现犹如龙蛇一样，能伸能屈，应时而变，不固守一端；可上可下，以和顺自然为原则，游心于万物之源；主宰外物而不被外物所主宰，怎么会受累呢！这是神农和黄帝的法则。若是万物之情，人类的习俗，就不是这样了。有聚合就有分离，有成功就有毁坏，锐利就会遭到挫折，尊贵就会受到非议，有作为就会遭到损害，有贤能就会被人谋算，不肖就会受人欺负，怎么可能尽如人愿呢！可悲啊！弟子们要记住，只有道德的境界才是最美好的！"

【原文】

市南宜僚见鲁侯[1]，鲁侯有忧色。市南子曰："君有忧色，何也？"

鲁侯曰："吾学先王之道，修先君之业；吾敬鬼尊贤，亲而行之，无须臾离居[2]；然不免于患，吾是以忧。"市南子曰："君之除患之术浅矣！夫丰狐文豹[3]，栖于山林，伏于岩穴，静也；夜行昼居，戒也[4]；虽饥渴隐约[5]，犹旦胥疏于江湖之上而求食焉[6]，定也[7]。然且不免于罔罗机辟之患[8]，是何罪之有哉？其皮为之灾也。今鲁国独非君之皮邪？吾愿君刳形去皮[9]，洒心去欲，而游于无人之野。南越有邑焉，名为建德之国。其民愚而朴，少私而寡欲；知作而不知藏[10]，与而不求其报[11]；不知义之所适[12]，不知礼之所将[13]；猖狂妄行，乃蹈乎大方[14]；其生可乐，其死可葬。吾愿君去国捐俗，与道相辅而行。"君曰："彼其道远而险，又有江山，我无舟车，奈何？"市南子曰："君无形倨[15]，无留居[16]，以为君车。"君曰："彼其道幽远而无人，吾谁与为邻？吾无粮，我无食，安得而至焉？"

市南子曰："少君之费，寡君之欲，虽无粮而乃足。君其涉于江而浮于海，望之而不见其崖，愈往而不知其所穷。送君者皆自崖而反，君自此远矣！故有人者累[17]，见有于人者忧[18]。故尧非有人，非见有于人也。吾愿去君之累，除君之忧，而独与道游于大莫之国[19]。方舟而济于河[20]，有虚舡来触舟[21]，虽有惼心之人不怒[22]。有一人在其上，则呼张歙之[23]。一呼而不闻，再呼而不闻，于是三呼邪，则必以恶声随之。向也不怒而今也怒，向也虚而今也实。人能虚己以游世[24]，其孰能害之！"

【注释】

〔1〕市南宜僚：宜僚姓熊，居于市南，故称市南宜僚。
〔2〕须臾：片刻。
〔3〕丰狐：大狐。丰，通"封"，大。文豹：身上长有花纹的豹。
〔4〕戒：警惕。
〔5〕隐约：困苦。
〔6〕胥疏：小心翼翼的样子。
〔7〕定：心神安定。
〔8〕罔罗机辟：捕捉野兽的工具和机关。
〔9〕刳（kū）形：忘身。去皮：指忘国。
〔10〕作：劳作。藏：私藏。
〔11〕报：回报，报答。
〔12〕适：往。
〔13〕将：行。
〔14〕大方：大道。
〔15〕倨（jù）：傲慢。
〔16〕留居：安于所处的地位。
〔17〕有人：统治人。
〔18〕见有于人：被人所统治。
〔19〕大莫：广漠。
〔20〕方舟：两舟并连。
〔21〕虚舩：无人的船。
〔22〕褊（biǎn）心：心胸狭隘。
〔23〕歙（xī）：收敛，引申为向岸边靠拢。
〔24〕虚己：把自己看作不存在一样。

【译文】

　　市南宜僚拜见鲁侯，鲁侯面有忧色。市南宜僚问："您面有忧色，为什么呢？"

　　鲁侯说："我学习先王之道，继承先君的事业；我敬奉鬼神而尊重贤能，身体力行，丝毫不敢懈怠。然而还是不能免于祸患，所以我感到忧虑。"市南宜僚说："您免除祸患的方法太浅陋了！大狐和有花纹的豹子，栖息在山林中，隐伏在山洞里，这是宁静；晚上出来白天隐伏，这是警戒；虽然饥渴困苦，但还是小心翼翼地远到江湖上去觅食，这是心神安定。然而还是难免罗网机关捕杀之祸，它们有什么过失呢？这是由它们的皮毛招来的灾祸。现在鲁国不正是给您带来灾祸的'皮毛'吗？希望您忘掉自身而抛弃鲁国，除去一切欲望，遨游于没有人的旷野。南越有一处都邑，名叫建德国。那里的人民愚

陋而纯朴，少私而寡欲；只知劳作而不知私藏，施舍别人而不求报答；不知道什么是义，也不知道什么是礼；放达随意，无拘无束，合乎大道；生前快乐，死后安葬。我希望您离开国家抛弃世俗，与道相辅而行。"鲁侯说："那里路途遥远而艰险，又有山河阻隔，我没有车船，怎么办？"市南宜僚说："您不凭势傲慢，不安于所处的地位，用此来作为您的'车子'。"

鲁侯说："那里路途幽远，没有人民，我和谁做伴？我没有粮米，没有食物，怎么能到达呢？"

市南宜僚说："减少您的费用，限制您的欲望，即使没有食粮也能满足。您渡江而浮海，望不到岸，越走越没有边际。追随您的都从岸边回去了，您从此远离世俗！所以役使人的人有拖累，被人役使的人有忧愁。所以尧不统治人，也不被人所统治。我愿意除去您的拖累，消除您的忧愁，使您只和大道遨游于广漠之国。并船渡河，有一只空船撞过来，即使是心胸狭隘的人也不发怒；如果上面有一个人，就会呼叫对方让他撑开船不要碰撞；叫一声对方不听，再叫一声对方还不听，那么第三声就会发怒了。开始不发怒而现在发怒，是因为原来船上无人而现在有人。人如果能以忘却自我的态度处世，谁能够伤害他！"

【原文】

北宫奢为卫灵公赋敛以为钟[1]，为坛乎国门之外，三月而成上下之县[2]。王子庆忌见而问焉，曰："子何术之设？"

奢曰："一之间[3]，无敢设也。奢闻之：'既雕既琢，复归于朴。'侗乎其无识[4]，傥乎其怠疑[5]；萃乎芒乎[6]，其送往而迎来；来者勿禁，往者勿止；从其强梁[7]，随其曲傅[8]，因其自穷。故朝夕赋敛而毫毛不挫，而况有大涂者乎！"

【注释】

〔1〕北宫奢：卫国大夫。赋敛：征收。

〔2〕上下之县：上下两层悬挂的编钟。

〔3〕一：纯一。

〔4〕侗（tóng）乎：愚蠢的样子。

[5]傥（tǎng）乎：无心的样子。
[6]萃：聚集。
[7]强梁：力大强悍的人。
[8]曲傅：顺从依附。

【译文】

北宫奢为卫灵公募收民财铸造编钟，先在城门外设立了高台，三个月就做成了上下两层悬挂的编钟。王子庆忌见此情景问他："你用的是什么办法？"

北宫奢说："专心一致地造钟，不敢存有别的想法。我听说：'经过一番雕琢，返归于真朴。'我在造钟的时候，好像愚蠢无知，无思无虑；由众人自愿捐物，送往迎来；来者不拒，去者不留；顺从那些强悍而不愿出力的人，也顺从那些前来助捐依附我的人，一切听任人的自便。所以虽然朝夕征收，但人民丝毫不受损伤，何况是通晓大道的人呢！"

【原文】

孔子围于陈蔡之间，七日不火食。大公任往吊之[1]，曰："子几死乎？"曰："然。""子恶死乎？"曰："然。"

任曰："予尝言不死之道。东海有鸟焉，其名曰意怠[2]。其为鸟也，翂翂翐翐[3]，而似无能；引援而飞[4]，迫胁而栖[5]；进不敢为前，退不敢为后；食不敢先尝，必取其绪[6]。是故其行列不斥，而外人卒不得害，是以免于患。直木先伐，甘井先竭。子其意者饰知以惊愚，修身以明污，昭昭乎如揭日月而行，故不免也。昔吾闻之大成之人曰[7]：'自伐者无功[8]，功成者堕，名成者亏。'孰能去功与名，而还与众人！道流而不明居[9]，得行而不名处[10]；纯纯常常[11]，乃比于狂[12]；削迹捐势[13]，不为功名。是故无责于人[14]，人亦无责焉。至人不闻[15]，子何喜哉[16]？"

孔子曰："善哉！"辞其交游，去其弟子，逃于大泽；衣裘褐[17]，食杼栗[18]；入兽不乱群，入鸟不乱行。鸟兽不恶，而况人乎！

【注释】

[1]大公任：虚构的人物。吊：慰问，看望。
[2]意怠：海燕之名。
[3]翂翂（fēn）翐翐（zhì）：飞行迟缓的样子。
[4]引援：援引朋友。
[5]迫胁：挤在群鸟中间。
[6]绪：剩余。
[7]大成之人：道德修养极高的人。

[8]伐：自我夸耀。

[9]道流：道德流行。明居：居于显露的地方。

[10]名处：处在被称颂的位置。

[11]纯纯常常：纯朴而又平凡的样子。

[12]比：类似。

[13]削迹：不留痕迹。捐势：抛弃权势。

[14]责：谴责，责备。

[15]不闻：不求以功名闻于世。

[16]喜：热衷于功名。

[17]裘褐：粗陋的衣服。

[18]杼（shù）：橡子。

【译文】

孔子被围困在陈国和蔡国交界的地方，七天没有生火煮饭。大公任去看望他，说："你快要饿死了吧？"孔子说："是的。"大公任说："你不想死吧？"孔子说："是的。"

大公任说："让我说一说不死的方法。东海有只鸟，名叫意怠。这只鸟飞行迟缓，好像很无能；它跟随同伴而飞，挤在群鸟中栖息；进不敢飞在前面，退不敢落在后面；吃东西不敢先吃，一定吃剩余的。所以它在同伴中不受排斥，别人最终也不能伤害他，因此而免于灾祸。笔直的树木先遭砍伐，甘美的井水最先枯竭。你想美化自己的心智以惊世骇俗，修养德行以显露别人的愚顽，光芒四射好像举着日月行走，所以招来祸患。我曾经听道德修养极高的人说：'自我夸耀者无功，成功者就要毁败，成名者就要损伤。'谁能抛弃功名而返归于众人！道德流行而不自居于显耀的地方，德行出众而不自求名声；纯朴而平凡，好像愚鲁；隐身藏形，抛弃权势，不求功名。所以无求于人，人也无求于我。至人不求以功名闻于世，你为什么还热衷于功名呢？"

孔子说："很好！"于是辞别朋友，离开弟子，逃入山泽；穿粗陋的衣

服，吃橡子果实；走进兽群兽不惊乱，走进鸟群鸟不惊飞。鸟兽都不讨厌他，何况人呢！

【原文】

孔子问子桑雽曰[1]："吾再逐于鲁，伐树于宋，削迹于卫，穷于商周，围于陈蔡之间。吾犯此数患，亲交益疏，徒友益散，何与？"

子桑雽曰："子独不闻假人之亡与[2]？林回弃千金之璧[3]，负赤子而趋[4]。或曰：'为其布与[5]？赤子之布寡矣。为其累与[6]？赤子之累多矣。弃千金之璧，负赤子而趋，何也？'林回曰：'彼以利合，此以天属也[7]。'夫以利合者，迫穷祸患害相弃也[8]；以天属者，迫穷祸患害相收也[9]。夫相收之与相弃亦远矣。且君子之交淡若水，小人之交甘若醴[10]；君子淡以亲，小人甘以绝。彼无故以合者，则无故以离。"

孔子曰："敬闻命矣！"徐行翔佯而归[11]，绝学捐书，弟子无挹于前[12]，其爱益加进。

异日，桑雽又曰："舜之将死，真泠禹曰[13]：'汝戒之哉！形莫若缘[14]，情莫若率[15]；缘则不离，率则不劳；不离不劳，则不求文以待形；不求文以待形，固不待物。'"

【注释】

〔1〕子桑雽（hù）：子桑户。

〔2〕假：国名。

〔3〕林回：假国逃亡者之一。

〔4〕赤子：婴儿。

〔5〕布：钱财。

〔6〕为其累：为了减轻拖累。

〔7〕天属：天性。

〔8〕迫穷祸患害：艰难的处境。

〔9〕相收：相关照。

〔10〕醴（lǐ）：甜酒。

〔11〕徐行：慢步。

〔12〕挹：通"揖"，揖让行礼。

〔13〕真泠禹：乃命禹。真，乃，就。泠，命，令。

〔14〕形：形态。缘：因其自然。

〔15〕率：率真。

【译文】

孔子问子桑雽说："我两次被鲁国驱逐，在宋国遭受屈辱，被卫国禁止居留，在商宋陷入困境，被围困于陈蔡两国交界之处。我蒙受如此灾难，亲朋疏远，弟子离散，这究竟是为什么？"

子桑雽说："你没有听说过假国的人逃亡的故事吗？林回舍弃了价值千金的玉璧，背着婴儿逃奔。有人说：'这是为了钱财吗？婴儿不值几个钱；是为了减轻拖累吗？婴儿却是很大的拖累。那么舍弃价值千金的玉璧，背着婴儿逃亡，是为了什么？'林回说：'我与玉璧不过是利的结合，我与婴儿却是天性的相连。'看重金钱利益的，遇到艰难的处境就互相抛弃；注重天性的，遇到艰难的环境就互相关照。互相关照与互相抛弃，这两种截然相反的处事态度相差太远了。况且，君子之交淡如水，小人之交甜如酒；君子之间看似淡漠实则亲切，小人之间看似甜蜜却容易绝交。凡无缘无故相结合的，也就容易无缘无故地分离。"

孔子说："我恭领赐教。"于是慢悠悠地回去了，把学问书本抛弃，让弟子无须拱揖行礼，而弟子却更加爱戴他。

过了一些日子，子桑雽又说："舜在临死的时候，告诫禹说：'你要当心啊！形体莫如因任自然，性情不如率真。因任自然，行为就不会离失，率真就不会费神；不离失不费神，就不需要着意粉饰外表；不着意粉饰外表，也就无须有求于外物了。'"

【原文】

庄子衣大布而补之[1]，正緳系履而过魏王[2]。魏王曰："何先生之惫邪[3]？"

庄子曰："贫也，非惫也。士有道德不能行，惫也；衣弊履穿[4]，贫也，非惫也，此所谓非遭时也[5]。王独不见夫腾猿乎[6]？其得柟、梓、豫章也[7]，揽蔓其枝而王长其间[8]，虽羿、蓬蒙不能眄睨也[9]。及其得柘棘枳枸之间也[10]，危行侧视[11]，振动悼栗[12]，此筋骨非有加急而不柔也[13]，处势不便，未足以逞其能也[14]！今处昏上乱相之间，而欲无惫，奚可得邪？此比干之见剖心征也夫！"

【注释】

[1] 大布：粗布。

[2] 正緳（xié）：整理腰带。系履：绑好鞋子。过：拜访。

[3] 惫：疲乏，困顿。

[4] 弊：破。

[5] 非遭时：生不逢时。

[6] 腾猿：善跳跃的猿。

[7] 柟、梓、豫章：都是端直的树木。

〔8〕揽蔓：把捉。王长其间：在其间称王称长。
〔9〕羿、蓬蒙：两人均为古代善射者。睍睨（miǎn nì）：斜视的样子。
〔10〕柘（zhè）棘枳枸（gǒu）：都是有刺的树木。
〔11〕危行：行动小心谨慎。
〔12〕悼：惧怕。
〔13〕加急：束缚。
〔14〕能：本领。

【译文】

庄子穿着打着补丁的粗布衣服，整整腰带绑好鞋子去拜见魏王。魏王说："先生为何显得这样疲惫？"

庄子说："这是贫穷，而不是疲惫。士人怀有道德而不能实行，才是疲惫；穿着破衣烂鞋，是贫穷，而不是疲惫，这就叫生不逢时。你没有见过跳跃的猿猴吗？当它生活在柟、梓、豫章等端直的大树上时，攀援着树枝，在其间活动自如，可以说是称王天下就连善射的羿和蓬蒙对它也无可奈何。等它钻进柘、棘、枳、枸等多刺的树丛中时，行动小心谨慎，战战兢兢，这并不是由于筋骨受到束缚而不灵活，而是因为处在不利的环境，不能够施展它的本领！现在处于昏君乱相的时代，想不疲惫，怎么可能呢？在此社会中，像比干那样被剖心，不就是明证吗！"

【原文】

孔子穷于陈蔡之间，七日不火食，左据槁木[1]，右击槁枝，而歌焱氏之风[2]，有其具而无其数[3]，有其声而无宫角[4]，木声与人声，犁然有当于人之心[5]。

颜回端拱还目而窥之[6]。仲尼恐其广己而造大也[7]，爱己而造哀也，曰："回，无受天损易，无受人益难[8]。无始而非卒也[9]，人与天一也。夫今之歌者其谁乎？"

回曰："敢问无受天损易。"仲尼曰："饥渴寒暑，穷桎不行[10]，天地之行也，运物之泄也[11]，言与之偕逝之谓也[12]。为人臣者，不敢去之[13]。执臣之道犹若是[14]，而况乎所以待天乎[15]！"

"何谓无受人益难？"仲尼曰："始用四达[16]，爵禄并至而不穷[17]，物之所利，乃非己也，吾命其在外者也[18]。君子不为盗，贤人不为窃。吾若取之，何哉？故曰：鸟莫知于鹦鹉[19]，目之所不宜处，不给视[20]，虽落其实[21]，弃之而走。其畏人也，而袭诸人间[22]，社稷存焉尔[23]。"

"何谓无始而非卒？"仲尼曰："化其万物而不知其禅之者[24]，焉知其所终？焉知其所始？正而待之而已耳[25]。"

"何谓人与天一邪？"仲尼曰："有人[26]，天也；有天，亦天也。人之不能有天，性也。圣人晏然体逝而终矣[27]！"

【注释】

〔1〕据：持。

〔2〕猋（biāo）氏之风：神农时代的歌曲。

〔3〕数：节拍。

〔4〕宫角：音律。

〔5〕犁然：令人忧消情娱的样子。

〔6〕端拱：立正拱手。还目：转目。窥：注视。

〔7〕广己而造大：彰显自己而人为地夸大。

〔8〕人益：人为所加的。

〔9〕卒：终结。

〔10〕穷桎不行：穷困潦倒。

〔11〕泄：发泄。

〔12〕偕逝：一起变化。

〔13〕去：离开，逃避。

〔14〕执：遵守。

〔15〕待天：对待天命。

〔16〕四达：多方通达，各方面都顺利。

〔17〕穷：尽。

〔18〕其在外：本分之外。

〔19〕鹢鸸（yì ér）：燕子。

〔20〕目之所不宜处，不给视：看到不适合居住的地方就不再多看。

〔21〕虽落其实：虽然跌落口中所含的食物。

〔22〕袭：钻进。

〔23〕社稷：指鸟巢。

〔24〕禅：嬗变，蜕变。

〔25〕正：静心。

〔26〕有：支配。

〔27〕晏然：安乐的样子。

【译文】

孔子被困于陈蔡两国交界之处，七天没能吃到熟食，他左手拿着枯木，右手敲击枯枝，唱着神农时代的歌曲，虽然有打拍子的器具却没有节拍，有声音却没有音律，听了木枝敲击声和歌曲之声，使人心中感到非常爽快。

颜回恭敬地拱手站立，转目注视着。孔子担心他因达观过度而彰显自己，以至于自大；因受困而过分怜惜自己，以至于感到悲哀，就对他说："颜回，

庄子

不受天的损害容易，不受人的利益就难了。没有起始而不是终结的，人与天是一致的。现在唱歌的人是谁呢？"

颜回说："请问什么叫不受天的损害容易？"孔子说："饥渴寒暑，穷困潦倒，都是万物运行的主宰者的产物，就是说随着天地万物的运行而变化。当臣子的不敢逃避君命。遵守人臣之道的尚且如此，何况对待天呢！"

颜回问："什么叫不受人为所增加的难呢？"

孔子说："开始被任用时事事顺利，爵位利禄不断而来，但这外物之利并非我本分所应有，而是本分之外的。君子不当强盗，贤人不去偷窃。我如果去求取，是为了什么呢？所以说，鸟类中燕子最聪明，看到不适合居住的地方就不再多看，虽然跌落了口中所含的食物，也舍弃而去。燕子害怕人却钻进人的屋舍中，那是为了保存它的巢穴。"

颜回问："什么叫没有起始也没有终结呢？"孔子说："不知万物变化交替代谢的，怎么能知道它的终结？又怎么能知道它的开始？静心等待其变化就是了。"

颜回问："什么叫人与天是一致的呢？"孔子说："支配人的，是天；支配天的，也是天。人不可能支配天，这是由本性所决定的，只有圣人能安然处之，体现了天道的变化发展！"

【原文】

庄周游于雕陵之樊[1]，睹一异鹊自南方来者。翼广七尺，目大运寸[2]，感周之颡[3]，而集于栗林。庄周曰："此何鸟哉！翼殷不逝[4]，目大不睹[5]。"蹇裳躩步[6]，执弹而留之[7]。睹一蝉方得美荫而忘其身。螳螂执翳而搏之[8]，见得而忘其形。异鹊从而利之[9]，见利而忘其真[10]。庄周怵然曰[11]："噫！物固相累[12]，二类相召也[13]！"捐弹而反走[14]，虞人逐而谇之[15]。

庄周反入，三日不庭[16]。蔺且从而问之[17]："夫子何为顷间甚不庭者乎？"庄周曰："吾守形而忘身，观于浊水而迷于清渊。且吾闻诸夫子曰：'入其俗，从其俗。'今吾游于雕陵而忘吾身，异鹊感吾颡，游于栗林而忘真，栗林虞人以吾为戮[18]，吾所以不庭也。"

【注释】

〔1〕雕陵：陵名。
〔2〕运：直径。
〔3〕感：触。
〔4〕不逝：不飞走。
〔5〕不睹：看不见。
〔6〕蹇（qiān）：提起衣裳。躩（jué）步：疾行。
〔7〕执弹：拿着弹弓。留之：等待弹杀的机会。
〔8〕执翳（yì）：举臂。
〔9〕从而利之：从中取利。
〔10〕真：性命。
〔11〕怵（chù）然：惊觉的样子。
〔12〕相累：互相牵累。
〔13〕召：吸引。
〔14〕捐：扔掉。
〔15〕虞人：看管园子的人。谇（suì）：责骂。
〔16〕不庭：不愉快。
〔17〕蔺且：庄子弟子。
〔18〕戮：辱。

【译文】

庄子在雕陵栗园里游玩，看见一只怪异的鸟从南方飞来。怪鸟翅膀宽7尺，眼睛直径1寸，碰到庄子的额头，停在栗树林中。庄周说："这是只什么鸟？翅膀大却不飞走，眼睛大却看不见。"于是提起衣裳，快步走过去，手持弹弓伺机射杀它。这时看见一只蝉，得到一块好树荫而忘记了自身的危险；藏在它身后的螳螂举臂抓住了它，螳螂有所得而忘记自己所处的险境。怪鸟从中取利而抓住了螳螂，怪鸟因贪利也忘记了自己的性命之忧。庄周见此情形，吃惊地说："物类相互牵累，这都是因为互相贪利所招致的灾祸啊！"于是扔掉弹弓转身就跑，而守园子的人发现后，追赶着责骂他。

庄子回去后，三天闭门不出。弟子蔺且问他："先生为什么最近闭门不出？"庄子说："只知看守外物，却忘记了自身的安危；观看混浊之水，却冷淡了珍贵的清渊。而且我听先生说过：'到了一个地方，就要顺应那里的风俗，遵守那里的政令。'现在我到雕陵游玩而忘记了自身，怪鸟碰到我的额头，在栗树林中忘记了自己的本性，让守园子的人侮辱了一顿，所以我感到不愉快。"

【原文】

阳子之宋[1]，宿于逆旅[2]。逆旅人有妾二人，其一人美，其一人恶。恶者贵而美者贱。阳子问其故，逆旅小子对曰[3]："其美者自美[4]，吾不知其美也；其恶者自恶[5]，吾不知其恶也。"

阳子曰："弟子记之：行贤而去自贤之行，安往而不爱哉！"

【注释】

〔1〕阳子：杨朱。
〔2〕逆旅：旅店。
〔3〕小子：古代对年纪小的人的称呼。
〔4〕自美：自以为漂亮。
〔5〕自恶：自感丑陋。

【译文】

阳子到宋国去，寄宿于旅店。店主人有两个小妾，一个漂亮，一个丑陋。丑陋的受尊宠而漂亮的被冷落。阳子问其中的原因，旅店小伙计说："漂亮的自以为漂亮，但我并不认为她漂亮；丑陋的自感丑陋，但我并不觉得她丑陋。"

阳子说："弟子们记住！行为贤良而抛弃自以为贤的念头，无论到哪里都会受到爱戴！"

田子方

【原文】

田子方侍坐于魏文侯[1]，数称谿工[2]。
文侯曰："谿工，子之师邪？"
子方曰："非也，无择之里人也。称道数当[3]，故无择称之。"
文侯曰："然则子无师邪？"
子方曰："有。"
文侯曰："子之师谁邪？"

子方曰："东郭顺子。"

文侯曰："然则夫子何故未尝称之？"

子方曰："其为人也真[4]，人貌而天虚[5]，缘而葆真[6]，清而容物[7]。物无道，正容以悟之[8]，使人之意也消。无择何足以称之！"

子方出，文侯傥然[9]，终日不言，召前立臣而语之曰："远矣，全德之君子[10]！始吾以圣知之言、仁义之行为至矣。吾闻子方之师，吾形解而不欲动[11]，口钳而不欲言[12]。吾所学者，直土梗耳[13]！夫魏真为我累耳！"

【注释】

〔1〕田子方：名无择，魏国的贤人，魏文侯的老师。

〔2〕谿工：魏国贤人。

〔3〕当：正确。

〔4〕真：纯真。

〔5〕天虚：天心，内心与自然的契合。

〔6〕缘：顺。葆：保持。

〔7〕清：心性清静。容物：容纳万物。

〔8〕悟之：使之醒悟。

〔9〕傥然：失意的样子。

〔10〕全德：道德完美。

〔11〕形解：形体懒散。

〔12〕口钳：嘴巴像被钳住一样。

〔13〕土梗：泥做的偶像，比喻粗陋无用。

【译文】

田子方陪坐在魏文侯身旁，屡次称赞谿工。

文侯说："谿工是您的老师吗？"

子方说："不是的，他是我的同乡。他论道常常比较正确，所以我称赞他。"

文侯说："那么您没有老师吗？"

子方说："有。"

文侯说："您的老师是谁？"

子方说："是东郭顺子。"

文侯说："那么先生为什么不曾称赞他呢？"

子方说："他为人纯真，普通人的容貌而内心却如自然一样清虚，一切随顺自然而保持真性，心性清静而容纳万物。对于无道的人，便正色使之醒悟，使其邪念消除。我又能用怎样的言辞来称赞他呢！"

子方出去后，文侯颇感惆怅，整天都说不出话来，他召集陪臣对他们说："高远啊，道德完美的君子！起初我以为圣智的言论和仁义的行为就是最高尚的了，但当我听到子方老师的行为，我的形体懒散而不想动，嘴巴像被钳住一样不想说话。过去我所学的简直像土偶人一样粗陋啊！魏国真是我的累赘啊！"

【原文】

温伯雪子适齐[1]，舍于鲁。鲁人有请见之者，温伯雪子曰："不可。吾闻中国之君子[2]。明乎礼义而陋于知人心[3]，吾不欲见也。"

至于齐，反舍于鲁，是人也又请见。温伯雪子曰："往也蕲见我[4]，今也又蕲见我，是必有以振我也[5]。"出而见客，入而叹。

明日见客，又入而叹。其仆曰："每见之客也，必入而叹，何邪？"曰："吾固告子矣[6]：'中国之民，明乎礼义而陋乎知人心。'昔之见我者，进退一成规、一成矩[7]，从容一若龙、一若虎[8]，其谏我也似子[9]，其道我也似父[10]，是以叹也。"

仲尼见之而不言。子路曰："吾子欲见温伯雪子久矣，见之而不言，何邪？"仲尼曰："若夫人者[11]，目击而道存矣[12]，亦不可以容声矣[13]。"

【注释】

[1] 温伯雪子：楚国怀道之人。
[2] 中国：古代对齐鲁等中原国家的称呼。
[3] 陋：拙。
[4] 蕲：求。
[5] 振：启发。
[6] 固：本来。
[7] 进退一成规、一成矩：行礼时成规成矩。
[8] 从容一若龙、一若虎：举动若龙若虎，神气造作。
[9] 似子：像儿子对父亲一样恭敬。
[10] 道：教导，引导。
[11] 夫人：那人，指温伯雪子。
[12] 目击：看一看。道存：体现了天道。
[13] 容：用。

【译文】

温伯雪子往齐国，途中住在鲁国。鲁国有人要见他，温伯雪子说："不行。我听说中原一带的君子，明于礼义而拙于理解人心，我不想见他。"

到了齐国，返回时又住在鲁国。那个人又请求见他。温伯雪子说："从前他要求见我，现在又要求见我，他一定对我有什么启发。"出去见了客人，回来就叹气。

第二天又出去见了客人，回来又叹气。他的仆人说："您每次见过客人，回来就要叹气,这是为什么呢?"温伯雪子说:"我原来就告诉过你:'中原国家的人,明于礼义而拙于理解人心。'那个见我的人,行礼时成规成矩,举止若龙若虎,神气造作,他劝谏我如同儿子对待父亲,开导我就像父亲对待儿子,我因此而叹气。"

孔子见到温伯雪子一言不发。子路说:"先生早就想见温伯雪子了,见了面却不说话,为什么呢?"孔子说:"这个人,你一看就知道天道体现在他身上,用不着说什么了。"

【原文】

颜渊问于仲尼曰:"夫子步亦步[1],夫子趋亦趋[2],夫子驰亦驰[3],夫子奔逸绝尘[4],而回瞠若乎后矣[5]!"

夫子曰:"回,何谓邪?"曰:"夫子步,亦步也;夫子言,亦言也;夫子趋,亦趋也;夫子辩,亦辩也;夫子驰,亦驰也;夫子言道,回亦言道也;及奔逸绝尘而回瞠若乎后者,夫子不言而信[6],不比而周[7],无器而民滔乎前[8],而不知所以然而已矣。"

仲尼曰:"恶!可不察与!夫哀莫大于心死,而人死亦次之。日出东方而入于西极[9],万物莫不比方[10],有目有趾者,待是而后成功[11],是出则存,是入则亡。万物亦然,有待也而死,有待也而生。吾一受其成形[12],而不化以待尽[13];效物而动[14],日夜无隙[15],而不知其所终;薰然其成形[16],知命不能规乎其前[17],丘以是日徂[18]。吾终身与汝交一臂而失之[19],可不哀与!女殆著乎吾所以著也[20]。彼已尽矣,而女求之以为有,是求马于唐肆也[21]。吾服女也甚忘,女服吾亦甚忘[22]。虽然,女奚患焉!虽忘乎故吾[23],吾有不忘者存。"

【注释】

〔1〕步:缓行。

〔2〕趋:快行。

〔3〕驰:跑。

〔4〕奔逸:快跑。绝尘:形容跑得快。

〔5〕瞠(chēng):瞪着眼。

〔6〕信:令人信服。

〔7〕比:近。周:亲。

〔8〕器:权位。滔:通"蹈",聚。

〔9〕西极:西方的尽头。

〔10〕比方:随着太阳运转来确定方向。

〔11〕待:依靠。

〔12〕受其成形:禀受天道赋予的形体。

〔13〕化：化作他物。待尽：等待着形体的消亡。

〔14〕效：仿效，随道。

〔15〕无隙：没有间断。

〔16〕薰然：自动的样子。

〔17〕规：规划。

〔18〕日徂（cú）：天天随之变化。

〔19〕交一臂：一臂之交。

〔20〕著：明显。

〔21〕唐：道路。肆：舍，亭舍。

〔22〕服：思，存念。

〔23〕故吾：过去的我。

【译文】

颜回问孔子说："先生缓行我也缓行，先生快走我也快走，先生跑我也跑，先生跑得飞快，我却直瞪着眼落在了后面！"

孔子说："颜回，这是怎么说呢？"颜回说："先生缓行，我也缓行；先生议论，我也议论；先生快走，我也快走；先生辩论，我也辩论；先生跑，我也跑；先生谈道，我也谈道；等到跑得飞快我却直瞪着眼睛落在了后面，这意思是先生不用开口别人就信服，不与人接近人们也相亲，虽无权位人们都来投奔，我不知道为什么会这样。"

孔子说："啊！怎么能不明察呢！最大的悲哀是人心的死亡，身体死亡还在其次。太阳升自东方而落入西方，万物都是顺着这个方向运作的，有眼有脚的人类，依靠太阳才能生存，日出而作，日入而息。万物也是一样，依靠着它而死，依靠着它而生。我禀受了天道所赋予的形体，不化作他物等待着形体的消亡；随着万物而运动，日夜没有间断，而不知道自己的归宿；和顺成形，即使是知命的人也无法对自己的命运做一番规划，我因此而天天随之变化。我一直和你亲密无间，而你却像交臂而过者不能真正地认识我，真是可悲！你恐

怕只是看到了我的外表形迹。它们已经消失了，而你却还在寻找，把它当作仍然存在的东西，这就好比在奔马顷刻而过的路亭中寻求马匹那样可笑。我所做的，你所做的，相互都可彻底忘却。虽然如此，你又有什么担忧的！虽然忘记了过去的我，但我还有长流而日新的真道存在。"

【原文】

孔子见老聃，老聃新沐[1]，方将被发而干[2]，慹然似非人[3]。孔子便而待之[4]。少焉见[5]，曰："丘也眩与[6]，其信然与[7]？向者先生形体掘若槁木[8]，似遗物离人而立于独也[9]。"老聃曰："吾游心于物之初。"

孔子曰："何谓邪？"曰："心困焉而不能知，口辟焉而不能言[10]，尝为汝议乎其将[11]：至阴肃肃[12]，至阳赫赫[13]。肃肃出乎天，赫赫发乎地，两者交通成和而物生焉。或为之纪而莫见其形[14]。消息满虚[15]，一晦一明；日改月化，日有所为，而莫见其功。生有所乎萌[16]，死有所乎归，始终相反乎无端，而莫知乎其所穷。非是也，且孰为之宗！"

孔子曰："请问游是[17]。"老聃曰："夫得是，至美至乐也。得至美而游乎至乐，谓之至人。"

孔子曰："愿闻其方。"曰："草食之兽不疾易薮[18]，水生之虫不疾易水，行小变而不失其大常也，喜怒哀乐不入于胸次[19]。夫天下也者，万物之所一也[20]。得其所一而同焉，则四肢百体将为尘垢，而死生终始将为昼夜而莫之能滑[21]，而况得丧祸福之所介乎[22]！弃隶者若弃泥涂[23]，知身贵于隶也，贵在于我而不失于变。且万化而未始有极也[24]，夫孰足以患心[25]！已为道者解乎此[26]。"

孔子曰："夫子德配天地，而犹假至言以修心[27]；古之君子，孰能脱焉[28]？"老聃曰："不然。夫水之于汋也[29]，无为而才自然矣。至人之于德也，不修而物不能离焉，若天之自高，地之自厚，日月之自明，夫何修焉！"

孔子出，以告颜回曰："丘之于道也，其犹醯鸡与[30]！微夫子之发吾覆也[31]，吾不知天地之大全也。"

【注释】

〔1〕新沐：刚洗完头发。

〔2〕被发：头发披散。

〔3〕慹（zhé）然：不动的样子。

〔4〕便而待之：在隐蔽处等候。

〔5〕少焉：不久。

〔6〕眩：眼花。

〔7〕信然：真的如此。

〔8〕掘：通"拙"，断木。
〔9〕遗物：遗弃万物。离人：脱离众人。
〔10〕口辟：闭口。
〔11〕将：大略。
〔12〕肃肃：清冷的样子。
〔13〕赫赫：炎热的样子。
〔14〕为之纪：作为纲纪。
〔15〕消：消失。息：生息。
〔16〕所乎萌：萌生的地方。
〔17〕游是：指游心于虚无之道。
〔18〕疾：担心。易：变换。薮：草泽。
〔19〕次：中。
〔20〕所一：所统一于其中的地方。
〔21〕滑：乱。
〔22〕介：际，关系。
〔23〕泥涂：泥土。
〔24〕极：尽头。
〔25〕患心：忧心。
〔26〕解：明白。
〔27〕假：借助。
〔28〕脱：免。
〔29〕汋（zhuó）：水自然涌出。
〔30〕醯（xī）鸡：醋瓮里的小飞虫，这里用来比喻渺小。
〔31〕微：无。发吾覆：对我启蒙。

【译文】

孔子去见老子，老子刚洗完头，正披着头发等待干，一动不动就像个木偶。孔子见状退到隐蔽处等待，过了一会走上前去说："是我的眼睛花了呢？还是真的如此？刚才先生形体直立不动如枯木，好像超然一切而站立在一个独有的境界。"老子说："我的心正在万物之源遨游。"

孔子说："这是什么意思？"老子说："心困而不能知，闭口而不能言，我试着给你说个大略吧。至阴清冷，至阳炎热；清冷出于天，炎热出于地；阴阳交合而万物生，有个东西支配着阴阳却又看不见它的形迹。生死盛衰，时暗时明，日新月异，每天都在起作用，却又看不见它在用功。生有所始，死有所归，终始循环往复，既没有开端，也不知道它的尽头。除此之外，还有谁是万物的主宰！"

孔子说："请问遨游的情形。"老子说："遨游于其中，美乐到了极点，获得这种感受而遨游于至乐的境界，称之为至人。"

孔子说："我想听听达到至人那种境界的方法。"老子说："吃草的野兽不怕变换草泽，水生的虫子不怕变换池沼，这是因为地点的变化而没有失去根本，喜怒哀乐不会进入内心。所谓天下，就是万物统一于其中的地方。天地万物达到了统一，则四肢百体将成为尘垢，死生终始如同昼夜的变化一样不受扰乱，何况是得失祸福之事！舍弃隶属于势位的外物如同舍弃泥土，懂得自身比外物贵重，随机应变而无所丧失。况且千变万化没有穷尽，有什么值得忧虑的！修道的人是明白上述道理的。"

孔子说："先生德配天地，还借助至人的理论修养心性，古时候的君子谁能如此超脱呢？"老子说："不是这样。水的涌流，是由于无为而自然。至人的道德就是自然之道，无须修行而万物就离不了它，就像天本来就高，地本来就厚，日月本来就光明，何须修行呢？"

孔子出来，告诉颜回说："我对于道的理解，简直像醋瓮里的小虫一样狭隘渺小！要不是先生对我启蒙教诲，我真不知道天地的大全。"

【原文】

庄子见鲁哀公[1]。哀公曰："鲁多儒士，少为先生方者[2]。"庄子曰："鲁少儒。"哀公曰："举鲁国而儒服[3]，何谓少乎？"庄子曰："周闻之，儒者冠圜冠者[4]，知天时；履句屦者[5]，知地形；缓佩玦者[6]，事至而断[7]。君子有其道者，未必为其服也；为其服者，未必知其道也。公固以为不然，何不号于国中曰：'无此道而为此服者，其罪死！'"

于是哀公号之五日，而鲁国无敢儒服者。独有一丈夫，儒服而立乎公门。公即召而问以国事，千转万变而不穷。

庄子曰："以鲁国而儒者一人耳，可谓多乎？"

【注释】

〔1〕庄子生活的时代当在鲁哀公120年之后，不可能见到哀公。这里所说纯属寓言。

〔2〕方：道术。

〔3〕举：全。

〔4〕圜冠：圆帽。

〔5〕句屦：方鞋。

〔6〕缓：五色丝带。佩玦（jué）：环状有缺口的佩玉。

〔7〕事至而断：遇事能够决断。

【译文】

庄子去见鲁哀公。哀公说："鲁国有很多儒士，但很少有学先生道术的。"庄子说："鲁国的儒士很少。"哀公说："全鲁国人都穿着儒士的服装，怎么说儒士少呢？"庄子说："我听说，儒者戴圆帽的，懂得天时；穿方鞋的，懂得地理；用五色丝带系佩玉玦的，遇事能够决断。君子有这种道术的，未必穿这种服装；穿这种服装的，未必懂得这种道术。你如果不相信，为什么不号令于国中说：'不懂这种道术而穿这种服装的，罪当处死！'"

于是哀公公布号令后5天之内，鲁国就没有人敢穿儒服的。只有一个男子穿着儒服站立于朝门。哀公立刻召他来询问国事，千变万化而应对如流。

庄子说："全鲁国只有一个儒者，能叫多吗？"

【原文】

百里奚爵禄不入于心[1]，故饭牛而牛肥[2]，使秦穆公忘其贱[3]，与之政也。有虞氏死生不入于心，故足以动人。

【注释】

〔1〕百里奚：本是虞国人，秦灭虞后，入秦，受到秦穆公的重用。
〔2〕饭：饲养。
〔3〕忘：不顾。

【译文】

百里奚不把爵禄放在心上，所以养牛而牛肥，使秦穆公不顾他的出身低贱，将国政授予了他。有虞氏不把生死放在心上，所以他的高尚品德令人感动。

【原文】

宋元君将画图[1]，众史皆至[2]，受揖而立[3]，舐笔和墨[4]，在外者半[5]。有一史后至者，儃儃然不趋[6]，受揖不立，因之舍[7]。公使人视之，则解衣般礴臝[8]。君曰："可矣，是真画者也。"

【注释】

〔1〕宋元君：宋国国君宋元公。图：图画。
〔2〕史：画师。
〔3〕受揖：接受国君的揖谢。立：就位。
〔4〕舐（shì）笔：用口水润笔。和墨：调色。

〔5〕在外者半：有一半没有位置坐，而站在外面。

〔6〕儃儃（tǎn）然：自由自在的样子。趋：快步而行。

〔7〕舍：客馆。

〔8〕般礴：盘腿而坐。臝：通"裸"，光着身子。

【译文】

宋元公要绘制山川土地的图样，众画师都来了，受礼后就位，润笔调色，还有一半人因没有位置坐而站在外面。有一个画师后到，他舒缓闲适不慌不忙地走着，受礼后并不就座，而是返回了客馆。宋元公派人去看他，只见他脱衣裸身，盘腿而坐。宋元公说："好啊！他才是真正的画师。"

【原文】

文王观于臧[1]，见一丈人钓[2]，而其钓莫钓[3]；非持其钓，有钓者也[4]，常钓也[5]。

文王欲举而授之政[6]，而恐大臣父兄之弗安也[7]；欲终而释之[8]，而不忍百姓之无天也[9]。于是旦而属之大夫曰[10]："昔者寡人梦见良人[11]，黑色而髯[12]，乘驳马而偏朱蹄[13]，号曰：'寓而政于臧丈人[14]，庶几乎民有瘳乎[15]！'"诸大夫蹵然曰："先君王也。"文王曰："然则卜之[16]。"

诸大夫曰："先君之命，王其无它[17]，又何卜焉！"

遂迎臧丈人而授之政。典法无更，偏令无出。三年，文王观于国，则列士坏植散群[18]，长官者不成德[19]，斔斛不敢入于四竟[20]。列士坏植散群，则尚同也[21]；长官者不成德，则同务也[22]；斔斛不敢入于四竟，则诸侯无二心也。

文王于是焉以为大师[23]，北面而问曰："政可以及天下乎[24]？"臧丈人昧然而不应[25]，泛然而辞[26]，朝令而夜遁，终身无闻。

颜渊问于仲尼曰："文王其犹未邪？又何以梦为乎？"仲尼曰："默，汝无言！夫文王尽之也[27]，而又何论刺焉[28]！彼直以循斯须也[29]。"

【注释】

〔1〕文王：周文王。臧：地名，在渭水附近。

〔2〕丈人：这里指姜太公。

〔3〕莫钓：不是真心在钓鱼。

〔4〕非持其钓，有钓者也：不是拿着钓钩真的要钓鱼。

〔5〕常钓：钩常在手，聊以度日。

〔6〕举：提拔。

〔7〕弗安：不服。

〔8〕释：舍弃。

〔9〕无天：失去庇荫。

〔10〕属：会集。

〔11〕昔：通"夕"，晚上。

〔12〕颙（rán）：通"髯"，多须。

〔13〕驳马：杂色的马。偏朱蹄：马蹄的一边是红色。

〔14〕寓：托。

〔15〕有瘳（chōu）乎：有救了。

〔16〕卜：占卜吉凶。

〔17〕无它：不应有疑虑。

〔18〕列士：各种士。坏植散群：私党解散，不立朋党。

〔19〕不成德：不显耀功德。

〔20〕斔（yǔ）：古代量器。

〔21〕尚同：谓和光同尘。

〔22〕同务：齐心合力。

〔23〕大师：武官名，是军队的最高统帅。大，通"太"。

〔24〕及天下：推广于天下。

〔25〕昧然：懵懵懂懂的样子。

〔26〕泛然：漫不经心的样子。

〔27〕尽之也：已经达到圣人的境界。

〔28〕论刺：私下议论与讽刺。

〔29〕斯须：顷刻之间。

【译文】

文王到臧地游历，看见一位老者在钓鱼，但不是真心钓鱼，他不是手持鱼竿专心钓鱼，而只是借钓鱼消遣罢了。

文王想任用他主持国政，但又怕大臣贵族不服；想放弃重用他的打算，但又怕百姓得不到庇荫。于是在早晨就集合他的卿大夫们说："晚上我梦见一位贤良君子，黑面而有胡须，骑着杂色的马，马蹄的半边是红色的，他号令我说：'将国政托付于臧地的老者，人民的疾苦大概可以解除了！'"诸大夫吃惊地说："那是君王您的父亲啊！"文王说："那么占卜看看吉凶。"

诸大夫说："这是先君之命，不应有疑虑，又何须占卜呢！"

于是恭迎臧地的老者入朝，将国政委托给他。他对过去的典章制度不做更改，不发布偏颇的政令。3年以后，文王巡视全国，看到列士不结党营私，为官者不显耀功德，别的度量衡不敢进入国境。列士不结党营私，是和光同尘；为官者不显耀功德，则齐心合力；别的度量衡不敢进入国境，则诸侯无异心。

文王于是拜他太师，行臣子之礼恭敬地问他："政令可以推广于天下

吗？"老者好像无知而不做回答，漫不经心地予以拒绝，当天晚上就逃走了，从此销声匿迹。

颜回问孔子说："文王的德行还不够吗？又何须托梦行事呢？"孔子说："别作声，不要说话！文王已经达到圣人的境界了。你又何必私下议论和讽刺呢！他只不过是按照一时的需要这样做罢了。"

【原文】

列御寇为伯昏无人射[1]，引之盈贯[2]，措杯水其肘上[3]，发之，适矢复沓[4]，方矢复寓[5]。当是时也，犹象人也[6]。伯昏无人曰："是射之射[7]，非不射之射也[8]。尝与汝登高山，履危石，临百仞之渊，若能射乎？"

于是无人遂登高山，履危石，临百仞之渊，背逡巡[9]，足二分垂在外[10]，揖御寇而进之[11]。御寇伏地，汗流至踵。伯昏无人曰："夫至人者，上窥青天[12]，下潜黄泉[13]，挥斥八极[14]，神气不变。今汝怵然有恂目之志[15]，尔于中也殆矣夫！"

【注释】

〔1〕射：射箭。

〔2〕引：拉弓。

〔3〕措：放置。

〔4〕适矢：第一箭刚离弦。沓：重新搭箭。

〔5〕寓：寄。

〔6〕象人：木偶。

〔7〕射之射：有心的射。

〔8〕不射之射：无心的射。

〔9〕背逡巡：向后移步。

〔10〕足二分垂在外：脚的三分之二悬空。

〔11〕揖：请。

〔12〕窥：观察。

〔13〕潜：探测。

〔14〕挥斥：放纵奔驰。八极：八方。

〔15〕恂（xún）目：神色不定。

【译文】

列御寇给伯昏无人射箭看,他拉满弓,在胳膊肘上放一杯水,射出箭,第一箭刚离弦,第二箭就已搭上;第二箭刚发出,第三箭又扣在弦上。射箭时的列御寇精神高度集中,动作镇定,简直像木偶一样。伯昏无人说:"这种射是有心的射,而不是无心的射。我和你登上高山,脚踩危石,身临百仞深渊,你还能射吗?"

于是伯昏无人登上高山,脚踩危石,身临百仞深渊,背对着深渊向后退,脚跟悬空,请列御寇上前来。列御寇害怕得趴在地上,冷汗流到脚跟。伯昏无人说:"至人,上观青天,下测黄泉,纵驰八方,神色不变。现在你惊慌失措,神色不定,你想射中目标就很困难了!"

【原文】

肩吾问于孙叔敖曰[1]:"子三为令尹而不荣华[2],三去之而无忧色[3]。吾始也疑子,今视子之鼻间栩栩然[4],子之用心独奈何?"

孙叔敖曰:"吾何以过人哉!吾以其来不可却也[5],其去不可止也。吾以为得失之非我也,而无忧色而已矣。我何以过人哉!且不知其在彼乎,其在我乎?其在彼邪,亡乎我;在我邪,亡乎彼。方将踌躇,方将四顾,何暇至乎人贵人贱哉!"

仲尼闻之曰:"古之真人,知者不得说,美人不得滥,盗人不得劫,伏戏、黄帝不得友。死生亦大矣,而无变乎己,况爵禄乎!若然者,其神经乎大山而无介,入乎渊泉而不濡,处卑细而不惫,充满天地,既以与人,己愈有。"

【注释】

[1]孙叔敖:楚国贵族,楚庄王时任执政卿。
[2]令尹:楚国执政卿之称,类似后世的宰相。
[3]三去之:三次被免去令尹之职。
[4]栩栩然:舒缓悠长的样子。
[5]却:推却。

【译文】

肩吾问孙叔敖说:"您三次当令尹而没有感到荣耀和华贵,您三次被免除令尹一职而没有丝毫的忧虑。我开始还怀疑您是装出来的,现在看您鼻息出入

舒缓悠长的样子，果真不假，您心里到底是怎么想的呢？"

孙叔敖说："我有什么过人之处呢！我认为令尹这一官职来不能推却，它走了也不能阻止。我认为得与失都不是我所能决定的，我所做的只是无忧无虑罢了。我有什么过人之处呢！况且不知道得失是由于令尹之职呢？还是由于我？如果得失在于令尹之职，则与我无关；如果在于我，则与令尹之职无关。我从容自得，心满意足，哪里有工夫顾及人间的贵贱呢！"

孔子听到此事后说："古时候的真人，智者不能说服他，美人不能使他淫乱，强盗不能使他屈服，伏羲、黄帝不能使他亲近。就是生死这样的大事，对自己也毫无影响，何况爵禄！像这样的人，他的精神遨游泰山也不会遇上阻碍，进入深渊也不会沾湿衣裳，位处卑贱也不觉困顿。他的精神充满于天地，全部给予别人，自己则更加充足。"

【原文】

楚王与凡君坐[1]，少焉，楚王左右曰"凡亡"者三。凡君曰："凡之亡也，不足以丧吾存。夫'凡之亡不足以丧吾存'，则楚之存不足以存存[2]。由是观之，则凡未始亡而楚未始存也。"

【注释】

〔1〕凡：古代国名。
〔2〕不足以存存：不能因为它的存在而令我感到它存在。

【译文】

楚王和凡君同坐，一会儿，楚王左右的人三次说"凡国灭亡了"。凡君说："凡国的灭亡，不能够丧失我的存在。那么'凡国的灭亡也不能让我丧失真性的存在'这句话，是说楚国的存在也不能保存它的存在。由真性的观点看来，凡国不曾灭亡而楚不曾存在。"

知北游

【原文】

知北游于玄水之上[1]，登隐弅之丘[2]，而适遭无为谓焉[3]。知谓无为谓曰："予欲有问乎若：何思何虑则知道？何处何服则安道[4]？何从何道则得道[5]？"三问而无为谓不答也。非不答，不知答也。

知不得问，反于白水之南[6]，登狐阕之丘[7]，而睹狂屈焉[8]。知以之言也问乎狂屈[9]。狂屈曰："唉！予知之，将语若。"中欲言而忘其所欲言。

知不得问，反于帝宫，见黄帝而问焉。黄帝曰："无思无虑始知道，无处无服始安道，无从无道始得道。"

知问黄帝曰："我与若知之，彼与彼不知也[10]，其孰是邪？"

黄帝曰："彼无为谓真是也，狂屈似之，我与汝终不近也。夫知者不言，言者不知，故圣人行不言之教。道不可致[11]，德不可至[12]。仁可为也，义可亏也[13]，礼相伪也。故曰：'失道而后德[14]，失德而后仁，失仁而后义，失义而后礼。'礼者，道之华而乱之首也[15]。故曰：'为道者日损[16]，损之又损，以至于无为。无为而无不为也。'今已为物也，欲复归根，不亦难乎！其易也，其唯大人乎！生也死之徒[17]，死也生之始，孰知其纪[18]！人之生，气之聚也。聚则为生，散则为死。若死生为徒，吾又何患！故万物一也。是其所美者为神奇，其所恶者为臭腐。臭腐复化为神奇，神奇复化为臭腐。故曰：'通天下一气耳。'圣人故贵一。"

知谓黄帝曰："吾问无为谓，无为谓不应我，非不我应，不知应我也；吾问狂屈，狂屈中欲告我而不我告，非不我告，中欲告而忘之也；今予问乎若，若知之，奚故不近？"

黄帝曰："彼其真是也，以其不知也；此其似之也，以其忘之也；予与若终不近也，以其知之也。"

狂屈闻之，以黄帝为知言。

【注释】

[1] 知：虚拟的人名。玄水：虚拟的水名。

[2] 隐弅：虚拟的地名。

[3] 无为谓：虚拟的人名。

[4] 何处何服：怎么做。

[5] 何从何道：通过什么。

[6] 白水：神话中的水名。

[7] 狐阕：虚拟的山名。

[8] 狂屈：虚拟的人名。

[9] 以：用。

[10] 彼与彼：指无为谓与狂屈。

[11] 致：取得。

[12] 至：达到。

[13] 亏：损弃。

[14] 而后德：然后出现德。

〔15〕华：装饰。

〔16〕日损：一天天地抛弃。

〔17〕徒：延续。

〔18〕纪：规律。

【译文】

知往北到玄水游历，登上隐弅的丘陵，恰巧遇上无为谓。知对无为谓说："我想问你一些问题：怎样思虑才能懂得道？怎样做才能安于道？通过什么样的途径才能获得道？"问了三次无为谓都不回答。并不是不回答，而是不知道回答。

知得不到解答，返回白水的南边，登上狐阕之丘，看见了狂屈。知又用问无为谓的话问狂屈。狂屈说："唉！我知道，等一会儿告诉你。"狂屈心中想说却忘了想要说的话。

知得不到解答，返回帝宫，看见黄帝便向他请教。黄帝说："不思不虑便能懂得道，什么都不做便能安于道，不通过任何途径便能获得道。"

知问黄帝说："我和你知道了这些说法，无为谓和狂屈不知道，究竟谁合乎道呢？"

黄帝说："无为谓合乎道，狂屈接近于道，我和你则差得远。知道的人不说，说的人不知道，所以圣人实行的是不用言传的教育。道不能依靠言传获得，德不能凭着称达达到。仁爱是有作为的，义理是有缺失的，礼仪是有虚伪的。所以说：'失去道然后出现德，失去德然后出现仁，失去仁然后出现义，失去义然后出现礼。'礼是道的假象和祸乱的开端。所以说：'修道的人应一天天地抛弃那些人为的虚伪的东西，不断地抛弃，直到无为的境界，无为也就无所不为。'现在人们都在追求外物，要想归返于虚无之道，不是太难了吗！能够轻易做到的，只有那些至人！生是死的延续，死是生的开端，谁能知道它们的规律！人的生，乃是气的聚积；气聚便是生，气散便是死。既然死生相随相伴，我又有什么忧虑的！所以万物是一体的，觉得美的便视之为神奇，丑的便视之为腐臭。腐臭可以转化为神奇，神奇也可以转化为腐臭。所以说：'天下万物只不过是一气罢了。'圣人因此而看重同一。"

知对黄帝说："我问无为谓，无为谓不回答我，并不是不回答我，而是不知道回答我。我问狂屈，狂屈心中想告诉我，却没有告诉我，并不是不告诉我，而是心中想告诉我，却忘记了。现在我问你，你知道，为什么还说和道差得远呢？"

黄帝说："无为谓合乎道，因为他不知道；狂屈接近于道，因为他忘记了；我和你距道太远，是因为知道了。"

狂屈听了，认为黄帝的这番话算是对大道理解比较深刻的话。

【原文】

　　天地有大美而不言，四时有明法而不议[1]，万物有成理而不说。圣人者，原天地之美而达万物之理[2]，是故至人无为，大圣不作，观于天地之谓也。

　　今彼神明至精[3]，与彼百化[4]，物已死生方圆，莫知其根也，扁然而万物自古以固存[5]。六合为巨，未离其内；秋毫为小，待之成体。天下莫不沉浮，终身不故[6]；阴阳四时运行，各得其序。惛然若亡而存[7]，油然不形而神[8]，万物畜而不知[9]。此之谓本根，可以观于天矣。

【注释】

　　[1]明法：四时变化的规律。
　　[2]原：推原。
　　[3]今：一作"合"。
　　[4]百化：千变万化。
　　[5]扁（piān）然：轻快的样子。
　　[6]故：陈旧。
　　[7]惛然：暗淡不分明的样子。
　　[8]油然：流行变化的样子。
　　[9]畜：养育。

【译文】

　　天地有覆载万物的美德而不言语，四时有明显的规律而不议论，万物有生成的原理而不说话。所谓圣人，就是推原天地有功而不自夸的美德，就是通达万物之理，所以至人无为，大圣不作，这就叫作取法于天地。

　　天地神明精妙，与事物千变万化，万物的或死或生或方或圆，谁也不知道有一本根运化着它们，万物的生长不息，自古以来就已存在。天地四方宽阔巨大，却超不出它的范围；秋毫虽小，也要依靠它的作用才能形成。天地万物无不升降变化，日新月异；阴阳四时的运行，各有一定的规律顺序。天道若隐若现，流行变化却有神妙的作用，万物都在天道的养育之中而不自知。这就叫本根，明白了这个道理就可以观察自然之道了。

【原文】

　　齧缺问道乎被衣，被衣曰："若正汝形，一汝视，天和将至[1]；摄汝知，一汝度，神将来舍。德将为汝美，道将为汝居，汝瞳焉如新生之犊，而无求其故[2]！"

　　言未卒，齧缺睡寐。被衣大说，行歌而去之，曰："形若槁骸，心若死灰，真其实知，不以故自持。媒媒晦晦[3]，无心而不可与谋。彼何人哉！"

【注释】

〔1〕天和：性体冲和之气。
〔2〕瞳（tóng）焉：无知的样子。
〔3〕媒媒晦晦：懵懵懂懂的样子。

【译文】

啮缺向被衣问道，被衣说："端正你的形体，集中你的视觉，就能使失去的冲和之气重新返回身上；泯灭你的智慧，专一你的视觉，就能使失去的神明重新返回。德将显示你的完美，道将居于你的心中，你天真无知如同初生的牛犊一样于事无求。"

被衣话音未毕，啮缺就睡着了。被衣非常高兴，唱着歌走了，他唱道："形如枯骨，心如死灰，他领悟了道，不固执己见。懵懵懂懂的样子，没有心机不可谋议。他是何等顿悟大道的人啊！"

【原文】

舜问乎丞曰[1]："道可得而有乎？"曰："汝身非汝有也，汝何得有夫道？"

舜曰："吾身非吾有也，孰有之哉？"曰："是天地之委形也[2]；生非汝有，是天地之委和也；性命非汝有，是天地之委顺也；孙子非汝有[3]，是天地之委蜕也[4]。故行不知所往，处不知所持[5]，食不知所味。天地之强阳气也[6]，又胡可得而有邪！"

【注释】

〔1〕丞：官名。一说为舜师。
〔2〕委：托付。
〔3〕孙子：一作"子孙"。
〔4〕蜕：蜕变生新。
〔5〕处：居。持：守。
〔6〕强阳：运动。

【译文】

舜问丞说："道可以获得而据有吗？"丞说："你的身体你都不能据有，你怎么能够据有道呢？"

舜说："我的身体不归我有，那么归谁所有？"丞说："是天地所赋予的形体；生命不归你有，乃是天地所赋予的阴阳结合；性命不归你有，乃是天地所赋予的阴阳调和；子孙不归你有，乃是天地所赋予的蜕变生新。所以行动时不知去向，居留时不知持守，饮食时不知口味。这些都是天地运行变化的结果，怎么能够据有呢！"

【原文】

孔子问于老聃曰："今日晏间[1]，敢问至道。"

老聃曰："汝齐戒[2]，疏瀹而心[3]，澡雪而精神[4]，掊击而知[5]。夫道，窅然难言哉[6]！将为汝言其崖略[7]。夫昭昭生于冥冥，有伦生于无形，精神生于道，形本生于精[8]，而万物以形相生，故九窍者胎生[9]，八窍者卵生[10]。其来无迹，其往无崖[11]，无门无房，四达之皇皇也[12]。邀于此者[13]，四肢彊[14]，思虑恂达[15]，耳目聪明，其用心不劳，其应物无方[16]。天不得不高，地不得不广，日月不得不行，万物不得不昌，此其道与！且夫博之不必知，辩之不必慧，圣人以断之矣。若夫益之而不加益，损之而不加损者，圣人之所保也。渊渊乎其若海，巍巍乎其终则复始也[17]，运量万物而不匮[18]，则君子之道，彼其外与！万物皆往资焉而不匮[19]，此其道与！中国有人焉，非阴非阳，处于天地之间，直且为人[20]，将反于宗[21]。自本观之，生者，暗醷物也[22]。虽有寿夭，相去几何？须臾之说也。奚足以为尧、桀之是非！果蓏有理[23]，人伦虽难，所以相齿[24]。圣人遭之而不违[25]，过之而不守。调而应之[26]，德也；偶而应之[27]，道也。帝之所兴，王之所起也。人生天地之间，若白驹之过郤[28]，忽然而已。注然勃然[29]，莫不出焉；油然漻然[30]，莫不入焉。已化而生，又化而死，生物哀之，人类悲之。解其天弢[31]，堕其天袭[32]，纷乎宛乎[33]，魂魄将往，乃身从之，乃大归乎[34]！不形之形，形之不形，是人之所同知也，非将至之所务也[35]，此众人之所同论也。彼至则不论，论则不至；明见无值[36]，辩不若默；道不可闻，闻不若塞。此之谓大得[37]。"

【注释】

[1] 晏间：安闲。
[2] 齐：通"斋"。
[3] 瀹：疏通。
[4] 澡雪：洗净。
[5] 掊击：抛弃。
[6] 窅然：深远的样子。
[7] 崖略：大概。
[8] 形本：形体。
[9] 九窍者：人兽。
[10] 八窍者：禽鱼。
[11] 崖：边际。
[12] 皇皇：宽广。
[13] 邀：顺。
[14] 彊：通"强"。
[15] 恂（xún）：畅通。
[16] 无方：没有拘执。
[17] 巍巍：高大的样子。
[18] 匵：一作"遗"。
[19] 匮：乏。
[20] 直且：姑且。
[21] 宗：本。
[22] 喑醷（yīn yì）：气息相聚。
[23] 蓏（luǒ）：草类所结的果实。
[24] 齿：排列。
[25] 不违：顺从。
[26] 应：对待。
[27] 偶：谐合。
[28] 白驹过郤：形容极快。白驹，骏马。郤，通"隙"，缝隙。
[29] 注然勃然：兴起、生出的样子。
[30] 油然漻（liú）然：消亡、寂静的样子。
[31] 弢（tāo）：弓袋，此处指束缚。
[32] 袠（zhì）：通"帙"，书套，此处指包裹。
[33] 纷乎：纷乱的样子。宛乎：宛转的样子。
[34] 大归：指死。
[35] 将至：将要达道的人。务：追求。
[36] 值：遇见。
[37] 大得：大收获，指得道。

【译文】

孔子问老子说:"今天安闲无事,请讲讲最高的道。"

老子说:"你要斋戒,疏通你的心灵,洗净你的精神,抛弃你的智慧。道非常深奥,不好说啊!我给你说个大略吧。光明产生于昏暗,有形产生于无形,精神产生于道,形体产生于精神,万物以各种形态互相产生,所以九窍的动物胎生,八窍的动物卵生。来的时候无痕无迹,去的时候无边无际,不知从哪儿生出来,不知哪儿是归宿,四通八达宽广辽阔。顺于道的,四肢强健,思路通达,耳目聪明,不用劳心,处事灵活。天不得道就不高,地不得道就不广,日月不得道就不运行,万物不得道就不昌盛,这就是道吧!况且,博学的未必有智慧,善辩的未必聪明,圣人早已抛弃了这些。不增不减,无损无益,乃是圣人所要保持的。深远似海,高大如山,周而复始地循环运行,运载万物而不会遗漏。然而君子的道,岂是呈现在外!虽然万物都来求取,但却不会匮乏,这就是道吧!有得道之人,既不偏于阴也不偏于阳,处于天地之间,姑且为人,将返归于本宗。从根本上来看,所谓生命,不过是气的凝聚。虽有长寿与短命之别,但能相差多少呢?人的言论是一闪而过的。又何必去论说尧与桀的是非!瓜果各有其生长之理,人伦关系虽然复杂,但也类似于瓜果之理。圣人遇事而顺从,得过且过而不固执。和顺待人,便是德;和谐接物,便是道;帝王的兴起,就是靠无为之道。人生活在天地之间,就像骏马穿越空隙,一闪而已。万物蓬蓬勃勃,无不生长;万物自然消逝,无不消亡。已经变化而生,却又变化而死,生物为之哀伤,人类为之悲痛。解除束缚,毁掉禁锢,纷乱宛转,魂魄升天,躯体入土,这就是返归大本!从无形变为有形,从有形又变为无形,这种生死变化是人所共知的,并不是将要得道的人所追求的,这是常人所共同议论的。得道的人就不去议论,议论的人就没有得道。清楚看见的其实没有看见,辩论不如沉默。道是不可听闻的,听闻不如充耳不闻。这才叫真正的得道。"

【原文】

东郭子问于庄子曰[1]:"所谓道,恶乎在?"

庄子曰:"无所不在。"

东郭子曰:"期而后可[2]。"

庄子曰:"在蝼蚁。"

曰:"何其下邪[3]?"

曰:"在稊稗[4]。"

曰:"何其愈下邪?"

曰:"在瓦甓[5]。"

曰:"何其愈甚邪?"

曰："在屎溺[6]。"

东郭子不应。

庄子曰："夫子之问也，固不及质[7]。正获之问于监市履狶也[8]，每下愈况[9]。汝唯莫必[10]，无乎逃物。至道若是，大言亦然[11]。周遍咸三者，异名同实，其指一也。尝相与游乎无何有之宫[12]，同合而论，无所终穷乎！尝相与无为乎！澹而静乎！漠而清乎！调而闲乎！寥已吾志[13]。无往焉而不知其所至，去而来而不知其所止，吾已往来焉而不知其所终。彷徨乎冯闳[14]，大知入焉而不知其所穷[15]。物物者与物无际[16]，而物有际者，所谓物际者也。不际之际[17]，际之不际者也[18]。谓盈虚衰杀，彼为盈虚非盈虚，彼为衰杀非衰杀，彼为本末非本末，彼为积散非积散也。"

【注释】

〔1〕东郭子：人名，因住在东郭，故称。

〔2〕期而后可：请指明所在。

〔3〕下：卑下。

〔4〕稊稗：杂草名。

〔5〕甓（pì）：砖。

〔6〕溺：尿。

〔7〕质：实质。

〔8〕正获：司正、司获，均为官名。监市：监管市场的人。履狶，买猪时选择肥猪的方法，踩一下猪腿就可辨别肥瘦。履，踩。狶（xī），大猪。

〔9〕每下愈况：愈是下部愈能真正反映猪的肥瘦。

〔10〕必：绝对。

〔11〕大言：表现道的言论。

〔12〕无何有之宫：指虚无的境界。

〔13〕寥：虚寂。

〔14〕冯闳（hóng）：虚无辽阔。

〔15〕大知入焉：大智入心，即心怀大智。

〔16〕物物者：支配万物的。际：界限。

〔17〕不际之际：没有界限的界限。

〔18〕际之不际：界限中的没有界限。

【译文】

东郭子问庄子说："所谓道，都在什么地方？"

庄子说："无所不在。"

东郭子说："请指明所在。"

庄子说："在蝼蚁里。"

东郭子说:"怎么如此卑下?"

庄子说:"在稊稗里。"

东郭子说:"怎么更卑下了呢?"

庄子说:"在砖瓦里。"

东郭子说:"怎么愈来愈卑下了呢?"

庄子说:"在屎尿里。"

东郭子不吭声了。

庄子说:"先生所问的,本来就没有触及道的实质。司正和司获向监市者问踩猪选肥的方法,监市者回答说愈是下部愈能真正反映猪的肥瘦。你不要限定道在何处,道是不脱离物的。大道原本就是无处不在的,使用再大的言辞来说明它,也是一样。'周''遍''咸'这三个概念,名称虽然不同,意思却是一样,所表示的意义是同样的。试着一同遨游于虚无的境界,合物为一,见道之同源,所论道是没有穷尽的!让我们一同自然无为吧!恬淡而静寂啊!寂寞而清净啊!和顺而悠闲啊!这样一来,我的心志就虚寂了。我随着自然前往,前往却不知道要到哪里,去了又来却不知道止于何处。我来来往往而不知道何时是终结。漫游于虚无广阔的境界,心怀大智而不知道何处是尽头。道与物是没有界限的。而物与物之间是有界限的,这就是所谓物的界限;没有界限的界限,就是界限中的没有界限。所谓盈虚衰杀,其为盈虚而非盈虚,其为衰杀而非衰杀,其为本末而非本末,其为积散而非积散。"

【原文】

妸荷甘与神农同学于老龙吉[1]。神农隐几阖户昼瞑,妸荷甘日中奓户而入[2],曰:"老龙死矣!"神农隐几拥杖而起,嚗然放杖而笑[3],曰:"天知予僻陋慢訑[4],故弃予而死。已矣!夫子无所发予之狂言而死矣夫[5]!"

弇堈吊闻之[6],曰:"夫体道者,天下之君子所系焉[7]。今于道,秋豪之端万分未得处一焉,而犹知藏其狂言而死,又况夫体道者乎!视之无形,听之无声,于人之论者,谓之冥冥,所以论道而非道也。"

【注释】

〔1〕妸(ē)荷甘、神农、老龙吉:都是虚拟的人物。

〔2〕奓(zhà):推开。

〔3〕嚗然:手杖掉在地上的声音。

〔4〕慢訑(dàn):驰纵。

〔5〕狂言：至言。

〔6〕弇堈（yǎn gāng）吊：虚拟的人物。

〔7〕系：归依。

【译文】

妸荷甘和神农同在老龙吉那里求学。神农靠在几案上，关起门来白天睡觉，妸荷甘中午推开门跑进来说："老龙吉死了！"神农扶着手杖站起来，又放下手杖笑了，他说："先生知道我僻陋荒唐，所以丢下我死了。完啦！先生没有留下启发我的至言就死了啊！"

弇堈吊听到后说："体悟道的人，是天下君子所归依的人。现在老龙吉对于道，连一根毫毛末端的万分之一都没有得到，还知道藏着至言而死，何况体现道的人！看去无形，听来无声，议论者称它为冥冥，所议论的道并不是真正的道。"

【原文】

于是泰清问乎无穷曰[1]："子知道乎？"无穷曰："吾不知。"

又问乎无为。无为曰[2]："吾知道。"曰："子之知道，亦有数乎[3]？"曰："有。"曰："其数若何？"无为曰："吾知道之可以贵，可以贱，可以约[4]，可以散，此吾所以知道之数也。"

泰清以之言也问乎无始曰[5]："若是，则无穷之弗知与无为之知，孰是而孰非乎？"无始曰："不知深矣，知之浅矣；弗知内矣，知之外矣。"于是泰清中而叹曰[6]："弗知乃知乎！知乃不知乎！孰知不知之知？"

无始曰："道不可闻，闻而非也；道不可见，见而非也；道不可言，言而非也。知形形之不形乎[7]！道不当名。"

无始曰："有问道而应之者，不知道也；虽问道者，亦未闻道。道无问，问无应。无问问之，是问穷也[8]；无应应之，是无内也[9]。以无内待问穷，若是者，外不观乎宇宙，内不知乎大初[10]，是以不过乎昆仑，不游乎太虚[11]。"

【注释】

〔1〕泰清、无穷：都是虚拟的人物。

〔2〕无为：虚拟的人物。

〔3〕数：名数。

〔4〕约：聚，集中。

〔5〕无始：虚拟的人物。

〔6〕中：一作"卬"，通"仰"，仰面。

〔7〕形形之不形：支配有形的东西是无形的。

〔8〕穷：空。
〔9〕内：内容。
〔10〕大初：太初，万物的根本。
〔11〕太虚：极端虚无的境界。

【译文】

泰清问无穷说："你知道道吗？"无穷说："我不知。"

泰清又问无为。无为说："我知。"泰清说："你知道道，道也有名数吗？"无为说："有。"泰清说："名数是什么样呢？"无为说："我知道道可以尊贵，可以低贱，可以聚集，可以离散，这就是我所知道的道的名数。"

泰清又用这些话问无始说："像这样，无穷的不知和无为的知，究竟谁是谁非呢？"无始说："不了解道才意味着道是十分玄深的，了解道就说明道是肤浅的；不了解道才意味着处在大道之内，了解道就说明处在大道之外了。"于是泰清仰头感叹说："不知的乃是知！知的其实不知！谁明白不知的知呢？"

无始说："道不可以听，听到的就不是道；道不可以看，看见的就不是道；道不可以说，说出来的就不是道。知道支配有形的东西是无形吗！道是没有名数的。"

无始说："有人问道就回答的，是不懂道。问道的人，其实也没有听到道。道是无法问的，问了也无法回答。无法问而要问，就是空问；无法回答而回答，就是空答。以空答对空问，若是这样，对外便不能观察宇宙，对内则不知万物的根本，因而不能跨越昆仑，不能遨游于太虚。"

【原文】

光曜问乎无有曰[1]："夫子有乎，其无有乎？"光曜不得问，而孰视其状貌[2]，窅然空然，终日视之而不见，听之而不闻，搏之而不得也[3]。

光曜曰："至矣，其孰能至此乎！予能有无矣，而未能无无也；及为无有矣，何从至此哉！"

【注释】

〔1〕光曜（yào）、无有：都是虚拟的人物。
〔2〕孰视：细察。孰，通"熟"。
〔3〕搏：触摸。

【译文】

光曜问无有说："先生是有呢？还是无有？"

光曜得不到回答，就仔细观察他的状貌，一副深远虚无的样子，整天看也看不见，听也听不到声音，摸也摸不着。

光曜说："绝妙极了！谁能达到这种境界呢！我能达到'有无'，而不能达到'无无'；至于'无无'，不知怎样才能达到这种境界！"

【原文】

大马之捶钩者[1]，年八十矣，而不失豪芒。大马曰："子巧与？有道与？"

曰："臣有守也[2]。臣之年二十而好捶钩，于物无视也，非钩无察也。是用之者，假不用者也以长得其用，而况乎无不用者乎！物孰不资焉！"

【注释】

〔1〕大马：官名，即大司马。
〔2〕守：谓为"道"。

【译文】

大司马有个制造兵器的工匠，已经八十岁了，做的钩分毫不差。大司马说："你是有绝技呢？还是有道？"

工匠说："我有所持守。我二十岁时就喜欢制造兵器，别的东西一概不看，把全部精力都集中在兵器上。我的锻打技术，是凭借着精神的凝聚才得以发挥作用的，何况那无不用的呢！万物谁不依赖于它呢？"

【原文】

冉求问于仲尼曰[1]："未有天地可知邪？"仲尼曰："可。古犹今也。"冉求失问而退[2]。明日复见，曰："昔者吾问'未有天地可知乎？'夫子曰：'可。古犹今也。'昔日吾昭然[3]，今日吾昧然[4]，敢问何谓也？"仲尼曰："昔之昭然也，神者先受之[5]；今之昧然也，且又为不神者求邪[6]！无古无今，无始无终。未有子孙而有子孙，可乎？"冉求未对。仲尼曰："已矣，未应矣！不以生生死，不以死死生。死生有待邪[7]？皆有所一体。有先天地生者物邪？物物者非物。物出不得先物也。犹其有物也。犹其有物也，无已[8]。圣人之爱人也终无已者，亦乃取于是者也。"

【注释】

〔1〕冉求：孔子弟子。
〔2〕失问：失去复问之意，不想再问。
〔3〕昭然：明白。
〔4〕昧然：糊涂。

〔5〕神者先受之：心神首先领会。
〔6〕不神者：指外界物象。
〔7〕有待：相互依存。
〔8〕无已：无止境。

【译文】

冉求问孔子说："没有天地之前的情形可以知道吗？"孔子说："可以。古今是一样的。"冉求没有再问，便退下了。第二天又来求教，说："昨天我问'没有天地之前的情形可以知道吗？'先生说：'可以。古今是一样的。'昨天我还明白，今天却糊涂了，请问这是为什么呢？"孔子说："昨天你明白，是用心神先去领会的结果；今天你糊涂，是因为你的心神又被思虑变得迷惑起来。没有古没有今，没有始没有终。没有子孙以前便已有子孙，可以吗？"冉求没有回答。孔子说："算了吧，别回答了。不要因为活着就想让死的活过来，不要因为已死就想让活的死去。死和生是相互依存的吗？它们都是依赖于自然之道而已。有先于天地而生的物吗？产生物的是道不是物。物的产生不能在道之前，道生出了天地万物。有了天地万物，便生生不息。圣人无心爱物，恩流百代而不废，乃是取法于道。"

【原文】

颜渊问乎仲尼曰："回尝闻诸夫子曰：'无有所将[1]，无有所迎。'回敢问其游[2]。"

仲尼曰："古之人外化而内不化，今之人内化而外不化。与物化者，一不化者也。安化安不化，安与之相靡[3]？必与之莫多[4]。狶韦氏之囿[5]、黄帝之圃、有虞氏之宫、汤武之室。君子之人，若儒墨者师，故以是非相䪘也[6]，而况今之人乎！圣人处物不伤物。不伤物者，物亦不能伤也。唯无所伤者，为能与人相将迎。山林与，皋壤与[7]，使我欣欣然而乐与！乐未毕也，哀又继之。哀乐之来，吾不能御，其去弗能止。悲夫，世人直为物逆旅耳！夫知遇而不知所不遇，知能能而不能所不能[8]。无知无能者，固人之所不免也。夫务免乎人之所不免者，岂不亦悲哉！至言去言[9]，至为去为[10]。齐知之[11]，所知则浅矣。"

【注释】

〔1〕将：送。
〔2〕游：道理。
〔3〕靡：顺。
〔4〕莫多：不会太过，恰如其分。
〔5〕狶韦氏：远古帝王的称号。囿：园。
〔6〕相鳖（jī）：互相攻击。
〔7〕皋壤：原野。
〔8〕能能：能做到所能够做到的。
〔9〕至言：合乎道的言论。去言：无言。
〔10〕至为：合乎道的行为。去为：无为。
〔11〕齐：皆，全。

【译文】

颜渊问孔子说："我曾经听老师说：'不要送，不要迎。'请问其中的道理。"

孔子说："古时候的人，外表随物变化而内心宁静；现在的人，内心不能保全天性，而对外又与万物相抵牾。对外与万物相推移的人，其内在的天性是始终不变的，何所谓不化？这种人怎么会跟万物相抵牾呢？一定无心求胜于物。就像狶韦氏的苑囿、黄帝的园圃、有虞氏的宫殿、汤武的屋宇，可见人们的精神境界日趋狭隘卑下。君子一类的人，像儒墨的师辈，还以是非互相攻击，何况是现在的人呢！圣人与物相处而不伤物。不伤物的，物也不伤害他。只有无所伤害的，才能与人相互往来。山林啊！原野啊！使我欣然快乐！快乐还没有消逝，悲哀又接着来了。哀乐的来临，我不能抗拒，它的离去也无法制止。可悲啊，世人简直成了外物寄居的旅舍！只知道所见过的而不知道未见过的，能做到所能够做到的而不能做到所不能够做到的。有所不知有所不能，这本来是人所难免的。一定要避免人所难免的，岂不也很可悲吗！至言无言，至为无为。要是什么都知道，实际上所知的就肤浅了。"

杂 篇

庚桑楚

【原文】

老聃之役有庚桑楚者[1]，偏得老聃之道[2]，以北居畏垒之山[3]。其臣之画然知者去之[4]，其妾之挈然仁者远之[5]。拥肿之与居[6]，鞅掌之为使[7]。居三年，畏垒大壤[8]。畏垒之民相与言曰："庚桑子之始来，吾洒然异之[9]。今吾日计之而不足，岁计之而有余。庶几其圣人乎！子胡不相与尸而祝之[10]，社而稷之乎[11]？"

庚桑子闻之，南面而不释然[12]。弟子异之。庚桑子曰："弟子何异于予？夫春气发而百草生，正得秋而万宝成[13]。夫春与秋，岂无得而然哉？天道已行矣。吾闻至人，尸居环堵之室[14]，而百姓猖狂不知所如往。今以畏垒之细民，而窃窃焉欲俎豆予于贤人之间[15]，我其杓之人邪[16]？吾是以不释于老聃之言。"

弟子曰："不然。夫寻常之沟[17]，巨鱼无所还其体[18]，而鲵鳅为之制[19]；步仞之丘陵[20]，巨兽无所隐其躯，而孽狐为之祥[21]。且夫尊贤授能，先善与利[22]，自古尧、舜以然，而况畏垒之民乎！夫子亦听矣！"

庚桑子曰："小子来！夫函车之兽[23]，介而离山[24]，则不免于罔罟之患；吞舟之鱼，砀而失水[25]，则蚁能苦之。故鸟兽不厌高[26]，鱼鳖不厌深。夫全其形生之人，藏其身也，不厌深眇而已矣[27]。且夫二子者[28]，又何足以称扬哉！是其于辩也[29]，将妄凿垣墙而殖蓬蒿也，简发而栉[30]，数米而炊，窃窃乎又何足以济世哉！举贤则民相轧，任知则民相盗。之数物者，不足以厚民[31]。民之于利甚勤[32]，子有杀父，臣有杀君，正昼为盗[33]，日中穴阫[34]。吾语女：大乱之本，必生于尧、舜之间，其末存乎千世之后。千世之后，其必有人与人相食者也。"

【注释】

〔1〕役：门徒。

〔2〕偏得：独得。

〔3〕畏垒：山名。

〔4〕画然：明察的样子。

〔5〕挈（qiè）然仁者：自信做到仁的。

〔6〕拥肿：糊涂无知的人。

〔7〕鞅掌：不修仪容的人。

〔8〕壤：通"穰"，丰收。

〔9〕洒然：惊怪的样子。

〔10〕尸而祝之：当作祖宗一样来祭祀崇拜。

〔11〕社而稷之：为他建立社稷。

〔12〕不释然：不高兴。

〔13〕万宝：各种果实。

〔14〕尸居：像尸体一样寂静而居。环堵：一方丈大的小屋。

〔15〕窃窃：私下议论的样子。俎豆：奉祀。

〔16〕杓（dí）：榜样。

〔17〕寻常：八尺为寻，二寻为常。

〔18〕还：转。

〔19〕制：曲折回旋。

〔20〕步仞：六尺为步，七尺或八尺为仞。

〔21〕祥：得意。

〔22〕先善：有善先用。

〔23〕函：含。

〔24〕介：独个。

〔25〕砀：通"荡"。砀而失水：因波流动荡而离开了水。

〔26〕厌：满足。

〔27〕眇：远。

〔28〕二子：指尧和舜。

〔29〕辩：通"辨"，分辨。

〔30〕简：择。栉（zhì）：梳发。

〔31〕厚民：利民。

〔32〕于利甚勤：努力谋利。

〔33〕正昼：大白天。

〔34〕阫（péi）：墙。穴阫：把墙挖穿。

【译文】

老子的弟子中有个名叫庚桑楚的，他独得老子的道，居住在北方的畏垒山上。他的奴仆，凡耍小聪明的被辞去不用，侍女中凡标举仁义的被他疏远。朴拙的被他留用，不修饰外表的供他役使。住了三年，畏垒一带大获丰收。畏垒的人民互相说："庚桑子刚来的时候，我们对他感到惊异。现在我按天来计算收益虽感不足，但按一年下来计算，却富富有余。他大概是圣人吧！我们何不祭祀崇拜他，为他建立社稷呢？"

庚桑子听说要奉他为君，心里很不高兴。弟子们感到很奇怪。庚桑子说：

"你们为什么对我感到奇怪？春气勃发而百草丛生，时逢秋季而各种果实成熟。春和秋，难道就没有功德可言吗？这是天道运行的结果。我听说，至人安居于陋室，而百姓任性放纵，随心所欲，不知所往。现在畏垒的小民私下议论，要把我放进贤人之列来进行崇拜，我难道是榜样之人吗？我之所以对此不高兴，是因为想起了老子的教诲。"

弟子说："不是这样的。在小河沟里，大鱼无法转动身体，而小鱼却能游来游去；在低矮的丘陵地带，形体巨大的野兽无处藏身，而狐狸却能自如出没。况且，尊贤授能，赏善施利，自古尧、舜就是如此，何况畏垒的百姓呢！先生就顺从他们吧！"

庚桑子说："小子过来！你们没有听说过，口能含车的巨兽，独自离开山林，就难逃网罗之祸；能吞舟的巨鱼，因波流动荡而离开了水，就连蚂蚁也能伤害它。所以鸟兽不厌高，鱼鳖不厌深。全形养生的人，隐形藏身，也是不厌深远罢了！尧、舜这两个人，有什么值得颂扬的！他们对于善恶的分辨，犹如妄自凿破好垣墙种植蓬蒿以作为屏障一样。像他们那样，挑着一根头发来梳，数米粒来煮，如此烦琐的行为又怎么能够救世呢！选举贤能人民就会相互倾轧，任用智者人民就会相互争盗。这几种措施，对人民是没有好处的。人民致力于谋利，就会出现子杀父，臣杀君，白日偷盗，正午挖墙等现象。我告诉你：大乱的根源，必定生于尧、舜之间，其流弊遗存于千代之后。千代之后，必定会有人吃人的现象。"

【原文】

南荣趎蹴然正坐曰[1]："若趎之年者已长矣，将恶乎托业以及此言邪[2]？"庚桑子曰："全汝形[3]，抱汝生[4]，无使汝思虑营营[5]。若此三年，则可以及此言矣。"南荣趎曰："目之与形，吾不知其异也，而盲者不能自见；耳之与形，吾不知其异也，而聋者不能自闻；心之与形，吾不知其异也，而狂者不能自得。形之与形亦辟矣[6]，而物或间之邪[7]，欲相求而不能相得？今谓趎曰：'全汝形，抱汝生，勿使汝思虑营营。'趎勉闻道达耳矣[8]。"庚桑子曰："辞尽矣。曰：奔蜂不能化藿蠋[9]，越鸡不能伏鹄卵[10]，鲁鸡固能矣。鸡之与鸡，其德非不同也，有能与能不者，其才固有巨小也。今吾小才，不足以化子。子胡不南见老子？"

南荣趎赢粮[11]，七日七夜至老子之所。老子曰："子自楚之所来乎？"

南荣趎曰："唯。"老子曰："子何与人偕来之众也？"

南荣趎惧然顾其后。老子曰："子不知吾所谓乎？"南荣趎俯而惭，仰而叹曰："今者吾忘吾答，因失吾问。"老子曰："何谓也？"南荣趎曰："不知乎？人谓我朱愚[12]。知乎？反愁我躯[13]。不仁则害人，仁则反愁我身；不义则伤彼，义则反愁我己。我安逃此而可？此三言者，趎之所患也，愿因楚而问之。"老子曰:"向吾见若眉睫之间[14],吾因以得汝矣[15],今汝又言而信之[16]。若规规然若丧父母[17],揭竿而求诸海也。女亡人哉,惘惘乎!汝欲反汝情性而无由入,可怜哉!"

南荣趎请入就舍[18],召其所好[19],去其所恶,十日自愁[20],复见老子。老子曰:"汝自洒濯[21],熟哉郁郁乎[22]!然而其中津津乎犹有恶也[23]。夫外韄者不可繁而捉[24],将内揵[25];内韄者不可缪而捉[26],将外揵。外门韄者,道德不能持,而况放道而行者乎[27]!"南荣趎曰:"里人有病[28],里人问之,病者能言其病,然其病病者犹未病也。若趎之闻大道,譬犹饮药以加病也。趎愿闻卫生之经而已矣[29]。"老子曰:"卫生之经,能抱一乎?能勿失乎?能无卜筮而知吉凶乎?能止乎?能已乎?能舍诸人而求诸己乎[30]?能翛然乎[31]?能侗然乎[32]?能儿子乎[33]?儿子终日嗥而嗌不嗄[34],和之至也;终日握而手不掜[35],共其德也;终日视而目不瞚[36],偏不在外也。行不知所之,居不知所为,与物委蛇而同其波。是卫生之经已。"南荣趎曰:"然则是至人之德已乎?"曰:"非也。是乃所谓冰解冻释者,能乎?夫至人者,相与交食乎地而交乐乎天,不以人物利害相撄,不相与为怪,不相与为谋,不相与为事,翛然而往,侗然而来。是谓卫生之经已。"曰:"然则是至乎?"曰:"未也。吾固告汝曰:'能儿子乎?'儿子动不知所为,行不知所之,身若槁木之枝而心若死灰矣。若是者,祸亦不至,福亦不来。祸福无有,恶有人灾也!"

【注释】

[1] 南荣趎(chú):庚桑楚的弟子。蹴(cù)然:恭敬的样子。
[2] 托:凭借。
[3] 全汝形:保养好你的身体。
[4] 抱汝生:保住你的天性。
[5] 营营:劳累而不知休息的样子。
[6] 辟:通"譬",相通。
[7] 间:间隔,阻塞。
[8] 勉:勉强,约略。
[9] 奔蜂:小蜂,细腰土蜂。藿蠋(huò zhú):大青虫。
[10] 越鸡:越地所产的鸡。伏:孵。鹄:天鹅。
[11] 赢:担。
[12] 朱愚:愚钝。
[13] 反愁我躯:反而令我自身愁苦。
[14] 眉睫之间:指表情。
[15] 得汝:知道了你的心事。
[16] 信:证实。

〔17〕规规然：茫然自失的样子。
〔18〕入就舍：入居弟子之舍。
〔19〕召：吸取。
〔20〕自愁：因未能明道而自感愁苦。
〔21〕洒濯（zhuó）：洗涤。
〔22〕孰：通"孰"，何。
〔23〕津津：外渗。
〔24〕鞿：束缚。捉：促，急迫。
〔25〕揵（jiàn）：闭。
〔26〕缪：缠缚。
〔27〕放：通"仿"，仿效，学习。
〔28〕里人：住在同一里的人，即邻居。
〔29〕卫生：养生。
〔30〕舍诸人：对人无所求。
〔31〕翛（xiāo）然：无所牵挂的样子。
〔32〕侗（tóng）然：懵然无知的样子。
〔33〕能儿子：能和小孩一样天真。
〔34〕嗥（háo）：号叫。嗌（yì）：喉咙。嗄（shà）：沙哑。
〔35〕挽（yì）：拳曲。
〔36〕瞚（shùn）：通"瞬"，眨眼。

【译文】

南荣趎恭敬地端坐着，对庚桑子说："像我这样大的年纪，怎样学习才能达到您所说的那种境界呢？"庚桑子说："保养好你的身体，保住你的天性，不要思虑重重。这样经过三年，就可以达到我所说的那种境界了。"南荣趎说："眼睛的外形，我看不出有什么不同，但盲人却无法看见东西；耳朵的外形，我看不出有什么不同，但耳聋者却无法听见声音；心的形态，我不知道有什么不同，但狂人却不能自适。从外表来看，我与别人的形体并无区别，但想要知道至言却不能，想来恐怕有什么东西堵塞吧！现在您对我说：'保养好你的身体，保住你的天性，不要思虑重重。'我听道勉强只达到耳朵,未能心领神会。"庚桑子说:"我的话已经说完了。小蜂不能孵化大青虫,越鸡不能孵化天鹅蛋,鲁鸡就可以。鸡和鸡之间的德性并无不同,但有能与不能的区别,才能有大有小。现在我的才小,不足以开导你。你为什么不南行去拜见老子!"

南荣趎背负干粮,走了七天七夜赶到老子住的地方。老子说:"你是从庚桑楚那里来的吗?"

南荣趎说:"是的。"老子说:"你为什么和这么多人一起来呢?"

南荣趎以为真的有众人跟随,惊异地回顾身后。老子说:"你不懂我所说的意思吗?"南荣趎惭愧地低下了头,又仰面而叹说:"现在我忘了我的回答,因而也忘了我所问的。"老子说:"怎么说呢?"南荣趎说:"无智吧,人们说我愚钝。有智吧,反而令我自身愁苦。不行仁则伤害别人,行仁则反而伤害自身;不行义则伤害他人,行义则反而伤害自身。我怎样才能避免这些?上述三种情况,就是我所忧虑的,希望通过庚桑楚的介绍来向先生求教。"老子说:"刚才我看你眉目间的神情,便知道了你的心事,现在听你一说又证实了我的判断。你茫然自失的样子就像丧失了父母,就像高举着作为表识的竿子到茫茫大海中去寻找一样。你是个丧失情性的人啊,迷迷惘惘!你想恢复你的天性却无从做起,可怜啊!"

南荣趎请求留在馆舍受业,吸取所好,抛弃所恶,十天后仍然自感愁苦,于是又去拜见老子。老子说:"你自我洗涤,有什么郁郁不乐的!可见心中仍有污秽的东西外渗出来。被外物牵累时,不应因为繁杂而紧张,而要心神内守;被心事所缠缚时,不应因为纠缠不清而急躁,而要排除外来干扰。外界和内心都有牵累的话,那就连有道德的人也不能自持,何况是学道的人呢?"南荣趎说:"一个人有病,邻里的人去问候他,病人能说出自己的病状,那就还未达到不可救药的程度。像我这样听闻大道,犹如吃药而加重了病情,我只想听听养生的方法。"老子说:"养生之道,能保持纯真吗?能不丧失天性吗?能不占卜便知吉凶吗?能心性宁静吗?能心平气和吗?能不求人而求己吗?能无所牵挂吗?能懵然无知吗?能像小孩一样天真吗?小孩整天号哭而喉咙不哑,这是因为和气纯厚;整天握拳而手不曲,这是因为合乎自然的德性;整天注视而目不转睛,这是因为不偏注于所看的外物。行动时毫无目的,安居时无所作为,与物变化而随波逐流。这就是养生之道。"南荣趎说:"那么这就是至人的境界了吗?"老子说:"不是。这就是所说的解开心性的执滞,你能做到吗?要是至人,求食于地而与天同乐,不为人物利害所扰动,不相互责怪,不相互为谋,不为世俗之事所累,无牵无挂而去,轻轻松松而来。这就是养生之道。"南荣趎说:"那么这就是最高的境界吗?"老子说:"还未达到。我曾经告诉你说:'能像小孩一样天真吗?'小孩动作盲目无意,行动漫无目的,身体像枯木而心灵如死灰。像这个样子,灾祸不至,幸福不来。连祸福都没有，怎么会有人为的灾难呢！"

【原文】

宇泰定者^[1]，发乎天光^[2]。发乎天光者，人见其人，物见其物。人有修者，乃今有恒。有恒者，人舍之，天助之。人之所舍，谓之天民；天之所助，谓之天子。

【注释】

〔1〕宇泰定：心境安泰。
〔2〕天光：自然的光芒。

【译文】

心境安泰的人，便能发出自然的光芒。发出自然光芒的人，就会显露出他们本来的面目。修真道的人，就能永远发出自然光辉；能永远发出自然光辉的人，人们归附于他，天也保佑他。人们归附的，称为天民；天保佑的，称为天子。

【原文】

学者，学其所不能学也；行者，行其所不能行也；辩者，辩其所不能辩也。知止乎其所不能知，至矣；若有不即是者^[1]，天钧败之^[2]。

【注释】

〔1〕不即是：不这样。
〔2〕天钧：天然的陶钧，即造化。

【译文】

学习的人，是学他所不能学的；实行的人，是实行他所不能实行的；辩论的人，是辩他所不能辩的。认识停止在不能认识的范围，便是至极；如果不是这样，自然的天性就要受挫了。

【原文】

备物以将形^[1]，藏不虞以生心^[2]，敬中以达彼^[3]，若是而万恶至者，皆天也，而非人也，不足以滑成^[4]，不可内于灵台^[5]。灵台者，有持^[6]而不知其所持，而不可持者也。

不见其诚己而发，每发而不当，业入而不舍^[7]，每更为失。为不善乎显明之中者，人得而诛之；为不善乎幽间之中者^[8]，鬼得而诛之。明乎人，明乎鬼者，然后能独行。

券内者[9]，行乎无名；券外者，志乎期费[10]。行乎无名者，唯庸有光[11]；志乎期费者，唯贾人也[12]。人见其跂[13]，犹之魁然[14]。与物穷者[15]，物入焉；与物且者[16]，其身之不能容，焉能容人！不能容人者无亲，无亲者尽人[17]。兵莫憯于志[18]，镆铘为下；寇莫大于阴阳，无所逃于天地之间。非阴阳贼之[19]，心则使之也。

【注释】

［1］将：养。
［2］不虞：无所思虑。
［3］彼：外物。
［4］滑：扰乱。
［5］灵台：心性。
［6］持：守。
［7］业：世事。失：错。
［8］幽间之中：在阴暗的地方。
［9］券：契合。
［10］期费：敛财。
［11］庸：常。
［12］贾人：商人。
［13］跂（qì）：抬起脚后跟站着。
［14］魁然：高大的样子。
［15］与：待。穷：谓始终。
［16］且：通"阻"，抵牾。
［17］尽人：弃绝于人。
［18］憯：通"惨"，毒。
［19］贼：害。

【译文】

备物来滋养形体，用无思无虑来培养心神，以真诚之心与外物相通，如果这样做各种灾难还是降临，那都是天命，而不是自己所作所为的过错，不值得为此而扰乱自然形成的心性，不可放在心里。心灵有所持守，而不知所持守，而不可持守。

自己心中都还未做到真诚就表示出来，那么与外界就往往合不来，不肯抛弃已扰入内心的外物，就往往会错上加错。明目张胆地干坏事，就会受到众人的讨伐；在阴暗的地方干坏事，就会受到鬼的惩罚。公开与暗中都光明正大，就能独往独来。

只求与自己心性相契合的，就会不务虚名；追求与外界契合的，总想敛财。不务虚名的，必然能永放光芒；志在为人所重用的只不过如商人一般。人们看他抬起脚后跟站着，他自己还感觉很高大。以空虚的胸怀对待万物，就能容纳万物；心胸不畅与万物格格不入，连自身都不能相容，怎么能容人！不能容人的无亲，无亲则弃绝于人。心志是伤害人的利器，它比最锋利的剑还要厉害；敌人中最厉害的是阴阳，因为阴阳二气充满于天地之间，人们无法逃避，并不是阴阳伤害你，而是由于你的心志未能顺乎自然，阴阳不能调和而造成的。

【原文】

道通其分也，其成也，毁也。所恶乎分者，其分也以备；所以恶乎备者，其有以备。故出而不反，见其鬼；出而得，是谓得死。灭而有实，鬼之一也。以有形者象无形者而定矣。

出无本[1]，入无窍[2]。有实而无乎处，有长而无乎本剽[3]。有所出而无窍者有实。有实而无乎处者，宇也[4]；有长而无本剽者，宙也[5]。有乎生，有乎死，有乎出，有乎入，入出而无见其形，是谓天门。天门者，无有也，万物出乎无有。有不能以有为有，必出乎无有，而无有一无有。圣人藏乎是。

【注释】

〔1〕本：根源。
〔2〕窍：门。
〔3〕剽：通"标"，树木的末梢，这里指尽头。
〔4〕宇：指空间中没有止境的上下四方。
〔5〕宙：指时间上没有终始的古往今来。

【译文】

道无所不通，事物的本分，事情的成败，都与道相通。厌恶本分的，是因为不守本分而求全；厌恶全的，是因为本分不足而求全。所以，心神外驰而不返，死期就临近了；心神外驰而有所得，得到的就是死亡。心神死亡而空有躯体，就和鬼没有什么区别了。以有形的躯体去效法无形的道，心神和躯体就充实而安定了。

出无根源，入无门径。有实际存在而没有处所，道体绵绵日长而不见其首尾，大道流衍不定好像没有本根，但它却源流很长；来去无踪好像不必经由门户，但它却真实可言。有实际存在而没有处所的，就是宇；有成长而没有始终的，就是宙。有生有死，有出有入，出入而不显露其形，称为天门。天门就是无有，万物产生于无有。有不能以有为有，必定产生于无有，而无有一无所有。圣人就隐身于这种境界。

【原文】

古之人，其知有所至矣。恶乎至？有以为未始有物者，至矣，尽矣，弗可以加矣。其次以为有物矣，将以生为丧也，以死为反也，是以分已。其次曰始无有，既而有生，生俄而死；以无有为首，以生为体，以死为尻；孰知有无死生之一守者[1]，吾与之为友。是三者虽异，公族也。昭景也[2]，著戴也[3]；甲氏也[4]，著封也[5]；非一也。

【注释】

〔1〕一守：一体。
〔2〕昭景：楚国的公族昭氏和景氏。
〔3〕著戴：以显赫的职位而著称。
〔4〕甲氏：楚国的公族屈氏。
〔5〕著封：以封地而著称。

【译文】

古时候的人，他们的认识达到了极高的境界。怎样才算达到了最高的境界呢？他们认为在宇宙初开时是不曾有物的，这种认识无与伦比。次一等的人，认为宇宙间有事物存在，生就是有所失，死是从有还原到无，这就有了区别。再次一等的人，认为宇宙原来无有，后来有了生，生忽然又死了；以无有为头，以生为躯体，以死为尾部；谁知道有无死生为一体，我就和他做朋友。这三者虽有差异却同出一源，昭氏和景氏以显赫的职位而著称，甲氏以封地而著称，虽然同为公卿族，却有所区别。

【原文】

有生，黬也[1]，披然曰移是[2]。尝言移是，非所言也。虽然，不可知者也。腊者之有膍胲[3]，可散而不可散也；观室者周于寝庙[4]，又适其偃焉[5]。为是举移是[6]。

请尝言移是：是以生为本，以知为师，因以乘是非[7]。果有名实[8]，因以己为质[9]，使人以己为节[10]，因以死偿节[11]。若然者，以用为知[12]，以不用为愚；以彻为名[13]，以穷为辱。移是，今之人也，是蜩与学鸠同于同也。

【注释】

［1］臹：指锅底的烟灰。

［2］披然：离散的样子。移是：谓因此而移彼。

［3］腊：腊祭，古代十二月的祭祀。脾（pí）：牛胃。胲（gāi）：牛蹄。

［4］周：遍。

［5］偃：厕所。

［6］举：举例说明。

［7］乘是非：滋生是非。

［8］果：真的。

［9］质：主。

［10］节：节操。

［11］偿：殉。

［12］用：炫耀。

［13］彻：显达。

【译文】

生命忽然而生，犹如锅底结出的一块烟灰，顷刻之间离散而死，就又会移此生命到他处。想谈谈"移是"的具体情形，但并非能够说得很清楚。虽然如此，但不可言的仅指它的精妙之处；至于它的粗迹是可以通过列举相似的事物而约略之的。腊祭的祭品中有牛的内脏和四肢，它们终究要撤去而暂时还不能撤去；参观宫室的人遍览庙堂寝室，无须去游观厕所，但厕所终究又不能不去。以上两个例子就是说明"移是"的问题。

请让我说说"移是"的情形。它是以个人的心性为本，以个人的认识为标准，凭着个人的认识驾驭是非。果真是名实的区别，便以自我为主；使别人以自己为节操的准则，而以死殉节。像这样，就是以用于世为聪明，以不用于世为愚蠢；以显达为荣耀，以困厄为耻辱。如此转移的，是现在的人，他们的见识如同蝉与小鸠一般。

【原文】

蹍市人之足[1]，则辞以放骜[2]，兄则以妪[3]，大亲则已矣[4]。故曰，至礼有不人[5]，至义不物[6]，至知不谋，至仁无亲[7]，至信辟金[8]。

彻志之勃[9]，解心之谬[10]，去德之累，达道之塞。贵、富、显、严、名、利六者，勃志也；容、动、色、理、气、意六者，谬心也；恶、欲、喜、怒、哀、乐六者，累德也；去、就、取、与、知、能六者，塞道也。此四六者不荡胸中则正，正则静，静则明，明则虚，虚则无为而无不为也。道者，德之钦也；生者，德之光也；性者，生之质也。性之动，谓之为；为之伪，谓之失。知者，接也；知者，谟也；知者之所不知，犹睨也。动以不得已之谓德，动无非我之谓治，名相反而实相顺也。

【注释】

〔1〕蹍：误踩。

〔2〕放骜：放纵妄动。

〔3〕妪：抚慰。

〔4〕大亲：父母。已矣：算了。

〔5〕不人：没有内外之别。

〔6〕不物：没有物我之分。

〔7〕无亲：无所偏爱。

〔8〕辟：排除。

〔9〕彻：撤除。勃：乱。

〔10〕谬：束缚。

【译文】

误踩了市场上人的脚，就道歉说自己放肆，踩了兄弟就抚慰一下，踩了父母则无须说什么。所以说，至礼没有内外之别，至义没有物我之分，至智无须谋虑，至仁不分亲疏，至信不用金钱为质。

消解意志的错乱，解除心灵的束缚，去掉德性的拖累，贯通道的障碍。高贵、富有、显达、威严、名誉、利禄六者，错乱意志；容貌、举动、颜色、情理、气息、情意六者，束缚心灵；厌恶、欲望、欣喜、愤怒、悲哀、欢乐六者，拖累德性；舍弃、依从、索取、给予、智慧、技能六者，是道的障碍。上述四种六者不扰动心胸就能平正，平正就宁静，宁静就明澈，明澈就空虚，空虚就能无为而无不为。道是德的主宰，生是德的光辉，天性是生的本质。天性的活动，叫作为；为的虚伪，称为失。智是与外界相接触，智是内心的谋虑；

智所不能知，就像斜视一样所见有限。不得已而动称为德，举动皆合于自然真性叫作治，名称相异而实质上是相同的。

【原文】

羿工乎中微而拙乎使人无己誉[1]，圣人工乎天而拙乎人[2]。夫工乎天而俍乎人者[3]，唯全人能之[4]。唯虫能虫[5]，唯虫能天[6]。全人恶天？恶人之天[7]？而况吾天乎人乎！

一雀适羿，羿必得之，威也；以天下为之笼，则雀无所逃。是故汤以胞人笼伊尹[8]，秦穆公以五羊之皮笼百里奚。是故非以其所好笼之而可得者，无有也。

介者拸画[9]，外非誉也[10]；胥靡登高而不惧[11]，遗死生也。夫复谐不馈而忘人[12]，忘人，因以为天人矣。故敬之而不喜，侮之而不怒者，唯同乎天和者为然[13]。出怒不怒，则怒出于不怒矣；出为无为，则为出于无为矣。欲静则平气，欲神则顺心，有为也。欲当则缘于不得已。不得已之类，圣人之道。

【注释】

[1] 工：善。中微：射中微小的目标。
[2] 工乎天：善于顺应天然。拙乎人：不善于处理人事。
[3] 俍（liáng）：善。
[4] 全人：指得道人。
[5] 唯虫能虫：只有鸟兽才能安于为鸟兽。
[6] 能天：能顺乎天然。
[7] 人之天：人为之天。
[8] 胞：通"庖"，厨师。
[9] 介者：单足人。拸（chǐ）：不拘法度。画：装饰。
[10] 外非誉：已将毁誉置之度外。
[11] 胥靡：罪犯。
[12] 复：反复。谐（xí）：受威吓。
[13] 同乎天和：合乎自然。

【译文】

羿善于射中微小的目标，而却不能使人不赞誉自己；圣人善于顺应天然，但还不能做到自晦形迹。善于顺应天然而又能使人忘掉自己，只有得道之人才能做到。只有鸟兽才能安于为鸟兽，只有鸟兽能顺乎天然。得道之人哪里知道自然之天？哪里知道有人为之天？何况是自己将天和人区分开来的！

一只鸟飞向羿，羿必定射中它，这是依靠他的威猛；如果把天下作为笼子，鸟就无处可逃了。所以，汤以厨师笼住了伊尹，秦穆公用五张羊皮笼住了百里奚。所以说不投其所好能笼络住的人，是没有的。

被砍去一只脚的人放弃打扮，因为他已经把人们对他容貌的毁誉不放在心上了。罪犯登高而不惧怕，因为他已经把生死置之度外了。屡遭侮辱恐吓而无心报复，这便是忘记了人道；忘记了人道，便达到了天人合一的境界。所以尊敬他而不欣喜，侮辱他也不愤怒，他已经完全和自然合为一体了。发怒而不怒，则怒出自不怒；有为而无为，则为出自无为。要心静就要平气，要安神就要顺心。有所为而要得当，就要顺乎于不得已。不得已的行为，就是圣人之道。

徐无鬼

【原文】

徐无鬼因女商见魏武侯[1]，武侯劳之曰："先生病矣[2]，苦于山林之劳，故乃肯见于寡人。"

徐无鬼曰："我则劳于君，君有何劳于我！君将盈耆欲[3]，长好恶[4]，则性命之情病矣；君将黜耆欲[5]，掔好恶[6]，则耳目病矣。我将劳君，君有何劳于我！"武侯超然不对[7]。

少焉，徐无鬼曰："尝语君吾相狗也。下之质[8]，执饱而止[9]，是狸德也[10]；中之质，若视日[11]；上之质，若亡其一[12]。吾相狗，又不若吾相马也。吾相马，直者中绳，曲者中钩，方者中矩，圆者中规，是国马也[13]，而未若天下马也。天下马有成材[14]，若卹若失[15]，若丧其一，若是者，超轶绝尘[16]，不知其所。"武侯大悦而笑。

徐无鬼出，女商曰："先生独可以说吾君乎？吾所以说吾君者，横说之则以《诗》《书》《礼》《乐》，从说之则以《金板》《六弢》，奉事而大有功者不可为数，而吾君未尝启齿。今先生

何以说吾君,使吾君说若此乎?"

徐无鬼曰:"吾直告之吾相狗马耳。"女商曰:"若是乎?"曰:"子不闻夫越之流人乎?去国数日,见其所知而喜;去国旬月,见其所尝见于国中者喜;及期年也,见似人者而喜矣。不亦去人滋久,思人滋深乎?夫逃虚空者,藜藋柱乎鼪鼬之径,踉位其空[17],闻人足音跫然而喜矣[18],又况乎昆弟亲戚之謦欬其侧者乎[19]!久矣夫,莫以真人之言謦欬吾君之侧乎!"

【注释】

〔1〕徐无鬼:隐士。女商:魏武侯的宠臣。

〔2〕病:困苦。

〔3〕盈耆欲:追求嗜欲的满足。

〔4〕长:增加。

〔5〕黜:去掉。

〔6〕挚:通"牵",引申为排除。

〔7〕超然:若有所失的样子。

〔8〕质:材,材质,质地。

〔9〕执饱而止:吃饱就满足了。

〔10〕狸:野猫。德:材性。

〔11〕视日:凝视太阳,比喻看得高远。

〔12〕若亡其一:好像忘了自己。

〔13〕国马:一国之好马。

〔14〕成材:天然生成的材质。

〔15〕若恤若失:闷然无所思虑的样子。

〔16〕超轶:超越群马。

〔17〕踉位其空:长久住在旷野。

〔18〕跫(qióng)然:脚步声。

〔19〕謦欬(qǐng kǎi):本指咳嗽,引申为言谈。

【译文】

徐无鬼由女商推荐去见魏武侯,武侯慰问他说:"先生辛苦啊!山林的生活困苦不堪,所以你才肯来见我。"

徐无鬼说:"我应该慰问你,你怎么却慰问我!你要追求嗜欲的满足,增加好恶之情,心性就受伤害;如果你要去掉嗜欲,弃除好恶,耳目就会无法忍受。我正要慰问你,你怎么却慰问我!"武侯若有所失而无法回答。

过了一会儿,徐无鬼说:"我给你说说我的相狗术。下等狗,吃饱了就心满意足,与狸猫的本性相同;中等狗,看得高远;上等狗,好像忘了自身的存在。我的相狗术不如我的相马术。我相中的马,齿直如绳,项曲如钩,头方如矩，目圆如规。这是一国之好马，可是比不上全天下之好马。天下之好马天生优质，闷然无所思虑，好像忘了自身存在。像这样的马，跑起来飞快，顷刻就超越群马，无影无踪了。"武侯听了非常高兴，哈哈大笑。

徐无鬼出来，女商说："先生是怎么让君王高兴的？我取悦于君王的方法是，横讲《诗》《书》《礼》《乐》，纵讲《金板》《六弢》，所干的成功大事不计其数，而君王从未开口笑过。现在先生是怎样取悦于君王的，使君王高兴成这个样子？"

徐无鬼说："我只是给他讲了讲我的相狗术和相马术。"女商说："是这样吗？"徐无鬼说："你没有听说过那些被流放越国的人吗？离开国都几天，见了自己所认识的人就高兴；离开国都几十天，见了曾经在国都见过的人就高兴；离开一年，见了似乎认识的人就高兴。不就是与人离别愈久，思念之情愈深吗？那些逃到荒凉之地的人，周围野草丛生，连老鼠出没的路径都堵塞了，长久住在旷野，听到人的脚步声就很高兴，何况是兄弟亲戚在旁边谈笑呢！已经很久没有人用真人之言在君王身旁谈说了啊！"

【原文】

徐无鬼见武侯，武侯曰："先生居山林，食芋栗，厌葱韭[1]，以宾寡人[2]久矣夫。今老邪，其欲干酒肉之味邪[3]，其寡人亦有社稷之福邪？"

徐无鬼曰："无鬼生于贫贱，未尝敢饮食君之酒肉，将来劳君也。"君曰："何哉！奚劳寡人？"曰："劳君之神与形。"武侯曰："何谓邪？"徐无鬼曰："天地之养也一，登高不可以为长，居下不可以为短。君独为万乘之主，以苦一国之民，以养耳目鼻口，夫神者不自许也[4]。夫神者，好和而恶奸。夫奸，病也，故劳之。唯君所病之，何也？"

武侯曰："欲见先生久矣。吾欲爱民而为义偃兵，可乎？"徐无鬼曰："不可。爱民，害民之始也；为义偃兵，造兵之本也。君自此为之，则殆不成。凡成美，恶器也。君虽为仁义，几且伪哉！形固造形[5]，成固有伐[6]，变固外战。君亦必无盛鹤列于丽谯之间[7]，无徒骥于锱坛之宫[8]，无藏逆于得，无以巧胜人，无以谋胜人，无以战胜人。夫杀人之士民，兼人之土地，以养吾私与吾神者，其战不知孰善？胜之恶乎在？君若勿已矣，修胸中之诚，以应天地之情而勿撄。夫民死已脱矣，君将恶乎用夫偃兵哉！"

【注释】

[1]厌：饱食。
[2]宾：通"摈"，弃。
[3]干：求。酒肉之味：指官禄。
[4]神：心神。自许：自得。

[5] 形：形势。造：导致。
[6] 伐：失败。
[7] 盛：陈列。鹤列：军阵名，借指军队。丽谯：城楼。
[8] 徒：步兵。骥：骑兵。锱坛：宫名。

【译文】

徐无鬼去见魏武侯，武侯说："先生住在山林里，食野果，吃野菜，躲避寡人已经很久了！是因为现在你老了呢，还是想尝尝酒肉的滋味呢，还是我的国家有福了呢？"

徐无鬼说："我出身贫贱，从未敢想谋求官禄，我是来慰问你的。"武侯说："为什么！如何慰问我？"徐无鬼说："慰问你的心神和形体。"武侯说："从何说起呢？"徐无鬼说："天地对万物的养育是一视同仁的，不能因为身居高位而纵欲，也不能因为身处下层而废食。你独为万乘之主，劳苦一国的人民，以供养你享受，心神却自感不舒服。心神喜欢平和而厌恶奸邪；奸邪导致生病，所以来慰问。你得病的原因是什么呢？"

武侯说："我想见到先生已经很久了！我想爱民而为仁义停止战争，可以吗？"徐无鬼说："不可以。爱民，是害民的开始；为仁义而停止战争，是产生战争的根源。你从这里入手，恐怕不会成功。凡是建立美名的，都是落入行迹。你虽然实行仁义，但却近乎虚伪。有形迹的仁义必然要产生有形迹的虚伪，成功必然招致失败，机心妄动必然发出战祸。你也决不要陈重兵在城下，不要集结兵骑在宫前，不要藏有贪心，不要用智巧去胜人，不要用谋略去胜人，不要用战争去胜人。屠杀别国的人民，兼并别国的土地，用来奉养自己的私欲和心神，这种战争有什么好处？胜利究竟表现在哪里？你如不能消除爱民之心，那就修养内心的真诚，顺应自然而不兴事扰民。人民已经免除了死亡之灾，你哪里还需要有意去停止战争！"

【原文】

黄帝将见大隗乎具茨之山[1]，方明为御[2]，昌寓骖乘[3]，张若、䛟朋前马[4]，昆阍、滑稽后车[5]。至于襄城之野，七圣皆迷，无所问涂。

适遇牧马童子，问涂焉，曰："若知具茨之山乎？"曰："然。""若知大隗之所存乎？"曰："然。"

黄帝曰："异哉小童！非徒知具茨之山，又知大隗之所存。请问为天下。"小童曰："夫为天下者，亦若此而已矣，又奚事焉？予少而自游于六合之内，予适有瞀病[6]，有长者教予曰：'若乘日之车而游于襄城之野。'今予病少痊，予又且复游于六合之外。夫为天下亦若此而已。予又奚事焉！"

黄帝曰："夫为天下者，则诚非吾子之事。虽然，请问为天下。"小童辞。

黄帝又问。小童曰："夫为天下者，亦奚以异乎牧马者哉！亦去其害马者而已矣！"黄帝再拜稽首，称天师而退[7]。

【注释】

[1] 大隗：虚拟的人名。具茨：山名，在今河南省境内。
[2] 方明：虚拟的人名。
[3] 昌寓：虚拟的人名。骖乘：随车侍卫。
[4] 张若、谐（xí）朋：虚拟的人名。前马：在马前作向导。
[5] 昆阍、滑稽：虚拟的人名。后车：在车后当随从。
[6] 瞀（mào）：眼花。
[7] 天师：天道之师。

【译文】

黄帝要去具茨山上拜见大隗，方明驾车，昌寓侍卫，张若、谐朋前导，昆阍、滑稽殿后。行至襄城的野外，这七个圣人都迷失了方向，无从问路。

正好遇到一位牧马童子，于是向他问路："你知道具茨山吗？"回答说："知道。"又问："你知道大隗在什么地方吗？"回答说："知道。"

黄帝说："小童真是奇异！不仅知道具茨山，还知道大隗的所在。请问如何治理天下。"小童说："治理天下，也像这样就行了，又何必生事呢！我小时候自己邀游于天地四方，我当时有目眩症，有位长者教我说：'你可以在襄城的原野任天而游。'现在我的病稍有好转，我又邀游于天地四方之外。治理天下也像这样就行了。我又何必生事呢！"

黄帝说："治理天下，的确不是你的事。尽管如此，还是请你谈谈如何治理天下。"小童不答话。

黄帝又问。小童说："治理天下，和牧马没有什么两样！除掉害群之马就行了！"黄帝叩头拜谢，称他为天师而告退。

【原文】

知士无思虑之变则不乐，辩士无谈说之序则不乐[1]，察士无凌谇之事则不乐[2]，皆囿于物者也[3]。

招世之士兴朝[4]，中民之士荣官[5]，筋力之士矜难[6]，勇敢之士奋患[7]，兵革之士乐战，枯槁之士宿名[8]，法律之士广治[9]，礼教之士敬容[10]，仁义之士贵际[11]。

农夫无草莱之事则不比[12]，商贾无市井之事则不比[13]。庶人有旦暮之业则劝[14]，百工有器械之巧则壮[15]。

钱财不积则贪者忧，权势不尤则夸者悲[16]。势物之徒乐变[17]，遭时有所用，不能无为也。此皆顺比于岁[18]，不物于易者也[19]。驰其形性[20]，潜之万物[21]，终身不反[22]，悲夫！

【注释】

[1] 序：层次，逻辑性。

[2] 察士：以明察见长的人。凌谇（suì）：凌辱和责问。

[3] 囿：局限，束缚。

[4] 招世之士：招摇自见之人。兴朝：使朝政振兴。

[5] 中民：才质中等。荣官：以官爵为显荣。

[6] 筋力之士：大力士，壮士。矜难：以能解救危难而自夸。

[7] 奋患：奋身除患。

[8] 枯槁之士：隐士。宿名：留恋高名。

[9] 广治：扩充统治的地盘。

[10] 敬容：注重仪容。

[11] 贵际：重视交际。

[12] 草莱之事：开荒耕种。

[13] 市井之事：指买卖、经商。

[14] 旦暮之业：日常的工作。

[15] 壮：气壮，自豪。

[16] 尤：出众。

[17] 势物之徒：附势贪物的人。

[18] 顺比于岁：投合于一时。

[19] 不物于易：不为外物所牵累。

[20] 形性：身心。

[21] 潜：沉溺。

[22] 不反：执迷不悟。

【译文】

智谋之士如果没有提供思虑的机变之事是不快乐的，口辩之士如果没有谈论的话题与逻辑是不快乐的，好察之士如果没有欺凌与责难事情的发生是不快乐的。他们都被外在事物所束缚。

招摇自见之人以得志于朝廷为乐，中等资质的人以做官为荣，体格强健的人以排险解难自夸，勇敢之士奋发除患，战士热衷于征战，山林隐士注意保持自己的名节，以法治国的人热衷于扩大权力，礼教之士注重仪容，仁义之士重视交际。

农夫没有耕作之事就心神不安，商贾没有买卖之事就不舒坦，普通人有日常工作就勤奋努力，工匠如果有了灵巧的工具就会气壮。

贪财的人不能积聚钱财就会忧虑，自吹自擂的人权小位卑时就自感悲哀。附势贪物的人喜欢世事多变，遇到机会就会铤而走险，不甘于默默无为。这些人都是投合一时，被外物所牵累。他们身心驰骛，沉溺于外物，终生执迷不悟，可悲啊！

【原文】

庄子曰："射者非前期而中[1]，谓之善射，天下皆羿也，可乎？"惠子曰："可。"庄子曰："天下非有公是也[2]，而各是其所是，天下皆尧也，可乎？"惠子曰："可。"

庄子曰："然则儒墨杨秉四[3]，与夫子为五，果孰是邪？或者若鲁遽者邪[4]？其弟子曰：'我得夫子之道矣，吾能冬爨鼎而夏造冰矣。'鲁遽曰：'是直以阳召阳，以阴召阴，非吾所谓道也。吾示子乎吾道。'于是为之调瑟，废一于堂[5]，废一于室，鼓宫宫动，鼓角角动，音律同矣。夫或改调一弦，于五音无当也[6]；鼓之，二十五弦皆动，未始异于声而音之君已。且若是者邪？"

惠子曰："今夫儒墨杨秉，且方与我以辩，相拂以辞[7]，相镇以声，而未始吾非也，则奚若矣？"

庄子曰："齐人蹢子于宋者[8]，其命阍也不以完[9]，其求钘钟也以束缚[10]，其求唐子也而未始出域[11]，有遗类矣[12]！夫楚人寄而蹢阍者，夜半于无人之时而与舟人斗，未始离于岑而足以造于怨也[13]。"

【注释】

[1]前期：预定目标。

[2]公是：公认的是非标准，公理。

[3]杨：杨朱。秉：公孙龙的字。

[4]鲁遽：周初人，事迹不详。

[5]废：置，放。

[6]无当：不合。

[7]相拂以辞：用语言相反驳。

[8]蹢：使蹀躏。

[9]阍：守门人。

[10]钘（xíng）：乐器，形状像钟。

[11]唐：失。
[12]遗类：遗忘其族类。
[13]岑：岸。造于怨：结怨。

【译文】

庄子说："射箭的人没有预定目标，随便射中哪里都算是中，这样称得上是善射的话，那么天下的人都可以称为羿，可以这么说吗？"惠子说："可以。"庄子说："天下没有公认的是非标准，各自以主观标准为标准，那么每个人都可以称为尧，可以这么说吗？"惠子说："可以。"

庄子说："那么，儒、墨、杨朱、公孙龙四家，加上先生共五家，究竟谁对呢？或者像鲁遽那样吗？他的弟子说：'我得到先生的道了！我能冬天烧鼎夏天造冰了。'鲁遽说：'这只是以阳气召阳气，以阴气召阴气，而不是我所说的道。我给你演示一下我的道。'于是调整瑟弦，放一张在堂上，另放一张在室内，弹这把瑟的宫音另一把瑟的宫音应和，弹这把瑟的角音另一把瑟的角音应和，音律相同。如果调整一弦的调，与五音不合，再弹奏，二十五根弦全都起共鸣，音调并没有什么不同，可以称得上是众音的君主。你也像这样吗？"

惠子说："现在儒、墨、杨朱、公孙龙四家，正在和我辩论，用言语相反驳，用名声相压制，而我并没有错，这该怎么说呢？"

庄子说："齐人把儿子放在宋国踯躅驻留，让他像残废者一样做守门人，他有一个小钟包扎起来，唯恐破损，有人寻找丢失的儿子却不出门，这种爱子不如爱物的做法，未免是把自己的族类遗忘掉了的！楚人寄居在别人家里却顶撞看门人，半夜里在无人之际又和船夫打斗，船还没有离岸却已经造成了仇怨。"

【原文】

庄子送葬，过惠子之墓，顾谓从者曰："郢人垩慢其鼻端[1]，若蝇翼，使匠石斫之[2]。匠石运斤成风[3]，听而斫之[4]，尽垩而鼻不伤[5]，郢人立不失容[6]。宋元君闻之，召匠石曰：'尝试为寡人为之。'匠石曰：'臣则尝能斫之。虽然，臣之质死久矣[7]！'自夫子之死也[8]，吾无以为质矣，吾无与言之矣！"

【注释】

[1]郢：楚国国都。垩（è）：石灰。
[2]匠石：工匠名。斫：削。
[3]运：挥动。斤：斧。
[4]听：任意。

[5]尽垩：把白土全削净。
[6]不失容：脸不变色。
[7]质：对手。
[8]夫子：指惠子。

【译文】

庄子送葬，经过惠子的坟墓，回过头来对跟随他的人说："郢人不小心在鼻尖上沾了如蝇翼一般薄薄一层白土，让匠石替他削掉。匠石挥起斧子，随斧而起的风声呼呼作响，郢人任凭斧子向白灰点削去，削净了白土而鼻子完好无损，站在那里面不改色。宋元君听说了这件事，把匠石找来说：'给我试试看。'匠石说：'我过去能削。但是，我的对手早已死了。'自从先生死后，我没有对手了，我没有谈论的对象了！"

【原文】

管仲有病，桓公问之曰："仲父之病病矣[1]，可不讳云，至于大病[2]，则寡人恶乎属国而可[3]？"

管仲曰："公谁欲与？"

公曰："鲍叔牙[4]。"

曰："不可。其为人洁廉，善士也；其于不己若者不比之[5]；又一闻人之过，终身不忘。使之治国，上且钩乎君[6]，下且逆乎民。其得罪于君也，将弗久矣！"

公曰："然则孰可？"

对曰："勿已，则隰朋可。其为人也，上忘而下不畔[7]，愧不若黄帝，而哀不己若者。以德分人谓之圣，以财分人谓之贤。以贤临人，未有得人者也；以贤下人，未有不得人者也。其于国有不闻也[8]，其于家有不见也[9]。勿已，则隰朋可。"

【注释】

[1]病矣：病危了。
[2]大病：死。
[3]属国：委任国政。
[4]鲍叔牙：齐国贤臣。
[5]不己若者：不如自己的人。
[6]钩：曲，违背。
[7]上忘：在上不自高自大。下畔：对下亲善。
[8]不闻：不干预。
[9]不见：不细察。

【译文】

管仲得了病，齐桓公问他说："您的病已经很重了，还有什么不能说吗？您一旦去世，我把国政托付给谁好呢？"

管仲说："您打算托付给谁？"

桓公说："鲍叔牙。"

管仲说："不可以。他为人廉洁，是一位善士；他对于不如他的人就不亲近；他一听到别人的过错，便终身不忘。让他治理国家，对上违背国君，对下违逆民意。他得罪国君，不会长久了。"

桓公说："那么谁可以呢？"

管仲说："实在不行的话，隰朋可以。他的为人，在上不自高自大而对下亲善，他自愧不如黄帝而怜爱不如他的人。以德施人称为圣，以财施人称为贤。以贤能居高临下地待人，没有能得人心的；以贤能谦虚待人，没有不得人心的。他对于国事不横加干预，对于家事不细察苛求。实在不行的话，隰朋可以。"

【原文】

吴王浮于江，登乎狙之山。众狙见之，恂然弃而走，逃于深蓁[1]。有一狙焉，委蛇攫搔[2]，见巧乎王。王射之，敏给搏捷矢。王命相者趋射之，狙执死。

王顾谓其友颜不疑曰："之狙也，伐其巧，恃其便，以敖予，以至此殛也！戒之哉！嗟乎，无以汝色骄人哉！"颜不疑归而师董梧，以锄其色，去乐辞显，三年而国人称之。

【注释】

〔1〕深蓁（zhēn）：荆棘丛。
〔2〕攫：搏。搔：抓。

【译文】

吴王渡过长江，登上猕猴山。群猴看到人，惊慌失措地奔跑，逃入荆棘丛中。有一只猕猴，跳来跳去，向吴王显示它的灵巧。吴王射它，它敏捷地接住箭。吴王命随从急射，猕猴遂被射死。

吴王回过头对他的朋友颜不疑说："这只猕猴，夸耀它灵巧，它依仗敏捷傲视我，落了丧命的下场！要引以为戒啊！唉，不要以骄横的态度待人啊！"颜不疑回去便拜董梧为师，改掉骄傲的毛病，抛弃奢侈而辞谢荣华，三年之后国人更称颂他。

【原文】

南伯子綦隐几而坐，仰天而嘘。颜成子入见曰："夫子，物之尤也[1]。形固可使若槁骸，心固可使若死灰乎？"

曰："吾尝居山穴之中矣。当是时也，田禾一睹我[2]，而齐国之众三贺之。我必先之[3]，彼故知之；我必卖之[4]，彼故鬻之[5]。若我而不有之，彼恶得而知之？若我而不卖之，彼恶得而鬻之？嗟乎！我悲人之自丧者，吾又悲夫悲人者，吾又悲夫悲人之悲者，其后而日远矣[6]。"

【注释】

〔1〕尤：出类拔萃。
〔2〕田禾：齐太公之名。
〔3〕我必先之：我名声在先。
〔4〕卖之：出卖名声。
〔5〕鬻（yù）：贩卖。
〔6〕日远：一天天地远离。

【译文】

南伯子綦靠着几案而坐，仰起头来嘘气。颜成子走进来说："先生是出类拔萃者。形体乃可以变成枯骨一般毫无生机，心灵可以变成死灰一样不起一念吗？"

南伯子綦说："我曾经隐居在山洞中。在那个时候，田禾一来看我，齐国的民众便再三地祝贺他能得贤士。我必定先有名声，他才知道；我必定有意出卖名声，他才以见我之事炫耀于人。如果我没有名声，他怎么会知道呢？如果我不出卖名声，他怎么会以见我之事炫耀于人呢？唉！我悲哀那些丧失自己天性的人，我悲怜那些悲伤别人的人，我又悲怜人的自我迷失，我又悲伤那悲伤人的悲伤。随后一天天地远离那些可悲者，终于达到了形槁如灰的境界。"

【原文】

仲尼之楚，楚王觞之[1]。孙叔敖执爵而立[2]，市南宜僚受酒而祭，曰："古之人乎！于此言已！"

曰："丘也闻不言之言矣[3]，未之尝言，于此乎言之。市南宜僚弄丸而两家之难解[4]，孙叔敖甘寝秉羽而郢人投兵[5]。丘愿有喙三尺[6]。"

彼之谓不道之道[7]，此之谓不言之辩[8]，故德总乎道之所一。而言休乎知之所不知，至矣。道之所一者，德不能同也。知之所不能知者，辩不能举也。名若儒、墨而凶矣[9]。故海不辞东流，大之至也。圣人并包天地，泽及天下，而不知其谁氏。是故生无爵，死无谥[10]，实不聚，名不立，此之谓大人。狗不以善吠为良，人不以善言为贤，而况为大乎！夫为大不足以为大，而况为德乎！夫人备矣，莫若天地，然奚求焉，而大备矣？知大备者，无求，无失，无弃，不以物易己也。反己而不穷，循古而不摩[11]，大人之诚。

【注释】

〔1〕觞：本为牛角杯，此借为酒，用酒招待。

〔2〕孙叔敖：楚庄王时的执政卿，当时孔子还没有出世，两个人不可能聚会，这里所讲的是寓言，并非史实。

〔3〕不言之言：无言的言论，指关于道的理论。

〔4〕弄丸：玩球。

〔5〕甘寝：安寝。

〔6〕愿有喙三尺：希望有像三尺长的鸟嘴那样的嘴巴。

〔7〕彼：指孙叔敖和市南宜僚。

〔8〕此：指孔子。

〔9〕凶：危险。

〔10〕谥：古代君王和贵族死后，根据他的一生作为评定一个封号，称为谥号。

〔11〕摩：揣摩。

【译文】

孔子到楚国，楚王设酒宴请他。孙叔敖手持酒器站立着，市南宜僚接过酒祝祭说："古时候的人啊！在这种场合发表议论。"

孔子说："我听过无言的言论，还没有说过，就在这里讲一讲。市南宜僚因玩球而免除了卷入两家灾难的危险，孙叔敖高枕逍遥而使楚国偃兵息武。我希望有三尺长嘴。"

市南宜僚和孙叔敖可称之为无为之道，孔子可称之为不言之辩，所以德是统属于道的。智力无法掌握的就不去说它，就是最好的。道所同一的，德无法与之相等。智力所不能掌握的，就不能辩举。像儒墨那样以名声相标榜是危险的。所以，大海不拒绝东流入海的水流，广大至极。圣人包容天地，恩泽广被天下，而名声不为人知。因此生前没有爵位，死后没有谥号，不聚敛钱财，不树立名声，这就是大人。狗不因为会叫就是良狗，人不因为能说就是贤才，何况成就大业呢！成就大业不足以伟大，何况修养道德呢！最能体现大的，莫过于天地；天地体现了大，所以无须追求什么。最具有智慧的，无所追求，无所丧失，无所舍弃，不因外物而改变自己的天性。无止境地反求于自己，遵循古之大道而不加以揣摩，这就是大人纯正的品性。

【原文】

子綦有八子[1]，陈诸前[2]，召九方歅曰[3]："为我相吾子，孰为祥？"九方歅曰："梱也为祥[4]。"子綦瞿然喜曰[5]："奚若？"曰："梱也将与国君同食以终其身。"子綦索然出涕曰[6]："吾子何为以至于是极也[7]！"

九方歅曰："夫与国君同食，泽及三族，而况父母乎！今夫子闻之而泣，是御福也。子则祥矣，父则不祥。"

子綦曰："歅，汝何足以识之！而梱祥邪？尽于酒肉，入于鼻口矣，而何足以知其所自来？吾未尝为牧而牂生于奥[8]，未尝好田而鹑生于宎[9]，若勿怪，何邪？吾所与吾子游者，游于天地。吾与之邀乐于天，吾与之邀食于地；吾不与之为事，不与之为谋，不与之为怪；吾与之乘天地之诚而不以物与之相撄[10]，吾与之一委蛇而不与之为事所宜[11]。今也然有世俗之偿焉[12]！凡有怪征者，必有怪行，殆乎，非我与吾子之罪，几天与之也[13]！吾是以泣也。"

无几何而使梱之于燕，盗得之于道，全而鬻之则难，不若刖之则易，于是乎刖而鬻之于齐，适当渠公之街[14]，然身食肉而终。

【注释】

［1］子綦：指上文的南伯子綦。

［2］陈：列队。

［3］九方歅（yīn）：相传是秦穆公时人，善看相。

［4］梱（kǔn）：子綦子名。

［5］瞿然：惊喜的样子。

［6］索然：流泪的样子。

［7］是极：这般境地。

［8］牂（zāng）：母羊。奥：房子里的西南角。

［9］宎（yǎo）：房子里的东北角。

［10］乘天地之诚：顺天地之自然。

［11］宜：合。

［12］今也然：现在却。

［13］几：大概。

［14］当渠公之街：替渠公管街道。

【译文】

　　子綦有八个儿子，列队站在面前，叫来九方歅说："为我儿子看看相，看谁有福。"九方歅说："梱有福。"子綦惊喜地说："会怎么样呢？"九方歅说："梱将会与国君享受同样的饮食以至终身。"子綦黯然落泪说："我的儿子为什么会到这般境地？"

　　九方歅说："与国君同食，恩泽被及三族，何况父母呢！现在先生听到却哭，这是拒绝福气。儿子有福，父亲却没有福。"

　　子綦说："歅，你怎么知道梱有福呢？你只知道酒肉入于鼻口，而不知道它的来历！我没有放牧而屋里却生出羊来，没有打猎而屋里却生出鹌鹑来，你对此不感到奇怪，为什么呢？我与我的儿子遨游，游于天地。我与他同乐于天，我与他求食于地。我与他不求事业，不图谋虑，不立怪异。我与他顺天地之自然而不使他受外物困扰，我与他循任自然而不使他被外事所牵制。现在却有了世俗的报答！凡有怪异的征兆，必有怪异的行为表现，危险啊！这不是我和儿子的罪过，大概是天的惩罚！我因此而哭泣。"

　　不久梱被派去出使燕国，途中被强盗掳获，强盗觉得身体健全不好卖掉，不如砍掉脚容易卖，于是将他的脚砍掉卖到齐国，正好替渠公看管街道，而终身食肉。

【原文】

　　齧缺遇许由，曰："子将奚之？"曰："将逃尧。"曰："奚谓邪？"曰："夫尧，畜畜然仁[1]，吾恐其为天下笑。后世其人与人相食与！夫民不难聚也，爱之则亲，利之则至，誉之则劝，致其所恶则散。爱利出乎仁义，捐仁义者寡[2]，利仁义者众。夫仁义之行，唯且无诚，且假乎禽贪者器[3]。是以一人之断制利天下[4]，譬之犹一覕也[5]。夫尧知贤人之利天下也，而不知其贼天下也[6]，夫唯外乎贤者知之矣[7]。"

【注释】

　　[1] 畜畜然：行仁的样子。
　　[2] 捐：抛弃。
　　[3] 禽贪者器：贪求者的工具。
　　[4] 断制：独裁。
　　[5] 覕（piè）：通"瞥"，暂见的样子。
　　[6] 贼：害。
　　[7] 外乎贤者：无心做贤人的人。

【译文】

　　齧缺遇见许由，问："你要去哪里？"许由说："逃避尧。"齧缺问："为什么呢？"许由说："尧不断追求仁义，我担心他被天下人嘲笑。后世岂不要人与人相残食了吗！民众不难笼络，爱他们就亲近，施利就来，称赞他们就努力，给他们所厌恶的就离散。爱和利出于仁义，抛弃仁义的少，利用仁义的多。仁义的行为，不但虚伪，而且还会成为贪求者利用的工具。这是用一个人的独裁取利于天下，就好像局限于一瞥那样要不得。尧只知道贤人有利于天下，而不知道他们对天下的危害，只有无心做贤人的人才知道。"

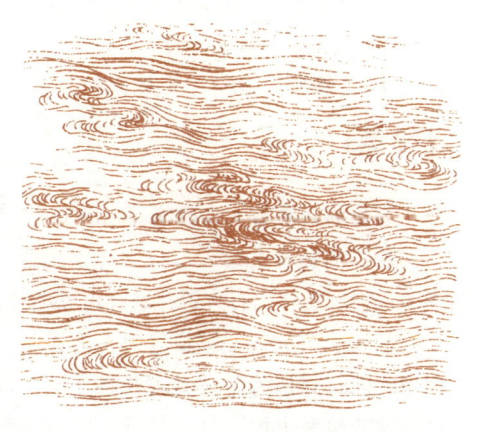

【原文】

　　有暖姝者[1]，有濡需者[2]，有卷娄者[3]。
　　所谓暖姝者，学一先生之言，则暖暖姝姝而私自说也，自以为足矣，而未知未始有物也。是以谓暖姝者也。
　　濡需者，豕虱是也，择疏鬣长毛，自以为广宫大囿，奎蹄曲隈[4]，乳间股脚，自以为安室利处，不知屠者之一旦鼓臂布草操烟火，而己与豕俱焦也。此以域进，此以域退，此其所谓濡需者也。
　　卷娄者，舜也。羊肉不慕蚁，蚁慕羊肉，羊肉膻也。舜有膻行，百姓悦之，故三徙成都，至邓之虚而十有万家。尧闻舜之贤，举之童土之地[5]，曰冀得其来之泽。舜举乎童土之地，年齿长矣，聪明衰矣，而不得休归，所谓卷娄者也。
　　是以神人恶众至[6]，众至则不比，不比则不利也。故无所甚亲，无所甚疏，抱德炀和[7]，以顺天下，此谓真人。于蚁弃知，于鱼得计，于羊弃意。以目视目，以耳听耳，以心复心。若然者，其平也绳，其变也循。古之真人，以天待之，不以人入天。古之真人，得之也生，失之也死；得之也死，失之也生。

【注释】

　　[1]暖姝（shū）：沾沾自喜的样子。
　　[2]濡需：偷安一时的样子。
　　[3]卷娄：形容形体卷曲，精神疲倦。

〔4〕奎：两腿之间。曲隈：深曲处，这里指猪身上的隐蔽皱褶处。

〔5〕童土：不长草木之地。

〔6〕众至：来归附的人多。

〔7〕炀和：温和，不冷不热。

【译文】

有沾沾自喜的人，有偷安一时的人，有劳形自苦的人。

所谓沾沾自喜的人，只学一家之言，就扬扬得意，自以为饱学，却不知道未有万物之前就已有大道存在。这就叫沾沾自喜。

偷安一时的人，就像猪身上的虱子，选择猪毛疏长之处，自以为是宽广的宫殿苑囿，蹄边胯下和乳腹股脚之间，自以为是安居的好地方，没想到屠夫一旦举臂放草拿火把，自己与猪一同被烧焦。将进退都局限在像猪身上一样的狭隘范围内，这就是所谓的偷安一时。

劳形自苦的人，就像舜一样。羊肉不爱蚂蚁，但蚂蚁爱羊肉，这是因为羊肉有膻味的缘故。舜有散发膻腥的行为，百姓喜欢他，所以三次迁移形成了都邑，到邓地时追随他的百姓已有十几万家。尧听说舜贤能，就把他推举到荒芜的地方，说是希望百姓得到他带来的恩泽。舜被推举到荒芜的地方，年龄大了，智力衰退，却不能退居家中休息，这就是所谓的劳形自苦。

因此，神人讨厌众人的归附，民众聚集到一起就会不和睦，不和睦就会生祸害而有所不利。所以不过分亲近，不过分疏远，坚守天德而温和，以顺应天下，这就叫真人。对蚂蚁来说应该抛弃爱羊肉的心智，对鱼来说要得水适意，对羊来说要剔除吸引他物的意念。用眼睛看眼睛所能看见的，用耳朵听耳朵所能听见的，用心灵领会心灵所能领会的。如果这样，就会平直如绳，变化顺乎自然。古时候的真人，以天道对待人事，不用人事去干预自然的天道。古时候的真人得失听其自然，以得为生，以失为死；以得为死，以失为生。

【原文】

药也，其实堇也[1]，桔梗也，鸡雍也[2]，豕零也[3]，是时为帝者也[4]，何可胜言！

句践也以甲楯三千栖于会稽[5]，唯种也能知亡之所以存[6]，唯种也不知其身之所以愁。故曰：鸱目有所适[7]，鹤胫有所节[8]，解之也悲[9]。

故曰：风之过河也有损焉，日之过河也有损焉。请只风与日相与守河[10]，而河以为未始其撄也，恃源而往者也。故水之守土也审[11]，影之守人也审，物之守物也审。

故目之于明也殆，耳之于聪也殆，心之于殉也殆[12]。凡能其于府也殆[13]，殆之成也不给改[14]。祸之长也兹萃[15]，其反也缘功[16]，其果也待久[17]。而人以为己宝，不亦悲乎！故有亡国戮民无已，不知问是也[18]。

故足之于地也践，虽践，恃其所不蹍而后善博也[19]；人之于知也少，虽少，恃其所不知，而后知天之所谓也。知大一[20]，知大阴[21]，知大目[22]，知大均[23]，知大方[24]，知大信[25]，知大定[26]，至矣。大一通之，大阴解之，大目视之，大均缘之[27]，大方体之[28]，大信稽之[29]，大定持之[30]。尽有天[31]，循有照[32]，冥有枢[33]，始有彼[34]，则其解之也似不解之者，其知之也似不知之也，不知而后知之；其问之也，不可以有崖[35]，而不可以无崖。颉滑有实[36]，古今不代[37]，而不可以亏，则可不谓有大扬搉乎[38]，阖不亦问是已[39]，奚惑然为！以不惑解惑，复于不惑，是尚大不惑。

【注释】

〔1〕堇（jǐn）：药名，又叫紫堇。

〔2〕鸡廱（yōng）：鸡头草。

〔3〕豕零：猪苓。

〔4〕帝：主要，贵重。

〔5〕句（gōu）践：春秋时越国国君。会稽：山名，在今浙江绍兴一带。

〔6〕种：文种，为越王句践的谋臣，辅佐句践灭吴，后被句践所杀。

〔7〕适：适用。

〔8〕节：度，分寸。

〔9〕解：割断。

〔10〕相与守河：同时对着河水吹晒。

〔11〕审：安定。

〔12〕殉：追逐。

〔13〕府：心脏。

〔14〕不给改：不及改。

〔15〕兹萃：增长愈多。

〔16〕缘：由。

〔17〕果：有成效。

〔18〕问：探求。

〔19〕蹍（niǎn）：踩。

〔20〕大一：指天地产生之前的混沌之象，即道。

〔21〕大阴：大一之后，阴阳絪缊，但未有动静相感之性。

〔22〕大目：大阴之后，已分出阴阳五行等名目。

〔23〕大均：大目之后，天地开始化育万物，平等而无偏私。

〔24〕大方：大均之后，万物充满天地之间。

〔25〕大信：万物有体有形，皆一一可稽考。

〔26〕大定：使万物各定其位。

〔27〕缘：顺。

〔28〕体：体用。

〔29〕稽：稽考。

〔30〕持：守。

〔31〕尽有天：万物都有自然。

〔32〕循：遵循。

〔33〕冥：幽昧。

〔34〕彼：指道。

〔35〕崖：通"涯"，边际。

〔36〕颉（xié）：升降上下。滑：流动的旋转。

〔37〕代：变换。

〔38〕扬搉（què）：粗略法度，大体轮廓。

〔39〕阖：通"盍"，何。

【译文】

譬如药材，像紫堇、桔梗、鸡头草、猪苓这些草药，随时都有可能成为主药，怎么能说得清呢！

句践仅剩下三千兵卒困守在会稽山上，只有文种能知道在败亡中图生存，也只有文种不知道自身的祸患。所以说，猫头鹰的眼睛仅适宜夜间视物，鹤的腿是有一定分寸的，如果截短就可悲。

所以说，风吹过，河水就有损；太阳晒过，河水也有损。若是风和太阳同时对着河水吹晒，河水却未曾受损，这是由于靠着水源不断流入的缘故。所以，水依偎着土才能安定，影子依靠人才能安定，物依赖造物者才能安定。

所以，眼睛过于明察，耳朵过于灵敏，心神过分逐物，这样都是危险的。凡是才能都要费心神，这对于心脏来说是危险的，造成了危害就来不及挽救了。祸害迅速滋长而又多端，要回头就得经过下苦功，有成效就需要旷日持久。而人们却把目明、耳聪、才能之类视

为自己的宝贝，岂不是太可悲了吗？所以，灭国杀人的事件层出不穷，却不知道从这里寻找原因。

　　脚所踩的地方不大，虽然不大，但要凭靠周围没有踩的地方才能走得远；人所知很少，虽然少，但要凭靠所不知的才会知道天所表现的自然之道。知绝对的同一，知极端的宁静，知大道的观点，知绝对的平均，知大道的度量，知真实之理，知绝对安定，就达到了最高的境界。绝对的同一来贯通，极端的宁静来解化，大道的观点来明察，绝对的平均来顺随，大道的度量来体现，真实之理来稽核，绝对的安定来持守。万物之中有自然，循任之际有光明，幽冥之中有枢机，初始之际有彼端，在这种境地中，解悟了好像没有解悟一样，知道了好像不知道一样，不知道然后才能知道。追问它，不可以有边际，也不可以没有边际。错综复杂中有核心，古今不变，而不可以亏损，难道不可以说它有大体轮廓吗？为什么不探求它，而又疑惑呢！以不惑解惑，返归于不惑，这就是所崇尚的大不惑。

则　阳

【原文】

　　则阳游于楚[1]，夷节言之于王[2]，王未之见，夷节归。彭阳见王果曰[3]："夫子何不谭我于王[4]？"王果曰："我不若公阅休[5]。"彭阳曰："公阅休奚为者邪？"曰："冬则擉鳖于江[6]，夏则休乎山樊[7]。有过而问者，曰：'此予宅也。'夫夷节已不能，而况我乎！吾又不若夷节。夫夷节之为人也，无德而有知，不自许[8]，以之神其交[9]，固颠冥乎富贵之地[10]，非相助以德，相助消也[11]。夫冻者假衣于春，暍者反冬乎冷风[12]。夫楚王之为人也，形尊而严；其于罪也，无赦如虎；非夫佞人正德[13]，其孰能桡焉[14]！故圣人，其穷也使家人忘其贫；其达也使王公忘爵禄而化卑[15]；其于物也与之为娱矣，其于人也乐物之通而保己焉。故或不言而饮人以和，与人并立而使人化[16]父子之宜。彼其乎归居，而一闲其所施。其于人心者若是其远也。故曰待公阅休。"

【注释】

　　[1] 则阳：彭阳，字则阳，鲁国人。
　　[2] 夷节：楚国大夫。

〔3〕王果：楚臣。

〔4〕谭：通"谈"，介绍。

〔5〕公阅休：楚国隐士。

〔6〕擉（chuō）：通"戳"，刺。

〔7〕山樊：山傍。

〔8〕不自许：投机取巧。

〔9〕神：神奇，神化。

〔10〕颠冥：沉溺。

〔11〕消：丧失。

〔12〕暍（yè）：中暑。

〔13〕佞人：有才辩的人。正德：有纯正的道德。

〔14〕桡：通"挠"，屈服。

〔15〕化卑：变得卑谦。

〔16〕化：感化。

【译文】

则阳到楚国游说，夷节将他推荐给楚王，楚王不接见，夷节就回去了。则阳见到王果，说："先生为什么不把我介绍给楚王？"王果说："我不如公阅休。"则阳说："公阅休是干什么的？"王果说："他冬天在长江刺鳖，夏天在山旁休息。过路的人问他，他说：'这里是我的住宅。'夷节的推荐都不行，何况我呢！我还不如夷节。夷节的为人，没有德而有智，投机取巧，在交际场上广显神通，沉溺在富贵场中，他不是从道德上帮助别人，而是使人丧德。受冻的人总想借助春天的温暖而如得寒衣一般，中暑的人总希望能得到冬天的冷风。楚王的为人，仪表尊贵而威严；对于犯罪的人，凶猛如虎从不赦免；如果不是有才辩的人或道德纯正的人，谁能说服他！所以，圣人在穷困的时候，使家人忘记贫寒；在通达的时候，使王公贵族忘记爵禄而变得卑谦。他对于物，和谐共处；他对于人，乐于沟通，而又不丧失自己的本性。他广施不言之教，以和顺的态度待人，与人共处能使人感化，如同父亲对儿子的影响一样。他返归山林隐居，以清静无为的处世态度对待一切。他与常人的心性迥然不同，相去甚远。所以说要等待公阅休。"

【原文】

圣人达绸缪[1]，周尽一体矣[2]，而不知其然，性也。复命摇作，而以天为师[3]，人则从而命之也[4]。忧乎知，而所行恒无几时，其有止也若之何！

生而美者，人与之鉴，不告则不知其美于人也。若知之，若不知之，若闻之，若不闻之，其可喜也终无已，人之好之亦无已，性也。圣人之爱人也，人与人名，不告则不知其爱人也。若知之，若不知之，若闻之，若不闻之，其爱人也终无已，人之安之亦无已，性也。

【注释】

〔1〕达：解脱。绸缪（móu）：纠葛。
〔2〕周尽一体：调和得非常周全。
〔3〕复命：静。摇作：动。以天为师：以顺应自然为原则。
〔4〕命：名，称呼。

【译文】

圣人化解矛盾纠葛，调和得非常周全，却不知道其中的原委，这是出于天性。静动都以顺应自然为原则，人们仰慕他而称之为圣人。世人忧虑只能不足，终日驰骛追逐而无停息之时，有什么办法才能达到圣人的境界呢！

天生美丽的人，别人常给他鉴别美丑，如果别人不相告，他也不知道自己比别人美。好像知道，又好像不知道，好像听到了，又好像没听到，这样他的美丽就会常驻不衰，别人对他的喜爱也没有止境，这都是出于本性。圣人爱别人，是人们给了他圣人的称号，如果不告诉他，他也不知道自己在爱别人。好像知道，又好像不知道，好像听到了，又好像没听到，他对别人的爱没有止境，人们安于被他爱也没有止境，这也是出于本性。

【原文】

旧国旧都[1]，望之畅然。虽使丘陵草木之缗，入之者十九，犹之畅然，况见见闻闻者也，以十仞之台县众闲者也！

冉相氏得其环中以随成[2]，与物无终无始，无几无时[3]。日与物化者，一不化者也，阖尝舍之[4]！夫师天而不得师天，与物皆殉[5]，其以为事也若之何[6]？夫圣人未始有天，未始有人，未始有始，未始有物，与世偕行而不替[7]，所行之备而不洫[8]，其合之也若之何？汤得其司御门尹登恒为之傅之[9]，从师而不囿[10]，得其随成。为之司其名，之名嬴法，得其两见[11]。仲尼为之尽虑[12]，为之傅之。容成氏曰[13]："除日无岁，无内无外。"

【注释】

〔1〕旧国旧都：祖国，故乡。
〔2〕冉相氏：传说中远古时代的帝王。环中：枢纽，要领。随成：随顺天道而成功。
〔3〕几：时期。
〔4〕阖尝：何曾。
〔5〕殉：逐，求。

〔6〕为事：对待事情。

〔7〕替：间断。

〔8〕沤：陷溺。

〔9〕司御：官吏。门尹：官名。登恒：人名。

〔10〕囿：局限，限制。

〔11〕两见：两方面都得到显现。

〔12〕尽虑：绝虑，无心。

〔13〕容成氏：传说是黄帝时造历法的人。

【译文】

远游于异国他乡的人，望见自己的祖国和故乡都会无限喜悦，即使是丘陵草木遮蔽住了它的十分之八九，心情还是舒畅，何况是身临其境地看到了它的原貌，这就如同十仞高台悬在众人之间！

冉相氏得其要领而随物自成，与万物一齐变化，无终无始，无有定期。随时与物变化的，内心则静寂不变，何曾舍离过天道的要领！有心效法自然便适得其反，与外物相逐，怎么可以这样做呢？在圣人的眼里，不曾有天，不曾有人，不曾有始，不曾有物，与世同行而不间断，所行完备而不沉溺其中，他是如何冥合于道的呢？汤得到司御门尹登恒而拜为师傅，却不局限于师傅的教诲，得以随物自成。若只担当许多有为之名，就会产生多余的法，因而只能得到名与法的两端。孔子忘怀绝虑，为他人做师傅。容成氏说："没有日就没有年岁，没有内就没有外。"

【原文】

魏莹与田侯牟约[1]，田侯牟背之。魏莹怒，将使人刺之。

犀首公孙衍闻而耻之[2]，曰："君为万乘之君也，而以匹夫从仇[3]。衍请受甲二十万[4]，为君攻之，虏其人民，系其牛马，使其君内热发于背[5]，然后拔其国。忌也出走[6]，然后抶其背[7]，折其脊。"

季子闻而耻之[8]，曰："筑十仞之城，城者既十仞矣，则又坏之，此胥靡之所苦也[9]。今兵不起七年矣，此王之基也。衍，乱人，不可听也。"

华子闻而丑之[10]，曰："善言伐齐者，乱人也；善言勿伐者，亦乱人也；谓伐之与不伐乱人也者，又乱人也。"

君曰："然则若何？"

曰："君求其道而已矣。"

惠子闻之，而见戴晋人[11]。戴晋人曰："有所谓蜗者，君知之乎？"

曰："然。"

"有国于蜗之左角者，曰触氏，有国于蜗之右角者，曰蛮氏。时相与争地而战，伏尸数万，逐北旬有五日而后反。"

君曰："噫！其虚言与？"

曰："臣请为君实之。君以意在四方上下有穷乎？"

君曰："无穷。"

曰："知游心于无穷，而反在通达之国，若存若亡乎？"

君曰："然。"

曰："通达之中有魏，于魏中有梁，于梁中有王，王与蛮氏，有辩乎？"

君曰："无辩。"

客出而君惝然若有亡也[12]。

客出，惠子见。君曰："客，大人也，圣人不足以当之[13]。"

惠子曰："夫吹管也，犹有嗃也[14]；吹剑首者，吷而已矣[15]。尧、舜，人之所誉也。道尧、舜于戴晋人之前，譬犹一吷也。"

【注释】

[1] 魏莹：魏惠王，名莹。田侯牟：齐威王。

[2] 犀首：魏国官名，类似于将军。

[3] 以匹夫从仇：用匹夫的手段报仇。

[4] 受甲：领兵。

[5] 内热：心火之热。

[6] 忌：齐国将军田忌。

[7] 扶（chì）：鞭打。

[8] 季子：不知何人，一说为苏秦。

[9] 胥靡：刑徒。

[10] 华子：魏国贤臣。

[11] 戴晋人：魏国贤人。

[12] 惝然：恍惚不定的样子。

[13] 当之：与之相比。

[14] 嗃（xiāo）：吹管声，表示大而长的声音。

[15] 吷（xuè）：吹气声，表示小而短的声音。

【译文】

魏惠王和齐威王订立盟约，齐威王背约。魏惠王大怒，准备派人去刺杀他。

犀首公孙衍听到了觉得这种做法很可耻，对魏王说："陛下是万乘之国的君主，却用匹夫的手段报仇！我请求领兵20万，为陛下攻打齐国，俘虏人民，掠取牛马，使齐王内心焦急，然后攻占齐国。等齐将田忌败走，然后抓住他鞭打其背，折断他的脊梁。"

季子听了公孙衍的议论认为可耻，对魏王说："筑十仞高的城，城已十仞高了，再去毁坏它，这是让筑城的刑徒叫苦连天的行径！现在已有七年不打仗了，这是君王立业的基础。公孙衍是祸乱之人，不能听他的。"

华子听说了这些议论后，感到这些观点都很鄙陋，对魏王说："巧言伐齐的，是祸乱之人；巧言不伐齐的，也是祸乱之人；说伐齐和不伐齐来搅乱人心的，还是祸乱之人。"

魏王说："那么该怎么办呢？"

华子说："陛下追求虚无之道就行了！"

惠子听了，将戴晋人引荐给魏王。戴晋人说："有所谓的蜗牛，陛下知道吗？"

魏王说："知道。"

戴晋人说："蜗牛的左角有个国家名叫触氏，右角有个国家名叫蛮氏，两国经常为互相争夺土地而打仗，战死者达数万人，战胜者追击败兵半个月后才回师。"

魏王说："噫！这是假话吧？"

戴晋人说："那我就给陛下说说实情。陛下觉得上下四方有穷尽吗？"

魏王说："没有穷尽。"

戴晋人说："自己游心于无穷的境地，再返回人烟存在的地方，不觉得若有若无吗？"

魏王说："是的。"

戴晋人说："在这人烟存在的地方中有个魏国，魏国里有个梁都，梁都内有个君王。这个君王和那个蛮氏有什么区别呢？"

魏王说："没有什么区别。"

客人告辞后，魏王恍惚不定若有所失。

客人走后，惠子入见。魏王说："客人真是个伟大的人物，圣人也难以与之相比。"

惠子说："吹管箫，还能发出悠长的声音；吹剑鼻孔，只能发出一丝轻音而已。尧和舜，是人们所称誉的。在戴晋人面前谈论尧、舜，如同吹一个剑鼻孔而已。"

【原文】

孔子之楚，舍于蚁丘之浆[1]。其邻有夫妻臣妾登极者[2]，子路曰："是稷稷何为者邪[3]？"仲尼曰："是圣人仆也。是自埋于民，自藏于畔[4]。其声销[5]，其志无穷[6]，其口虽言，其心未尝言，方且与世违，而心不屑与之俱。是陆沉者也[7]，是其市南宜僚邪？"

子路请往召之。孔子曰："已矣！彼知丘之著于己也[8]，知丘之适楚也，以丘为必使楚王之召己也，彼且以丘为佞人也。夫若然者，其于佞人也，羞闻其言，而况亲见其身乎！而何以为存？"子路往视之，其室虚矣。

【注释】

[1] 蚁丘：山丘名。浆：指卖浆之家。
[2] 极：屋顶。
[3] 稷稷：纷纷登屋的样子。
[4] 畔：田垅。
[5] 声销：名声消失。
[6] 无穷：远大。
[7] 陆沉：虽在陆地而如同沉入水中一般，意指不离开世间而隐居于世间。
[8] 著：明了，了解。

【译文】

孔子往楚国去，途中停宿在蚁丘的卖浆之家。邻居的夫妻臣妾爬上屋顶观望，子路说："这些人登上屋顶是在干什么呢？"孔子说："这些是圣人一类人。他们隐居于民间，藏身于田园。他们名声消亡，志向远大，口中虽言，内心却不曾言语，与世俗相违而不愿随波逐流。是位自隐之士，该不是市南宜僚吧？"

子路要过去请他们。孔子说："算了吧！他知道我了解他们，知道我要去楚国，以为我必定让楚王去请他，而且他视我为佞人，如果这样的话，他连佞人的言论都羞于听，何况是亲自见面！你怎么能请到他呢？"子路过去一看，屋内已空无一人。

【原文】

长梧封人问子牢曰[1]："君为政焉勿卤莽[2]，治民焉勿灭裂[3]。昔予为禾[4]，耕而卤莽之，则其实亦卤莽而报予[5]；芸而灭裂之[6]，其实亦灭裂而报予。予来年变齐[7]，深其耕而熟耰之[8]，其禾繁以滋[9]，予终年厌飧[10]。"

庄子闻之曰："今人之治其形，理其心，多有似封人之所谓，遁其天，离其性，灭其情，亡其神，以众为。故卤莽其性者，欲恶之孽，为性萑苇；蒹葭始萌[11]，以扶吾形，寻擢吾性[12]；并溃漏发，不择所出，漂疽疥痈[13]，内热溲膏是也[14]。"

【注释】

[1] 长梧：地名。封人：守封疆的人。子牢：孔子弟子，宋国卿士。

[2] 卤莽：粗疏。

[3] 灭裂：草率。

[4] 为禾：种庄稼。

[5] 实：果实。报：报答。

[6] 芸：除草。

[7] 变齐：变更耕田的方法。齐：通"剂"，方法。

[8] 熟耰（yōu）：仔细除草。

[9] 蘩：繁荣。滋：茂盛。

[10] 厌飧（sūn）：饱食。

[11] 萑（huá）苇、蒹（jiān）葭（jiā）：各种芦苇。

[12] 寻：渐渐。擢（zhuó）：拔除。

[13] 漂疽：脓疮。

[14] 溲膏：遗精。

【译文】

长梧封人对子牢说："您为政不要粗疏，治民不要草率。过去我种庄稼，耕作时草率，收成就很差；除草时马虎，收成也很不好。第二年我改变了耕作方法，深耕细作，禾苗繁茂，结果收获甚丰，使我终年足食。"

庄子听到后说："现在人们整治形体，调理心性，很多都像封人所说的那样，逃避自然，离散本性，减损真情，丧失精神，去追随俗人的所作所为。所以对本性草率的，滋长恶欲，就如同芦苇般地蔽塞心性，欲念缠身，助长恶性。于是上溃下漏，百病皆生，流脓生疥，内发外泄。"

【原文】

柏矩学于老聃[1]，曰："请之天下游。"

老聃曰："已矣！天下犹是也[2]。"

又请之，老聃曰："汝将何始？"

曰："始于齐。"

至齐，见辜人焉[3]，推而强之[4]，解朝服而幕之[5]，号天而哭之，曰："子乎！子乎！天下有大菑[6]，子独先离之[7]！"曰："莫为盗，莫为杀人？荣辱立，然后睹所病[8]；货财聚，然后睹所争。今立人之所病，聚人之所争，穷困人之身，使无休时。欲无至此得乎？古之君人者，以得为在民，以失为在己；以正为在民，以枉为在己[9]。故一形有失其形者[10]，退而自责。今则不然，匿为物而愚不识[11]，大为难而罪不敢[12]，重为任而罚不胜[13]，远其涂而诛不至。民知力竭，则以伪继之。日出多伪，士民安敢不伪。夫力不足则伪，知不足则欺，财不足则盗。盗窃之行，于谁责而可乎？"

【注释】

[1] 柏矩：老子门徒。
[2] 犹是也：都是如此。
[3] 辜人：受刑后被丢在街上的死尸。
[4] 强：借作"僵"，僵仆，推倒。
[5] 幕：覆盖。
[6] 菑：通"灾"，患害，灾祸。
[7] 离：通"罹"，遭难。
[8] 病：忧。
[9] 枉：过失。
[10] 一形：一人。
[11] 匿为物而愚不识：隐匿真相而愚弄百姓。
[12] 大为难而罪不敢：把困难扩大而归罪于那些畏难的人。
[13] 重为任而罚不胜：把任务加重而处罚不胜任的人。

【译文】

柏矩跟随老子学习，说："我想到各诸侯国去游说。"

老子说："算了吧！天下的地方和这里一样。"

柏矩再次请求，老子说："你要先到哪里？"

柏矩说："从齐国开始。"

柏矩到了齐国，看到被处死示众的犯人尸体，他将僵化的尸体摆正，脱下自己的朝服覆盖在尸体上，号天大哭说："先生啊！先生啊！天下将有大祸，你却先遭难！"又说："你遭受这种灾祸，是因为偷盗还是因为杀人呢？荣辱观树立之后，才可以看到由此而产生弊病；财货积聚在某些人手上的时候，才可以看到由此而产生的利害之争。现在树立人所忧心的，积聚人所纷争的，使人身穷困，无休无止。想不走到这般地步，办得到吗？古时候的人君，成功则归功于百姓，失败则归咎于自己；将正确的归于人民，将过失归于自己。所以只要有一个人亏损了形性，就退而自责。现在却不是这样，而是隐匿真相以愚弄百姓，制造困难而归罪于那些畏难的人，加重任务而处罚不胜任者，延长路程而诛杀那些走不到的人。人民智力穷尽，就用虚伪来应付，人君经常虚伪，老百姓怎能不虚伪呢！能力不足便虚伪，智慧不足便欺诈，财物不足便盗窃。

盗窃成风，该责备谁呢？"

【原文】

蘧伯玉行年六十而六十化[1]，未尝不始于是之而卒诎之以非也[2]，未知今之所谓是之非五十九年非也！万物有乎生而莫见其根[3]，有乎出而莫见其门[4]。人皆尊其知之所知，而莫知恃其知之所不知而后知，可不谓大疑乎！已乎已乎！且无所逃。此所谓然与然乎！

【注释】

〔1〕蘧伯玉：卫国贤大夫。
〔2〕始于是之：开始时认为对的。诎：通"黜"，贬斥，批判。
〔3〕根：根本。
〔4〕门：门径。

【译文】

蘧伯玉六十年来在认识上年年都有变化，未尝不是开始时认为对的，而后来总是把原来认为是对的当作错的，很难说现在所肯定的就不是五十九岁时所否定的。万物都有它的产生却不见它的根本，有它的出处却不见它的门径。人们都看重他的智力所能认识的，而不知道凭借他们智力所不能知的而后达到所知，这难道不是大疑惑吗！罢了罢了！世人无法避免这种疑惑。这一点是必然无疑的！

【原文】

仲尼问于大史大弢、伯常骞、狶韦曰[1]："夫卫灵公饮酒湛乐[2]，不听国家之政；田猎毕弋[3]，不应诸侯之际[4]；其所以为灵公者何邪？"

大弢曰："是因是也。"伯常骞曰："夫灵公有妻三人，同滥而浴[5]。史鰌奉御而进所[6]，搏币而扶翼[7]。其慢若彼之甚也[8]，见贤人若此其肃也[9]，是其所以为灵公也。"狶韦曰："夫灵公也死，卜葬于故墓不吉[10]，卜葬于沙丘而吉。掘之数仞，得石椁焉，洗而视之，有铭焉，曰：'不冯其子[11]，灵公夺而里之[12]。'夫灵公之为灵也久矣，之二人何足以识之[13]！"

【注释】

〔1〕大史：史官。大弢、伯常骞、狶韦：三位史官之名。
〔2〕湛：通"耽"，沉溺。
〔3〕毕：古代捕猎用的长柄网。弋（yì）：系着绳子的箭。
〔4〕际：交际，盟会。
〔5〕滥：洗澡盆。
〔6〕史䲡：卫国贤大夫。奉御：手捧御用的东西。
〔7〕搏币：接过币帛。扶翼：恭敬地扶住。
〔8〕慢：放荡。
〔9〕肃：敬。
〔10〕故墓：生前挖好的墓穴。
〔11〕冯：通"凭"，依靠。
〔12〕里：居。
〔13〕之二人：指大弢与伯常骞。

【译文】

孔子问太史大弢、伯常骞、狶韦说："卫灵公饮酒作乐，不理国政；醉心于田猎，不与诸侯交际。他为什么被谥号为灵公？"

大弢说："就是由于他这个样子的缘故。"伯常骞说："卫灵公有三个妻子，他和她们同在一个浴盆洗澡。史䲡手捧御用的东西走进来，灵公忙命人接过他手上的东西，恭敬地扶接着他。灵公的生活放荡如此地步，见到贤人又是这样地恭敬，这就是他被谥为灵公的缘故。"狶韦说："灵公死后，占卜安葬在生前挖好的墓穴不吉利，占卜葬于沙丘吉利。在选好的葬处挖地数仞，发现一具石椁，洗掉沙土一看，上面有铭文：'子孙不足依靠，灵公夺占居之。'由此看来，灵公之所以称为'灵'早已成定局。这两个人怎么会知道这些呢！"

【原文】

少知问于大公调曰[1]："何谓丘里之言[2]？"大公调曰："丘里者，合十姓百名而以为风俗也，合异以为同，散同以为异。今指马之百体而不得马，而马系于前者，立其百体而谓之马也。是故丘山积卑而为高，江河合水而为大，大人合并而为公。是以自外入者，有主而不执[3]；由中出者，有正而不距[4]。四时殊气[5]，天不赐[6]，故岁成；五官殊职，君不私，故国治；文武，大人不赐，故德备；万物殊理，道不私，故无名。无名故无为，无为而无不为。时有终始，世有变化。祸福淳淳[7]，至有所拂者而有所宜[8]；自殉殊面[9]，有所正者有所差。比于大泽[10]，百材皆度；观于大山，木石同坛[11]。此之谓丘里之言。"

少知曰："然则谓之道，足乎？"大公调曰："不然。今计物之数，不止于万，而期曰万物者[12]，以数之多者号而读之也[13]。是故天地者，形之大者也；阴阳者，气之大者也；道者为之公[14]。因其大以号而读之，则可也。已有之矣，乃将得比哉？则若以斯辩[15]，譬犹狗马，其不及远矣！"

少知曰："四方之内，六合之里，万物之所生恶起？"大公调曰："阴阳相照[16]，相盖相治；四时相代，相生相杀[17]。欲恶去就[18]，于是桥起[19]；雌雄片合[20]，于是庸有[21]。安危相易，祸福相生，缓急相摩[22]，聚散以成。此名实之可纪，精微之可志也[23]。随序之相理[24]，桥运之相使[25]，穷则反[26]，终则始，此物之所有。言之所尽，知之所至，极物而已。睹道之人，不随其所废[27]，不原其所起[28]，此议之所止。"

少知曰："季真之莫为[29]，接子之或使[30]，二家之议，孰正于其情，孰偏于其理？"大公调曰："鸡鸣狗吠，是人之所知；虽有大知，不能以言读其所自化，又不能以意其所将为。斯而析之，精至于无伦，大至于不可围，或之使，莫之为，未免于物而终以为过。或使则实，莫为则虚。有名有实，是物之居；无名无实，在物之虚。可言可意，言而愈疏。未生不可忌，已死不可徂。死生非远也，理不可睹。或之使，莫之为，疑之所假。吾观之本，其往无穷；吾求之末，其来无止；无穷无止，言之无也，与物同理；或使莫为，言之本也，与物终始。道不可有，有不可无。道之为名，所假而行。或使莫为，在物一曲，夫胡为于大方？言而足，则终日言而尽道；言而不足，则终日言而尽物。道物之极，言默不足以载；非言非默，议有所极。"

【注释】

〔1〕少知、大公调：都是虚拟的寓言人物。

〔2〕丘里：古代四井为邑，四邑为丘，五家为邻，五邻为里。一说十家为丘，二十家为里。丘里之言，犹说街谈巷议。

〔3〕有主而不执：有主见但不固执。

〔4〕距：排斥，拒绝。

〔5〕气：气候。

〔6〕赐：偏私。

〔7〕淳：变化无常。

〔8〕拂：逆，矛盾。

〔9〕面：向。

〔10〕比：譬如。

〔11〕坛：原意为用土堆成的台地，这里引申为基础。

〔12〕期：限定。

〔13〕号：称，表达。读：犹"语"。

〔14〕为之公：总括一切。

〔15〕辨：通"辨"，区别。

〔16〕相照：相应。

〔17〕杀：消除。

〔18〕欲：喜爱。恶：讨厌。去：疏远。就：接近。

〔19〕桥起：像桔槔一样翘起。

〔20〕片合，异性相交配。

〔21〕庸：常。

〔22〕相摩：互相转化。

〔23〕志：记。

〔24〕理：治理。

〔25〕相使：相互作用。

〔26〕穷则反：物极必反。

〔27〕废：终结。

〔28〕原：追根溯源。

〔29〕季真：齐国学士。

〔30〕接子：齐国学士。

【译文】

少知问大公调说："什么是丘里之言？"大公调说："丘里就是综合十姓百人而形成的风俗，合异成为同，散同成为异。现在分别指马的各个部位便不能称其为马，将马的各个部位综合起来合为一体，才可以称之为马。所以丘山聚积卑小而高，江河汇合众流而大，大人容合众人而大公无私。所以从外界进入内心，虽有主见却不固执；从内心发出的，虽有正理但不排斥外物。春夏秋冬气候不同，天不偏私，因而一年四季自然形成；五官不同职，君不偏私，所以国家人治；文武各有其才，人人不偏私，所以德性完备；万物各有其理，道不偏私，所以无可名状。无可名状所以无为，无为而无不为。时序有终始，世事有变化。祸福变化无常，既有所违逆也有所适宜；各自追求不同的方面，既有正确也有错误的。譬如大泽，各种材木都有它的用途；观看大山，树木和石头都依赖大山而存在。这就是所说的丘里之言。"

少知说："那么称之为道，总该可以了吧？"大公调说："不可以。现在世间的事物超过万数，而限称为万物，是用数目中最多的数字来统称它们。所以，天地是形体中最大的，阴阳是气体中最大的，道则总括一切。因为它大而这样称呼是可以的，但已经有了名称，怎么还能和没有名称的相比呢！如果那样去区别，就如同狗和马相比，相差太远了。"

少知说："四方之内，六合之中，万物产生于哪里？"大公调说："阴阳相应，相害相济，四季相替，相生相杀。欲、恶、去、就的意念，于是纷纷而

生；雌雄交合于是常有。安危互相变换，祸福相伴相生，缓急互相转化，聚散相因而成。这就是名实可为纲纪，精微可以记述。按照自然变化的程序相互治理，此起彼伏的相互作用，物极则反，终则复始，这是万物所具有的现象。用语言所能说清楚的，靠智慧可以想到的，都是以事物的现象为极限罢了。认识道的人，不追寻物的终结，不探求物的起源，这就是议论的终点。"

少知说："季真主张的'莫为'，接子提倡的'或使'，这两家的理论，谁合情理？谁偏离情理？"大公调说："鸡鸣狗叫，这是人所知道的；即使是有大智慧的人，不能用语言来说明它们为什么会鸣叫，也无法根据鸣叫判断出它们想要干的事情。由此分析，精微至于绝伦，广大至于无限，主张或有所使，提倡莫有所为，都未免受物的局限而成为过当之言。'或使'的主张过于拘泥，'莫为'的理论则显得空虚。有名有实，是物的所在；无名无实，则空虚无物。可以言说可以意会，愈说离道愈远。未生的不能禁止，已死的无法阻拦。死生是身边常见的现象。死生之理却不能知晓。或有所使，莫有所为，所依据的就是疑惑。我观察它的过去，其往无穷；我探求它的未来，其来无尽。无穷无尽，言语虽无从表达，但符合于事物之理；'或使''莫为'，是很多言论的基础，它们与外物相始终。不可以视道为有，也不可以视道为无。道的名称，乃是假借之称。'或使''莫为'两者的理论，各片面局限于事物的一个方面，有什么资格谈论大道？言语周遍，则终日言说的都是道；言语偏执，则终日言说的尽是物。道是万物的顶点，言谈和沉默都不足以表达；既不谈说也不沉默，才是最好的表达方式。"

外 物

【原文】

外物不可必[1]，故龙逢诛，比干戮，箕子狂[2]，恶来死[3]，桀、纣亡。人主莫不欲其臣之忠，而忠未必信，故伍员流于江，苌宏死于蜀，藏其血，三年而化为碧。人亲莫不欲其子之孝，而孝未必爱，故孝己忧而曾参悲[4]。木与木相摩则然[5]，金与火相守则流[6]。阴阳错行，则天地大绞[7]，于是乎有雷有霆，水中有火[8]，乃焚大槐。有甚忧两陷而无所逃[9]，螴蜳不得成[10]，心若县于天地之间[11]，慰暋沉屯[12]，利害相摩，生火甚多[13]，众人焚和[14]，月固不胜火[15]，于是乎有僓然而道尽[16]。

【注释】

〔1〕必：期必，定准。
〔2〕箕子：商纣王的叔父，多次忠谏纣王未被采纳，因惧怕迫害装疯。
〔3〕恶来：纣王的奸臣，助纣为虐，最后与纣王一起被杀。
〔4〕孝己：殷高宗的儿子，因遭后母虐待忧闷而死。曾参悲：曾参对父母十分孝顺，但常常遭父母毒打，所以经常悲泣。
〔5〕然：通"燃"。
〔6〕相守：放在一起。流：熔化。
〔7〕绞（hài）：通"骇"，惊骇。
〔8〕水中有火：指雨中闪电。
〔9〕两陷：指利害两端。
〔10〕螴蜳（chén yǔn）：心神不定的样子。得成：一切得到成功。
〔11〕县：通"悬"。
〔12〕慰暋沉屯：苦闷沉郁。
〔13〕生火：心火上升。
〔14〕众人焚和：众人过于计较利害，致使心火升腾而失去调和。
〔15〕月：比喻人清静平明的本性。
〔16〕僓（tuí）然：崩坏的样子。尽：丧失干净。

【译文】

凡是身外之物，其利害都是没有定准的，所以龙逢被杀，比干被害，箕子装疯，恶来丧命，桀、纣灭亡。君主都希望臣子忠心，但忠心未必被信任，所以伍员浮尸于江，苌宏身死于蜀，他的血被蜀人收藏了三年后化为碧玉。父母都希望儿子孝顺，但孝顺未必为父母所爱，所以孝己忧闷而死，曾参常常悲泣。木与木相摩擦则燃烧，金与火放在一起就熔化。阴阳错乱，则天地大震荡，于是就会有雷霆，下雨闪电，焚毁大树。人们常常为无法避免陷入利害两端而感到十分忧虑，胸中恐惧而情绪不得安定，心就像悬吊在天地之间，苦闷沉郁，权

庄子

衡利害，心火上升，众人过于计较利害致使心火升腾而失去调和，内心的清静平明之气不能克制火气，于是就会精神崩溃而道德丧失干净。

【原文】

庄周家贫，故往贷粟于监河侯[1]。监河侯曰："诺。我将得邑金[2]，将贷子三百金，可乎？"

庄周忿然作色曰[3]："周昨来，有中道而呼者。周顾视车辙，中有鲋鱼焉[4]。周问之曰：'鲋鱼来！子何为者邪？'对曰：'我，东海之波臣也[5]。君岂有斗升之水而活我哉！'周曰：'诺。我且南游吴越之王[6]，激西江之水而迎子，可乎？'鲋鱼忿然作色曰：'吾失我常与[7]，我无所处。吾得斗升之水然活耳，君乃言此，曾不如早索我于枯鱼之肆[8]。'"

【注释】

〔1〕贷：借。监河侯：监管河水的侯王，一说指魏文侯。
〔2〕邑金：封邑的租赋收入。
〔3〕忿然：生气的样子。作色：变脸。
〔4〕鲋（fù）鱼：鲫鱼。
〔5〕波臣：水界的臣子，水官。
〔6〕游：游说。
〔7〕常与：时时同在一起的，这里指水。
〔8〕枯鱼之肆：卖鱼干的市场。

【译文】

庄子家境贫穷，去向监河侯借粮。监河侯说："好吧。我就要得到封邑的租赋，到时借给你三百金，可以吗？"

庄子生气地说："我昨天来的时候，半路上听到呼唤声。我回头一看，车辙中有一条鲫鱼。我问它：'鲫鱼！你在干什么呢？'它回答：'我是东海的水官。你有斗升的水救我活命吗？'我说：'好吧。我将到南方去游说吴越之王，引西江的水来迎接你，可以吗？'鲫鱼气愤地说：'我失去了赖以生存的水，无处栖身。我只需要斗升的水就能够活命，而你却说出这样的话，那还不如趁早到卖鱼干的市场上去找我！'"

【原文】

任公子为大钩巨缁[1]，五十犗以为饵[2]，蹲乎会稽，投竿东海，旦旦而钓[3]，期年不得鱼。已而大鱼食之，牵巨钩，锱没而下，骛[4]扬而奋鬐[5]，白波若山，海水震荡，声侔鬼神[6]，惮赫千里[7]。任公子得若鱼，离而腊之[8]，自制河以东[9]，苍梧已北[10]，莫不厌若鱼者[11]。已而后世辁才讽说之徒[12]，皆惊而相告也。夫揭竿累[13]，趣灌渎[14]，守鲵鲋[15]，其于得大鱼难矣。饰小说以干县令[16]，其于大达亦远矣。是以未尝闻任氏之风俗，其不可与经于世亦远矣[17]。

【注释】

〔1〕任公子：任国的公子。缁：黑绳。

〔2〕犗（jiè）：阉割过的牛。

〔3〕旦旦：每天。

〔4〕铭（xiàn）：通"陷"。骛（wù）扬：乱驰。

〔5〕奋鬐（qí）：摆动鱼鳍。

〔6〕侔（móu）：齐等，等同。

〔7〕惮赫：惊恐。

〔8〕离：剖开。腊（xī）：晾干。

〔9〕制河：浙江。

〔10〕苍梧：山名，一说为九嶷山。

〔11〕厌：饱食。

〔12〕辁（quán）才：粗浅的才能，小才。讽说：道听途说。

〔13〕累：细绳。

〔14〕灌渎：小溪，小水沟。

〔15〕鲵鲋：小鱼。

〔16〕小说：低微的言论。

〔17〕经于世：经理世事。

【译文】

任公子用大钩和粗长的黑绳做了一套钓具，用五十头牛做鱼饵，蹲在会稽山上，投竿于东海，天天守钓，一年都没有钓到鱼。一年后大鱼忽然吞食钓饵，牵动大钩，沉入水下，伸张鱼鳍，扬头摆尾，激起白浪如山，海水震荡，声如鬼神，使千里之内听到的人都感到恐惧。任公子得到这条鱼，剖开晾晒成鱼干，从浙江以东，苍梧以北，没有人不饱餐这条鱼的。后世才学疏浅的道听途说之徒，都惊奇地奔走相告。举着小竿细绳，驻足于小水沟旁，守候小鱼小虾，就不可能钓到大鱼。巧饰碎言细语以求高名，就不可能通达于道。因为他们不懂任公子不求急功近利的风尚，所以也就不可能经理世事。

【原文】

儒以《诗》《礼》发冢[1]，大儒胪传曰[2]："东方作矣[3]，事之何若？"小儒曰："未解裙襦[4]，口中有珠。""《诗》固有之曰：'青青之麦，生于陵陂。生不布施[5]，死何含珠为？'接其鬓[6]，压其顪[7]，而以金椎控其颐[8]，徐别其颊[9]，无伤口中珠！"

【注释】

〔1〕发：挖开。冢：墓葬。发冢：盗墓。
〔2〕胪（lú）传：传话。
〔3〕东方作：东方亮，太阳出来了。
〔4〕襦（rú）：短上衣。
〔5〕布施：施舍。
〔6〕接其鬓：揪着尸体的鬓发。
〔7〕顪（huì）：下巴的胡须，这里连指下巴。
〔8〕金椎：金属做的锤子。控：敲打。颐：面颊。
〔9〕徐别：慢慢地分开。

【译文】

儒生用《诗》《礼》中的话来盗掘坟墓。大儒传话说："天亮了，事情怎么样了？"

小儒说："衣服还没有脱掉，嘴里含有珠玉。"大儒说："《诗》中说：'青青的麦苗，长在坡地上。生前不施舍人，死后为何含珠？'揪着尸体的鬓发，按着下巴，你用锤子敲开两腮，慢慢地分开两颊，不要伤了嘴里的珠玉。"

【原文】

老莱子之弟子出薪[1]，遇仲尼，反以告，曰："有人于彼[2]，修上而趋下[3]，末偻而后耳[4]，视若营四海[5]，不知其谁氏之子。"老莱子曰："是丘也，召而来。"

仲尼至。曰："丘！去汝躬矜与汝容知[6]，斯为君子矣。"仲尼揖而退，蹴然改容而问曰[7]："业可得进乎？"老莱子曰："夫不忍一世之伤而骜万世之患[8]，抑固窭邪[9]？亡其略弗及邪[10]？惠以欢为骜，终身之丑，中民之行进焉耳[11]，相引以名，相结以隐[12]。与其誉尧而非桀，不如两忘而闭其所誉。反无非伤也[13]，动无非邪也[14]。圣人踌躇以兴事，以每成功。奈何哉，其载焉终矜尔[15]！"

【注释】

〔1〕老莱子：楚国隐士。出薪：出去打柴。
〔2〕于彼：在那里。

〔3〕修上而趋下：上身长而下身短。

〔4〕末偻：背微曲。后耳：耳朵向后贴。

〔5〕营四海：经营天下。

〔6〕躬矜：行为矜持。

〔7〕蹵（cù）然：局促不安的样子。

〔8〕鹜：通"傲"，轻视。

〔9〕窭（jù）：陋，或心胸狭小。

〔10〕略：智略。弗及：不及，不能达到。

〔11〕中人之行：中等水平人的所作所为。

〔12〕隐：私。

〔13〕反：违反自然。无非伤：必有损害。

〔14〕动：不安静。无非邪：必生邪念。

〔15〕载：负。

【译文】

老莱子的弟子出去打柴，遇见孔子，回来告诉老莱子说："有个人在那里，上身长而下身短，脊背微曲，耳朵贴近脑下，神情好像是在经营天下，不知道他是谁。"老莱子说："那是孔丘，召他来。"

孔子走进来。老莱子说："孔丘！抛弃你的行为矜持和聪明的容貌，就可以成为君子。"孔子作揖而后退，局促不安地问："我的德业能够提高吗？"老莱子说："你只是不忍心一代人的悲伤而轻视了万世的祸患，是固陋无知呢，还是智略不及呢？以施恩惠取悦于世为骄傲，这是终身的羞耻，是平庸之人的所作所为，以名声互相引进，以私利互相勾结。与其称赞尧而非议桀，不如将两者都忘记而抛弃那些称赞和非议。违反自然必有损害，坐立不安必生邪念。圣人迫不得已而后行事，而常常成功。你为什么总是背着矜持自傲的包袱呢！"

【原文】

宋元君夜半而梦人被发窥阿门[1]，曰："予自宰路之渊[2]，予为清江使河伯之所[3]，渔者余且得予[4]。"

元君觉，使人占之[5]，曰："此神龟也。"

君曰："渔者有余且乎？"

左右曰："有。"

君曰："令余且会朝[6]。"

明日，余且朝。君曰："渔何得？"

对曰："且之网得白龟焉，其圆五尺。"

君曰："献若之龟[7]。"

龟至，君再欲杀之，再欲活之，心疑，卜之。曰："杀龟以卜吉。"乃刳龟，七十二钻而无遗策[8]。

仲尼曰："神龟能见梦于元君[9]，而不能避余且之网；知能七十二钻而无遗策，不能避刳肠之患。如是则知有所困，神有所不及也。虽有至知，万人谋之。鱼不畏网而畏鹈鹕[10]。去小知而大知明，去善而自善矣。婴儿生，无石师而能言[11]，与能言者处也。"

【注释】

[1]宋元君：宋国国君。阿门：侧门。

[2]宰路：渊名。

[3]清江：江名。河伯：河神。

[4]余且：渔夫名。

[5]占：占卜吉凶。

[6]会朝：朝见。

[7]若：你。

[8]无遗策：占算吉凶毫无遗失，十分应验。

[9]见（xiàn）梦：托梦。

[10]鹈鹕（tí hú）：水鸟名。

[11]石师：应为"硕师"，大师。

【译文】

宋元君半夜梦见有人披头散发在侧门窥视，说："我从宰路深渊来，作为清江的使者到河伯那里去，渔夫余且捕获了我。"

宋元君醒来后，让人占卜，占卜回报说："这是一只神龟。"

宋元君问："渔夫中有名叫余且的吗？"

身边的侍臣说："有。"

宋元君说："令余且前来朝见。"

第二天，余且来朝见。宋元君问："你捕获到了什么？"

余且回答说："我的渔网捕获了一只白龟，直径有五尺。"

宋元君说："把你的龟献上来。"

龟送到后，宋元君又想杀掉，又想放生，犹豫不决，就进行占卜，答案是："杀龟占卜吉利。"于是杀了龟，用来占卜，占了七十二次，无不应验。

孔子说："神龟能托梦给宋元君，却不能逃脱余且的鱼网；它的智力能多次占卜而无不应验，却不能避免开肠破肚的祸患。由此看来，智慧有所局限，神灵也有所不及。虽然有最高的智慧，也要采用万众的谋略。鱼不知畏惧网而害怕鹈鹕。弃除小智则大智才明，去掉小善则大善自显。婴儿生来没有大师教就会说话，这是因为与会说话的人相处的缘故。"

【原文】

惠子谓庄子曰："子言无用。"庄子曰："知无用而始可与言用矣。天地非不广且大也，人之所用容足耳。然则厕足而垫之[1]，致黄泉[2]，人尚有用乎！"惠子曰："无用。"庄子曰："然则无用之为用也亦明矣。"

【注释】

[1] 厕：通"侧"，旁边，之外。垫：挖掘。
[2] 致：至，达到。

【译文】

惠子对庄子说："你的言论无用。"庄子说："知道了无用才可以和你谈论有用的问题。天地并非不广大，而人所用的只是容足之地罢了。然而如果把立足之外的地方都挖成坑堑，一直向下挖掘到黄泉，人所立足的这块小地方还有用吗？"惠子说："无用。"庄子说："那么，无用就是有用的道理也就很明白了。"

【原文】

庄子曰："人有能游，且得不游乎？人而不能游，且得游乎？夫流遁之志[1]，决绝之行[2]，噫，其非至知厚德之任与[3]！覆坠而不反[4]，火驰而不顾，虽相与为君臣，时也，易世而无以相贱[5]。故曰至人不留行焉[6]。夫尊古而卑今，学者之流也[7]。且以狶韦氏之流观今之世，夫孰能不波[8]？唯至人乃能游于世而不僻，顺人而不失己。彼教不学，承意不彼。

"目彻为明[9]，耳彻为聪，鼻彻为颤[10]，口彻为甘，心彻为知，知彻为德。凡道不欲壅[11]，壅则哽[12]，哽而不止则跈[13]，跈则众害生。物之有知者恃息[14]，其不殷[15]，非天之罪。天之穿之[16]，日夜无降[17]，人则顾塞其窦[18]。胞有重阆[19]，心有天游[20]。室无空虚，则妇姑勃谿[21]；心无天游，则六凿相攘[22]。大林丘山之善于人也，亦神者不胜。

"德溢乎名[23]，名溢乎暴[24]；谋稽乎谄[25]，知出乎争，柴生乎守[26]官，事果乎众宜[27]。春雨日时，草木怒生[28]，铫鎒于是乎始修[29]，草木之到植者过半而不知其然[30]。静然可以补病[31]，眦搣可以休老[32]，宁可以止遽。虽然，若是劳者之务也，佚者之所未尝过而问焉。圣人之所以骇天下[33]，神人未尝过而问焉；贤人所以骇世，圣人未尝过而问焉；君子所以骇国，贤人未尝过而问焉；小人所以合时[34]，君子未尝过而问焉。

"演门有亲死者[35]，以善毁爵为官师[36]，其党人毁而死者半[37]。尧与许由天下，许由逃之；汤与务光，务光怒之；纪他闻之，帅弟子而踆于窾水[38]，诸侯吊之；三年，申徒狄因以踣河[39]。荃者所以在鱼[40]，得鱼而忘荃；蹄者所以在兔[41]，得兔而忘蹄；言者所以在意，得意而忘言。吾安得夫忘言之人而与之言哉！"

【注释】

〔1〕流遁：流荡纵逸。

〔2〕决绝：决然谢绝人间。

〔3〕厚德：品德高尚。任：用。

〔4〕覆坠：指遇到极大的挫折。

〔5〕易世：世代变易。

〔6〕不留行：不留滞于流遁、决绝之迹。

〔7〕流：偏见。

〔8〕波：通"颇"，偏侧。

〔9〕彻：通。

〔10〕颤：通"膻"，善于辨别气味。

〔11〕壅：堵塞。

〔12〕哽：通"梗"，阻塞。

〔13〕跈（jiàn）：乖戾。

〔14〕息：气息，呼吸。

〔15〕殷：畅盛。

〔16〕穿：通。

〔17〕降：止。

〔18〕窦：孔窍。

〔19〕胞：胎胞。阆（làng）：空旷。

〔20〕天游：自然活动。

〔21〕妇姑：婆媳。勃谿（xī）：争吵。

〔22〕六凿：六窍。攘：排斥。

〔23〕溢：败坏。

〔24〕暴：显露。

〔25〕諴（xián）：急迫，紧急。

〔26〕柴：柴栅。

〔27〕果：成功。

〔28〕怒：猛。

〔29〕铫鎒（yáo nòu）：除草的农具。

〔30〕到植：通"倒置"，即遭受戕害。

〔31〕静然：安静，静默。补病：养病。
〔32〕眦娍（zì miè）：按摩眼眶。沐老：洗除老态，防止衰老。
〔33〕骇（hài）：通"骇"，惊。
〔34〕合时：迎合时宜。
〔35〕演门：宋国城门名。
〔36〕毁：因悲伤而毁容。
〔37〕党人：乡里，邻居。
〔38〕踆（qūn）：通"蹲"。窾（kuǎn）水：水名。
〔39〕申徒狄：隐士。踣（bó）河：投河。
〔40〕荃（quán）：通"筌"，一种捕鱼的竹笼。
〔41〕蹄：一种捕兔的器具。

【译文】

庄子说："人若能悠游自适，那么何往而不自得呢？人若不能悠游自适，那么何往而自得呢？流荡逐物的心志，决然谢绝人间的行为，唉，这都不是至知厚德者的所为！流遁者濒临覆灭而不知自返本性，决绝者火速离世而不知回头，这两者虽然贵贱不同，但这是时势所造成的，世代一变，便不能再用原来的贵贱标准来衡量了。所以说，至人不留滞于流遁、决绝之迹。尊古而卑今，这是学者的风气。如果用狶韦氏时代的风气来观察衡量当今之世，谁能不感到偏颇！只有至人才能遨游于世而不偏僻，随顺人情而不丧失自己的本性。别人虽然教导我但我无心去学他，我表面上接受，但我绝不会学成他那个样子。

"眼睛灵通是明，耳朵灵通是聪，鼻子灵通是膻，口舌灵通是甘，内心灵通是智，智慧灵通是德。凡是道就不能堵塞，堵塞就梗阻，梗阻不止就乖戾，乖戾就会产生种种危害。有生命的物类依靠呼吸，如果不畅盛，那不是天的罪过。天生万物都授以孔窍，日夜不停地流通气息，人们却自己堵塞了孔窍。胞胎都有空隙的地方，心灵也有自然活动的地方。住房如果不够宽畅，那么婆媳之间就会争吵；心灵如果没有自然活动的地方，六窍就会互相排斥。森林高山之所以使人心旷神怡，也是因为广阔无比的缘故。

"道德的败坏在于追求名声，名声的败坏在于过分显露自己，计谋产生于急迫，智慧产生于争夺，栅栏的设立出于官司防守的需要，行政事务的成功在于适应民众。春雨及时降下，草木勃然生长，于是人修好了农具除草整地，过半的草木遭受戕害，但不知道其中的原因。安静可以养病，按摩眼眶可以防止衰老，宁静可以平息急躁。虽然如此，这还是劳碌的人所做的事，闲逸的人是不过问的。圣人惊扰天下，神人不去过问；贤人惊扰世间，圣人不去过问；君子惊扰国家，贤人不去过问；小人迎合时宜，君子不去过问。

"演门有个死了双亲的人，因为善于悲哀毁容而被封为官师，他邻里的人却因为效法他悲哀毁容而死了大半。尧要把天下让给许由，许由逃避；汤要让位给务光，务光大怒；纪他听到后，带领众弟子隐于窾水边，诸侯都去慰问他，三年后，申徒狄因此跳河而死。筌是用来捕鱼的，捕到鱼就忘了筌；蹄是用来捕兔的，捕到兔就忘了蹄；言论是用来表达意思的，掌握了意思就忘了言论。我怎么能够遇到忘记言论的人而和他谈论呢！"

寓 言

【原文】

寓言十九[1]，重言十七[2]，卮言日出[3]，和以天倪[4]。

寓言十九，藉外论之[5]，亲父不为其子媒。亲父誉之，不若非其父者也。非吾罪也，人之罪也。与己同则应，不与己同则反。同于己为是之，异于己为非之。

重言十七，所以已言也[6]，是为耆艾[7]。年先矣[8]，而无经纬本末以期年耆者[9]，是非先也。人而无以先人，无人道也。人而无人道，是之谓陈人[10]。

卮言日出，和以天倪，因以曼衍[11]，所以穷年。不言则齐，齐与言不齐，言与齐不齐也，故曰"言无言"。言无言，终身言，未尝言；终身不言，未尝不言。有自也而可[12]，有自也而不可；有自也而然，有自也而不然。恶乎然？然于然；恶乎不然；不然于不然。恶乎可？可于可；恶乎不可？不可于不可。物固有所然，物固有所可。无物不然，无物不可。非卮言日出，和以天倪，孰得其久！万物皆种也[13]，以不同形相禅[14]，始卒若环[15]，莫得其伦[16]，是谓天均[17]。天均者，天倪也。

【注释】

〔1〕寓言：寄托寓言的言论。十九：十分之九。
〔2〕重言：借重先哲时贤的言论。
〔3〕卮（zhī）言：无心之言。日出：时常出现。
〔4〕天倪：自然。
〔5〕藉：通"借"。外：他人。
〔6〕已言：止人争辩之言（王夫之《庄子解》）。已，止。
〔7〕耆艾：长老，对老人的尊称。
〔8〕年先：年长。
〔9〕经纬本末：指真才实学。
〔10〕陈人：陈腐的人。

〔11〕曼衍：游衍自得，发挥。
〔12〕有自也：有所由来。
〔13〕皆种：都是种子，意指都可以生长出新的事物。
〔14〕形：形式，状态。禅：传读，传承。
〔15〕始卒若环：首尾相接像环一样，即事物的变化始终循环。
〔16〕伦：端绪，结果。
〔17〕天均：自然平均。

【译文】

寓言占十分之九，重言占十分之七，无心之言随时出现，合于自然的变化。

寓言所占的十分之九，借助他人之口论说。父亲不为自己的儿子说媒。父亲称赞儿子，不如别人称赞更能令人信服。这不是父亲的过错，而是他人怀疑不信的过错。和自己的看法相同就赞成，和自己的看法不同就反对。和自己看法相同的就肯定，和自己看法不相同的就否定。

重言所占的十分之七，为的是止住别人的争辩之言，因为这是长者的言论。年龄虽长，却不通事理，就不能算是长者。做人而没有过人之处，就是没有为人之道；没有为人之道，就是陈腐的人。

无心之言随时出现，合于自然，随着事物变化而不断引申生发，以终天年。不说话而事理自然是齐同的，齐同的事理与分辨事理的言论是不齐同的，由于分辨之言与齐同的事理是不齐同的，所以说要发表不带主观成分的言论。说些没有分辨的话，虽终身都在论说，却好像未曾论说；终身不言不语，却未尝不在言语。有理由可以认可，有理由也可以不认可；有理由可以说是，有理由也可以说不是。什么叫是？是就是。什么叫不是？不是就是不是。什么叫可以？可以就是可以。什么是不可以？不可统一就是不可以。万物本来就有可以认可的，没有事物不可以称是的，也没有事物不可以认可的。不是无心之言，符合自然的实际什么言论可以传之久远呢！万物都可以生长出新的事物，以不同的形式相继传承，始终循环，找不到头绪，这就叫自然均衡。自然均衡就是自然的分际。

【原文】

庄子谓惠子曰："孔子行年六十而六十化，始时所是，卒而非之，未知今之所谓是之非五十九年非也。"

惠子曰："孔子勤志服知也[1]？"庄子曰："孔子谢之矣[2]，而其未之尝言。孔子云：'夫受才乎大本[3]，复灵以生[4]。鸣而当律[5]，言而当法。利义陈乎前，而好恶是非直服人之口而已矣[6]。使人乃以心服而不敢蘁[7]立，定天下之定。'已乎已乎！吾且不得及彼乎！"

【注释】

〔1〕勤志：努力实现自己的志愿。服知：运用心智。
〔2〕谢：抛弃。
〔3〕大本：自然，天道。
〔4〕复灵：复得天地之灵气。
〔5〕鸣：声音。
〔6〕直：只能，仅仅。
〔7〕鼌（wù）：违逆，不顺从。

【译文】

庄子对惠子说："孔子年岁六十，六十年来在认识上年年都有变化，开始时所认为对的，最终又否定了，很难说现在所认为是对的就不是五十九岁时所认为是错的。"

惠子说："孔子为努力实现自己的志愿而运用心智。"庄子说："孔子已经改变了那种态度，只是未曾说明罢了。孔子说：'人的才质受之于天道，但要复得天地之灵气才有生气。声音合乎韵律，言论合乎法度，将利义摆在前面，好恶是非的说教只能服人之口而已。如果使众人心服而不敢违逆，则可以立刻使天下平定下来。'算了吧，算了吧！我还比不上他呢！"

【原文】

曾子再仕而心再化[1]，曰："吾及亲仕[2]，三釜而心乐[3]；后仕[4]，三千钟而不洎[5]，吾心悲。"

弟子问于仲尼曰："若参者，可谓无所县其罪乎[6]？"

曰："既已县矣，夫无所县者，可以有哀乎？彼视三釜、三千钟[7]，如观雀蚊虻相过乎前也。"

【注释】

〔1〕仕：做官。化：变。
〔2〕及亲：能养父母。
〔3〕釜：古代量器。
〔4〕后：指双亲死后。
〔5〕钟：古代量器。洎（jì）：及。
〔6〕县其罪：为爵禄所系累。
〔7〕彼：指不被爵禄所系累的人。

【译文】

曾子再做官时心境又有变化，他说："我父母在世的时候做官，俸禄只有三釜，而心里很快活；后来做官，俸禄虽达三千钟，但已不能奉养双亲而感到很悲伤。"

弟子问孔子说："像曾参这样，可以说是不受爵禄所系累了吧？"

孔子说："他已经被系累了！要是不受系累，会有悲伤之感吗？那些不受系累的人，视三釜、三千钟如同鸟雀蚊虻在眼前飞过一样而毫不在意。"

【原文】

颜成子游谓东郭子綦曰："自吾闻子之言，一年而野[1]，二年而从[2]，三年而通[3]，四年而物[4]，五年而来[5]，六年而鬼入[6]，七年而天成[7]，八年而不知死、不知生，九年而大妙[8]。生有为，死也。劝公以其[9]，死也有自也；而生阳也[10]，无自也。而果然乎？恶乎其所适？恶乎其所不适？天有历数，地有人据，吾恶乎求之？莫知其所终，若之何其无命也？莫知其所始，若之何其有命也？有以相应也[11]，若之何其无鬼邪？无以相应也，若之何其有鬼邪？"

【注释】

[1] 野：返朴还淳。
[2] 从：舍己顺俗。
[3] 通：人我为一，没有疆域。
[4] 物：块然如物，没有知觉。
[5] 来：大道来集。
[6] 鬼入：鬼神来附。
[7] 天成：合于自然。
[8] 大妙：达到了大道灵妙玄通的境界。
[9] 劝：助。
[10] 生阳：生命力活跃。
[11] 相应：相感应。

【译文】

颜成子游对东郭子綦说："自从我听了你的话，一年而返于质朴，二年而舍己顺俗，三年后就人我为一而没有疆域，四年后就块然如物而没有知觉，五年后就大道来集，六年而鬼神来附，七年而合于自然，八年而不觉死生，九年后就达到大道灵妙玄通的境界。人生而有为，便是走向死亡。企图用他的才智来辅助公正的大道，是其死亡的原因；生命力活跃的人，是不曾用私智来辅助公正的大道。果然能做到这样吗？哪儿是你所要去的地方呢？哪儿是你所不去的地方呢？天有四时变化，地为人所占据，我如何去探求这自然之道呢？不知道它的终结，怎么会有死？不知道它的起始，怎么会有生？若有相互感应的现象，怎么能说没有鬼神？若没有相互感应的现象，怎么能说有鬼神？"

【原文】

众罔两问于景曰[1]："若向也俯而今也仰[2]，向也括撮而今也被发[3]，向也坐而今也起，向也行而今也止，何也？"

景曰："搜搜也[4]，奚稍问也[5]！予有而不知其所以[6]。予，蜩甲也[7]，蛇蜕也[8]，似之而非也。火与日，吾屯也[9]；阴与夜，吾代也。彼，吾所以有待邪？而况乎以无有待者乎！彼来则我与之来，彼往则我与之往，彼强阳则我与之强阳。强阳者，又何以有问乎？"

【注释】

〔1〕罔两：影外的暗影。
〔2〕若：你。向：过去，原来。
〔3〕括撮：束发。
〔4〕搜搜：区区。
〔5〕奚稍问：何足问。
〔6〕所以：原因。
〔7〕蜩甲：蝉壳。
〔8〕蛇蜕：蛇脱下的皮。
〔9〕屯：聚。

【译文】

影外的暗影问影子说："你刚才低着头而现在仰着脸，刚才束发而现在披发，刚才坐着而现在站立，刚才行走而现在停止，这是怎么回事？"

影子说："区区小事，有什么值得好问的！我自己也不知道为什么会这样。我，像蝉壳，像蛇蜕，好像是却又不是。在火和阳光下，我就显现了；阴暗或者夜晚，我就消失了。形是我所依赖的吗？何况那没有任何可依赖的事物呢！形来则我随之来，形往则我随之往，形运动则我随之运动。我不过是个活动的影子，有什么好问的！"

【原文】

阳子居南之沛[1]，老聃西游于秦，邀于郊[2]，至于梁而遇老子[3]。老子中道仰天而叹曰[4]："始以汝为可教，今不可也。"

阳子居不答。至舍[5]，进盥漱巾栉[6]，脱屦户外，膝行而前曰："向者弟子欲请夫子，夫子行不闲，是以不敢。今闲矣，请问其过。"老子曰："而睢睢盱盱[7]，而谁与居？大白若辱[8]，盛德若不足。"阳子居蹴然变容曰："敬闻命矣！"

其往也，舍者迎将[9]，其家公执席[10]，妻执巾栉，舍者避席，炀者避灶[11]。其反也，舍者与之争席矣。

【注释】

[1]阳子居：即杨朱，字子居。沛：地名，今江苏沛县一带。
[2]邀：相约。
[3]梁：地名，今河南开封。
[4]中道：途中。
[5]舍：旅舍。
[6]盥（guàn）漱：洗手漱口。巾栉：洗脸梳头。
[7]睢睢（suī）：仰视的样子。盱盱（xū）：张大眼睛的样子。
[8]大白：非常洁白。
[9]舍者：指旅舍中的所有人，包括主人和客人等。
[10]家公：旅舍的男主人。
[11]炀：做饭。

【译文】

阳子居南往沛地，老子西游于秦，阳子居在沛郊迎候老子，走到梁地方遇到了老子。老子在途中仰头向天长叹说："开始我还以为你可以教诲，现在看来却并非如此。"

阳子居不吭声。到了旅舍，侍奉老子梳洗，将鞋脱在门外，跪行向前说："刚才弟子想请教先生，先生忙着走路，所以不敢开口。现在歇息有空，请先生指出我的过错。"老子说："你神态傲慢，谁愿意和你相处？一生清白的人应该觉得仍有污点，道德高尚的人应该仍以谦恭卑下自居。"阳子居愧然变色说：

"恭听先生的教诲了！"

阳子居刚来沛地的时候，旅舍中所有的人恭敬相迎，店主亲自替他安排坐席，女主人侍奉他梳洗，先到的客人避开坐席，做饭的人都不敢当灶。当他返回时，旅舍的人不再敬畏他，和他争抢席位。

让 王

【原文】

尧以天下让许由，许由不受。又让于子州支父[1]，子州支父曰："以我为天子，犹之可也。虽然，我适有幽忧之病[2]，方且治之，未暇治天下也。"夫天下至重也，而不以害其生，又况他物乎！唯无以天下为者，可以托天下也。

舜让天下于子州支伯[3]，子州支伯曰："予适有幽忧之病，方且治之，未暇治天下也。"故天下大器也，而不以易生[4]，此有道者之所以异乎俗者也。

舜以天下让善卷[5]，善卷曰："余立于宇宙之中，冬日衣皮毛，夏日衣葛絺[6]；春耕种，形足以劳动；秋收敛，身足以休食；日出而作，日入而息，逍遥于天地之间而心意自得。吾何以天下为哉！悲夫，子之不知余也。"遂不受。于是去而入深山，莫知其处。

舜以天下让其友石户之农[7]，石户之农曰："卷卷乎后之为人[8]，葆力之士也[9]。"以舜之德为未至也，于是夫负妻戴，携子以入于海，终身不反也。

【注释】

[1] 子州支父：怀道之人，隐士。

[2] 幽忧：藏于心中的隐忧。

[3] 子州支伯：子州支父。

[4] 易：交换。

〔5〕善卷：怀道之人，隐士。
〔6〕葛絺：粗布。
〔7〕石户：地名。
〔8〕卷卷（quán）：用力的样子。
〔9〕葆力：勤劳用力，不知养德。

【译文】

尧将天下让给许由，许由不接受。又让给子州支父，子州支父说："让我当天子，也可以。但是，我刚刚患上深忧之病，正在治疗，没有工夫去治理天下。"天下是最贵重的，而他不因此妨害自己的性命，何况其他事情呢！只有对天下不在意的人，才可以把天下托付给他。

舜让天下给子州支伯，子州支伯说："我刚刚患深忧之病，正在治疗，没有工夫去治理天下。"天下是重大的名器，而不以此来交换性命，这就是有道之人与凡夫俗子的不同之处。

舜将天下让给善卷，善卷说："我站在宇宙之中，冬天穿皮毛，夏天穿粗布；春天耕种，形体足以胜任这种劳动；秋季收获，放松身心休养；日出而作，日入而息，逍遥于天地之间而心情舒畅。我为什么要去治理天下呢！可悲啊，你不了解我！"没有接受天下。于是远离尘世而潜入深山，不知隐于何处。

舜将天下让给他的朋友石户的农夫，石户的农夫说："勤苦啊，君王的为人，你是勤苦用力而不知养德的人。"认为舜的德行还没有达到境界，于是丈夫背负行装，妻子头顶器具，带着子女隐居于海岛，终身没有回来。

【原文】

大王亶父居邠[1]，狄人攻之[2]。事之以皮帛而不受[3]，事之以犬马而不受，事之以珠玉而不受，狄人之所求者土地也。大王亶父曰："与人之兄居而杀其弟，与人之父居而杀其子，吾不忍也。子皆勉居矣！为吾臣与为狄人臣奚以异！且吾闻之，不以所用养害所养[4]。"因杖策而去之[5]。民相连而从之，遂成国于岐山之下[6]。夫大王亶父，可谓能尊生矣[7]。能尊生者，虽贵富不以养伤身，虽贫贱不以利累形。今世之人居高官尊爵者，皆重失之，见利轻亡其身，岂不惑哉！

【注释】

〔1〕大王亶父：又称古公亶父，周文王的祖父。邠（bīn）：地名，在今陕西彬县、旬邑一带。

〔2〕狄人：当时与周族为邻的一个部族。

〔3〕事：奉送。

〔4〕所用养：指土地。所养：指百姓。

〔5〕杖策：拄杖。

〔6〕岐山：山名，在今陕西岐山县东北。

〔7〕尊生：珍重性命。

【译文】

大王亶父率族众居住在邠地，屡遭狄人的攻击。周人相继拿出皮帛、犬马、珠玉奉送给狄人以求和，但狄人都拒不接受，他们所要的是周人居住的土地。大王亶父说："如果强行与狄人抗争，周人的子弟势必有遭到残杀的，我实在不忍心。你们好好地居住下去！做我的臣民与做狄人的臣民有什么不同！而且我听说，不要因为占据土地而使土地上的人民受害。"于是放弃了这块土地而另图居地。民众成群结队地追随他，在岐山之下建立了国家。大王亶父可以说是能珍重性命。能珍重性命的，虽然富贵也不会因养尊处优而伤害身心，虽然贫贱也不会因追求利禄而累伤形体。现时身居高官尊爵的人，都把失掉既得利益看得非常重要，见利就不顾性命地去舍身追求，岂不是糊涂虫吗！

【原文】

越人三世弑其君，王子搜患之[1]，逃乎丹穴[2]。而越国无君，求王子搜不得，从之丹穴。王子搜不肯出，越人薰之以艾。乘以王舆。王子搜援绥登车[3]，仰天而呼曰："君乎，君乎！独不可以舍我乎！"王子搜非恶为君也，恶为君之患也。若王子搜者，可谓不以国伤生矣，此固越人之所欲得为君也。

【注释】

〔1〕王子搜：名叫搜的王子。

〔2〕丹穴：洞穴名。

〔3〕援绥：拉着绳子。

【译文】

越国人有三代杀掉了自己的国君，王子搜对此很忧惧，逃到丹穴藏身躲祸。越国没有国君，找不到王子搜，就追寻到丹穴。王子搜不肯出穴，越国人就用烧艾烟熏丹穴的方式迫使他出来，并用国君的车子来接他。王子搜拉着绳子登上车，仰天呼号说："王位啊，王位！为什么唯独不肯放过我呢！"王子搜并不是厌恶当国君，而是厌恶当国君的祸患。像王子搜这样的人，可以说是不愿因君位而伤害性命，这也正是越国人要他当国君的原因所在。

【原文】

韩、魏相与争侵地。子华子见昭僖侯[1]，昭僖侯有忧色。子华子曰："今使天下书铭于君之前[2]，书之言曰：'左手攫之则右手废[3]，右手攫之则左手废，然而攫之者必有天下。'君能攫之乎？"昭僖侯曰："寡人不攫也。"

子华子曰："甚善！自是观之，两臂重于天下也，身亦重于两臂。韩之轻于天下亦远矣，今之所争者，其轻于韩又远。君固愁身伤生以忧戚不得也！"

僖侯曰："善哉！教寡人者众矣，未尝得闻此言也。"子华子可谓知轻重矣。

【注释】

〔1〕子华子：魏国贤士，怀道之人。昭僖侯：韩国国君。
〔2〕铭：誓约。
〔3〕废：砍掉。

【译文】

韩魏两国互相争夺土地。子华子见到昭僖侯，昭僖侯面有忧色。子华子说："现在让天下人在您面前写下誓约，誓约上写着：'左手取它就要砍掉右手，右手取它就要砍掉左手，但是取到契约的人就必得天下。'您愿意取它吗？"昭僖侯说："我不去取。"

子华子说："很好！由此看来，两只手臂比天下重要，身体又比两只手臂重要。韩国远比天下为轻，现在所争夺的，又远比韩国为轻。您何必愁身伤生地去忧虑得不到的东西呢！"

昭僖侯说："好啊！劝说我的人很多，但我还未曾听到这样的妙语。"子华子可以说是知道轻重。

【原文】

鲁君闻颜阖得道之人也[1]，使人以币先焉[2]。颜阖守陋闾[3]，苴布之衣，而自饭牛[4]。鲁君之使者至，颜阖自对之[5]。使者曰："此颜阖之家与？"颜阖对曰："此阖之家也。"使者致币，颜阖对曰："恐听谬而遗使者罪[6]，不若审之。"使者还，反审之，复来求之，则不得已！故若颜阖者，真恶富贵也。

【注释】

〔1〕颜阖：鲁国隐士。
〔2〕以币先：送去礼品以表达心意。
〔3〕陋闾：简陋的穷巷。
〔4〕苴（jū）布：麻布。饭牛：喂牛。
〔5〕自对之：亲自接待。
〔6〕遗：致，给。

【译文】

鲁国国君听说颜阖是得道之人，就派人带礼品前去致意。颜阖住在简陋的穷巷，穿着麻布衣服，正在亲自喂牛。鲁君的使者来了，颜阖上前接待。使者说："这里是颜阖的家吗？"颜阖回答说："这正是我的家。"使者送上礼物，颜阖说："恐怕听错了而连累使者受罪，不如核实一下。"使者回去，核实无误，又来找颜阖，这时却找不到他了。像颜阖这样的人，是真正厌恶富贵的人。

【原文】

故曰：道之真以治身[1]，其绪馀以为国家[2]，其土苴以治天下[3]。由此观之，帝王之功，圣人之馀事也，非所以完身养生也。今世俗之君子，多危身弃生以殉物[4]，岂不悲哉！凡圣人之动作也，必察其所以之与其所以为[5]。今且有人于此，以随侯之珠弹千仞之雀[6]，世必笑之。是何也？则其所用者重而所要者轻也[7]。夫生者，岂特随侯之重哉[8]！

【注释】

〔1〕真：精华。
〔2〕绪余：残余。
〔3〕土苴：糟粕。
〔4〕殉物：追逐名利。
〔5〕所以为：所以这样做。
〔6〕随侯之珠：随国国君的宝珠。
〔7〕要：求取。
〔8〕岂特：岂止。

【译文】

所以说，道的精华用来修身，它的残余用来治国，糟粕用来治理天下。由此看来，帝王的功业，只是圣人的余事，而不是用来保身养性的。现在世俗的君子，多危身弃性去追逐名利，岂不可悲！大凡圣人的行动，必定明察其所以往和所以为的意义。假如现在有这样一个人，他用随侯之珠当作子弹去射高空的飞鸟，世人肯定会嘲笑他。为什么呢？因为他用贵重的东西去求取轻贱之物。就性命而论，它比随侯之珠还要贵重！

【原文】

子列子穷，容貌有饥色。客有言之于郑子阳者曰[1]："列御寇，盖有道之士也，居君之国而穷，君无乃为不好士乎[2]？"郑子阳即令官遗之粟。子列子见使者，再拜而辞。

使者去，子列子入，其妻望之而拊心曰[3]："妾闻为有道者之妻子，皆得佚乐。今有饥色，君过而遗先生食，先生不受，岂不命邪！"子列子笑谓之曰："君非自知我也，以人之言而遗我粟，至其罪我也，又且以人之言，此吾所以不受也。"其卒，民果作难而杀子阳。

【注释】

[1] 子阳：郑国执政卿，相国。
[2] 好士：重视士人。
[3] 拊心：表示痛心的样子。

【译文】

列子生活穷困，面容有饥色。有人对郑子阳说："列御寇是有道之士，住在您的国内而穷困，您难道不重视士人吗？"郑子阳即派官吏送去粮食。列子见到派来的使者，再三辞谢而不接受。

使者走后，列子走进屋里，妻子看着他伤心地说："我听说做有道之人的妻子，都能悠闲快乐。现在饥寒交迫，相国关心你而派人送来粮食，而你却不接受，岂不是命中注定该受穷吗？"列子笑着对妻子说："相国并不是自己了解我。他是听了别人的话而送给我粮食，那他将来也会听别人的话而怪罪我，这就是我不接受的原因。"后来，人民果然造反而杀了子阳。

老子·庄子

【原文】

楚昭王失国[1]，屠羊说走而从于昭王[2]。昭王反国，将赏从者，及屠羊说。屠羊说曰："大王失国，说失屠羊[3]。大王反国，说亦反屠羊。臣之爵禄已复矣，又何赏之有？"

王曰："强之[4]！"

屠羊说曰："大王失国，非臣之罪，故不敢伏其诛；大王反国，非臣之功，故不敢当其赏。"

王曰："见之！"

屠羊说曰："楚国之法，必有重赏大功而后得见。今臣之知不足以存国，而勇不足以死寇[5]。吴军入郢，说畏难而避寇，非故随大王也[6]。今大王欲废法毁约而见说，此非臣之所以闻于天下也。"

王谓司马子綦曰："屠羊说居处卑贱而陈义甚高[7]，子其为我延之以三旌之位[8]。"

屠羊说曰："夫三旌之位，吾知其贵于屠羊之肆也[9]；万钟之禄，吾知其富于屠羊之利也。然岂可以贪爵禄而使吾君有妄施之名乎[10]？说不敢当，愿复反吾屠羊之肆。"遂不受也。

【注释】

[1] 失国：指楚昭王因吴军攻占国都而逃亡在外。
[2] 屠羊说：名叫说的屠羊者。
[3] 失屠羊：因亡国而失去了屠羊的职业。
[4] 强之：强令受赏。
[5] 死寇：杀敌。
[6] 故：故意，有心。
[7] 陈义：陈说理义。
[8] 三旌之位：卿位。
[9] 肆：店铺。引申为屠羊之业。
[10] 妄施：不按制度规定地滥施行赏。

【译文】

楚昭王丧失国土。屠羊说跟随楚昭王逃亡。楚昭王返国后，要奖赏随从者。赏到屠羊说时，屠羊说说："大王失去国土，我也失去了屠羊的职业。大王返国，我又重操旧业。我的爵禄已经恢复了，又有什么好奖赏的呢？"

楚昭王说："强令他受赏！"

屠羊说说："大王失去国土不是我的罪过，所以我不该受罚；大王返国，也不是我的功劳，所以我不应领赏。"

楚昭王说:"召见他!"

屠羊说说:"根据楚国的法令,必须是有大功而受重赏的人才能晋见。现在我的才智不足以保国,勇力不足以杀敌。吴军攻占国都,我畏惧危难而逃避敌寇,并不是诚心追随大王。现在大王要违反常规而接见我,这不是我希望让天下传闻的事。"

楚昭王对司马子綦说:"屠羊说地位卑贱而道义很高,你替我延请他出任卿职。"

屠羊说说:"卿的职位,我知道比屠羊的职业尊贵;万钟的俸禄,我知道比屠羊的收入丰厚。然而我怎么可以贪图爵禄而使大王蒙受滥施恩惠的名声呢?我不敢接受,希望重新操起我屠羊的旧业。"终于没有接受爵禄。

【原文】

原宪居鲁[1],环堵之室[2],茨以生草[3];蓬户不完,桑以为枢[4];而瓮牖二室[5],褐以为塞[6];上漏下湿,匡坐而弦[7]。

子贡乘大马[8],中绀而表素[9],轩车不容巷[10],往见原宪。原宪华冠縰履[11],杖藜而应门[12]。子贡曰:"嘻!先生何病?"原宪应之曰:"宪闻之,无财谓之贫,学而不能行谓之病。今宪,贫也,非病也。"子贡逡巡而有愧色[13]。

原宪笑曰:"夫希世而行,比周而友[14],学以为人,教以为己,仁义之慝[15],舆马之饰,宪不忍为也。"

【注释】

〔1〕原宪:孔子弟子。

〔2〕环堵之室:极言居室矮小。

〔3〕茨以生草:用草盖房。

〔4〕桑以为枢:用树条做门枢。

〔5〕瓮牖:用破瓮做窗户。

〔6〕褐：粗布衣。

〔7〕匡坐：端坐，正坐。

〔8〕子贡：孔子弟子。

〔9〕绀（gàn）：红青色。

〔10〕不容巷：街巷容纳不了。

〔11〕华冠：用华树皮做的帽子。縰（xǐ）履：没有后跟的鞋，形似拖鞋。

〔12〕应门：应声开门。

〔13〕逡巡：进退的样子。

〔14〕比周：周旋亲比。

〔15〕慝（tè）：奸恶。

【译文】

原宪住在鲁国，房屋矮小，茅草盖顶，蓬草编成的门户残缺不全，用桑树条做门枢，破瓮做窗户，居室一分为二，用粗布烂衣堵塞漏洞，屋顶漏地面潮湿，他却端坐在屋里弹弦唱歌。

子贡乘着大马，内衣红青而外衣素白，大马高车堵塞街巷，前去探望原宪。原宪破帽烂鞋，拄着黎杖应声开门。子贡说："咦！先生为什么这样困顿呢？"原宪回答说："我听说，没有钱财称为贫，学了道而不能实行叫作困顿。我是贫，不是困顿。"子贡进退两难面有愧色。

原宪笑着说："希望得到世誉而行事。周旋亲比来结交朋友，为了炫耀于人而求学，为了一己之利而教，依托仁义去做奸恶之事，以车马的华饰炫耀自己，这是我所不屑于为之的。"

【原文】

曾子居卫，缊袍无表[1]，颜色肿哙[2]，手足胼胝[3]。三日不举火[4]，十年不制衣，正冠而缨绝[5]，捉衿而肘见[6]，纳屦而踵决[7]。曳縰而歌《商颂》，声满天地，若出金石。天子不得臣，诸侯不得友。故养志者忘形，养形者忘利，致道者忘心矣。

【注释】

〔1〕缊（yùn）袍：用乱麻做絮的袍子。

〔2〕肿哙（kuài）：浮肿。

〔3〕胼胝（pián zhī）：生茧。

〔4〕不举火：不升火煮饭。

〔5〕正：整。缨：帽子上的带子。绝：断。

〔6〕见：通"现"，露出。

〔7〕踵决：鞋跟破裂。

【译文】

曾子住在卫国,穿着乱麻絮做的衣服,脸色浮肿,手足生茧。三天不生火煮饭,十年不添置衣服,一整帽子就断了带子,一拉衣襟就露出了胳膊肘,一穿鞋后跟就破裂。他拖拉着烂鞋唱《商颂》,声音充满天地,就像敲击金石乐器发出来的一样。天子不能使他做臣僚,诸侯无法和他交朋友。所以养志的人忘却形体,养形的人忘却利禄,求道的人忘却心机。

【原文】

孔子谓颜回曰:"回,来!家贫居卑,胡不仕乎?"颜回对曰:"不愿仕。回有郭外之田五十亩[1],足以给饘粥[2];郭内之田十亩,足以为丝麻;鼓琴足以自娱,所学夫子之道者足以自乐也。回不愿仕。"

孔子愀然变容曰[3]:"善哉,回之意!丘闻之:'知足者不以利自累也;审自得者[4]失之而不惧;行修于内者[5]无位而不怍[6]。'丘诵之久矣,今于回而后见之,是丘之得也。"

【注释】

[1] 郭:外城。
[2] 饘(zhān):稠粥。
[3] 愀(qiǎo)然:表情改变的样子。
[4] 审:明察。
[5] 行修于内:进行内心的精神修养。
[6] 怍:惭愧。

【译文】

孔子对颜回说:"颜回,来!你家境贫穷,地位卑微,为什么不做官呢?"颜回说:"不愿意做官。我在郊外有田五十亩,足够供给吃饭;郊内有田十亩,足够供给穿衣;弹琴足以自娱,所学先生之道足以自乐。我不愿意做官。"

孔子变容改色说:"你的心意好极了!我听说:'知足的人,不因利禄而拖累自己;明辨分内与分外界限的人,对于所失而不忧惧;修养内心的人,没有官爵而不惭愧。'我常常诵读这些话,现在在你身上得到了体现,这是我的收获。"

【原文】

中山公子牟谓瞻子曰[1]:"身在江海之上,心居乎魏阙之下[2],奈何?"瞻子曰:"重生。重生则利轻。"

中山公子牟曰："虽知之，未能自胜也[3]。"瞻子曰："不能自胜则从[4]，神无恶乎？不能自胜而强不从者，此之谓重伤。重伤之人，无寿类矣。"

魏牟，万乘之公子也，其隐岩穴也，难为于布衣之士；虽未至乎道，可谓有其意矣！

【注释】

〔1〕中山公子牟：魏国公子，名牟，封于中山，又称魏牟。瞻子：魏国贤人。

〔2〕魏阙：巍然高大的宫门，代指朝廷。

〔3〕自胜：自我控制。

〔4〕从：放任。

【译文】

中山公子牟对瞻子说："虽身居江湖，心里却想着朝廷里的荣华富贵，怎么办呢？"瞻子说："应当重视存生之道。一旦重视存生之道，就会把荣利看得很轻。"

中山公子牟说："我虽然知道，但不能自我控制。"瞻子说："不能自我控制就放任，心神还能产生嫌恶吗？不能自我控制而又硬要那样去做，这就是双重的损伤。双重损伤的人，就不能长寿了。"

魏牟，是万乘之国的公子，他隐居山间，要比平民困难得多，虽然还没有达到道的境界，但可以说有这种意念了。

【原文】

孔子穷于陈蔡之间，七日不火食，藜羹不糁[1]，颜色甚惫，而弦歌于室。颜回择菜，子路、子贡相与言曰："夫子再逐于鲁，削迹于卫，伐树于宋，穷于商周，围于陈蔡，杀夫子者无罪，藉夫子者无禁[2]。弦歌鼓琴，未尝绝音，君子之无耻也若此乎？"

颜回无以应，入告孔子。孔子推琴喟然而叹曰："由与赐[3]，细人也[4]。召而来，吾语之。"

子路、子贡入。子路曰："如此者可谓穷矣！"孔子曰："是何言也！君子通于道之谓通，穷于道之谓穷。今丘抱仁义之道以遭乱世之患，其何穷之为！故内省而不穷于道，临难而不失其德，天寒既至，霜雪既降，吾是以知松柏之茂也。陈蔡之隘[5]，于丘其幸乎！"

孔子削然反琴而弦歌[6]，子路扢然执干而舞[7]。子贡曰："吾不知天之高也，地之下也。"

古之得道者，穷亦乐，通亦乐，所乐非穷通也。道德于此[8]，则穷通为寒暑风雨之序矣。故许由娱于颍阳[9]，而共伯得乎丘首[10]。

庄子

【注释】

〔1〕糁（sǎn）：米粒。

〔2〕藉：凌辱，欺负。

〔3〕由：子路名。赐：子贡名。

〔4〕细人：见识浅的人，小人。

〔5〕隘：困厄。

〔6〕削然：取琴的动作声。反琴：再取琴而弹。

〔7〕扢（xì）然：威武的样子。

〔8〕德：通"得"。

〔9〕许由娱于颍阳：相传许由不接受尧的禅让，隐居于颍水之阳，自得其乐。

〔10〕共伯得乎丘首：共伯名和，食封于共，贤而有才。周厉王出逃后，诸侯拥立共伯为君，执政14年，史称"共和行政"。后周宣王即位，共伯隐退于丘首山，逍遥自得。

【译文】

孔子被围困在陈蔡两国之间，七天吃不上熟食，野菜汤里没有一粒米，脸色疲惫不堪，但仍在室内弹琴唱歌。颜回采摘野菜，子路和子贡相互议论说："先生两次被鲁国驱逐，卫国不让居留，在宋国蒙受伐树之辱，在商周陷入困境，又在陈蔡被围困，杀了先生也不犯法，凌辱先生也无人禁止。而先生却弹琴唱歌，从不间断，君子也像这样不以困厄为羞耻吗？"

颜回没有和他们说话，进屋告诉了孔子。孔子推开琴叹气说："子路和子贡，是见识短浅的小人。叫他们进来，我对他们说。"

子路和子贡走进来。子路说："落到这般地步，可以说是穷困了吧！"孔子说："这是什么话！君子通于道称为通，穷于道称为穷。现在我心怀仁义之道而遭乱世之患，怎么能叫穷！所以内心反省而不穷于道，临难而不丧失德，经过风雪严寒，我才知道松柏的茂盛。陈蔡的困厄而显出我的德行，对我来说真是幸事啊！"

孔子取过琴来重新弹唱，子路威武地执干起舞，子贡说："我不知道天有多高，地有多深。"

古时候得道的人，穷困也快乐，通达也快乐，所乐的不是穷困和通达。在这里获得了道，穷困和通达就像寒暑风雪的循序变化一样平常。所以许由自娱于颍水之阳，共伯逍遥于丘首之山。

【原文】

舜以天下让其友北人无择[1]，北人无择曰："异哉后之为人也，居于畎亩之中而游尧之门[2]！不若是而已[3]，又欲以其辱行漫我[4]。吾羞见之。"因自投清泠之渊[5]。

【注释】

[1]北人无择：北方人，名无择。
[2]畎（quǎn）亩：田间。
[3]若：但。
[4]辱行：耻辱的行为。
[5]清泠：深渊名。

【译文】

舜将天下让给他的朋友北人无择，北人无择说："舜的为人真奇怪，身居田间却投靠在尧的门下！不但如此，还想用他这种耻辱的行为来玷污我。我羞于见他。"于是自投于清泠之渊。

【原文】

汤将伐桀，因卞随而谋[1]，卞随曰："非吾事也。"汤曰："孰可？"曰："吾不知也。"汤又因瞀光而谋[2]，瞀光曰："非吾事也。"汤曰："孰可？"曰："吾不知也。"汤曰："伊尹何如[3]？"曰："强力忍垢[4]，吾不知其他也。"

汤遂与伊尹谋伐桀，剋之[5]，以让卞随。卞随辞曰："后之伐桀也谋乎我，必以我为贼也[6]；胜桀而让我，必以我为贪也。吾生乎乱世，而无道之人再来漫我以其辱事，吾不忍数闻也[7]。"乃自投稠水而死[8]。

汤又让瞀光，曰："知者谋之，武者遂之[9]，仁者居之[10]，古之道也，吾子胡不立乎？"

瞀光辞曰："废上，非义也；杀民，非仁也；人犯其难，我享其利，非廉也。吾闻之曰：'非其义者，不受其禄；无道之世，不践其土。'况尊我乎！吾不忍久见也。"乃负石自沉于庐水。

【注释】

〔1〕卞随：怀道之人。
〔2〕瞀光：怀道之人。
〔3〕伊尹：商汤的辅臣。
〔4〕强力：顽强。忍垢：忍辱。
〔5〕剋：通"克"，战胜。
〔6〕贼：残忍。
〔7〕数：屡次。
〔8〕稠水：水名。
〔9〕遂：完成，成功。
〔10〕居之：指居天子位。

【译文】

汤准备伐桀，找卞随谋划，卞随说："这不是我的事。"汤说："谁可以？"卞随说："我不知道。"汤又找瞀光谋划，瞀光说："这不是我的事。"汤说："谁可以？"瞀光说："我不知道。"汤说："伊尹怎么样？"瞀光说："顽强而能忍辱，别的我不知道。"

汤于是与伊尹谋划伐桀，推翻了夏朝，要让位给卞随。卞随说："君伐桀时找我谋划，一定以为我残忍；战胜桀后而让位于我，一定以为我贪权。我生在乱世，而无道的人又用耻辱的行为再来玷污我，我忍受不了屡屡闻见这些事。"于是自投稠水而死。

汤又让位于瞀光，说："有智慧的人出谋划策，勇武的人打天下，仁义之人居天子位，这是自古以来的道理。你为什么不即位？"

瞀光推辞说："废除君上，不义；杀戮人民，不仁；别人赴汤蹈火，我坐享其利，这是不廉。我听说：'不合于义的，不受其禄；在无道的社会，不驻足在他的领土上。'何况要尊我为天子！我忍受不了长期看着这样的社会。"于是

庄子

背负石头自沉于庐水。

【原文】

昔周之兴,有士二人处于孤竹[1],曰伯夷、叔齐。二人相谓曰:"吾闻西方有人,似有道者,试往观焉。"至于岐阳[2],武王闻之,使叔旦往见之[3],与盟曰[4]:"加富二等[5],就官一列[6]。"血牲而埋之[7]。

二人相视而笑曰:"嘻,异哉!此非吾所谓道也。昔者神农之有天下也,时祀尽敬而不祈喜[8];其于人也,忠信尽治而无求焉。乐与政为政,乐与治为治,不以人之坏自成也[9],不以人之卑自高也,不以遭时自利也[10]。今周见殷之乱而遽为政[11],上谋而下行货[12],阻兵而保威[13],割牲而盟以为信,扬行以说众[14],杀伐以要利,是推乱以易暴也[15]。吾闻古之士,遭治世不避其任,遇乱世不为苟存。今天下暗[16],周德衰,其并乎周以涂吾身也,不如避之以絜吾行[17]。"二子北至于首阳之山,遂饿而死焉。若伯夷、叔齐者,其于富贵也,苟可得已,则必不赖[18]。高节戾行[19],独乐其志,不事于世,此二士之节也。

【注释】

[1] 孤竹:商代国名,在今辽宁、河北相邻一带境内。

[2] 岐阳:岐山之阳。

[3] 叔旦:周武王之弟周公旦。

[4] 盟:盟誓。

[5] 富:禄。

[6] 就官:任官。

[7] 血牲而埋之:古代举行盟誓仪式,杀牲取血涂于盟书上,然后埋入地下。

[8] 喜:福。

[9] 不以人之坏自成:不以别人的失败作为自己成功的条件。

[10] 遭时:遇到好时机。

[11] 遽(jù):急。

[12] 行货:用利禄收买人。

[13] 阻:恃,依仗。

[14] 扬行:宣扬自己的行为。说:通"悦"。

[15] 推乱:行乱,制造祸乱。

[16] 暗:政治黑暗。

[17] 絜:通"洁"。

[18] 赖:取。

[19] 戾行:与众不同的行为。

【译文】

　　从前周朝兴起的时候，有两位贤士住在孤竹国，名叫伯夷、叔齐。二人商量说："听说西方有个人，好像是有道者，我们去看看。"到了岐阳，周武王听说了，就派叔旦去见他们，立下盟约说："加禄二级，授官一等。"然后将盟书涂上牲血埋入地下。

　　伯夷和叔齐相视而笑说："嘻，真奇怪！这不是我们所说的道。过去神农氏拥有天下，按时祭祀竭尽虔诚而不求福；对待人民，忠信尽力而无所求。人乐于政就为政，人乐于治就为治，不以别人的失败作为自己成功的条件，不以别人的卑微而显示自己的高贵，不因遇到机会就自谋私利。现在周人看到殷朝混乱便急忙取而代之，对上崇尚谋略，对下以利禄收买人心，依仗武力而保持威势，杀牲盟誓作为信用，宣扬自己的行为以取悦于众，通过杀伐以谋取利益，这是制造祸乱以代替暴虐。我听说古时候的贤士，逢治世不逃避责任，遇乱世不苟且偷生，现在天下黑暗，周德衰败，与其同周人合作来玷污我们，不如避开以保持我们行为的高洁。"二人向北逃到首阳之山，终于饿死在那里。像伯夷、叔齐这样的人，对于富贵，即使唾手可得，却也不获取。节操高尚，行为与众不同。独乐其志，不迎合世俗，这就是两位贤士的气节。

盗跖

【原文】

　　孔子与柳下季为友[1]，柳下季之弟名曰盗跖[2]。盗跖从卒九千人，横行天下，侵暴诸侯。穴室枢户[3]，驱人牛马，取人妇女。贪得忘亲，不顾父母兄弟，不祭先祖。所过之邑，大国守城，小国入保[4]，万民苦之。

　　孔子谓柳下季曰："夫为人父者，必能诏其子[5]；为人兄者，必能教其弟。若父不能诏其子，兄不能教其弟，则无贵父子兄弟之亲矣。今先生，世之才士也，弟为盗跖，为天下害，而弗能教也，丘窃为先生羞之。丘请为先生往说之。"

柳下季曰："先生言为人父者必能诏其子，为人兄者必能教其弟，若子不听父之诏，弟不受兄之教，虽今先生之辩，将奈之何哉？且跖之为人也，心如涌泉，意如飘风，强足以距敌，辩足以饰非。顺其心则喜，逆其心则怒，易辱人以言。先生必无往。"

孔子不听，颜回为驭，子贡为右，往见盗跖。

盗跖乃方休卒徒于大山之阳[6]，脍人肝而铺之[7]。孔子下车而前，见谒者曰[8]："鲁人孔丘，闻将军高义，敬再拜谒者。"

谒者入通[9]。盗跖闻之大怒，目如明星，发上指冠，曰："此夫鲁国之巧伪人孔丘非邪？为我告之：'尔作言造语，妄称文、武，冠枝木之冠[10]，带死牛之胁[11]，多辞缪说，不耕而食，不织而衣，摇唇鼓舌，擅生是非，以迷天下之主，使天下学士不反其本[12]，妄作孝弟，而侥幸于封侯富贵者也。子之罪大极重，疾走归！不然，我将以子肝益昼铺之膳！'"

孔子复通曰："丘得幸于季，愿望履幕下[13]。"

谒者复通。盗跖曰："使来前！"

孔子趋而进，避席反走[14]，再拜盗跖。盗跖大怒，两展其足[15]，案剑瞋目，声如乳虎，曰："丘来前！若所言顺吾意则生，逆吾心则死！"

孔子曰："丘闻之，凡天下有三德：生而长大，美好无双，少长贵贱见而皆说之[16]，此上德也；知维天地[17]，能辩诸物，此中德也；勇悍果敢，聚众率兵，此下德也。凡人有此一德者，足以南面称孤矣[18]。今将军兼此三者，身长八尺二寸，面目有光，唇如激丹[19]，齿如齐贝，音中黄钟，而名曰盗跖，丘窃为将军耻不取焉。将军有意听臣，臣请南使吴越，北使齐鲁，东使宋卫，西使晋楚，使为将军造大城数百里，立数十万户之邑，尊将军为诸侯，与天下更始[20]，罢兵休卒，收养昆弟，共祭先祖。此圣人才士之行，而天下之愿也。"

盗跖大怒曰："丘来前！夫可规以利而可谏以言者，皆愚陋恒民之谓耳[21]。今长大美好，人见而悦之者，此吾父母之遗德也。丘虽不吾誉，吾独不自知邪？且吾闻之，好面誉人者，亦好背而毁之。今丘告我以大城众民，是欲规我以利而恒民畜我也[22]，安可久长也！城之大者，莫大乎天下矣。尧舜有天下，子孙无置锥之地；汤武立为天下，而后世绝灭。非以其利大故邪？且吾闻之，古者禽兽多而人少，于是民皆巢居以避之，昼拾橡栗，暮栖木上，故命之曰有巢氏之民。古者民不知衣服，夏多积薪，冬则炀之[23]，故命之曰知生之民。神农之世，卧则居居[24]，起则于于[25]，民知其母，不知其父，与麋鹿共处，耕而食，织而衣，无有相害之心，此至德之隆也。然而黄帝不能致德，与蚩尤战于涿鹿之野[26]，流血百里。尧舜作，立群臣，汤放其主，武王杀纣。自是之后，以强陵弱，以众暴寡。汤武以来，皆乱人之徒也。今子修文武之道，掌天下之辩，以教后世，缝衣浅带[27]，矫言伪行，以迷惑天下之主，而欲求富贵焉。盗莫大于子，天下何故不谓子为盗丘，而乃谓我为盗跖？子以甘辞说子路而使从之[28]，使子路去其危冠[29]，解其长剑，而受教于子，天下皆曰孔丘能止暴禁非。其卒之也[30]，子路欲杀卫君而事不成，身菹于卫东门之上[31]，是子教之不至也[32]。子自谓才士圣人邪？则再逐于鲁，削迹于卫，穷于齐，围于陈蔡，不容身于天下。子教子路菹此患，上无以为身，下无以为人，子之道岂足贵邪？世之所高[33]，莫若黄帝。黄帝尚不能全德，而战涿鹿之野，流血百里。尧不慈，舜不孝，禹偏枯[34]，汤放其主，武王伐纣，文王拘羑里[35]。此六子者，世之所高也，孰论之[36]，皆以利惑其真而强反其情性，其行乃甚可羞也。世之所谓贤士，伯夷、叔齐。伯夷、叔齐辞孤竹之君，而饿死于首阳之山，骨肉不葬。鲍焦饰行非世[37]，抱木而死。申徒狄谏而不听，负石自投于河，为鱼鳖所食。介子推至忠也[38]，自割其股以食文公。文公后背之，子推怒而去，抱木而燔死。尾生与女子期于梁下[39]，女子不来，水至不去，抱梁柱而死。此六子者，无异于磔犬流豕[40]，操瓢而乞者，皆离名轻死[41]，不念本养寿命者也[42]。世之所谓忠臣，莫若王子比干、伍子胥。子胥沉江，比干剖心。此二子者，世谓忠臣也，然卒为天下笑。自上观之，至于子胥、比干，皆不足贵也。丘之所以说我者，若告我以鬼事，则我不能知也；若告我以人事者，不过此矣，皆吾所闻知也。今吾告子以人之情：目欲视色，耳欲听声，口欲察味，志气欲盈。人上寿百岁，中寿八十，下寿六十，除病瘦死丧忧患，其中开口而笑者，一月之中不过四五日而已矣。天与地无穷，人死者有时，操有时之具[43]，而托于无穷之间，忽然无异骐骥之驰过隙也。不能说其志意，养其寿命者，皆非通道者也。丘之所言，皆吾之所弃也，亟去走归[44]，无复言之！子之道狂狂汲汲[45]，诈巧虚伪事也，非可以全真也，奚足论哉！"

孔子再拜趋走，出门上车，执辔三失[46]，目芒然无见，色若死灰，据轼低头[47]，不能出气。

归到鲁东门外，适遇柳下季。柳下季曰："今者阙然数日不见，车马有行色，得微往见跖邪[48]？"孔子仰天而叹曰："然。"柳下季曰："跖得无逆汝意若前乎[49]？"孔子曰："然。丘所谓无病而自灸也，疾走料虎头[50]，编虎须，几不免虎口哉！"

【注释】

〔1〕柳下季：鲁国大夫，姓展名获，字禽，食邑柳下，又称柳下惠。
〔2〕盗跖：东周时代的大盗。
〔3〕枢：应作"抠"，挖。
〔4〕保：通"堡"，小城。
〔5〕诏：教导。
〔6〕大山：泰山。

[7] 脍：细切。铺（bū）：食。

[8] 谒者：负责接待和传达的人。

[9] 入通：进去通报。

[10] 枝木之冠：装饰华丽的帽子。

[11] 死牛之胁：指牛皮带。

[12] 反：通"返"。本：本性。

[13] 望履幕下：望见足下。

[14] 反走：退步而趋，表示恭谦。

[15] 两展其足：两腿叉伸。

[16] 说：通"悦"。

[17] 维：包罗。

[18] 南面称孤：当国君。

[19] 激丹：鲜红的朱砂。

[20] 更始：重新开始。

[21] 恒民：常人。

[22] 畜：待。

[23] 炀：烧火取暖。

[24] 居居：安静的样子。

[25] 于于：自得的样子。

[26] 蚩尤：传说时代的部族首领。

[27] 缝衣：宽大的衣服。浅带：博带。

[28] 甘辞：甜言蜜语。

[29] 危冠：高冠。

[30] 卒：结果。

[31] 菹：剁成肉酱。

[32] 至：成功。

[33] 高：推崇。

[34] 偏枯：半身不遂。

[35] 羑（yǒu）里：殷代监狱名。

[36] 孰论：认真说来。

[37] 鲍焦：周代隐者。

[38] 介子推：晋文公的忠臣。

[39] 尾生：人名。期：约会。梁：桥。

[40] 磔（zhé）犬：被肢解抛弃的死狗。流豕：被抛在河里淹死的猪。

[41] 离名：遭受好名之害。

[42] 不念本：不重视本性。

[43] 有时之具：有限的生命。

[44] 亟（jí）：急，快。

〔45〕狂狂汲汲：投机钻营。

〔46〕执辔三失：三次拿马缰绳都拿不稳。

〔47〕据轼：扶靠着车前横木。

〔48〕得微：莫非。

〔49〕若前：如我前面所说的那样。

〔50〕料：通"撩"，挑弄。

【译文】

孔子和柳下季是朋友，柳下季的弟弟名叫盗跖。盗跖的兵卒有九千人，横行天下，侵犯诸侯，穿室探户，夺人牛马，掠人妇女，无所不为贪利忘亲，不顾父母兄弟，不祭祀祖宗。所过之处，大国守城，小国避入堡中，成千上万的人饱受着盗跖掠夺的痛苦。

孔子对柳下季说："做父亲的，必定能管教他的儿子；当兄长的，必定能教导他的弟弟。如果父亲不能管教儿子，兄长不能教导弟弟，那就没有父子兄弟的亲情可言了。现在先生是当世的才士，而弟弟盗跖正为害于天下，你却不能教导他，我暗中为先生感到羞耻。我愿意替先生去说服他。"

柳下季说："先生说做父亲的必定能管教儿子，当兄长的必定能教导弟弟，如果儿子不听父亲的管教，弟弟不受兄长的教导，即使是先生这样善辩，又能把他怎么样？况且跖的为人，心如涌泉，意如飘风，强悍足以拒敌，辩才足以掩饰过错，依顺他的心意，他就高兴，违逆他的心意，他就愤怒，轻易地用语言侮辱人。先生千万不要去。"

孔子不听劝阻，让颜回驾车，子贡护卫，去见盗跖。

盗跖正和部卒在泰山之南休息，细切人肝烹炒而食。孔子下车走上前去，拜见传达说："鲁人孔丘，闻知将军高义，专程前来拜见。"

传达进去通报。盗跖闻之大怒，目如明星，怒发冲冠，说："是鲁国那个狡猾虚伪的孔丘吗？替我告诉他：'你花言巧语，妄称文、武，头戴华丽的帽子，腰束牛皮腰带，胡言乱语，不耕而食，不织而衣，摇唇鼓舌，拨弄是非，以迷惑天下的君主，使天下学士忘掉本性，妄作孝悌，以侥幸求得封侯富贵。你罪大恶极，赶快回去！不然我就要取你的心肝当午餐！'"

孔子再次请求说："我有幸和柳下季为友，希望能拜见足下。"

传达又去通报。盗跖说："让他进来！"

孔子快步走进去，避席退步，再拜盗跖。盗跖大怒，叉伸两腿，按剑瞪眼，声如母虎，说："孔丘过来！你所说的话，顺我的心就留你活命，逆我的心就死！"

孔子说:"我听说,天下的人有三种美德:生得高大,英俊无双,老少贵贱见了他都喜欢,这是上德;知识广博,善于分析各种事物,这是中德;勇敢果断,聚众率兵,这是下德。凡是具有其中一种美德的人,就足以面南称王。现在将军兼备三种美德,身高八尺二寸,面目有光,唇如鲜丹,齿如齐贝,声音像黄钟一样明亮,却名叫盗跖,我暗中为将军感到羞耻,认为不应当有此恶名。将军若有意听我的,我请求南使吴越,北使齐鲁,东使宋卫,西使晋楚,让他们为将军建造数百里之大城,立数十万户之都邑,尊将军为诸侯,一切重新开始,罢兵休卒,收养兄弟,供祭祖宗。这是圣人才士的作为,也是天下人的愿望。"

盗跖大怒说:"孔丘过来!能够用利禄和言语引诱劝谏的,都属于愚陋的常人。我现在高大英俊,人见人爱,这是我父母的遗传。你即使不赞美我,我难道自己不知道吗?而且我听说,喜欢当面称赞人的,也喜欢背后诋毁人。现在你告诉我为我造大城、聚众民,是想用利禄引诱我而把我当成常人看待,怎么可以长久!城池再大,也没有大过天下的。尧、舜拥有天下,他们的子孙却没有立锥之地;汤、武立为天子,他们的后代却已灭绝。这难道不是因为他们利禄太多的缘故吗?而且我听说,古时候禽兽多而人少,于是人都筑巢而居以躲避禽兽,白天拾橡栗,晚上睡在树上,所以称之为有巢氏之民。古时候人不知道穿衣,夏天多存柴草,冬天用来烤火取暖,所以称之为知生之民。神农的时代,睡觉时安安稳稳,起来后舒适自得,民知其母,不知其父,与麋鹿共处,耕田而食,纺织而衣,没有相害之心,这是道德最高尚的时代。然而黄帝不能做到至德,和蚩尤大战于涿鹿之野,血流百里。尧、舜兴起,设立群臣,汤流放其君主,武王杀纣。从此以后,以强凌弱,以众侵少。汤、武以来,都是祸害人民之徒。现在你修习文、武之道,掌握天下的舆论,来教化后世,宽衣博带,巧言伪行,以迷惑天下的君主,而企图谋求富贵,你是最大的盗贼。天下为什么不称你为盗丘,而称我为盗跖呢?你用甜言蜜语说服子路跟从你,让子路脱去高冠,解除长剑,而受教于你,天下人都说孔丘能够止暴禁非。其结果是,子路想杀卫君而没有成功,在卫国东门之上被剁成肉酱,这是你教导的不成功。你不是自称为才士圣人吗?然而却两次被鲁国驱逐,被卫国禁止居留,受困于齐,被围于陈蔡,无法容身于天下。你使子路遭此祸患,上不能保身，下不能为人，你的说教还值得推崇吗？世上所推崇的，莫过于黄帝。黄帝尚不能德行完备，而战于涿鹿之野，血流百里。尧不仁慈，舜不孝顺，禹半身不遂，汤流放其君主，武王伐纣，文王被拘禁在羑里。这六个人，是世上所推崇的，认真说来，他们都是被利禄迷惑了本性而强力违背了情性，他们的行为是非常可耻的。世上所谓的贤士，莫过于伯夷和叔齐。伯夷和叔齐辞让孤竹国的君位，饿死在首阳山上，尸体不得安葬。鲍焦行为清高，不满现实社会，抱着树木枯死。申徒狄诤谏不被君主采纳，负石自投于河，为鱼鳖所食。介子推忠心耿耿，自己割下腿上的肉给晋文公吃，文公后来背弃了他，子推愤而离去，抱着树木而被烧死。尾生与一女子相约在桥下相会，女子没来，洪水冲来他也不肯离去，抱着桥柱被淹死。这六个人，无异于被屠宰抛弃的猪狗和持瓢的乞丐，都是重名而轻死，不重视本性，不珍惜自己的生命。世上所谓的忠臣，莫过于王子比干和伍子胥。子胥沉尸于江，比干剖腹挖心。这两个被世人称为忠臣的人，终为天下所讥笑。从上述人物来看，直到子胥、比干，都不足贵。你所劝说我的，如果告诉我是有关鬼的事，那我就无法知晓；如果告诉有关人的事，不过如此而已，都是我所知道的。现在我告诉你人的性情：眼睛想看颜色，耳朵想听声音，口舌想尝滋味，心理追求满足。人的上寿100岁，中寿为80岁，下寿为60岁，除了疾病死丧忧患外，开口笑的一月之中不过四五天而已。天地是无穷的，人的生命是有限的，将有限的生命寄托在无穷的天地之间，其疾速消逝无异于骏马奔驰一闪而过。不能欢畅其意志、保养其寿命的，都不是通达于道的人。你所说的，都是我所抛弃的，赶快回去，不要再说了！你的这套话教，投机钻营，诈巧虚伪，不能保全真性，有什么好说的！"

孔子拜了又拜快步急走，出门上车，三次拿马缰绳都拿不稳，眼睛茫茫然而无所见，面如死灰，扶靠着车轼垂头丧气，紧张得连气都喘不过来。

回到鲁国东门外，正巧遇到柳下季。柳下季问："近来数日不见，车马风尘仆仆，莫非是去见了跖？"孔子仰天而叹说："是的。"柳下季问："跖是不是像我前面所说的那样违背了你的心意呢？"孔子说："是的。我是所谓没有病而自己用艾烧灼，急急忙忙地跑去撩拨虎头，捋虎须，差一点落入虎口啊！"

【原文】

子张问于满苟得曰[1]："盍不为行[2]？无行则不信，不信则不任，不

任则不利。故观之名，计之利，而义真是也。若弃名利，反之于心[3]，则夫士之为行，不可一日不为乎！"

满苟得曰："无耻者富，多信者显[4]。夫名利之大者，几在无耻而信[5]。故观之名，计之利，而信真是也。若弃名利，反之于心，则夫士之为行，抱其天乎[6]！"

子张曰："昔者桀纣贵为天子，富有天下。今谓臧聚曰[7]'汝行如桀纣'，则有怍色，有不服之心者，小人所贱也。仲尼、墨翟，穷为匹夫，今谓宰相曰'子行如仲尼墨翟'，则变容易色[8]，称不足者，士诚贵也。故势为天子，未必贵也；穷为匹夫，未必贱也。贵贱之分，在行之美恶。"

满苟得曰："小盗者拘，大盗者为诸侯，诸侯之门，义士存焉。昔者桓公小白杀兄入嫂[9]，而管仲为臣；田成子常杀君窃国，而孔子受币。论则贱之，行则下之[10]，则是言行之情悖战于胸中也[11]，不亦拂乎[12]！故《书》曰：'孰恶孰美？成者为首，不成者为尾。'"

子张曰："子不为行，即将疏戚无伦[13]，贵贱无义，长幼无序。五纪六位[14]，将何以为别乎？"

满苟得曰："尧杀长子，舜流母弟[15]，疏戚有伦乎？汤放桀，武王杀纣，贵贱有义乎？王季为适[16]，周公杀兄[17]，长幼有序乎？儒者伪辞，墨者兼爱，五纪六位，将有别乎？且子正为名，我正为利。名利之实，不顺于理，不监于道[18]。吾日与子讼于无约[19]，曰：'小人殉财，君子殉名，其所以变其情，易其性，则异矣；乃至于弃其所为而殉其所不为，则一也。'故曰，无为小人，反殉而天[20]；无为君子，从天之理。若枉若直[21]，相而天极[22]；面观四方，与时消息[23]。若是若非，执而圆机[24]；独成而意，与道徘徊。无转而行[25]，无成而义，将失而所为；无赴而富，无殉而成，将弃而天。比干剖心，子胥抉眼[27]，忠之祸也；直躬证父[28]，尾生溺死，信之患也；鲍子立干[29]，申子不自理[30]，廉之害也；孔子不见母[31]，匡子不见父[32]，义之失也。此上世之所传，下世之所语，以为士者正其言，必其行，故服其殃[33]，离其患也[34]。"

【注释】

〔1〕子张：孔子弟子。满苟得：虚拟的人物。

〔2〕为行：修善德行。

〔3〕反之于心：扪心自问。

〔4〕多信：善于夸耀。

〔5〕几：几乎，大概。

〔6〕天：天性，自然的本性。

〔7〕臧聚：仆隶贱役。

〔8〕变容易色：满脸喜色。

〔9〕入嫂：娶嫂为妻。

〔10〕下之：顺从。

〔11〕悖战：交战。

〔12〕拂：紊乱，矛盾。

〔13〕疏戚：亲戚。

〔14〕五纪：五伦，指父子、君臣、夫妇、长幼、朋友的关系。六位：六纪，谓诸父、兄弟、族人、诸舅、师长、朋友。

〔15〕舜流母弟：指舜以分封为名变相流放同母兄弟象。

〔16〕适：通"嫡"。周太王违反嫡长子继承君位的传统，将君位传给小儿子王季。

〔17〕周公杀兄：指西周初年周公平定"三监"之乱，杀管叔、蔡叔之事。

〔18〕监：通"鉴"，明。

〔19〕无约：虚拟的人名。

〔20〕而：尔，你。

〔21〕枉：曲。

〔22〕天极：自然的准则。

〔23〕消：消亡。息：生息。

〔24〕圆机：循环变化的枢纽。

〔25〕转：通"专"，固执。

〔26〕赴：趋赴，追求。

〔27〕抉：挖。

〔28〕直躬：人名。证父：证实父亲偷了别人的羊。

〔29〕鲍子：鲍焦。

〔30〕申子：申徒狄，一说申子指晋献公之子太子申生。

〔31〕孔子不见母：指孔子周游列国而长期在外，其母临终时未能与之相见。

〔32〕匡子不见父：匡子姓匡名章，齐国人，因劝谏父亲而被赶出家门，终身不见其父。

〔33〕服：受。

〔34〕离：通"罹"，遭。

【译文】

　　子张问满苟得说："为什么不修养德行？没有德行就不能取信，不能取信就不被任用，不被任用就不能得利。所以从名利的角度来看，义才是品行修养

的根本。即使不要名利，扪心自问，对于士人的品行修养来说，也不可一日不修仁义呀！"

满苟得说："无耻贪婪的人富有，善于夸耀的人显赫。大的名利，几乎都是由无耻夸耀而来。所以从名利的角度来看，夸耀才是最重要的。如果抛弃名利，扪心自问，对于士人的品行修养来说，也只有持守自然的本性了。"

子张说："从前桀、纣贵为天子，富有天下，如果现在对仆隶说，'你的行为像桀、纣'，那他就会面带怒容，心里很不高兴，可见这种行为是连小人都鄙视的。仲尼、墨翟穷为匹夫，现在如果对宰相说，'你的行为像孔子、墨子'，那他就会满脸喜色，说自己难以和他们相比，可见这种行为是士大夫所推崇的。所以虽权势如天子，却未必可贵；虽穷困如匹夫，却未必低贱；贵贱的区分，在于行为的善恶。"

满苟得说："小盗被拘捕，大盗当诸侯，诸侯的门下，就是仁义之所在。从前齐桓公杀兄娶嫂，而管仲却做他的辅臣；田成子杀君窃国，而孔子却接受他的礼品。口头上表示鄙视，实际上却顺从他们，言论和行动互相打仗，岂不是很矛盾吗！所以《书》说：'谁坏谁好？成功的就是好，失败的就是坏。'"

子张说："你不修养德行，就会亲疏无伦，贵贱无义，长幼无序；五伦六纪，怎么区别呢？"

满苟得说："尧杀长子，舜流放母弟，亲疏有伦吗？汤放桀，武王杀纣，贵贱有义吗？王季僭越嫡位，周公杀兄，长幼有序吗？儒者虚言伪辞，墨者提倡兼爱，五伦六纪有区别吗？而且你正在求名，我正在求利。名和利的实质，既不顺于理，也不明于道。我从前和你在无约面前争论说：'小人追求财，君子追求名，他们变易性情，原因各不相同；但在舍弃修身养性而追求名利方面，则是一样的。'所以说，不要做小人所做的事，要反求你的天性；不要做君子所做的事，要顺从自然之理。曲也罢直也罢，按照你自然的准则行事就是了；面观四方，随着时间的推移而变化。是也罢非也罢。掌握你循环变化的枢纽；形成你独立的见解，随着周旋。不要固执你的行为，不要推行你的仁义，否则就会丧失你的自然之道。不要追逐富贵，不要急于求成，否则就会舍弃你的天性。比干被剖心，子胥被挖眼，这是忠的祸害；直躬证实父亲偷羊，尾生淹死，这是信的祸患；鲍子抱木枯死，申子自沉于河，这是廉的危害；孔子不见母，匡子不见父，这是义的丧失。这些都是前代相传，后世的议论，认为士人要语言正直，行为高尚，所以才受其祸殃，遭其祸患。"

【原文】

无足问于知和曰[1]："人卒未有不兴名就利者[2]。彼富，则人归之，归则下之，下则贵之[3]。夫见下贵者[4]，所以长生安体乐意之道也。今子独无意焉，知不足邪，意知而力不能行邪，故推正不忘邪[5]？"

知和曰："今夫此人以为与己同时而生[6]，同乡而处者，以为夫绝俗过世之士焉[7]；是专无主正[8]，所以览古今之时，是非之分也，与俗化世。去至重[9]，弃至尊[10]，以为其所为也；此其所以论长生安体乐意之道，不亦远乎！惨怛之疾[11]，恬愉之安，不监于体[12]；怵惕之恐，欣欢之喜，不监于心；知为为而不知所以为，是以贵为天子，富有天下，而不免于患也。"

无足曰："夫富之于人，无所不利。穷美究埶[13]，至人之所不得逮[14]，贤人之所不能及，侠人之勇力而不为威强[15]，秉人之知谋以为明察，因人之德以为贤良，非享国而严若君父。且夫声色滋味权势之于人，心不待学而乐之，体不待象而安之[16]。夫欲恶避就[17]，固不待师，此人之性也。天下虽非我，孰能辞之！"

知和曰："知者之为，故动以百姓[18]，不违其度，是以足而不争，无以为，故不求。不足，故求之，争四处而不自以为贪；有馀，故辞之，弃天下而不自以为廉。廉贪之实，非以迫外也，反监之度[19]。势为天子，而不以贵骄人；富有天下，而不以财戏人。计其患，虑其反，以为害于性，故辞而不受也，非以要名誉。尧、舜为帝而雍[20]，非仁天下也，不以美害生也；善卷、许由得帝而不受，非虚辞让也，不以事害己。此皆就其利，辞其害，而天下称贤焉，则可以有之，彼非以兴名誉也。"

无足曰："必持其名，苦体绝甘，约养以持生[21]，则亦久病长阨而不死者也。"

知和曰："平为福，有馀为害者，物莫不然，而财其甚者也。今富人，耳营钟鼓管籥之声[22]，口嗛于当豢醪醴之味[23]，以感其意，遗忘其业，可谓乱矣；侅溺于冯气[24]，若负重行而上阪[25]，可谓苦矣；贪财而取慰[26]，贪权而取竭，静居则溺，体泽则冯[27]，可谓疾矣；为欲富就利，故满若堵耳而不知避[28]，且冯而不舍，可谓辱矣；财积而无用，服膺而不舍[29]，满心戚醮[30]，求益而不止，可谓忧矣；内则疑劫请之贼[31]，外则畏寇盗之害，内周楼疏[32]，外不敢独行，可谓畏矣。此六者，天下之至害也，皆遗忘而不知察，及其患至，求尽性竭财，单以反一日之无故而不可得也。故观之名则不见，求之利则不得，缭意绝体而争此[33]，不亦惑乎！"

庄子

【注释】

〔1〕无足、知和：都是虚拟的人名。

〔2〕人卒：人众，人们。

〔3〕贵：尊崇。

〔4〕见下贵：被人尊崇。

〔5〕推正：推求正理。

·447·

〔6〕此人：指贪鄙的人。

〔7〕绝俗过世：出类拔萃。

〔8〕专无主正：内心没有主见。

〔9〕至重：指生命。

〔10〕至尊：指道。

〔11〕惨怛（dá）：痛苦的样子。

〔12〕监：显现。

〔13〕穷美究埶：享尽天下的善美和人间的威势。

〔14〕逮：达到。

〔15〕侠：通"挟"，挟持，利用。

〔16〕象：效法。

〔17〕就：追逐。

〔18〕以：随。

〔19〕反监之度：反省的标准。

〔20〕雍：推让帝位。

〔21〕约养：节俭。

〔22〕营：谋，求。

〔23〕醪醴：美酒。

〔24〕侅（gāi）溺：沉溺，深陷。

〔25〕阪：山坡。

〔26〕取：带来，导致。慰：病。

〔27〕泽：肥。

〔28〕堵：墙。

〔29〕服膺：时常挂在心上。

〔30〕戚醮：烦恼。

〔31〕劫请：强求，劫取。

〔32〕楼疏：防御盗贼的设施。

〔33〕缭意：内心念念不忘。绝体：牺牲形体。

【译文】

无足问知和说："人们没有不喜名求利的。他富有人就归附他，归附就服从他，服从就尊崇他。受人尊崇，这是长寿安乐和心情愉快之道。你现在竟然对此不感兴趣，是才智不足呢？还是心有余而力不足？还是遵循你固有的行为准则而不愿如此？"

知和说："现在这种人认为自己与富贵的人同时而生、同乡而居，就认为自己是出类拔萃之士，他们内心没有主见，在看待古今之时和是非的标准上，人云亦云。世俗之人舍弃生命，背弃大道，以追求名利，根据这些来谈论长寿安乐之道，岂不是离题太远了吗！痛苦的疾病，愉快的安乐，不表现在身体上；惊慌的恐惧，欢欣的喜悦，不显现在心灵中。只知道做而不知道为什么要这样做，即使贵为天子，富有天下，仍不免于祸患。"

无足说："财富对于人，无所不利。享尽天下的善美和人间的威势，这是至人所不能得到、贤人所不能企及的。挟持别人的勇力作为自己的威势，掌握别人的智谋以为明察，凭借别人的德行以为贤良，虽然不曾掌握国政而威严如君主。而且人们对于声色、滋味、权势，不用学心里就喜好，不用模仿身体就安适。欲求、憎恶、回避、追逐，这些本来就不需要教导，是人的天性。天下人虽然非议我，可谁又能拒绝享乐和权势呢！"

知和说："智者的所做所为，以百姓的意志为转移，不违反法度，所以够用了就不去争，不需要的就不去求。由于不够用而去求，四处争夺而自己不认为是贪；有剩余所以才辞让，舍弃天下而自己不认为是廉。廉和贪的实质，并不是决定于外界条件，而是取决于内在的主观标准。势为天子而不以尊贵骄人，富有天下而不以财富欺人。权衡祸患，反复思虑，认为有害于自己的本性，所以推辞而不接受，这并不是邀取名誉。尧、舜做帝王时推让帝位，这并不是有意对天下仁爱，而是为了不因华美而危害性命；善卷、许由得到帝位而不接受，这并不是虚情假意的推辞，而是为了不让政事损害自己。他们都是有利于本性的就接受，有害于本性的就拒绝，而天下称赞他们贤达，他们有避害之心，而不是为了沽名钓誉。"

无足说："如果一定要固守名声，身受劳苦，弃绝甘美，节约奉养以维持性命，那就如同长久病困而又死不了的人一样。"

知和说："均平是福，多余是害，万物都是这样，而财物更甚。现在的富人，耳朵要听钟鼓管笛之声，口中要尝佳肴美酒，以满足享乐的情趣，而遗忘了自己的正业，可以说是迷乱；沉溺于盛气，就像负重爬上山坡，可以说是劳苦；贪财而致病，贪权而使精神疲竭，安静闲居则沉溺不振，身体强壮则盛气横生，可以说是疾病；为了富贵求利，积财如高墙而不知足，仍贪求不舍，可以说是耻辱；聚财而无所用，时常挂在心上而恋恋不舍，满心烦恼，贪求不止，可以说是忧愁；居家担心窃贼劫舍，外出畏惧寇盗伤害，里面构筑防御设施，外面不敢单独行动，可以说是畏惧。以上六种情况，是天下最大的祸害，人们对此都忘乎所以而不加留意，等到祸患来临，就是想竭尽财富以求换取过一天的太平日子也办不到了。所以，名和利都是身外的虚空之物，劳心伤体地去争这些东西，岂不是糊涂吗！"

说　剑

【原文】

昔赵文王喜剑[1]，剑士夹门而客三千余人[2]。日夜相击于前，死伤者岁百余人，好之不厌。如是三年，国衰，诸侯谋之[3]。

太子悝患之[4]，募左右曰："孰能说王之意止剑士者，赐之千金。"

左右曰："庄子当能。"

太子乃使人以千金奉庄子。庄子弗受，与使者俱，往见太子，曰："太子何以教周，赐周千金？"

太子曰："闻夫子明圣，谨奉千金以币从者[5]。夫子弗受，悝尚何敢言？"

庄子曰："闻太子所欲用周者，欲绝王之喜好也。使臣上说大王而逆王意，下不当太子[6]，则身刑而死，周尚安所事金乎[7]？使臣上说大王，下当太子，赵国何求而不得也！"

太子曰："然。吾王所见，唯剑士也。"

庄子曰："诺。周善为剑。"

太子曰："然吾王所见剑士，皆蓬头突鬓，垂冠[8]，曼胡之缨[9]，短后之衣，瞋目而语难[10]，王乃说之[11]。今夫子必儒服而见王，事必大逆。"

庄子曰："请治剑服[12]。"治剑服三日，乃见太子。太子乃与见王。王脱白刃待之。

庄子入殿门不趋[13]，见王不拜。王曰："子欲何以教寡人，使太子先？"

曰："臣闻大王喜剑，故以剑见王。"

王曰："子之剑何能禁制[14]？"

曰："臣之剑十步一人，千里不留行[15]。"

王大悦之，曰："天下无敌矣。"

庄子曰："夫为剑者[16]，示之以虚，开之以利[17]，后之以发，先之以至。愿得试之。"

王曰："夫子休，就舍待命[18]，令设戏[19]，请夫子。"

王乃校剑士七日[20]，死伤者六十余人，得五六人，使奉剑于殿下，乃召庄子。王曰："今日试使士敦剑[21]。"

庄子曰："望之久矣。"

王曰："夫子所御杖[22]，长短何如？"

曰："臣之所奉皆可。然臣有三剑，唯王所用。请先言而后试。"

王曰："愿闻三剑。"

曰："有天子剑，有诸侯剑，有庶人剑。"

王曰："天子之剑如何？"曰："天子之剑，以燕谿石城为锋[23]，齐岱为锷[24]，晋卫为脊，周宋为镡[25]，韩魏为夹[26]，包以四夷，裹以四时，绕以渤海，带以常山[27]，制以五行[28]，论以刑德，开以阴阳，持以春夏，行以秋冬。此剑，直之无前，举之无上，案之无下，运之无旁，上决浮云，下绝地纪[29]。此剑一用，匡诸侯[30]，天下服矣。此天子之剑也。"

文王芒然自失，曰："诸侯之剑何如？"曰："诸侯之剑，以知勇士为锋，以清廉士为锷，以贤良士为脊，以忠圣士为镡，以豪桀士为夹。此剑，直之亦无前，举之亦无上，案之亦无下，运之亦无旁；上法圆天，以顺三光[31]，下法方地，以顺四时，中和民意，以安四乡[32]。此剑一用，如雷霆之震也，四封之内，无不宾服而听从君命者矣。此诸侯之剑也。"

王曰："庶人之剑何如？"

曰："庶人之剑，蓬头突鬓，垂冠，曼胡之缨，短后之衣，瞋目而语难。相击于前，上斩颈领，下决肝肺。此庶人之剑，无异于斗鸡，一旦命已绝矣，无所用于国事。今大王有天子之位而好庶人之剑，臣窃为大王薄之。"

王乃牵而上殿。宰人上食[33]，王三环之[34]。庄子曰："大王安坐定气，剑事已毕奏矣[35]。"

于是文王不出宫三月，剑士皆服毙其处也[36]。

庄子

【注释】

［1］赵文王：即赵惠文王。

［2］夹门：指宫门。

［3］谋之：图谋攻打赵国。

［4］悝（kuī）：太子名。

［5］币：赠。

［6］当：合，称心。

［7］事：用。

［8］突鬓：鬓毛突起。

［9］曼胡之缨：粗糙而结实的帽带。

［10］语难：说话不流利。

［11］说：通"悦"。

［12］治：制作。

[13] 趋：快步走。

[14] 禁制：制服。

[15] 千里不留行：千里无阻挡。

[16] 为剑：用剑。

[17] 开之以利：开剑则显得锋利。

[18] 就舍：住在客舍。

[19] 设戏：安排击剑比赛。

[20] 校：考校。

[21] 敦剑：对剑。

[22] 御：用。杖：剑。

[23] 燕谿：燕国地名。石城：塞外山名。

[24] 锷：剑刃。

[25] 镡（xín）：剑环。

[26] 夹：通"铗"，剑把。

[27] 常山：恒山。

[28] 五行：指金、木、水、火、土。

[29] 地纪：支撑大地的地基。

[30] 匡：正。

[31] 三光：日、月、星辰。

[32] 四乡：四方。

[33] 宰人：掌管宫廷膳食的官。

[34] 三环之：绕着餐桌走了三圈。

[35] 毕奏：说完。

[36] 服毙：自杀。

【译文】

　　从前赵文王喜好剑术，客居在宫门左右的剑士有三千多人。这些剑士们白天黑夜都在击剑比武，每年要死伤一百多人，赵王对剑术的兴趣却丝毫不减。这样过了三年，国家逐渐衰落，其他诸侯国图谋攻打赵国。

　　太子悝对此深为忧虑，召集左右的人说："谁能够说服大王舍弃剑士，赏赐千金。"

　　左右的人说："庄子能够做到。"

　　太子于是派人携带千金去奉送给庄子。庄子不接受，便同使者一同，去见太子说："太子对我有何见教，赐给我千金？"

太子说："听说先生圣明,敬奉千金以赠送给先生的随从。先生不接受,我怎么敢说呢?"

　　庄子说："听说太子之所以找我,是想让我说服大王断绝对剑的喜好。假使我劝说大王而触犯了他,有负太子的重托就会受刑戮而死,我怎么能用得上千金呢?假使我说服了大王,完成了太子交给的重任,那么赵国对我的要求什么不能满足呢!"

　　太子说："对。大王所见的,只有剑士。"

　　庄子说："知道。我善于用剑。"

　　太子说："大王所见的剑士,都是头发蓬乱,鬓毛突起,帽子垂下,帽缨粗糙结实,衣服前长后短,怒目圆睁,口齿不清,这种样子大王才喜欢。现在先生执意要身着儒服去见大王,事情肯定会弄糟的。"

　　庄子说："请给我置备剑士之服。"三天备好了剑服,于是去见太子。太子就和庄子一同去见赵王,赵王拔出利剑来等候他。

　　庄子走进殿门不按着礼节快步上去,见到赵王不拜,赵王说："你对我有何指教,让太子先行推荐呢?"

　　庄子说："我听说大王喜欢剑术,所以用剑术来晋见大王。"

　　赵王说："你的剑术怎么制服对手?"

　　庄子说："我的剑术,十步杀一人,千里无阻拦。"

　　赵王大悦,说："天下无敌啊!"

　　庄子说："用剑之道,先示人以玄妙,开剑锋利,后发制人,贵在神速。希望能够让我比试比试。"

　　赵王说："先生暂且休息,在客舍内等候,等安排好击剑比赛就来请先生。"

　　赵王于是通过考校剑术选拔剑士,前后七天,死伤六十多人,选出五六个人,让他们持剑在殿下等候。随后请来了庄子。赵王说："今天你们比试对剑。"

　　庄子说："我对此盼望已久了。"

　　赵王说："先生所用的剑,长短如何?"

　　庄子说："我的剑长短皆宜。不过我有三种剑,由大王任意选用,请让我先做介绍然后比试。"

　　赵王说："想听听三种剑的情况。"

　　庄子说："有天子剑,有诸侯剑,有庶人剑。"

　　赵王说："天子之剑什么样?"庄子说："天子之剑,以燕豯石城为剑锋,齐国、泰山为剑刃,晋卫为剑脊,周宋为剑环,韩魏为剑把;包以四夷,裹以四时;绕以渤海,带以恒山;用五行制衡,用刑德论断;阴阳开合,春夏养持,秋冬运作。这种剑,直刺一往无前,高举冲破云霄,下探穿透黄泉,左右挥劈旁若无物,上断浮云,下斩地纪。这种剑一用,诸侯听命,天下顺服。

庄子

·453·

这就是天子之剑。"

赵王茫然失神："诸侯之剑什么样？"庄子说："诸侯之剑，以智勇之士为剑锋，以清廉之士为剑刃，以贤良之士为剑脊，以忠圣之士为剑环，以豪杰之士为剑把。这种剑，直刺也一往无前，高举也冲破云霄，下探也穿透黄泉，左右挥劈也旁若无物；上效法圆天以顺日月星辰，下效法方地以顺春夏秋冬，中和民意以安定四方。这种剑一用，如雷霆震动，封疆之内人人宾服而听从君命。这就是诸侯之剑。"

赵王说："庶人之剑什么样？"

庄子说："庶人之剑，蓬头突鬓垂冠，冠缨粗实，衣服前长后短，怒目圆睁，口齿不清。在大庭广众前互相击打，上斩脖颈，下断肝肺。这就是庶人之剑，和斗鸡没有什么两样，一旦丧命，对国事毫无用处。现在大王拥有天子的地位却喜好庶人之剑，我暗中替大王感到不相称。"

赵王拉着庄子的手走上殿堂。食官奉上酒菜，赵王绕着餐桌走了三圈，心神不宁。庄子说："大王坐下定定神吧，关于剑的事情我已议论完毕。"

于是赵文王三个月没有出宫，剑士全部在住所自杀了。

渔　父

【原文】

孔子游乎缁帷之林[1]，休坐乎杏坛之上[2]。弟子读书，孔子弦歌鼓琴。奏曲未半，有渔父者，下船而来，须眉交白[3]，被发揄袂[4]，行原以上[5]，距陆而止[6]，左手据膝[7]，右手持颐以听[8]。曲终而招子贡、子路，二人俱对。

客指孔子曰："彼何为者也？"

子路对曰："鲁之君子也。"

客问其族[9]。子路对曰："族孔氏。"

客曰："孔氏者何治也[10]？"

子路未应，子贡对曰："孔氏者，性服忠信，身行仁义，饰礼乐，选人伦[11]。上以忠于世主，下以化于齐民[12]，将以利天下。此孔氏之所治也。"

又问曰："有土之君与[13]？"

子贡曰："非也。"

"侯王之佐与？"

子贡曰："非也。"

客乃笑而还,行言曰:"仁则仁矣,恐不免其身。苦心劳形以危其真[14]。呜呼!远哉,其分于道也[15]!"

子贡还,报孔子。孔子推琴而起,曰:"其圣人与?"乃下求之,至于泽畔,方将杖拏而引其船[16],顾见孔子,还乡而立。孔子反走,再拜而进。

客曰:"子将何求?"

孔子曰:"曩者先生有绪言而去[17],丘不肖,未知所谓,窃待于下风[18],幸闻咳唾之音,以卒相丘也[19]。"

客曰:"嘻!甚矣,子之好学也!"孔子再拜而起曰:"丘少而修学,以至于今,六十九岁矣,无所得闻至教,敢不虚心!"

客曰:"同类相从,同声相应,固天之理也。吾请释吾之所有而经子之所以[20]。子之所以者,人事也。天子、诸侯、大夫、庶人,此四者自正,治之美也,四者离位而乱莫大焉。官治其职,人忧其事,乃无所陵[21]。故田荒室露,衣食不足,征赋不属[22],妻妾不和,长少无序,庶人之忧也;能不胜任,官事不治,行不清白,群下荒怠,功美不有[23],爵禄不持,大夫之忧也;廷无忠臣[24],国家昏乱,工技不巧,贡职不美,春秋后伦[25],不顺天子,诸侯之忧也;阴阳不和,寒暑不时,以伤庶物[26],诸侯暴乱,擅相攘伐,以残民人,礼乐不节,财用穷匮,人伦不饬[27],百姓淫乱,天子有司之忧也[28]。今子既上无君侯有司之势,而下无大臣职事之官,而擅饰礼乐,选人伦,以化齐民,不泰多事乎[29]!

"且人有八疵,事有四患,不可不察也。非其事而事之,谓之摠[30];莫之顾而进之,谓之佞;希意道言[31],谓之谄;不择是非而言,谓之谀;好言人之恶,谓之谗;析交离亲,谓之贼;称誉诈伪以败恶人,谓之慝;不择善否,两容颊适[32],偷拔其所欲[33],谓之险。此八疵者,外以乱人,内以伤身,君子不友,明君不臣。所谓四患者:好经大事[34],变更易常,以挂功名[35],谓之叨[36];专知擅事,侵人自用[37],谓之贪;见过不更[38],闻谏愈甚,谓之很[39];人同于己则可,不同于己,虽善不善,谓之矜。此四患也。能去八疵,无行四患,而始可教已。"

孔子愀然而叹,再拜而起曰:"丘再逐于鲁,削迹于卫,伐树于宋,围于陈蔡。丘不知所失,而离此四谤者何也[40]?"

客凄然变容曰:"甚矣,子之难悟也!人有畏影恶迹而去之走者[41],举足愈数而迹愈多[42],走愈疾而影不离身,自以为尚迟,疾走不休,绝力而死。不知处阴以休影,处静以息迹,愚亦甚矣!子审仁义之间,察同异之际,观动静之变,适受与之度[43],理好恶之情,和喜怒之节,而几于不免矣。谨修而身[44],慎守其身,还以物与人[45],则无所累矣。今不修之身而求之人,不亦外乎!"

孔子愀然曰:"请问何谓真?"

庄子

·455·

客曰："真者，精诚之至也。不精不诚，不能动人。故强哭者，虽悲不哀；强怒者，虽严不威；强亲者，虽笑不和。真悲无声而哀，真怒未发而威，真亲未笑而和。真在内者，神动于外，是所以贵真也。其于人理也[46]，事亲则慈孝，事君则忠贞，饮酒则欢乐，处丧则悲哀。忠贞以功为主，饮酒以乐为主，处丧以哀为主，事亲以适为主[47]。功成之美，无一其迹矣[48]；事亲以适，不论所以矣；饮酒以乐，不选其具矣；处丧以哀，无问其礼矣。礼者，世俗之所为也；真者，所以受于天也，自然不可易也。故圣人法天贵真[49]，不拘于俗。愚者反此，不能法天而恤于人，不知贵真，禄禄而受变于俗，故不足。惜哉，子之蚤湛于人伪而晚闻大道也！"

孔子又再拜而起曰："今者丘得遇也，若天幸然。先生不羞而比之服役，而身教之。敢问舍所在，请因受业而卒学大道。"

客曰："吾闻之，可与往者与之，至于妙道；不可与往者，不知其道，慎勿与之，身乃无咎。子勉之，吾去子矣，吾去子矣！"乃刺船而去，延缘苇间。

颜渊还车，子路授绥，孔子不顾，待水波定，不闻拏音而后敢乘。

子路旁车而问曰：由得为役久矣，未尝见夫子遇人如此其威也。万乘之主，千乘之君，见夫子未尝不分庭抗礼，夫子犹有倨敖之容。今渔父杖拏逆立，而夫子曲要磬折[50]，言拜而应，得无太甚乎？门人皆怪夫子矣，渔人何以得此乎？

孔子伏轼而叹曰："甚矣，由之难化也！湛于礼义有间矣，而朴鄙之心至今未去。进，吾语汝！夫遇长不敬，失礼也；见贤不尊，不仁也。彼非至人，不能下人；下人不精，不得其真，故长伤身。惜哉！不仁之于人也，祸莫大焉，而由独擅之。且道者，万物之所由也，庶物失之者死，得之者生，为事逆之则败，顺之则成。故道之所在，圣人尊之。今渔父之于道，可谓有矣，吾敢不敬乎！"

【注释】

［1］缁（zī）帷之林：幽暗茂密如黑色帷幕的树林。

［2］杏坛：坛名，在鲁国都城东门外。

［3］交：皆。

［4］揄袂（mèi）：挥袖。

［5］原：广平之地。

［6］距：至。

［7］据：按。

［8］持：托。

［9］族：姓氏。

［10］治：为，所作所为。

［11］选：制定。

〔12〕齐民：平民。

〔13〕有土之君：指国君。

〔14〕真：天性。

〔15〕分：离。

〔16〕挐（rú）：船桨。引：开。

〔17〕曩：从前，刚才。

〔18〕下风：下方。

〔19〕卒：终。相：助。

〔20〕经：分析。

〔21〕陵：乱。

〔22〕不属：不按时完成。

〔23〕功美：功劳和美誉。

〔24〕廷：朝廷。

〔25〕春秋后伦：朝见失序。

〔26〕庶物：众物。

〔27〕饬：整顿。

〔28〕有司：掌管各种具体事务的职官。

〔29〕泰：太。

〔30〕摠：滥。

〔31〕希意道言：迎合别人的心意说恭维的话。

〔32〕两容颊适：投人所好，两面讨好。

〔33〕拔：助长。

〔34〕经：理。

〔35〕挂功名：沽名钓誉。

〔36〕叨（tāo）：贪功。

〔37〕侵人自用：仗势欺人。

〔38〕更：改。

〔39〕很：执拗。

〔40〕离：通"罹"，遭。

〔41〕畏影：害怕自己的影子。

〔42〕数：快。

〔43〕适：调节，均衡。

〔44〕而：你。

〔45〕还以物与人：将东西归还给别人，意即与人无争。

〔46〕理：伦理。

〔47〕适：和顺。

〔48〕无一其迹：不拘于一种途径。

〔49〕法天：效法自然。贵真：珍重本真。

〔50〕磬折：鞠躬时腰弯曲得像磬一样，形容非常恭敬。

【译文】

　　孔子在缁帷之林中游历,坐在杏坛上休息。弟子们读书,孔子弹琴唱歌。乐曲还未弹到一半,有一个渔父下船走了过来,他的胡须眉毛全白了,披发挥袖,沿着河岸上来,到了陆地便停住了,左手按着膝盖,右手托腮,听孔子弹琴。乐曲一停,他便招呼子贡和子路二人过来问话,子贡两人便回答了渔父的问话。

　　渔父指着孔子问:"他是干什么的?"

　　子路回答说:"他是鲁国的君子。"

　　渔父问孔子的姓氏。子路回答说:"他姓孔。"

　　渔父问:"孔氏有何作为?"

　　子路没有吭声,子贡回答说:"孔氏性守忠信,身行仁义,修饰礼乐,制定人伦。对上忠于君主,对下教化平民,以利于天下。这就是孔氏的所作所为。"

　　渔父问:"他是国君吗?"

　　子贡说:"不是。"

　　渔父又问:"是侯王的辅臣吗?"

　　子贡说:"也不是。"

　　于是渔父笑着往回走,边走边说:"仁义倒是仁义,只恐怕难免身心受累,苦心劳身以危害天性。唉,离道太远了!"

　　子贡回来,告诉了孔子。孔子推开琴起身说:"他是圣人啊!"于是就去追他,赶到河边,渔父正要摇桨开船,回头看见孔子,就转过身来站起。孔子后退几步,行了礼走上前去。

　　渔父问:"你有什么事相求吗?"

　　孔子说:"刚才先生只说了个开头就走了,我愚陋不才,未解其意,恳望先生赐教,即使有幸听到先生的咳嗽声,对我也会有很大的教益。"

　　渔父说:"咦!你谦虚好学竟然到了这样的程度。"孔子再行拜礼,起来说:"我从小修学,到现在已经六十九岁了,还没有听到过最好的教导,岂敢不虚心!"

　　渔父说:"同类相从,同声相应,这是固有的自然之理。我想就我所知道的分析你的所为。你的所为,都是人事。天子、诸侯、大夫、庶人,这四种人各安其位,天下就会大治,他们离弃本位就会大乱。官吏尽其职守,百姓操心其事,就不会发生混乱。所以,田荒屋坏,衣食不足,拖欠赋税,妻妾不和,长幼无序,这是庶人所忧虑的;能力不能胜任,公务处理不善,行为不清不白,部下不尽其职,功绩不够显赫,爵禄不能保持,这是大夫所忧虑的;朝廷没有忠臣,国家混乱不堪,工技不够精巧,贡品不够完美,春秋朝见失序,不顺天子之意,这是诸侯所忧虑的;阴阳不和,寒暑失时,伤害众物,诸侯暴乱,擅自互相攻伐,残害人民,礼乐不合制度,财用匮乏,人伦失序,百姓淫乱,这是天子和主管官吏所忧虑的。现在你既然上无君侯有司的权势,下无大臣职事的官位,却擅自修饰礼乐,制定人伦,教化平民,岂不是太多事了吗?

"而且,人有八种毛病,事有四种祸患,不可不明察,不属于自己所管的事却要去管,叫作'摠';别人不理睬却屡屡进言,叫作'佞';迎合别人的心意说恭维的话,叫作'谄';不辨别是非而进言,叫作'谀';喜欢议论别人的短处,叫作'谗';挑拨离间别人的亲情关系,叫作'贼';称誉奸诈虚伪的人,败坏自己所憎恶的人的名声,叫作'慝';不分善恶,两面讨好,以达到自己不可告人的目的,叫作'险'。这八种毛病,在外扰乱他人,在内伤害自身,君子不与他交友,明君不用他为臣。所谓四种祸患是:喜欢办理大事,标新立异,以沽名钓誉,叫作'叨';独断专行,恃势凌人,刚愎自用,叫作'贪';见错不改,听人劝谏后反而变本加厉,叫作'很';和自己意见相同的就称赞,与自己意见不同的即使好也不说好,叫作'矜'。这就是四种祸患。能够去掉八种毛病,不做四种祸患之事,才可以接受教导。"

孔子悲伤叹气,再行拜礼说:"我两次被鲁国驱逐,卫国不让居留,在宋国受伐树之辱,被围困于陈蔡之间。我不知道有什么过失,而受到这四次侮辱?"

渔父凄然变色说:"你真是执迷不悟啊!有个人害怕自己的影子,厌恶自己的足迹,为了摆脱自己的影子和足迹而跑,抬脚越快足迹越多,跑得越快影子却不离身,他还自以为太慢,于是快跑不停,终于筋疲力尽而死。他不知道走到阴暗的地方使影子消失,静止不动使足迹不再出现,太愚蠢了!你倾心于仁义之间,分辨同异的界限,观察动静的变化,调节取舍的尺度,疏导好恶的情感,调和喜怒的分寸,却几乎不免于祸患。你要谨慎地修身,持守本

真，与人无争，这样就没有拖累了。现在你不修身却求之于人，岂不是本末倒置了吗！"

孔子惶恐惭愧地说："请问什么是真？"

渔父说："真就是精诚之至。不精不诚，就不能感动人。所以，强装哭泣的人虽然悲戚却不哀伤，强装发怒的人虽然严厉却无威势，强装亲善的人虽然笑却不和悦。真正的悲痛没有声而哀伤，真正的愤怒没有发作而威严，真正的亲善没有笑容而和悦。真情存在于内心的，神色表现于外表，这就是贵真。将它用在人的伦理上，事亲则慈孝，事君则忠贞，饮酒则欢乐，处丧则悲哀。忠贞以建立功绩为主，饮酒以欢乐为主，处丧以悲哀为主，侍奉双亲以和顺为主，功绩的完美，不局限于一种途径。侍奉双亲使他们安适，不讲究用什么办法；饮酒以欢乐，不挑选酒具；处丧以悲哀，不拘泥于礼仪。礼仪，是世俗人为的东西；真性，是禀受于自然的，不可变易。所以圣人效法自然而珍重本真，不受世俗的约束。愚昧的人正好与此相反。不能效法自然而体恤人，不知道珍重本真，平平庸庸而随世俗变化，所以不足。可惜啊，你沉溺于人情世故太早而闻知大道太晚了！"

孔子又再拜而起说："今天我遇到您，真是幸运。若先生不以收我为徒感到羞耻的话，我想接受先生的亲身教导。敢问先生住在何处，请让我跟随您受业而学习大道。"

渔父说："我听说，能够体会的就传授给他，可以领悟妙道；不能体会的，就不懂道，小心不要传授给他，自身就不会有过失。你好好努力吧！我要离开你了，我要离开你了！"于是撑船而去，沿着河边的芦苇丛走远了。

颜渊掉转车子，子路递过车绳，孔子不回头，等到水波平息，听不到船桨的声音才敢上车。

子路靠近车子问："我做您的弟子已经很久了，还未曾见过先生待人如此之恭敬。即使是万乘之主、千乘之君，见了先生也要以礼平等相待，先生还有傲慢之容。现在渔父手持船桨对面站着，而先生却恭恭敬敬地弯腰鞠躬，答话前都要行礼，是不是太过分了？弟子们都在怪先生，渔夫怎么会受到您的这般尊敬？"

孔子伏在车轼上叹气说："你真是难以教化啊！你长期沉湎在礼义之中，而粗鄙的心理至今还没有除去。过来，我告诉你！遇到长者不恭敬，这是失礼；见到贤者不尊重，这是不仁。他若不是圣人，就不能使人谦下；对人谦下而不精诚，就不能得到真，所以常常伤身。可惜啊！不仁对于人来说，是最大的祸患，而你却偏偏就是这样。而且道是万物的渊源，众物失去道便死亡，获得道便生机勃勃，做事违背道则失败，顺应道则成功。所以道的所在，圣人尊敬它。现在渔父对于道，可以说是胸中怀有，我岂敢不恭敬！"

列御寇

【原文】

　　列御寇之齐，中道而反，遇伯昏瞀人[1]。伯昏瞀人曰："奚方而反[2]？"曰："吾惊焉。"曰："恶乎惊？"曰："吾尝食于十浆[3]，而五浆先馈[4]。"伯昏瞀人曰："若是，则汝何为惊已？"

　　曰："夫内诚不解[5]，形谍成光[6]，以外镇人心[7]，使人轻乎贵老[8]，而齑其所患[9]。夫浆人特为食羹之货[10]，无多馀之赢[11]，其为利也薄，其为权也轻，而犹若是，而况于万乘之主乎！身劳于国而知尽于事，彼将任我以事而效我以功，吾是以惊。"伯昏瞀人曰："善哉观乎！女处已[12]，人将保汝矣！"

　　无几何而往，则户外之屦满矣。伯昏瞀人北面而立，敦杖蹙之乎颐[13]，立有间，不言而出。宾者以告列子[14]，列子提屦，跣而走[15]，暨乎门[16]，曰："先生既来，曾不发药乎[17]？"曰："已矣！吾固告汝曰人将保汝，果保汝矣。非汝能使人保汝，而汝不能使人无保汝也，而焉用之感豫出异[18]！必且有感，摇而本才，又无谓也。与汝游者，又莫汝告也。彼所小言，尽人毒也。莫觉莫悟，何相孰也！巧者劳而知者忧，无能者无所求，饱食而敖游，泛若不系之舟，虚而敖游者也。"

【注释】

　　[1]伯昏瞀（mào）人：虚拟的人名。
　　[2]奚方：何事。
　　[3]十浆：十家卖浆的店铺。
　　[4]馈：赠送。
　　[5]解：融会贯通。
　　[6]谍：显露。
　　[7]镇：压服。
　　[8]轻：轻视。
　　[9]齑（jī）：招致。

［10］货：买卖。
［11］赢：赚。
［12］女：汝。
［13］敦：竖立。
［14］宾者：负责接待宾客的人。
［15］跣（xiǎn）：光着脚。
［16］暨：及。
［17］发药：指规劝人的金石之言。
［18］感豫：感到愉快。

【译文】

列御寇去齐国，中途返回，遇到伯昏瞀人。伯昏瞀人说："你为什么中途返回？"列御寇说："我感到惊异。"伯昏瞀人说："为什么感到惊异？"列御寇说："我曾到十家卖浆的店中饮浆，其中有五家先把浆送给我。"伯昏瞀人说："你为什么对此感到惊异？"

列御寇说："内心对道还未融会贯通，外表便显露出光辉，用外貌镇服人心，使人对我的崇敬超过了对老者的尊重，这会招致祸患的。卖浆者做的是小买卖，本钱不大，赢利微薄，也没有什么权势，他们尚且这样待我，何况是万乘之君呢！身体为国家操劳而智能耗尽于政事，他将委任我国事而要我去效力，所以我感到惊异。"伯昏瞀人说："你真善于观察啊！你安居吧，人们会归附你的！"

过了不久伯昏瞀人去看列子，见门外摆满了鞋子。伯昏瞀人面向北站着，头紧靠在竖着的拐杖上，站了一会儿，没有说话就出来了。负责接待宾客的人告诉了列子，列子提着鞋，光着脚跑出来，追到门口，说："先生既然来了，还不开导我吗？"伯昏瞀人说："算了吧！我说过人们要归附你，果然归附你了。不是你能使人归附你，而是你不能使人不归附你，你何必因此感到高兴而显得与众不同呢！必定还会有感动人的事，使你的本性动摇，但这又是无谓的事情。和你在一起的人又不会给你忠告，他们那琐碎的言语，都是害人的。不觉不语，怎么能够互相明察呢！智巧的人忧劳，无能的人无所求，饱食而遨游，飘浮不定就像一叶失控的小舟，空虚心志而遨游。"

【原文】

郑人缓也[1]，呻吟裘氏之地[2]。只三年而缓为儒[3]，河润九里[4]，泽及三族[5]，使其弟墨[6]。儒、墨相与辩，其父助翟[7]，十年而缓自杀。其父梦之[8]，曰："使而子为墨者，予也。阖胡尝视其良[9]？既为秋柏之实矣！"

夫造物者之报人也[10]，不报其人而报其人之天。彼故使彼[11]。夫人以己为有以异于人[12]，以贱其亲，齐人之井饮者相捽也[13]。故曰今之世皆缓也。自是，有德者以不知也，而况有道者乎！古者谓之遁天之刑[14]。圣人安其所安[15]，不安其所不安[16]；众人安其所不安，不安其所安。

【注释】

［1］缓：人名。
［2］呻吟：诵读。裘氏：地名。
［3］只：经过。
［4］河润：浸润，施惠。
［5］泽：恩泽。
［6］墨：学墨家的学说。
［7］翟：缓弟之名。
［8］其父梦之：托梦于其父。
［9］艮：坟墓。
［10］报：成就。
［11］彼故使彼：他的本性就是那样，因此就使他变成那样。
［12］夫人：此人。
［13］相捽（zuó）：互相斗殴。
［14］遁：违背。
［15］所安：自然之理。
［16］所不安：人为。

【译文】

郑国有个名叫缓的人，在裘氏之地诵读。经过三年成为儒者，施惠四方，恩泽及于三族，使他的弟弟学习墨学。儒墨互相辩论，他父亲站在其弟一边。十年后缓自杀了。他托梦于父亲说："使您的儿子成为墨者的是我，为什么不去我的坟墓上探视？上面的柏树已经长出果实了。"

造物者成就人，不成就人为而成就天性。他的本性就是那样，因此就使他变成那样。缓自以为与众不同而责怪他的父亲，就像齐人掘井饮水互相斗殴一样。他们不明白井水是出于天然，而不是各人挖井的功劳。所以说，现在的人大都像缓一样贪天之功。自以为是，有德的人视其为不明智，何况是有道的人呢！古时候称之为违背天理的刑罚。圣人安于自然，不安于人为；众人安于人为，不安于自然。

【原文】

庄子曰："知道易，勿言难。知而不言，所以之天也；知而言之，所以之人也。古之人，天而不人。"

朱泙漫学屠龙于支离益[1]，单千金之家[2]，三年技成而无所用其巧。

圣人以必不必[3]，故无兵；众人以不必必之，故多兵。顺于兵，故行有求[4]。兵，恃之则亡。

小夫之知[5]，不离苞苴竿牍[6]，敝精神乎蹇浅[7]，而欲兼济道物[8]，太一形虚[9]。若是者，迷惑于宇宙，形累不知太初。彼至人者，归精神乎无始，而甘冥乎无何有之乡[10]。水流乎无形，发泄乎太清[11]。悲哉乎，汝为知在毫毛而不知大宁[12]！

【注释】

〔1〕朱泙漫、支离益：都是虚拟的人物。

〔2〕单：通"殚"，尽。

〔3〕以必不必：把必然的视为不必然，即不固执。

〔4〕求：贪。

〔5〕小夫：匹夫。知：通"智"。

〔6〕苞苴：香草，意指馈赠。竿牍：竹简，书信，意指问候。

〔7〕敝：耗费。蹇浅：浅陋。

〔8〕道：引导。

〔9〕太一：达到与万物同一的境界。形虚：体内清虚。

〔10〕无何有之乡：虚无的境界。

〔11〕太清：太虚之道。

〔12〕大宁：非常宁静的境界。

【译文】

庄子说："知道容易，不说出来困难。知道而不说，可以达到自然的境界；知道而说出来，这是人为的举动。古时候的人，奉行自然而抛弃人为。"

朱泙漫跟随支离益学屠龙，耗尽千金家产，三年学成后却没有机会运用他的技能。

圣人把必然可行的事视为不必去做的事，所以没有战争；众人把必不可行的事视为必须去做的事，所以战争频繁。顺从交争之心，所以有贪求的行为。依仗武力行事的，则一定灭亡。

平常人的心智，离不开以礼物相馈赠，以竹简相问询，把精神耗费在浅陋的小事上，却想兼济天下，引导万物，达到与万物同一的境界。这样的人，必然迷惑在广大无边的宇宙之中，直至精疲力竭也无法理解太初的妙道。像那圣人，将精神归于无始而甜睡在虚无的境界。水流没有固定的形迹，纯粹出于自然。可悲啊！你把心智耗费在毫毛小事上，而不知道极其宁静的境界。

【原文】

宋人有曹商者[1]，为宋王使秦。其往也，得车数乘。王说之，益车百乘。反于宋，见庄子曰："夫处穷闾厄巷[2]，困窘织屦，槁项黄馘者[3]，商之所短也；一悟万乘之主而从车百乘者，商之所长也。"

庄子曰："秦王有病召医，破痈溃痤者得车一乘，舐痔者得车五乘[4]，所治愈下，得车愈多。子岂治其痔邪？何得车之多也？子行矣！"

【注释】

[1]曹商：人名。
[2]厄巷：狭窄的小巷。
[3]槁项黄馘（xù）：形容面黄肌瘦的样子。
[4]舐（shì）：舔。

【译文】

宋国有个名叫曹商的人，为宋王出使秦国。他去的时候，得到了好几辆车。秦王喜欢他，给他增加了100辆车。他返回宋国，见到庄子说："像有人那样，住在穷里陋巷，靠打草鞋苦苦度日，一副面黄肌瘦的样子，这是我干不了的；一下子就能说动万乘之君，获得车辆百乘，这是我所擅长的。"

庄子说："秦王有病召请医生，能够除疮去脓的赏车一乘，舔痔疮的赏车五乘，所医治的病越是卑下，得到的车就越多。你大概给他舔痔疮了吧？不然怎么能得这么多的车呢？你走开吧！"

【原文】

鲁哀公问乎颜阖曰："吾以仲尼为贞干[1]，国其有瘳乎[2]？"

曰："殆哉圾乎[3]！仲尼方且饰羽而画[4]，从事华辞[5]，以支为旨[6]，忍性以视民而不知不信[7]，受乎心[8]，宰乎神[9]，夫何足以上民[10]！彼宜女与？予颐与[11]？误而可矣。今使民离实学伪，非所以视民也。为后世虑，不若休之！难治也。施于人而不忘，非天布也[12]，商贾不齿[13]。虽以事齿之，神者弗齿[14]。为外刑者[15]，金与木也[16]；为内刑者，动与过也。宵人之离外刑者[17]，金木讯之[18]；离内刑者，阴阳食之。夫免乎外内之刑者，唯真人能之[19]。"

【注释】

[1]贞干：栋梁，国家重臣。
[2]瘳（chōu）：治愈。

〔3〕圾：通"岌"，危险。

〔4〕饰羽而画：雕琢文饰。

〔5〕从事华辞：卖弄华丽的文辞。

〔6〕支：末。旨：本。

〔7〕忍性：矫饬性情。

〔8〕受乎心：受制于心。

〔9〕宰受神：受精神主宰。

〔10〕上民：成为人民的统治者。

〔11〕颐：养。

〔12〕天布：自然布施。

〔13〕不齿：看不起。

〔14〕神：精神，思想。

〔15〕外刑：施在体外的刑罚。

〔16〕金：指金属刑具。木：木制的刑具。

〔17〕宵：通"小"。

〔18〕讯：拷问。

〔19〕食：残食。

【译文】

鲁哀公问颜阖说："我任用仲尼为重臣，能否把国家治理好？"

颜阖说："危险啊！仲尼喜欢雕琢文饰，卖弄华丽的文辞，以末为本，矫饬性情以教示人民而不知自己不信，受制于心，被精神所主宰，怎么能够治理人民！他适合于你吗？让他畜养人民吗？那就要误事了。现在使人民抛弃朴实而学习虚伪，这不是教示人民的好办法。为后世考虑，不如算了。国家难治啊！施恩于人而念念不忘，这不是自然的布施，商贾都看不起他，虽然商贾的买卖投机行为和他的所做所为有相似之处，但在内心还是看不起他。施在体外的刑罚，是刀斧和桎梏；施于内心的刑罚，是妄动和懊悔。小人遭受外刑，用刀斧和桎梏来治罪；遭受内刑的，通过阴阳交错来侵蚀他。能够避免外刑和内刑的，唯有真人才能做到。"

【原文】

孔子曰："凡人心险于山川，难于知天。天犹有春秋冬夏旦暮之期，人者厚貌深情[1]。故有貌愿而益[2]，有长若不肖[3]，有顺懁而达[4]，有坚而缦[5]，有缦而钎[6]。故其就义若渴者[7]，其去义若热[8]。故君子远使之而观其忠，近使之而观其敬，烦使之而观其能[9]，卒然问焉而观其知，急与之期而观其信[10]，委之以财而观其仁，告之以危而观其节，醉之以酒而观其侧[11]，杂之以处而观其色[12]。九征至[13]，不肖人得矣。"

【注释】

［1］厚貌：指相貌多样难识。
［2］貌愿：表面谦虚老实。益：骄傲自满。
［3］长：内在的优良品德。
［4］懁（xuān）：固执。
［5］缦：软弱。
［6］钎（hàn）：通"悍"，凶悍。
［7］就：追求。
［8］去：抛弃。
［9］烦：复杂。
［10］期：相约。
［11］则：仪态。
［12］杂之：混杂相处。
［13］征：检验，考察。

【译文】

孔子说："人的心比山川还要险恶，要了解它比了解天还要困难。天还有春夏秋冬早晚的规律可循，人却面貌多样难测，情性深藏不露。所以，有表面谦虚实则骄横的，有貌似品德优良者而品行不端不肖的，有表面急躁而内心通达的，有看似坚强实则软弱的，有看似和缦而内心凶悍的。所以，追求义如饥似渴的，抛弃义也急如避火。所以，君子让他远行以观察他是否忠诚，让他在眼前工作来观察他是否恭敬，让他处理复杂的事务以观察他的才能，突然向他提出问题以观察他的智力，给他急促的期限来观察他是否讲信用，把钱财委托他来保管观察他是否仁德，告知他危难的事情以考验他的节操，让他醉酒以观察他的仪态，让他和女人相处以观察他是否好色。经过这九项考察，就可以判断出不肖的人了。"

【原文】

正考父一命而伛[1]，再命而偻，三命而俯，循墙而走，孰敢不轨！如而夫者[2]，一命而吕钜[3]，再命而于车上儛，三命而名诸父[4]，孰协唐许[5]！

庄子

贼莫大乎德有心而心有睫[6]，及其有睫也而内视，内视而败矣。凶德有五[7]，中德为首[8]。何谓中德？中德也者，有以自好也而吡其所不为者也[9]。

穷有八极[10]，达有三必，形有六府。美、髯、长、大、壮、丽、勇、敢，八者俱过人也，因以是穷。缘循、偃佒[11]、困畏不若人，三者俱通达。知、慧外通，勇、动多怨，仁、义多责。达生之情者傀，达于知者肖；达大命者随，达小命者遭。

【注释】

〔1〕正考父：宋大夫。命：册命，任命，一命为士，再命为大夫，三命为卿。
〔2〕而夫：凡夫。
〔3〕吕钜：骄傲自大的样子。
〔4〕名诸父：直呼名位叔伯之名，轻视长者。
〔5〕唐许：指唐尧和许由。
〔6〕德有心：有心为德。心有睫：有心眼。
〔7〕凶德有五：指心、耳、眼、舌、鼻，这五者是致祸的根源。
〔8〕中德：指心。
〔9〕自好：自以为是。吡（pǐ）：訾，诋毁。
〔10〕穷：困，潦倒失意。
〔11〕佒（yǎng）：通"仰"。偃佒：俯仰从人，意即卑顺。

【译文】

正考父一命为士而曲背，再命为大夫而弯腰，三命为卿而身伏于地，顺着墙边走路，如此谦虚的人谁敢对他不尊敬！若是那些凡夫俗子，一命为士就骄傲自大，再命为大夫就得意忘形地在车上手舞足蹈，三命为卿就把长者不放在眼里，谁能够做到唐尧、许由那样的谦让！

最大的危害莫过于有心为德而心眼太多，心眼太多就会主观武断，主观武断则必然失败。凶德有五种，以中德为首。什么是中德？中德就是自以为是而打击异己。

困厄由八端所致，通达由三者所致，有六者是危害聚集之所。貌美、多髯、身长、高大、健壮、华丽、勇武、果敢，这八个方面都超过别人，就会自恃骄傲而陷入穷困。顺应自然，对人卑顺，懦弱谦下，这三者都能做到就会通达顺利。智慧外露，勇武好动则多结怨，行仁义则招致责难。通达性命之情的伟大，通于智巧的渺小，达于天命的顺应自然，通于人命的苟且而安。

【原文】

人有见宋王者，锡车十乘[1]。以其十乘骄稚庄子[2]。庄子曰："河上有家贫恃纬萧而食者[3]，其子没于渊[4]，得千金之珠。其父谓其子曰：'取石来锻之[5]！夫千金之珠，必在九重之渊而骊龙颔下[6]。子能得珠者，必遭其睡也。使骊龙而寤[7]，子尚奚微之有哉！'今宋国之深，非直九重之渊也；宋王之猛，非直骊龙也。子能得车者，必遭其睡也；使宋王而寤，子为齑粉夫！"

庄子

【注释】

〔1〕锡：通"赐"。
〔2〕骄稚：炫耀。
〔3〕纬：编织。萧：芦苇。
〔4〕没：潜。
〔5〕锻：砸碎。
〔6〕骊：纯黑色。颔（hàn）：下巴。
〔7〕寤：睡醒。

【译文】

有个人拜见宋王，宋王赐给他10辆车，他用这10辆车向庄子炫耀。庄子说："河边有一靠编织芦席为生的贫苦人家，儿子潜入深渊，得到一颗价值千金的宝珠。父亲对儿子说：'拿石头来砸碎它！这颗千金之珠，一定是在九重深渊骊龙颔下，你能得到这颗珠，一定是骊龙正在睡觉。若是骊龙睡醒，你哪里有些微的机会呢！'现在的宋国，比九重之渊还要深；宋王的凶猛，更甚于骊龙。你能够得到车子，一定是正遇到宋王睡觉，若是宋王醒来，你就要粉身碎骨了！"

【原文】

或聘于庄子[1]，庄子应其使曰："子见夫牺牛乎[2]？衣以文绣[3]，食以刍叔，及其牵而入于大庙，虽欲为孤犊，其可得乎！"

【注释】

〔1〕或：有人。
〔2〕牺牛：祭祀时用作祭品的牛。
〔3〕文绣：有花纹的织绣。

【译文】

有人聘请庄子，庄子答复使者说："你见过用作祭祀的牛吗？它披着纹饰华丽的织绣，吃着精美的饲料，等到将它牵入太庙，这时它想做一头无人照料

·469·

的小牛，还能办得到吗！"

【原文】

庄子将死，弟子欲厚葬之。庄子曰："吾以天地为棺椁，以日月为连璧[1]，星辰为珠玑[2]，万物为赍送[3]。吾葬具岂不备邪[4]？何以加此！"

弟子曰："吾恐乌鸢之食夫子也[5]。"

庄子曰："在上为乌鸢食，在下为蝼蚁食，夺彼与此，何其偏也！"

以不平平，其平也不平；以不征征，其征也不征。明者唯为之使，神者征之。夫明之不胜神也久矣，而愚者恃其所见入于人，其功外也，不亦悲乎！

【注释】

〔1〕连璧：贵重的玉璧。
〔2〕珠玑：玉珠。
〔3〕赍（jī）送：指送葬的物品。
〔4〕备：齐备。
〔5〕乌：乌鸦。鸢：老鹰。

【译文】

庄子快要死了，弟子们准备厚葬他。庄子说："我以天地为棺椁，以日月为连璧，星辰为珠玑，以万物为送葬的物品。我的葬具还不齐备吗？还有什么比这些更好呀！"

弟子说："我们担心乌鸦老鹰吃了你的身体。"

庄子说："露在外面被乌鸦老鹰吃，埋入土中被蝼蚁吃，不让乌鸦老鹰吃，而让蝼蚁吃，为什么如此偏心呢！"

以不平等的方式去平等，这种平等其实是不平等；把未经应验的看作是应验，这种应验其实是不应验。人事只有被天道所支配，而天道才是可信的。人事服从于天道由来已久，而愚蠢的人以其偏见沉溺于人事，舍本求末，真是可悲啊！

天 下

【原文】

　　天下之治方术者多矣[1]，皆以其有为不可加矣[2]。古之所谓道术者，果恶乎在？曰："无乎不在。"曰："神何由降？明何由出？""圣有所生，王有所成，皆原于一。"

　　不离于宗，谓之天人；不离于精，谓之神人；不离于真，谓之至人。以天为宗，以德为本，以道为门，兆于变化[3]，谓之圣人；以仁为恩，以义为理，以礼为行，以乐为和，薰然慈仁[4]，谓之君子；以法为分[5]，以名为表[6]，以参为验[7]，以稽为决[8]，其数一二三四是也[9]，百官以此相齿[10]；以事为常，以衣食为主，蕃息畜藏[11]，老弱孤寡为意[12]，皆有以养，民之理也。

　　古之人其备乎！配神明[13]，醇天地[14]，育万物，和天下，泽及百姓，明于本数[15]，系于末度[16]，六通四辟[17]，小大精粗，其运无乎不在[18]。其明而在数度者[19]，旧法、世传之史尚多有之；其在于《诗》《书》《礼》《乐》者，邹鲁之士、搢绅先生多能明之[20]。《诗》以道志[21]，《书》以道事，《礼》以道行，《乐》以道和，《易》以道阴阳，《春秋》以道名分。其数散于天下而设于中国者，百家之学时或称而道之。

　　天下大乱，贤圣不明，道德不一。天下多得一察焉以自好[22]。譬如耳目鼻口，皆有所明，不能相通；犹百家众技也，皆有所长，时有所用。虽然，不该不遍[23]，一曲之士也[24]。判天地之美[25]，析万物之理[26]，察古人之全[27]，寡能备于天地之美，称神明之容[28]。是故内圣外王之道[29]，暗而不明，郁而不发[30]，天下之人各为其所欲焉以自为方。悲夫，百家往而不反，必不合矣！后世之学者，不幸不见天地之纯[31]，古人之大体[32]。道术将为天下裂。

【注释】

　　[1] 方术：囿于一方之术，指某一方面特定的学问。
　　[2] 其有：认为自己所主张的。不可加：无以复加，达到顶峰。
　　[3] 兆：预示。
　　[4] 薰然：温和慈爱的样子。
　　[5] 分：名分。

〔6〕名：名号。表：表率。
〔7〕参：比较。
〔8〕稽：考核。
〔9〕数：指等级之数。
〔10〕齿：序列。
〔11〕蕃息：生产。畜藏：储藏。
〔12〕意：关心。
〔13〕配：合。
〔14〕醇：借为"准"。醇天地：以天地为准，效法自然。
〔15〕本数：根本，指天道。
〔16〕末度：末节，指法度。
〔17〕六通：上下四方六合通达。四辟：春夏秋冬四时顺畅。
〔18〕运：作用。
〔19〕数度：礼乐法度。
〔20〕邹鲁之士：邹国和鲁国的士人，指儒生。搢绅先生：指做官的。
〔21〕道：讲述，表达，记载。
〔22〕一察：一管之见。自好：自我欣赏。
〔23〕该：通"赅"，完备。
〔24〕一曲：孤陋寡闻。
〔25〕判：割裂。
〔26〕析：离析，支解。
〔27〕察：通"杀"，减损，破坏。
〔28〕称：相称，符合。
〔29〕内圣：内在修养。外王：外在才能。
〔30〕郁：压抑。
〔31〕纯：纯真，指自然的本质。
〔32〕大体：全貌。

【译文】

天下搞学术的人很多，都认为自己的成就达到了顶峰。古代所谓的道术，究竟在哪里？回答说："无所不在。"问："圣人从哪里诞生？明王从何处出现？"回答说："圣人有他诞生的原因，明王有他成就的根由，都是源于大道。"

不离大道本质的，称为天人；不离大道精纯的，称为神人；不离大道本真的，称为至人。以天为主宰，以德为根本，以道为门径，能够预示变化，称为圣人；以仁布施恩惠，以义分别事理，以礼规范行为，以乐调和性情，充满着温和和仁慈的言行，称为君子；以法律为尺度，以名号为标志，以比较为验证，以考核来判断，等级之数像一二三四那样明白，百官以此为序列；以职事为常务，以衣食为主旨，生产储藏，关心老弱孤寡，使其皆有所养，这是养民的常理。

古代的圣人是很完备的啊！合于神明，效法自然，养育万物，调和天下，泽及百姓，以天道为根本，以法度为末节，六合通达而四时顺畅，无论小大精粗，其作用无所不在。古时候的道术和法规制度，很多还保存在传世的史书中。保存在《诗》《书》《礼》《乐》中的，邹鲁一带的学者和官吏大都知晓。《诗》用来表达志，《书》用来记载事情，《礼》用来规范行为，《乐》用来调和，《易》用来说明阴阳，《春秋》用来正名分。其散布于天下而设立于中原的，百家之学还常常引用它。

天下大乱，贤圣不显，道德分歧，天下人多各得一孔之见而自我欣赏。譬如耳目鼻口，它们各有其功能，但却不能互相通用；犹如百家众技，各有所长，时有所用。虽然如此，对于不能兼备众说，不能周遍物理的，只能是一孔之见的曲士。他们割裂天地的完美，离析万物之理，把古人完美的道德弄得支离破碎，很少能具备天地的完美，相称于神明之容。所以，内圣外王之道暗而不明，抑郁而不勃发，天下的人各尽所欲而自为方术。可悲啊，百家各行其道而不回头，必定不能相合。后世的学者，不幸不能见到天地的纯真和古人的全貌。道术将被这一代的天下所割裂！

【原文】

不侈于后世，不靡于万物[1]，不晖于数度[2]，以绳墨自矫[3]，而备世之急[4]。古之道术有在于是者。墨翟、禽滑釐闻其风而说之[5]。为之大过[6]，已之大循[7]。作为非乐[8]，命之曰节用[9]，生不歌，死无服。墨子氾爱兼利而非斗[10]，其道不怒[11]。又好学而博，不异[12]，不与先王同，毁古之礼乐。黄帝有《咸池》，尧有《大章》，舜有《大韶》，禹有《大夏》，汤有《大濩》[13]，文王有《辟雍》之乐[14]，武王、周公作《武》。古之丧礼，贵贱有仪，上下有等，天子棺椁七重[15]，诸侯五重，大夫三重，士再重。今墨子独生不歌，死不服，桐棺三寸而无椁，以为法式[16]。以此教人，恐不爱人；以此自行，固不爱己[17]。未败墨子道，虽然，歌而非歌，哭而非哭，乐而非乐，是果类乎[18]？其生也勤，其死也薄，其道大觳[19]；使人忧，使人悲，其行难为也，恐其不可以为圣人之道，反天下之心，天下不堪。墨子虽独能任[20]，奈天下何！离于天下，其去王也远矣[21]！

墨子称道曰："昔禹之湮洪水[22]，决江河而通四夷九州也，名川三百，支川三千，小者无数。禹亲自操橐耜而九杂天下之川[23]，腓无胈[24]，胫无毛[25]，沐甚雨[26]，栉疾风[27]，置万国。禹大圣也，而形劳天下也如此。"使后世之墨者，多以裘褐为衣[28]，以跂蹻为服[29]，日夜不休，以自苦为极[30]，曰："不能如此，非禹之道也，不足谓墨。"

相里勤之弟子[31]，五侯之徒[32]，南方之墨者苦获、已齿、邓陵子之属[33]，俱诵《墨经》，而倍谲不同[34]，相谓别墨[35]；以坚白同异之辩相訾，以觭偶不仵之辞相应[36]，以巨子为圣人[37]，皆愿为之尸[38]，冀得为其后世[39]，至今不决。

墨翟、禽滑釐之意则是，其行则非也。将使后世之墨者，必自苦以腓无胈、胫无毛相进而已矣[40]。乱之上也，治之下也。虽然，墨子真天下之好也，将求之不得也，虽枯槁不舍也，才士也夫！

【注释】

〔1〕靡：浪费。

〔2〕晖：炫耀。

〔3〕矫：勉励。

〔4〕备：应付。

〔5〕墨翟：墨子。禽滑釐：墨子弟子。

〔6〕大：通"太"。

〔7〕已：止。循：甚，过分。

〔8〕非乐：《墨子》一书中的篇名。

〔9〕命：名。

〔10〕氾爱：博爱。氾：通"泛"。兼利：使大家都得到利益。非斗：反对战争。

〔11〕不怒：不互相结怨。

〔12〕不异：不立异。

〔13〕《濩（hù）》：乐章名。

〔14〕辟雍：本义是周代为贵族子弟所设的大学，这里指乐名。

〔15〕重：层。

〔16〕法式：标准。

〔17〕固：实在。

〔18〕类：像。

〔19〕觳（què）：苛刻。

〔20〕独能任：独自能够做到。

〔21〕王：王道。

〔22〕湮：堵塞，治理。

〔23〕橐（tuó）：盛土的器具。耜（sì）：挖土的工具。九杂：汇合。

〔24〕腓（féi）：腿肚子。胈（bá）：白肉。

〔25〕胫：小腿。

〔26〕沐：淋。甚雨：淫雨。

〔27〕栉（zhì）：梳理。

〔28〕裘：兽皮。褐：粗布。

〔29〕蹻（juē）：麻制的鞋。

〔30〕极：准则。

〔31〕相里勤：姓相里名勤，墨家学派南方派的首领。

〔32〕五侯：人名，墨家学派的重要人物。

〔33〕苦获、已齿、邓陵子：均为南方墨者的重要人物。

〔34〕倍谲：分歧。

〔35〕别墨：非正统的墨家。

〔36〕觭：即"奇"。不忤（wǔ）：不合。奇偶不忤与坚白同异均为当时辩论的命题。

〔37〕巨子：墨子死后墨家学派首领的称谓，意即墨学高超的人。

〔38〕尸：主，首领。

〔39〕冀：希望。后世：继承人。

〔40〕相进：相竞。

【译文】

不以奢侈教示后世，不糜费万物，不炫耀礼法，用规矩自我勉励，以应付社会的危难，这是古代道术的内涵之一。墨翟、禽滑釐对这种道术很喜欢，但他们实行得太过分，局限性太大。提倡非乐，主张节用，生不作乐，死不服丧。墨子倡导博爱兼利而反对战争，主张和睦相处；又好学而渊博，不立异，不与先王相同，毁弃古代的礼乐。黄帝有《咸池》之乐，尧有《大章》之乐，

舜有《大韶》之乐，禹有《大夏》之乐，汤有《大濩》之乐，文王有《辟雍》之乐，武王、周公作《武》乐。古代的丧礼，贵贱有仪法，上下有等级，天子的棺椁七层，诸侯五层，大夫三层，士两层。现在墨子独自主张生不作乐，死不服丧，只用三寸厚的桐木棺而没有椁，作为标准。以此来教导人，恐怕不是爱人之道；自己去实行，实在是不爱惜自己。墨子的学说尽管是成立的，然而应该歌唱而不歌唱，应该哭泣而不哭泣，应该作乐而不作乐，这合乎人情常理吗？生前辛勤劳苦，死后简单薄葬，这种主张太苛刻了。使人忧劳，使人悲苦，实行起来是很困难的，恐怕不能够成为圣人之道，违反了天下人的心愿，天下人是不堪忍受的。墨子虽然独自能够做到，但对天下的人却无可奈何！背离了天下的人，也就远离了王道。

墨子称道说："从前禹治理洪水，疏异江河而沟通四夷九州，大川三百条，支流三千条，小河无数。禹亲自持筐操铲劳作，汇合天下的河川，辛苦得他腿肚子没有肉，小腿上的汗毛都磨光了，风里来雨里去，终于安定了天下。禹是大圣人，为了天下还如此劳苦。"从而使后世的墨者，多用兽皮粗布为衣，穿着木屐草鞋，白天黑夜都不休息，以自苦为准则，并说："不能这样，就不是禹之道，不足以称为墨者。"

相里勤的弟子，五侯的门徒，南方的墨者如苦获、已齿、邓陵子之流，都诵读《墨经》，却各有分歧，互相指责对方不是正统的墨家。他们以坚白同异的辩论相诋毁，以奇偶不合的言辞相对答；以巨子为圣人，都愿意奉他为首领，希望能成为他的继承人，至今还纷争不决。

墨翟、禽滑釐的用意是很好的，具体做法却太苛刻。这将使后世的墨者，以极端劳苦的方式互相竞进。这种做法乱国有余，治国不足。尽管如此，墨子还是真心爱天下的，这样的人实在是难以求得，即使辛苦得形容枯槁也不舍弃自己的主张，真是有才之士啊！

【原文】

不累于俗，不饰于物，不苟于人[1]，不忮于众[2]，愿天下之安宁，以活民命，人我之养，毕足而止[3]，以此白心[4]。古之道术有在于是者。宋钘、尹文闻其风而悦之[5]。作为华山之冠以自表[6]，接万物以别宥为始[7]。语心之容[8]，命之曰心之行，以聏合驩[9]，以调海内，请欲置之以为主[10]。见侮不辱，救民之斗，禁攻寝兵，救世之战。以此周行天下，上说下教，虽天下不取，强聒而不舍者也[11]，故曰上下见厌而强见也[12]。

虽然，其为人太多，其自为太少，曰："请欲固置五升之饭足矣。"先生恐不得饱，弟子虽饥，不忘天下。日夜不休，曰："我必得活哉！"图傲乎救世之士哉[13]！曰："君子不为苛察[14]，不以身假物[15]。"以为无益于天下者，明之不如已也。以禁攻寝兵为外，以情欲寡浅为内。其小大精粗，其行适至是而止。

【注释】

〔1〕苟：应为"苛"字之误。
〔2〕忮（zhì）：违逆。
〔3〕毕足：满足。
〔4〕白心：表白心愿。
〔5〕宋钘（jiān）、尹文：齐宣王时代人，曾在齐国的稷下学宫聚徒讲学，并有著作传世，是当时著名的学者。
〔6〕华山之冠：形状像华山的帽子。
〔7〕别宥：不带偏见。
〔8〕容：思维，感受。
〔9〕聏（ér）：柔和。
〔10〕主：主导思想。
〔11〕强聒（guō）：说个不停。
〔12〕见厌：被人讨厌。
〔13〕图傲：挥斥高大的样子。
〔14〕苛察：对人对事苛求挑剔。
〔15〕假：借助，利用。

【译文】

不为世俗所牵累，不用外物矫饰，不苛求于人，不违逆众人的心意，希望天下安宁使人民活命，生活上以饱暖为满足，以此来表白心愿，这是古代道术的内涵之一。宋钘、尹文对这种道术很喜欢，制作了形状像华山一样的帽子以表示上下均平主张，应接万物以不带偏见为先。谈论内心的思维，称之为心理活动，以柔和的态度投合别人的喜欢，以调和天下，希望树立上述主张作为行动的主导思想。受到欺侮不以为耻辱，调解人民的争斗，禁止攻伐平息干戈，将天下从战火中拯救出来。用这种主张周行天下，对上劝说诸侯，对下教导百姓，尽管天下的人都不接受，但他们仍然不停地劝说，所以说人们都讨厌而他们还是硬要宣扬自己的主张。

尽管如此，他们还是替别人考虑得太多，为自己打算得太少，说："我们只想要五升米的饭就够了。"恐怕先生们吃不饱，弟子们也常常处在饥饿之中，但他们仍然不忘天下，日夜不休，说："我们一定能活下去！"真是伟大的救世之士啊！他们说："君子不苛刻计较，不使自身被外物所利用。"认为对天下没有益处的，与其揭示它不如禁止它。以禁攻息兵为外在活动，以清心寡欲为内在修养，无论从大的方面说还是从细微的方面说，他们的所为也就到此为止了。

【原文】

　　公而不当，易而无私，决然无主[1]，趣物而不两[2]，不顾于虑，不谋于知，于物无择，与之俱往。古之道术有在于是者，彭蒙、田骈、慎到闻其风而悦之[3]。齐万物以为首，曰："天能覆之而不能载之，地能载之而不能覆之，大道能包之而不能辩之。"知万物皆有所可，有所不可，故曰："选则不遍，教则不至，道则无遗者矣。"

　　是故慎到弃知去己，而缘不得已，泠汰于物，以为道理[4]，曰："知不知，将薄知而后邻伤之者也[5]。"谋髁无任[6]，而笑天下之尚贤也；纵脱无行[7]，而非天下之大圣。椎拍輐断[8]，与物宛转；舍是与非，苟可以免。不师知虑，不知前后，魏然而已矣[9]。推而后行，曳而后往，若飘风之还，若羽之旋，若磨石之隧[10]，全而无非，动静无过，未尝有罪。是何故？夫无知之物，无建己之患[11]，无用知之累，动静不离于理，是以终身无誉。故曰："至于若无知之物而已，无用贤圣，夫块不失道。"豪桀相与笑之曰："慎到之道，非生人之行，而至死人之理，适得怪焉。"

　　田骈亦然，学于彭蒙，得不教焉[12]。彭蒙之师曰："古之道人，至于莫之是、莫之非而已矣。其风窢然[13]，恶可而言？"常反人，不见观[14]，而不免于魭断[15]。其所谓道非道，而所言之韪，不免于非[16]。彭蒙、田骈、慎到不知道。虽然，概乎皆尝有闻者也。

【注释】

　　[1]决然：缺然，空虚的样子。
　　[2]趣物而不两：随物变化而不三心二意。
　　[3]彭蒙：齐国人。田骈：齐国人。慎到：赵国人。他们都曾在稷下学宫讲学，位列上大夫，均有著作传世。
　　[4]泠（líng）汰：听从放任。
　　[5]薄：迫。邻伤：损伤。
　　[6]谋髁（xǐ kē）：圆转懈惰。
　　[7]纵脱：放纵无羁。
　　[8]椎拍輐断：随物宛转变化的意思。椎，击。輐（wàn），圆。
　　[9]魏然：独立的样子。魏，通"巍"。
　　[10]隧：回。
　　[11]建己：自为表著。
　　[12]不教：不言之教。
　　[13]窢（xù）：寂静。
　　[14]观：当为"欢"字之误。
　　[15]魭（wàn）断：没有棱角。

〔16〕韙（wěi）：是。

【译文】

　　公正而不结党，平允而无偏私，空虚而无主见，随物变化而不生己见，没有顾虑，不求智谋，对万物毫无选择地随顺，和它一起变化，这是古代道术的内涵之一。彭蒙、田骈、慎到对这种道术很喜欢，以齐同万物为首要，说："天能覆盖万物却不能承载万物，地能承载万物却不能覆盖万物，大道能包容万物却不能分辨。"知道万物都有所能，有所不能，所以说："选择则不普遍，教导则有所不及，大道则无所遗漏。"

　　所以慎到抛弃智慧去除己见而随任于不得已，听任于物的自然发展，把这个作为大道的规律，他说："强求知其所不知，就会为知所迫而受到损伤。"随物顺情，不任职事，而讥笑天下推崇贤人；放任不羁不拘形迹，而非议天下的大圣。随物宛转，随着事态的发展而相应地变化，抛弃了是非，才可以免于连累。不依赖智巧谋虑，不瞻前顾后，巍然独立。推着才行走，拖着才前进，像飘风的往返，像羽毛的飞旋，像磨石的转动，完美而无错，动静适度而无过失，未曾有罪。这是什么原因？没有知觉的东西，就不会有标榜自己的忧患，不会有运用智谋的牵累，动静合于自然之理，所以终生不会受到毁誉。所以说："做到像没有知觉的东西就行了，不需要圣贤，土块不会失于道。"豪杰们相互嘲笑他说："慎到的道对活人没有用而只适用于死人，实在怪异。"

　　田骈也是这样，受学于彭蒙，得到不言之教。彭蒙的老师说："古时候得道的人，达到了无所谓是非的境界。他们的道术像风吹过一样迅速，怎么能够用语言表达出来呢？"这种学说常常违反人意，不受人们所尊敬，仍不免于随物变化。他们所说的道并不是真正的道，而所说的是不免于非。彭蒙、田骈、慎到不懂得真正的道。然而，他们都还大概地听闻过一点道。

【原文】

　　以本为精[1]，以物为粗，以有积为不足，澹然独与神明居[2]，古之道术有在于是者，关尹、老聃闻其风而悦之[3]。建之以常无有，主之以太一，以濡弱谦下为表[4]，以空虚不毁万物为实。

　　关尹曰："在己无居[5]，形物自著[6]；其动若水，其静若镜，其应若响。芴乎若亡，寂乎若清；同焉者和，得焉者失；未尝失人，而常随人。"

老聃曰："知其雄，守其雌，为天下豀；知其白，守其辱，为天下谷。"人皆取先，己独取后，曰"受天下之垢"。人皆取实，己独取虚，无藏也故有余，岿然而有余。其行身也，徐而不费，无为也而笑巧。人皆求福，己独曲全，曰"苟免于咎"。以深为根，以约为纪，曰"坚则毁矣，锐则挫矣"。常宽容于物，不削于人，可谓至极。关尹、老聃乎，古之博大真人哉！

【注释】

〔1〕本：指大道之本。
〔2〕澹然：恬淡的样子。
〔3〕关尹：早期道家学派的重要人物，传说他比老聃年长，周平王时曾任函谷关令。
〔4〕濡弱：柔弱。
〔5〕在己无居：自己不存私意。
〔6〕形物自著：有形之物各自彰显。

【译文】

把大道的根本视为精妙的，把派生的万物视为粗疏的，把外物的积累视为不足的，恬淡无为而独与自然融为一体。古代的道术就有这方面内容，关尹、老聃对这种道术很喜欢，他们的主张建立在常无与常有的基础上，以太一为核心，以柔弱谦下为外表，以空虚不毁伤万物为实质。

关尹说："自己不存私意，有形之物各自彰显。"他动如流水，静如平镜，反应如回响。忽然如无有，寂静如清虚。与万物混同的人和谐，一心想获得的人丧失。未曾争先而常常随顺别人。

老聃说："知道雄强，持守雌柔，便成为天下的沟壑；知道明亮，持守暗昧，便成为天下的山谷。"人人都争先，我自甘愿居后，说承受天下的垢辱。

人人都务实，我自甘愿守虚，正因为没有积蓄，所以感到富足，富足得如高山般的堆积。他立身行事，从容不迫，无为而嘲笑机巧。人人都求福，自己甘愿委曲求全，说姑且免于受罪。以深藏为根本，以俭约为纲纪，说"坚硬的易于毁坏，锐利的易于断折。"常常宽容待物，从不侵削别人，可以说达到了顶点。

关尹、老聃啊，真是古代的博大真人！

【原文】

芴漠无形[1]，变化无常，死与生与，天地并与，神明往与！芒乎何之，忽乎何适。万物毕罗，莫足以归。古之道术有在于是者，庄周闻其风而悦之。以谬悠之说[2]，荒唐之言[3]，无端崖之辞[4]，时恣纵而不傥[5]，不以觭见之也。以天下为沉浊，不可与庄语，以卮言为曼衍[6]，以重言为真[7]，以寓言为广[8]。独与天地精神往来，而不敖倪于万物[9]，不谴是非[10]，以与世俗处。其书虽瑰玮而连犿无伤也[11]，其辞虽参差而諔诡可观[12]。彼其充实，不可以已。上与造物者游，而下与外死生、无终始者为友。其于本也，宏大而辟[13]，深闳而肆[14]；其于宗也，可谓稠适而上遂矣[15]。虽然，其应于化而解于物也，其理不竭，其来不蜕，芒乎昧乎，未之尽者。

【注释】

〔1〕芴：同"寂"。

〔2〕谬悠：虚远而不可捉摸。

〔3〕荒唐：广大不可测度。

〔4〕无端崖：不着边际。

〔5〕恣纵：放肆。不傥：无所偏党。

〔6〕卮言：无心之言。曼衍：散漫流行，不拘常规。

〔7〕重言：借重先哲先贤之言。

〔8〕寓言：借他物寄托寓意的言论。

〔9〕敖倪：傲视，轻视。

〔10〕不谴是非：不拘泥于是非。

〔11〕瑰玮：奇伟。连犿（fān）：宛转的样子。

〔12〕諔（chù）诡：奇异。

〔13〕辟：通达。

〔14〕深闳：深广。肆：畅达。

〔15〕稠适：调和。

【译文】

寂寞无形，变化无常，死死生生，与天地并存，与大自然一起变化来往！茫然不知从何处来，恍恍惚惚又不知往何处去，包罗万物，不知归属。这是古代道术的内涵之一。庄子对这种道术很喜欢，他以虚远不可捉摸的理论，广大不可测度的言论，不着边际的言辞，放纵而不拘执，不持一端之见。认为天下人沉迷不悟，不能讲庄重的话与他们交流，以无心之言肆意推衍，以先贤之言体现真实，以寓言阐发道理。独自与天地精神往来而不傲视万物，不拘泥于是非，与世俗相处。他的文辞虽然奇伟却婉转随和，言辞虽然变化多端却奇异可观。他内心充实而思想奔放，上与造物者同游，下与忘却死生不分终始的人为友。他论述道的根本，博大而通达，深广而畅达；他论述道的宗旨，和谐妥帖而上达天意。然而，他对于事物变化的反应和解释，没有止境，不离于道，在茫然暗昧中，人们永远无法穷尽它的奥妙。

【原文】

惠施多方[1]，其书五车，其道多舛驳[2]，其言也不中[3]。历物之意[4]曰："至大无外，谓之大一；至小无内，谓之小一。无厚，不可积也，其大千里。天与地卑，山与泽平。日方中方睨[5]，物方生方死。大同而与小同异，此之谓小同异；万物毕同毕异，此之谓大同异。南方无穷而有穷[6]，今日适越而昔来[7]。连环可解也[8]。我知天下之中央，燕之北、越之南是也[9]。泛爱万物，天地一体也。"

惠施以此为大，观于天下而晓辩者，天下之辩者相与乐之。卵有毛[10]；鸡三足[11]；郢有天下[12]；犬可以为羊[13]；马有卵[14]；丁子有尾[15]；火不热[16]；山出口[17]；轮不蹍地[18]；目不见[19]；指不至，至不绝[20]；龟长于蛇[21]；矩不方，规不可以为圆[22]；凿不围枘[23]；飞鸟之景未尝动也[24]；镞矢之疾，而有不行不止之时[25]；狗非犬[26]；黄马骊牛三[27]；白狗黑[28]；孤驹未尝有母[29]；一尺之棰，日取其半，万世不竭[30]。辩者以此与惠施相应，终身无穷。

桓团、公孙龙辩者之徒[31]，饰人之心，易人之意，能胜人之口，不能服人之心，辩者之囿也。惠施日以其知与之辩，特与天下之辩者为怪[32]，此其柢也[33]。

　　然惠施之口谈[34]，自以为最贤，曰："天地其壮乎！"施存雄而无术。南方有倚人焉曰黄缭[35]，问天地所以不坠不陷，风雨雷霆之故。惠施不辞而应，不虑而对，遍为万物说。说而不休，多而无已，犹以为寡，益之以怪。以反人为实，而欲以胜人为名，是以与众不适也。弱于德，强于物，其涂隩矣[36]。由天地之道观惠施之能，其犹一蚊一虻之劳者也，其于物也何庸[37]！夫充一尚可，曰愈贵道，几矣！惠施不能以此自宁，散于万物而不厌，卒以善辩为名。惜乎！惠施之才，骀荡而不得[38]，逐万物而不反，是穷响以声，形与影竞走也，悲夫！

【注释】

　　〔1〕方：术。
　　〔2〕舛（chuǎn）驳：杂乱无章。
　　〔3〕不中：不当。
　　〔4〕历：分析。
　　〔5〕睨：斜视。
　　〔6〕南方无穷而有穷：方向可以无限延伸。
　　〔7〕今日适越而昔来：今天我到越国去，犹如昨天他到来。今天与昨天是相对而言的。
　　〔8〕连环可解：从形状上看，连环是分不开的；但从环环相套的关系及其变动来看，连环又是可以分开的。
　　〔9〕我知天下之中央，燕之北越之南是也：天下的中央之地在当时的燕国之南越国之北，但南的方位只是相对的，无法确切定其方位。
　　〔10〕卵有毛：小鸡孵出时已有毛，可认为是蛋里有毛的因素。
　　〔11〕鸡三足：鸡足的名称为一，鸡实有二足，加起来即为三。
　　〔12〕郢有天下：郢为天下不可分割的一部分，因此可以说"郢有天下"。
　　〔13〕犬可以为羊：犬与羊的名称是人叫的，如果大家都叫犬为羊，犬也就成了羊。
　　〔14〕马有卵：马虽然是胎生的，但胎之初期也如卵。
　　〔15〕丁子有尾：丁子即青蛙，青蛙的幼虫为蝌蚪，蝌蚪有尾，因而推论青蛙也有尾巴。
　　〔16〕火不热：热和冷都是相对的，对火的感觉物各不同，有感到火不热的。
　　〔17〕山出口：山有口。在山间呼喊，山有回荡之声，能发出声即说明山有口。
　　〔18〕轮不蹍地：车轮转动时，只有其中一点与地面接触，整个轮子并没有着地。

〔19〕目不见：眼睛看见东西是有条件的，眼睛在黑暗中就看不见东西。

〔20〕指不至，至不绝：指事不能达到物的实际，即使达到也不能绝对的穷尽。

〔21〕龟长于蛇：龟有大小，蛇有长短，大龟可以长过短小的蛇。

〔22〕矩不方，规不可以为圆：矩和规画出来的都不是绝对标准的方和圆。

〔23〕凿不围枘：凿孔是套榫头的，凿孔与榫头间还是有空隙的，不能围得完全紧贴。枘（ruì），榫头。

〔24〕飞鸟之景未尝动：飞鸟和其影子在某一时间是停留在某一点上的。

〔25〕镞矢：箭头。疾：快速。

〔26〕狗非犬：古人称大狗为犬，小狗为狗，大小不同。

〔27〕黄马骊牛三：黄马与骊牛合起来是一个集合的概念，分开来是两个概念，加起来是三个概念。

〔28〕白狗黑：白狗身上有黑，如眼珠。根据毛白可以叫白狗，根据眼黑可以叫黑狗。

〔29〕孤驹未尝有母：既然称为孤，就没有母。

〔30〕一尺之捶，日取其半，万世不竭：每天取一半，最后总还留有一半，所以万世都不尽。捶，杖。

〔31〕桓团、公孙龙：都是赵国人，名家学派的代表人物。

〔32〕为怪：制造怪异之说。

〔33〕柢：大略。

〔34〕口谈：口才。

〔35〕倚人：怪异之人。

〔36〕隩（yù）：深曲处。

〔37〕庸：用。

〔38〕骀（dài）荡：放荡。

【译文】

惠施的学问广博，他的书多达五车，他的道术杂乱无章，言辞多有不当。他分析事物之理，说："大到极点而没有边际的，称为'大一'；小到极点而没有内核的，称为'小一'。没有厚度，不可累积，但能扩大到千里。天和地一样低，山和泽一样平。太阳刚刚正中的时候就偏斜，万物刚刚生出就向死亡转化。大同和小同相差异，这叫'小同异'；万物完全相同也完全相异，这叫'大同异'。南方既没有穷尽也有穷尽，今天到越国去而昨天已来到。连环可以解开。我所知的天下的中央，在燕国之北越国之南。泛爱万物，天地合为一体。"

惠施认为这些是大道理，炫耀于天下而引导辩士，天下的辩士也乐于和他辩论。鸡蛋有毛；鸡有三只脚；郢都包有天下；犬可以变为羊；马有卵；青蛙有尾巴；火不热；山有口；车轮不着地；眼睛看不见东西；物指的概念不相称，相称也没有止境；龟比蛇长；矩不方，规画出的不圆；凿孔不能围住榫头；飞鸟的影子未曾移动；疾飞的箭头有不走也有不停的时候；狗不是犬；黄马、骊牛合起来是三；白狗是黑的；孤驹不曾有母；一尺长的木棍，每天截掉一半，永远也截不完。辩士们用这些辩题与惠施相辩论，终身无穷。

桓团、公孙龙这些好辩之徒，迷惑人心，改变人意，能够用口舌战胜人，却不能服人之心，这是辩者的局限。惠施每天靠他的智慧与人辩论，专门和天下的辩士一起制造怪异之说，这就是他们辩论的大略情况。

然而惠施口若悬河，自认为最能干，说："天地果真就伟大啊！"惠施有雄心而没有道术。南方有个名叫黄缭的怪异之人，问天地为什么不坠不陷，风雨雷霆是怎么回事。惠施毫不推辞地接受提问，不加思索地应对，广泛解说天地万物，滔滔不绝，没完没了，还嫌说得太少，又增加了一些怪异的说法。把违反人之常情的事说成是真实的，想通过辩赢别人而获取名声，所以与众不合。轻视道德修养，努力追逐外物，他走的是歪门邪道。从天地之道来看惠施的才能，他就像一只蚊虫那样徒劳。对于万物有什么用处！作为一家之说还可以，如果说比大道还珍贵，那就太危险了！惠施不安于道，分散心思于万物而不厌倦，终于以善辩出名。可惜啊！惠施的才能，放荡而不行于正道，追逐万物而不知回头，这就像用声音去追逐回响，用形体和影子竞走一样，可悲啊！

庄子